ÉTUDES
SUR
ARISTOPHANE

PAR

M. ÉMILE DESCHANEL

Ancien Maître-de-Conférences à l'École Normale supérieure.

PARIS
LIBRAIRIE DE L. HACHETTE ET Cie
BOULEVARD SAINT-GERMAIN, N° 77
—
1867
Droits de propriété et de traduction réservés

ÉTUDES
sur
ARISTOPHANE

OUVRAGES DU MÊME AUTEUR

Essai de critique naturelle ou *Observations physiologiques sur les Écrivains et les Artistes.*

A pied et en wagon, *Récits de voyage.*

La Vie des Comédiens, *Romans, comédies, satires; Biographies, mémoires, anecdotes.*

Les Courtisanes grecques.

Le Mal et le Bien qu'on a dit des Femmes.

Le Mal et le Bien qu'on a dit de l'Amour.

Le Mal et le Bien qu'on a dit des Enfants.

Histoire de la conversation.

Causeries de quinzaine.

Christophe Colomb et Vasco de Gama.

EN PRÉPARATION

A bâtons rompus, *Variétés morales et littéraires.*

Études sur Homère.

Le Mal et le Bien qu'on a dit de l'Académie.

Les Précurseurs littéraires de l'avénement du Tiers-État.

Conférences de la rue de la Paix et de l'Athénée.

Imprimerie générale de Ch. Lahure, rue de Fleurus, 9, à Paris.

AVERTISSEMENT.

Les bégueules, de l'un ou de l'autre sexe, feront bien de ne pas ouvrir ce livre ; on les en prévient.

S'il leur plaisait, après cela, de passer outre, ces très-respectables personnes seraient malvenues à crier : *Shocking!*

L'esprit attique est, comme l'esprit gaulois, fort libre en ses propos, — principalement dans les comédies, — lesquelles faisaient partie des fêtes de Bacchus.

Or, si Bacchus a découvert la vigne, jamais, que je sache, il ne conseilla d'en mettre la moindre feuille à ses statues, — ni aux œuvres littéraires qui lui furent consacrées. — L'invention de la feuille de vigne est toute moderne. Quoiqu'ils n'aient pas de vigne en Angleterre, comme dit la chanson, je croirais volontiers que la feuille de vigne est originaire de ce pays-là, — tant est grotesque cette pudibonderie, tant cette décence est indécente!

Aristophane n'était pas prude. Aujourd'hui on

l'est prodigieusement, — signe peut-être qu'on est plus corrompu.

Pour moi, Gaulois, je me suis amusé dans les vignes d'Aristophane ; j'y ai fait vendange à loisir. Et voici le dessus des paniers.

Ces paniers sont ceux des Dionysies, où l'on se barbouillait de lie, et où l'on portait en procession le phallos, organe mâle de la génération, emblème de la fécondité. — C'est de là qu'est né le théâtre grec.

Avouons toutefois, sans être bégueule ni hypocrite, que, malgré la prodigieuse culture intellectuelle et l'esprit extrêmement raffiné des Athéniens, le sens moral, chez eux, comme chez tous les peuples du midi, n'était pas très-châtié. Les méridionaux sont trop gâtés par le climat : ils restent aisément sensuels, — et, en tout cas, insoucieux de la pudeur.

La pudeur est, apparemment, une vertu du Nord plutôt que du Midi, — une vertu des pays où le froid nous rend laids en nous forçant de nous habiller : — les nations qui vivent demi-nues, sous un ciel plus clément, restent plus belles, parce qu'elles cultivent davantage le corps et prennent plus de souci de la beauté.

La philosophie morale des Athéniens était pour eux un art, comme tout le reste, un exercice, un jeu, — une sorte de gymnastique de l'esprit, complétant celle du corps ;— mais il ne paraît pas qu'elle constituât un code, une certaine nécessité générale dans la manière d'être et dans la conduite de la vie. Voilà pourquoi l'idée de la décence publique ne trouve pas jour dans tout Aristophane.

Nous autres, au rebours, nous sommes tout confits en décence et en hypocrisie publique.

Au surplus, bien des choses qui paraissent grossières quand on les traduit du grec en français, sont exquises dans le grec. Quelque énormes qu'elles puissent sembler ici, où encore on n'en laisse voir qu'une faible partie, dans le texte c'est la grâce même. Voilà ce qu'il ne faut pas perdre de vue en lisant ces études sincères.

Elles parurent pour la première fois en 1849, dans *la Liberté de penser*. En les revoyant après dix-huit ans, je les ai un peu modifiées ; j'ai ajouté plus d'un détail, j'en ai retranché d'autres, qui faisaient allusion aux événements de ce temps-là, et qui aujourd'hui ne s'entendraient plus.

Quant aux citations assez nombreuses, qui donnent ici la fleur des comédies d'Aristophane, je les ai cueillies sur le texte même la plupart du temps, — sans négliger cependant de me servir parfois des deux remarquables traductions d'Artaud et Destainville, et de mon ancien élève Poyard, mais en essayant çà et là de serrer de plus près encore le poëte grec, et d'en saisir au vol le mouvement et la couleur.

Bref, on trouvera dans ces *Études* une sorte d'Aristophane écrémé, à l'usage des gens du monde qui ont de l'esprit et de l'honnêteté, et qui, par conséquent, ne sont pas prudes.

É. D.

ÉTUDES
SUR
ARISTOPHANE.

VUE GÉNÉRALE.

Chez les Athéniens, comme le dit Fénelon avec une brièveté élégante, « tout dépendait du peuple et le peuple dépendait de la parole. »

Or, les deux principales formes de la parole publique à Athènes, étaient la tribune et le théâtre.

Le théâtre était une institution nationale et religieuse. La comédie, en effet, et le drame de Satyres, et la tragédie elle-même, étaient nées des fêtes de Dionysos, autrement dit Bacchus. Dans ces fêtes, le peuple tout entier assistait aux représentations. L'entrée en fut d'abord gratuite; et, même après qu'elle eut cessé de l'être, l'État remettait aux citoyens pauvres l'argent nécessaire pour payer leur place, de peur que la nécessité de travailler pour vivre ne les empêchât de venir au théâtre. C'était quelque chose d'analogue à ce que nous appelons aujourd'hui l'éducation gratuite. Il y avait des fonds spécialement destinés à ce grand service public : on nommait cela le *théoricon*, c'est-à-dire, l'argent destiné au théâtre et aux fêtes [1].

Il faut nous figurer que cet argent faisait partie, comme nous dirions à présent, du budget des cultes et de l'instruction publique : nous devons mêler tout cela ensemble dans l'idée du théâtre grec.

Il n'était permis, sous aucun prétexte, de changer la destination de ces fonds. Même dans les plus grands besoins de l'État, par exemple s'il s'agissait de quelque guerre à soutenir, on ne pouvait point y toucher : une loi prononçait la peine de mort contre l'orateur qui eût osé faire une proposition si hardie. Loi excessive en apparence, mais d'une grande profondeur morale si l'on y songe, puisqu'elle interdisait, sous peine de la vie, de sacrifier quelque chose du budget des arts, qui est celui de la civilisation, au budget des armes, qui est souvent celui de la force brutale et de la barbarie.

Le théâtre était donc une des institutions organiques de la démocratie athénienne. C'était une sorte d'éducation populaire, d'autant plus pénétrante qu'elle ne s'annonçait pas et qu'elle s'insinuait par le plaisir.

A la vérité, les représentations n'avaient pas lieu tous les jours comme chez nous, mais seulement deux ou trois fois par an, aux diverses Dionysies, et pour cela l'on pourrait croire que cette influence était moindre. Elle était pour le moins égale, parce qu'elle s'exerçait dans un monde plus étroit.

Songez que la surface de l'Attique tout entière n'était pas la moitié de celle de nos plus petits départements français ; que la population d'Athènes, vers l'époque

---

1. Voir, à la fin du volume, l'*Appendice*, numéro 1.

d'Aristophane, ne se composait que de quinze à vingt mille citoyens libres, et d'environ dix mille étrangers domiciliés[1]. Les revenus de l'Attique, dans le même temps, s'élevaient, selon quelques historiens, à cent mille talents; selon quelques autres, à deux cent mille : prenons une recette moyenne de quinze cent mille talents, et, comme l'argent valait alors six ou huit fois plus qu'aujourd'hui, cela fait un revenu annuel de quarante-cinq à soixante millions de notre monnaie, soit à peu près le revenu de la ville de Paris en 1851.

Vous voyez combien cela était petit. Mais, précisément, une force concentrée dans une sphère plus étroite a plus de puissance que si elle s'épand dans une plus vaste étendue. C'est pourquoi les représentations du théâtre athénien, quoique intermittentes, avaient sans doute plus d'influence que celles de nos théâtres quotidiens.

Le théâtre d'Athènes, au témoignage de Platon, pouvait contenir trente mille spectateurs, qui ne manquaient pas de s'y rendre; tandis que l'Assemblée ordinaire du peuple, qui à la vérité avait lieu deux ou trois fois par mois, s'élevait rarement, selon Thucydide, à cinq mille citoyens présents. Il y avait cependant aussi une indemnité allouée aux citoyens qui prenaient la peine d'y assister : usage essentiellement démocratique : toute fonction publique doit être rétribuée, afin que la pauvreté n'en écarte pas les gens de mérite, et que la richesse n'y implante pas les gens médiocres, à l'exclusion des autres; mais, si le principe est bon et louable, l'usage offrait bien des inconvénients.

Quoi qu'il en soit, Athènes par son théâtre, autant que par sa tribune, était l'institutrice de l'Hellade, comme par ses marchés et ses ports, elle en était la cité

---

[1]. Les femmes et les enfants ne sont pas compris dans ce chiffre. Les esclaves non plus. Voir, sur la population totale, Wallon, *Histoire de l'Esclavage dans l'antiquité.*

nourricière. Il n'existait pas dans le monde un plus grand marché de céréales que le Pirée, ni une lumière intellectuelle plus éclatante que celle de la tribune et du théâtre Attiques [1].

☙

Pour ne parler que de la comédie, celle qu'on appelle *la comédie ancienne* jouissait d'un privilége singulier : au milieu de la pièce, à travers l'action, le poëte prenait la parole, par la bouche du coryphée ou du principal personnage, et discourait des affaires du moment avec une liberté complète, comme il eût fait à la tribune de l'Agora, et même avec cette différence que lui, sur le théâtre, avait seul la parole et qu'on ne pouvait lui répliquer. C'était comme nos prédicateurs [2].

Aussi ne pouvait-on avant un certain âge se déclarer poëte comique et jouir de ce privilége. Chose singulière et digne de remarque : à trente ans, le citoyen pouvait entrer au Sénat ; à vingt ans, il pouvait faire partie de l'Assemblée du peuple, non-seulement pour y voter, mais même pour y prendre la parole ; et avec cela, s'il en faut croire un des scholiastes d'Aristophane, on ne pouvait avant trente ans, et peut-être même avant quarante (il est incertain sur le chiffre), se déclarer poëte comique. Ainsi la fonction de poëte comique était considérée comme plus délicate que celle même de membre de l'Assemblée.

1. Victor Duruy, *Histoire grecque*.
2. « Le roi fit des reproches à M. de Vendôme, puis à M. de la Rochefoucauld, de ce qu'ils n'allaient jamais au sermon, pas même à ceux du père Séraphin. M. de Vendôme lui répondit librement « qu'il « ne pouvait aller entendre un homme qui disait tout ce qu'il lui « plaisait, sans que personne eût la liberté de lui répondre, » et fit rire le roi par cette saillie. » *Mémoires du duc de Saint-Simon*.

Et c'est pour cela qu'Aristophane, selon ce scholiaste, aurait donné ses premières pièces sous les noms de Philonidès et de Callistraste, poëtes à ce qu'il paraît, et non pas acteurs ainsi qu'on l'a prétendu. — « Comme j'étais encore fille, dit-il plaisamment (dans un de ces passages où il prenait la parole [1] au milieu de la comédie), et qu'il ne m'était pas permis de devenir mère, je confiai à des mains étrangères l'enfant que j'avais mis au monde en secret; et vous, Athéniens, vous me fîtes la grâce de le nourrir et de l'élever. »

Quelques-uns, il est vrai, expliquent ces prête-noms seulement par la peur de ne pas réussir, par la modestie ou par la prudence de l'auteur [2].

Quoi qu'il en soit, cette loi, ou du moins cette coutume, des trente ans, sinon des quarante, met bien en lumière l'importance démocratique de la comédie *ancienne* à Athènes.

Une autre loi défendait aux membres de l'Aréopage d'écrire des comédies, moins sans doute à cause de la gravité de leur caractère, que parce que c'eût été

---

[1]. Par la bouche du coryphée. Ici c'est le coryphée du chœur des *Nuées*, c'est par conséquent une Nuée qui parle, une Nuée sous la forme d'une fille : de là la plaisanterie.

[2]. « Il faut remarquer, dit Otfried Müller, qu'à Athènes l'État se souciait peu de savoir qui était le véritable auteur d'un drame, et cette question n'était même jamais posée officiellement. Le magistrat qui présidait à une des fêtes de Dionysos, où il était d'usage d'amuser le peuple par des drames nouveaux*, accordait cette concession au maître de chœur qui offrait de préparer le chœur et les acteurs pour une pièce nouvelle, pour peu qu'on eût en lui la confiance nécessaire. Les comiques étaient, aussi bien que les tragiques, maîtres de chœur, *chorodidascales*, de profession; et, dans toutes les choses officielles, telles que payement et distribution des prix, l'État s'enquérait uniquement de celui qui avait préparé le chœur et monté la pièce nouvelle. En outre, une

* Aux grandes Dionysies c'était le premier archonte; aux Lénéennes, le *basileus*.

réunir sur la même tête deux fonctions incompatibles, celle de juge et celle, en quelque sorte, d'accusateur public.

La comédie *ancienne* était donc politique et militante. Celle qui vint ensuite, et qu'on appelle comédie *moyenne*, fut plutôt philosophique ou allégorique. Enfin, la comédie *nouvelle*, dont nous n'avons pas à nous occuper, représente les mœurs générales de l'humanité, et, n'ayant plus rien de local, put être facilement imitée par les Latins et les Modernes.

La comédie *ancienne* était essentiellement locale et mêlée à la vie publique d'Athènes, essentiellement démocratique, même lorsqu'elle combattait la démocratie : à Athènes, l'esprit faisait tout passer, même la carica-

---

coutume que les tragiques abandonnèrent dès le temps de Sophocle s'était maintenue plus longtemps parmi les comiques : le poëte chorodidascale jouait en même temps le premier rôle, celui de protagoniste.

Aristophane avait donc confié ses premières pièces à deux maîtres de chœur de ses amis, Philonidès et Callistrate. On ajoute même, d'après quelques témoignages anciens, qu'il avait fait la distinction de donner à Callistrate les pièces politiques, à Philonidès celles qui se rapportaient à la vie privée. Ces amis sollicitaient ensuite de l'archonte le chœur, mettaient la pièce en scène, obtenaient même (les didascalies en citent plusieurs exemples) le prix, si la pièce était couronnée ; le tout comme s'ils étaient les véritables auteurs, quoique le public intelligent ne pût guère se tromper sur l'auteur de la pièce, ni hésiter entre le génie d'Aristophane, qui venait de se révéler, et Callistrate, qui leur était bien connu[*]. »

[*] Otfried Müller, *Hist. de la litt gr.*, trad. K. Hillebrand.

ture du peuple; Aristophane en est un exemple éclatant, notamment par sa comédie des *Chevaliers,* que nous analyserons tout à l'heure.

Chez les anciens Athéniens, la vie privée était close aux regards, et n'aurait d'ailleurs fourni au poëte comique, par la constitution même de la société, qu'une matière assez restreinte. C'était donc une nécessité pour la comédie ancienne de représenter la vie publique.

Elle suit en effet tous les mouvements de la politique et des affaires, toutes les fluctuations de l'aristocratie et de la démocratie. Il ne lui manque que d'être quotidienne pour devenir dès cette époque quelque chose d'analogue au journalisme moderne, un pouvoir réel en dehors des pouvoirs officiels, une sorte d'institution libre qui complète toutes les autres et qui les contrôle, qui au besoin les modifie ou les renverse, les défait et les refait.

Comme le remarque un spirituel critique, « lorsque Périclès voulut substituer son influence à l'autorité des lois, il se crut obligé de supprimer la comédie (peut-être le désir de se venger des plaisanteries des poëtes comiques ne fut pas non plus étranger à ce coup d'État; nous savons qu'il avait été attaqué par Cratinos, Eupolis, Hermippos et Aristophane lui-même, qui l'appelait *le Jupiter Olympien d'Athènes*); mais le peuple ne renonça pas à la comédie aussi facilement qu'à ses garanties constitutionnelles : trois ans après, le dictateur démocrate fut forcé de la rétablir, et elle acquit assez de puissance pour que Platon définît la république d'Athènes une *théâtrocratie* [1]. »

Quand ce philosophe voulut faire comprendre à Denys de Syracuse le gouvernement d'Athènes, il ne trouva rien de mieux que de lui envoyer les comédies d'Aristophane.

---

1. E. Du Méril, *Revue des Deux-Mondes*, 1er juillet 1846. C'est à peu près ainsi qu'on définissait autrefois la France « une monarchie absolue tempérée par des chansons. »

La comédie attique était même, quelquefois, aussi terrible et aussi formidable que cet usage étrange qu'on nommait l'*ostracisme :* c'était seulement un ostracisme moins immédiat et moins absolu. Mais jusqu'à quel point le plus grand des Grecs, Socrate, en ressentit les funestes effets, c'est ce que nous aurons à voir quand nous étudierons la pièce des *Nuées*.

Avec une toute-puissante liberté, la comédie *ancienne*, fait comparaître devant elle les philosophes, les poëtes, les orateurs, les démagogues, les généraux, les administrateurs des finances. Elle ridiculise l'impudence des ambitieux parvenus et des coteries au pouvoir. Elle maintient par sa censure l'égalité républicaine. Elle satisfait même l'envie, cette plaie ou, si l'on veut, cet aiguillon de la vie publique, à Athènes comme dans toute démocratie. Pas une question, politique, littéraire, sociale, philosophique, religieuse, qu'elle ne saisisse et ne retienne, comme étant de son ressort. Elle éprouve par la plaisanterie, les actes et les projets des gouvernants; elle les discute quelquefois sérieusement, comme dans l'Assemblée: avec une éloquence simple et forte, familière et élevée, elle adresse au peuple des interpellations et des conseils. Elle a le droit de parler de tout et de tous.

Les plus hautes renommées ne sont pas à l'abri de ses atteintes : Euripide est tourné en ridicule, Socrate est travesti et calomnié ; les dieux, Dionysos lui-même, en l'honneur de qui on célèbre ces solennités du théâtre, n'obtiennent pas plus de respect. Pourvu qu'on fasse rire le peuple Athénien, même de lui et en le nommant par son nom, *Dèmos*, on est applaudi, couronné. Telle est la puissance redoutable de l'ancienne comédie attique.

Je ne m'occuperai point ici des origines mégariennes

et doriennes de la comédie, soit avec Susarion, chez les Icariens, habitants d'un village attique, soit avec Épicharme chez les Siciliens : cela seul fournirait un livre. Notons seulement les premiers auteurs de la comédie athénienne.

Après Myllos et quelques autres qui n'avaient pas laissé d'ouvrages, les premiers dans l'ordre chronologique furent Chionidès, Magnès, Ecphantidès ; puis Cratinos, qui mourut l'an 423 avant notre ère, à un âge très-avancé. « Il paraît n'avoir pas été beaucoup plus jeune qu'Eschyle, dont il occupe à peu près le rang parmi les poëtes comiques. Toutes les données que nous avons sur ses poëmes dramatiques, dit Otfried Müller, concernent cependant les dernières années de sa vie; et tout ce qu'on peut dire de lui, c'est qu'il ne craignit pas d'attaquer dans ses comédies Périclès au faîte de son autorité et de sa puissance [1]. Cratès s'éleva du rang d'acteur dans les pièces de Cratinos, à la hauteur d'un poëte estimé ; carrière commune à plusieurs comiques de l'antiquité. Téléclidès aussi et Hermippos sont au nombre des poëtes du temps de Périclès. Eupolis ne commença à donner des comédies qu'après l'ouverture de la guerre du Péloponnèse, en 429, et sa carrière se termina à peu près en même temps que cette guerre. Aristophane débuta en 427 sous des noms empruntés, et trois ans plus tard seulement sous son propre nom. Il composa des comédies jusqu'en 388. Parmi les contemporains de ces grands comiques, il faut remarquer encore Phrynichos, à partir de 429 ; Platon (non le philosophe), de 427 à 391, ou plus longtemps encore ; Phérécratès, également pendant la guerre du Péloponnèse ; Amipsias, rival assez heureux d'Aristophane ; Leucon, qui combattit souvent le grand

---

1. Ainsi que le montrent les fragments qui concernent les Longs Murs et l'Odéon.

comique. Dioclès, Philyllios, Sannyrion, Strattis, Théopompe, qui fleurissent à la fin de la guerre du Péloponnèse ou peu après, forment déjà la transition à la comédie *moyenne* des Athéniens [1]. »

Ce que l'on sait de la biographie d'Aristophane est peu de chose.

Aristophane, fils de Philippe, naquit à Athènes vers l'an 452 avant notre ère. En 430, il alla, en qualité de colon, avec sa famille et avec d'autres citoyens attiques, dans l'île d'Égine, enlevée à ses anciens habitants, pour y prendre possession d'un domaine.

On ne connaît guère les autres circonstances de sa vie, et on ignore la date de sa mort. Le peu que l'on a recueilli encore s'offrira de soi-même et plus à propos en parcourant les onze comédies qui nous restent d'une cinquantaine de pièces qu'il avait composées.

Nous ne pouvons, certes, nous flatter de connaître exactement ce grand poëte, quand nous ne possédons que le quart ou le cinquième de son œuvre. Mais il faut bien se contenter de ce qu'on a.

Au surplus les pièces qui ont surnagé dans le grand naufrage étant apparemment celles dont on avait fait le plus de copies, il y a lieu de croire que le jugement public avait choisi les plus remarquables.

Ces pièces, au premier coup d'œil, étonneraient fort

---

1. Otfried Müller, *Hist. de la litt. gr.*, trad. K. Hillebrand.

un lecteur moderne qui n'y serait pas préparé. On n'y distingue rien d'abord, que des créations fantastiques, des personnages grotesques, des figures bizarres, se mouvant dans des lieux changeants ou imaginaires, tantôt la terre, tantôt les airs, tantôt les enfers, parlant, chantant, dansant, aboyant, grognant, coassant; on est étourdi, ébaubi, abasourdi. On se croirait à un de ces sabbats où Faust est entraîné par Méphistophélès : ici comme là, « cela se pousse et se choque, cela s'échappe et cliquette, cela siffle et grouille, cela saute et jacasse, cela reluit, étincelle et pue et flambe! »

C'est tantôt un chœur de grenouilles, tantôt un de nuées, ou de guêpes, ou d'oiseaux ; c'est le juste et l'injuste dans une cage et armés d'éperons comme des coqs de combat ; ou c'est un personnage qui monte au ciel sur un escarbot de la plus sale espèce. Parmi tout cela, des cris d'animaux, des bruits sans nom, des onomatopées étranges : — Coï, coï! coï, coï! — Mymy, mymy, mymy! — mymy, mymy, mymy! — Houah, houah, houah! — Iattataïax, iattataye! — Bombax, bombalobombax! — — Brékékoax, koax, koax, koax, brékékoax! — Épopo, popopo, popopo, popi! — Toro, toro, toro, torolililix! — Kiccabau, kiccabau! — toute une fourmilière de drôleries, de coq-à-l'âne, de calembours, d'équivoques licencieuses et d'obscénités, qui, avec ce vacarme baroque, donnent à ces comédies une physionomie fantastique rappelant confusément à notre esprit l'arche de Noé, les Bacchanales, la fête de l'Ane et celle des Fous, le Carnaval, Callot, Goya, Grandgousier et Gargantua, Pourceaugnac et ses matassins, le Mamamouchi et ses chandelles, *Robert-Macaire*, *les Saltimbanques*, *le Chapeau de paille d'Italie* et *la Mariée du mardi-gras*.

Puis, çà et là, du milieu de ce fleuve d'imagination burlesque, amphigourique et ordurière, on est étonné de voir s'élever des îlots verdoyants de poésie gracieuse et pure, pleine de suavité et de fraîcheur.

Une bonne part de toute cette folie et de toute cette licence appartient moins à Aristophane en particulier qu'à la comédie *ancienne* en général. Cette comédie faisant partie du culte de Bacchus, l'ivresse y règne.

Premièrement, l'ivresse physique : on distribuait du vin au chœur à son entrée; on faisait ce repas qui s'appelait *cômos*, d'où vint le nom de comédie, *chant du cômos*, et non pas de *cômè* village, comme on l'a prétendu.

Les *phallophories*, c'est-à-dire les processions où l'on portait le phallos, faisaient aussi partie de ces fêtes. La religion, qui consacrait les plus beaux principes de la morale et de la politique sortis de la bouche des Solon et des Lycurgue, consacrait également ces étranges cérémonies : — étranges pour nous, non pour les Grecs, puisque cette religion, au fond, n'était que le culte de la nature, en sa complexité indéfinissable d'esprit et de matière, de pensée et d'animalité.

Un passage du *Grand Étymologique* dit formellement : « On regarde les chants phalliques comme ayant été les premières *trygédies*, » c'est-à-dire les premières pièces, soit tragiques, soit comiques, qu'on jouait en se barbouillant de lie dans les vendanges, *trygè*.

Ces processions étaient accompagnées de danses : les principales danses phalliques s'appelaient *la Sicinnis* et *le Cordax*, noms trop significatifs, quelque étymologie qu'on adopte, danses licencieuses, auprès desquelles les danses les plus lascives des modernes ne sont rien, et dont nous n'avons trouvé quelque idée que dans celles des Gitanos et des Gitanas de l'Albaycin de Grenade.

La Sicinnis était la danse des drames de Satyres, le Cordax était celle des comédies.

Si l'on oubliait les phallophories, on ne s'expliquerait pas parfaitement Aristophane : elles seules vont rendre raison de certaines scènes des *Acharnéens*, de plusieurs passages de la pièce intitulée *les Femmes aux fêtes de Cérès*, et de *Lysistrata* presque tout entière.

Outre cette ivresse physique, une sorte d'ivresse morale régnait dans les fêtes de Dionysos et dans la comédie *ancienne*. Le peuple grec, le peuple Athénien surtout, race fine et naturellement artiste, était sujet à des accès de diverses sortes d'enthousiasme : l'enthousiasme religieux, l'enthousiasme belliqueux, celui de la douleur, celui de la gaieté, l'enthousiasme politique, l'enthousiasme musical, l'enthousiasme orgiaque.

Dans tout le culte de Bacchus, la poésie, le chant, la danse, la mimique, le dessin et les arts plastiques, sont animés de cette double ivresse.

Le chœur comique était le porte-voix et l'interprète, désordonné en même temps qu'officiel, de la joie populaire dans ces fêtes où la sensualité naturelle prenait ses ébats.

C'est le chœur des fêtes de Bacchus qui, avant les poëtes comiques, inventa maints déguisements et maintes métamorphoses. Ces fêtes, en un mot, donnaient lieu à une sorte de carnaval, dans lequel figuraient parfois les animaux, comme jadis dans le nôtre : rappelez-vous les lions et les ours de notre mardi-gras classique, et aussi l'Arlequin italien, dont le masque n'est autre qu'un museau.

Ce genre de fantaisie, d'ailleurs, se retrouve chez tous les peuples. Un des personnages de Shakespeare est orné d'une tête d'âne, un autre fait le rôle du lion, un autre celui de la muraille qui sépare Pyrame et Thisbé. Dans les vieilles farces anglaises, Vice, le héros principal, remplissait le rôle du hareng-saur. Chez les Romains, peuple sérieux pourtant et bien plus rarement gai que les Grecs, un certain Asellius Sabinus n'avait-il pas fait dialoguer ensemble un bec-figue, une huître et une grive? L'empereur Tibère, sensible à cette littérature culinaire, lui donna deux cent mille sesterces en récompense d'une si belle imagination. Ce n'est pas d'hier, vous le voyez, qu'on s'avisa de mettre en scène les légumes, les poissons, les huîtres, les oiseaux, et monsieur le Vent et madame la Pluie, qui pourraient bien être issus des *Nuées*.

Au moyen âge, certaines fêtes religieuses et populaires ne seraient pas sans analogie avec les Fêtes de Bacchus; surtout celles dans lesquelles on voyait figurer les saints avec leurs animaux familiers, saint Antoine avec son porc, saint Roch avec son chien, saint Jean avec son aigle, saint Luc avec son bœuf, etc. — Dans la comédie grecque, selon M. Magnin, la parodie respecta d'abord la figure de l'homme et ne se prit qu'aux animaux.... La transition de la parodie des animaux à la parodie de l'homme se fit par les Satyres et les Centaures.

Ainsi, Aristophane ne fut pas toujours l'inventeur de ces personnifications bizarres et de ces travestissements; l'inventeur, ce fut tout le monde.

Chaque poëte ensuite augmenta ce fonds, créé par tous, légué à tous, et l'imagination de chacun d'eux, se mariant au génie populaire, produisit des effets nouveaux.

Cratinos fit une comédie des *Chèvres* et une des *Androgynes*, ou Hommes-Femmes (était-ce la même idée

que celle de la jolie légende de Platon dans *le Banquet?*).
Phérécrate fit représenter les *Hommes-Fourmis* et un
Faux Hercule, apparemment le même personnage que
nous verrons figurer dans *les Grenouilles* de notre auteur. Magnès avait donné aussi des *Grenouilles*, des
Oiseaux et des *Moucherons*. — Parmi les pièces d'Aristophane qui ne nous sont point parvenues, il y avait *les
Cigognes*.

Mais personne peut-être avant lui n'avait imaginé de
faire paraître sur le théâtre des êtres aussi incorporels
que les Nuées, de les faire danser, chanter et parler; et
jamais sans doute on ne vit représenter rien de plus
fantastique, si ce n'est ces ballets imaginés au dix-
septième siècle par quelques régents de collége et dansés
par leurs écoliers, où figuraient en menuets les Prétérits, les Gérondifs et les Supins, avec les Adjectifs
Verbaux.

Souvent aussi le chœur comique parodiait les mouvements et la pompe du chœur tragique par ses gambades
désordonnées et son burlesque appareil.

Outre l'influence générale du culte de Bacchus, peut-
être aussi l'influence particulière des ïambes d'Archi-
loque sur le développement du talent d'Aristophane con-
tribua-t-elle à produire cette sorte de lyrisme dans la
satire et jusque dans la bouffonnerie, « cet essor enthousiaste dans la peinture du mal et de la vulgarité, »
qui est, selon la remarque d'Otfried Müller, un des caractères saillants du grand poëte comique athénien.

Aristophane ne fit donc que multiplier ou varier ces inventions drolatiques, qu'il trouva, si l'on peut s'exprimer ainsi, dans le répertoire courant, c'est-à-dire dans l'usage : car presque tout, comme vous savez, se passait de vive voix et se transmettait de mémoire.

En quoi est-ce, alors, que le grand poëte fit éclater son génie propre? Ce fut en introduisant, plus habilement encore et plus vivement que ne firent tous ses rivaux, des idées sérieuses et utiles sous ces personnifications bizarres, sous ces costumes et ces masques, sous ces groins, ces becs et ces ailes; ce fut en se servant merveilleusement de tout cet appareil grotesque pour mettre en action des moralités, comme celles des fables ésopiques, mais avec bien plus de puissance et de portée, ou, chose plus difficile encore, des questions politiques et sociales.

En effet, si la comédie d'Aristophane, ivresse ou lyrisme, relève de la fantaisie et de la poésie par sa forme à la fois très-vive et très-hardie mais très-fine et très-arrêtée, elle appartient presque entièrement par le fond à la politique ou à la philosophie sociale.

Elle n'est donc ni frivole ni stérile. Elle assaisonne de gaieté les idées graves, pour allécher le peuple et le nourrir à son insu, pendant qu'il croit seulement s'enivrer du vin des Dionysies. Comme Solon, elle cache un grand dessein sous son apparente folie : elle veut dicter des lois et gouverner.

Cette comédie ne nomme pas toujours le personnage qu'elle attaque; mais elle le désigne d'une manière si claire qu'il n'y a pas moyen de s'y tromper; elle prend parfois un masque qui lui ressemble, ou même qui ne lui ressemble pas et qui n'est que la caricature de son visage, afin que la malignité le reconnaisse mieux.

Chacune de ces pièces est une action, un combat; et cependant elle paraît toujours, grâce à l'imagination et à l'art du poëte, un pur caprice, une boutade, un accès de la double ivresse dionysiaque.

Aristophane excelle à mettre l'idée en scène, à la revêtir d'une forme vive, dramatique et lyrique en même temps. L'imprévu de sa fantaisie, l'agilité de son esprit dans l'imaginaire, étonnent et ravissent. Il faut aller jusqu'à Shakespeare pour retrouver dans la littérature un nouvel exemple, aussi admirable, de cette puissance légère, ailée : la comédie des *Oiseaux* n'a d'égal que *le Songe d'une Nuit d'été*.

Rabelais seul, avant Shakespeare, pourrait en donner parfois une idée. Mais la langue française du seizième siècle, quelle que soit sa richesse soudainement accrue par la féconde inondation de la Renaissance, ne peut avoir encore ni la limpidité ni la perfection de la langue attique à l'époque d'Aristophane. Celui-ci, d'ailleurs, a pour lui, outre la supériorité de la langue grecque sur toute autre langue humaine, celle de la poésie sur la prose. Et, en même temps que les vers d'Aristophane ont la couleur de ceux de Mathurin Régnier, ils ont aussi, lorsqu'il le faut, chose qui semble inconciliable, la sobriété élégante et fine de la prose de la Rochefoucauld et de Voltaire.

Précisément, ce sont les jeux exquis de cette langue unique au monde qui faisaient tout passer, même les choses les plus fortes. Le peuple grec était amoureux de sa langue — riche, musicale, souple, fantaisiste — il jouait avec elle, comme les Italiens avec leurs fioritures. De là toutes ces plaisanteries, ces onomatopées, ces choses intraduisibles. Maniée par des esprits d'élite, cette langue, qui n'eut jamais d'égale, savait conserver la beauté jusque dans l'ivresse, la grâce jusque dans les plus énormes folies. C'est ce qui purifie ces folies mêmes.

Ce point de vue doit dominer toute notre appréciation. Si vous refusez de vous y placer, n'allez pas plus avant, je vous en prie : il est temps encore de vous arrêter.

I

COMÉDIES POLITIQUES.

Quatre des onze comédies qui nous restent touchent aux questions politiques; quatre aux questions sociales; trois aux questions littéraires. C'est dans cet ordre que nous allons les parcourir.

Les quatre comédies politiques sont :

Les Acharnéens, représentés 426 ans avant notre ère, la sixième année de la guerre du Péloponnèse.

Les Chevaliers, 425 avant notre ère, septième année de la guerre.

La Paix, 421.

Lysistrata, 412.

Aristophane est l'historien de la guerre du Péloponnèse aussi bien que Thucydide, quoique différemment. Pour mieux dire, il en est le pamphlétaire. Il est, pour cette période de l'histoire grecque, ce que Rabelais, par exemple, est pour le règne de François Ier et pour la crise de la Réforme, ce que la Satire Ménippée est pour la Ligue, ce que sont *les Tragiques* de d'Aubigné pour la cour d'Henri III, et son *Baron de Fæneste* pour celles d'Henri IV et de Louis XIII, les Mazarinades pour l'époque de la Fronde, les *Provinciales* pour les assemblées violentes de la Sorbonne en 1656; ce qu'est Saint-Simon, après coup, pour le règne de Louis XIV; ce que sont Voltaire et Beaumarchais pour le dix-huitième siècle; Camille Desmoulins, ou Rivarol, pour les luttes de la Révolution française; les Chansons de Béranger et les pamphlets de Paul-Louis Courier pour la Restauration. Toute crise politique ou sociale a ses pamphlets, pour ou contre. Or la crise fut l'état ordinaire des petites républiques de la Grèce tant qu'elles vécurent réellement, et jamais elles ne vécurent d'une vie plus active, plus intense, que dans cette guerre où éclata l'antagonisme originel des deux principales races dont la nation grecque se composait, la race ionienne et la race dorienne. Mais Aristophane comprit que, dans cette crise fiévreuse, Athènes, même victorieuse, usait ses forces et sa vie. Il fut donc l'adversaire déclaré de cette guerre funeste, et ne cessa de la blâmer, de l'attaquer.

Voyons comment il s'y prenait.

LES ACHARNÉENS.

Acharnes était un bourg, assez riche, voisin d'Athènes. Depuis six ans, la guerre désolait le Péloponnèse et l'Attique. Périclès, qui avait engagé la lutte pour le compte d'Athènes, était mort, il y avait trois ans, victime de la peste (en 429), et le pouvoir flottait en des mains inhabiles : la guerre redoublait de fureur. Chassés par les invasions des Lacédémoniens, les paysans s'étaient réfugiés dans les murs d'Athènes.

L'un d'eux, Dicéopolis (dont le nom signifie à peu près *Bonne-Politique*), désespéré de voir que ses compatriotes s'obstinent à rejeter la trêve que les Lacédémoniens leur proposent, s'avise de négocier lui-même une petite trêve pour son usage particulier.

On lui présente des échantillons de différentes trêves, en forme de petits flacons de vin, tels qu'on les employait à la libation dans les traités de paix : Trêve de cinq ans? — Mais elle sent le goudron et les navires! (c'est-à-dire, encore la guerre). — Trêve de dix ans? — Cela vaut mieux. — Trêve de trente ans sur terre et sur mer? — Vive Dionysos! celle-ci a un goût d'ambroisie et de nectar! Elle ne dit pas : « Pars, prends des vivres pour trois jours. » Elle dit dans la bouche : « Va où tu voudras! » Tope! je la reçois et la bois! Serviteur aux Acharnéens! Délivré de la guerre et de ses maux, je m'en vais aux champs célébrer la fête de Dionysos!

Les Acharnéens, vieux soldats de Marathon, irrités contre Dicéopolis qui a conclu la paix pour lui et sa famille sans leur participation, veulent lui faire un mauvais parti : ils parlent de le lapider. Il les menace de poignarder.... leurs paniers à charbon! — Les Acharnéens (presque tous charbonniers) sont intimidés; capitulent.

Dicéopolis, alors, leur fait un discours sur les maux de la guerre et les avantages de la paix. Il a eu soin, pour mieux toucher ses auditeurs, d'aller emprunter à Euripide la défroque et les *accessoires* d'un de ses héros :

des haillons, un bâton de mendiant, une vieille lanterne et une écuelle ébréchée. — « Malheureux! s'écrie Euripide, tu m'enlèves ma tragédie! »

Dicéopolis, ainsi équipé, prouve que tous les torts ne sont pas du côté des Lacédémoniens; qu'on ferait bien de suivre son exemple, de conclure la paix, et de couper court à cette horrible guerre qui, depuis six années déjà, entrave le commerce, tient toutes les affaires en souffrance et porte partout la désolation. — Sous l'accoutrement comique du bonhomme, c'est Aristophane qui parle raison, et sa parole simple et familière s'élève souvent jusqu'à l'éloquence, sans disparate et sans effort.

Les Acharnéens se laissent convaincre et, à leur tour, font entendre au public, une harangue hardie, d'un style varié, où se mêlent la plaisanterie et la poésie. (Nous reviendrons plus tard sur ce morceau, lorsque nous parlerons des *Parabases*; celle-ci est une des plus belles.) Ici encore c'est Aristophane lui-même qui s'adresse aux Athéniens par la voix du coryphée.

Mais raisonner longtemps ne vaudrait rien, au milieu des fêtes de Bacchus. Pour faire éclater l'idée du poète à l'esprit et aux yeux de tous, il faut présenter à ce peuple un tableau qui l'amuse et le séduise : il importe moins de le convaincre que de le gagner.

La maison de Dicéopolis, depuis qu'il a fait la paix pour son compte, devient un pays de Cocagne ; tout y afflue, tout y abonde; c'est le seul marché de l'Attique. Pendant que la guerre affame et désole le reste du pays, lui seul peut acheter tout ce que le commerce fournit aux besoins de la vie et aux plaisirs. Il fait bombance et chère-lie.

Un Mégarien, réduit par la famine à vendre ses deux filles qu'il ne peut plus nourrir, les déguise en petites truies avec des groins, et les apporte, dans un sac, sur le marché de Dicéopolis. De là une foule de bouffonneries licencieuses, le mot *truie* ayant aussi en grec un un autre sens. Les deux petites truies grognent du mieux qu'elles peuvent : *Coï, coï! coï, coï!* — « La chair de ces animaux-là, dit le Mégarien, est délicieuse quand on la met à la broche ! » Vous entendez d'ici les rires ! il y a là un feu roulant d'équivoques, qui ne dure pas moins d'une quarantaine de vers, pour la plus grande gloire Bacchus et des phallophories[1].

Ensuite survient un Béotien, qui apporte à Dicéopolis tous les produits de son pays. Dicéopolis lui livre en échange une des denrées qu'Athènes produit en abondance, un sycophante[2] empaqueté. Il faut lire ce dialogue :

DICÉOPOLIS.
Veux-tu que je te paye en espèces sonnantes, ou en marchandises de ce pays-ci ?

---

1. La scène des petits cochons de lait semble une broderie de fantaisie sur le proverbe athénien qui disait : « Un Mégarien vendrait bien ses enfants pour de petits cochons, si quelqu'un voulait les prendre. »

2. Proprement : *Dénonciateur de* [ceux qui exportent les] *figues* [par contrebande]. Le Sénat, à une époque ancienne, dit Plutarque, avait défendu par une loi d'exporter les figues de l'Attique : ceux qu'on trouvait en contravention étaient condamnés à une amende, au profit du dénonciateur. Le ministère public étant chose inconnue à la Grèce comme à Rome, c'étaient les citoyens

LE BÉOTIEN.

Je veux bien de ce qu'on trouve à Athènes et qu'on ne trouve pas en Béotie.

DICÉOPOLIS.

Des anchois de Phalère ? de la poterie ?

LE BÉOTIEN.

Oh ! des anchois, de la poterie, nous en avons ! je veux un produit qui manque chez nous et soit ici en abondance.

DICÉOPOLIS.

J'ai ton affaire : prends-moi un sycophante, bien emballé, comme de la poterie !

LE BÉOTIEN.

Par Castor et Pollux ! je gagnerais gros à en emporter un ! je le montrerais comme un singe plein de malice !

DICÉOPOLIS.

Tiens ! voici justement Nicarque, qui moucharde !

eux-mêmes qui dénonçaient ceux qui, en violant la loi, faisaient tort à la société. Les sycophantes ne méritèrent donc pas toujours le mépris qui s'attache à leur nom, puisque les coupables fussent restés impunis si quelque citoyen ne les eût appelés en justice, et cela à ses risques et périls : car, dans les actions publiques, l'accusateur qui n'obtenait pas au moins un cinquième des suffrages payait une amende de mille drachmes; c'était un moyen de tenir en bride les sycophantes. Mais on comprend que, malgré cette précaution de la loi, ce rôle, par sa nature même, pouvait devenir aisément abusif et odieux. Souvent on accusa des innocents. Il en résulta que, par extension, le nom de *sycophantes* fut donné d'une manière générale aux calomniateurs et aux gens très-nombreux qui vivaient du produit de leurs dénonciations. Aristophane ne laisse échapper aucune occasion de flétrir et de ridiculiser les *sycophantes*. Isocrate, lui aussi, poursuivra sans relâche les *sycophantes*. « C'est, dit M. Ernest Havet, le nom dont on nommait à Athènes ces aboyeurs misérables, ces dénonciateurs infâmes, qui donnent les citoyens à déchirer aux citoyens, jetant de préférence en proie aux passions publiques ceux dont ils redoutent le plus la raison ou la vertu.... Isocrate trouve contre les *sycophantes* des flétrissures presque égales à leur abjection. Il a tracé notamment, à la fin du discours sur l'*Antidosis* un portrait de cette espèce d'hommes vraiment achevé et ineffaçable. Il a oublié un trait cependant, qui ne se dessinait pas encore : c'est que le sycophante contient en lui le délateur, c'est-à-dire ce qui se présente de plus triste et de plus odieux dans l'histoire. Le délateur du temps des Césars, c'est le sycophante sans la liberté. »

LE BÉOTIEN.

Qu'il est petit!

DICÉOPOLIS.

Mais il est tout venin!

On empoigne le sycophante, on le roule, on le ficelle comme un ballot, et le Béotien l'emporte.

Imaginez tout cela en action : quelle fantaisie divertissante ! quel mouvement ! quel entrain ! quelle verve !

Croyez-vous qu'une scène semblable n'aurait pas, encore aujourd'hui, quelque succès autre part qu'à Athènes?

Je ne veux pas dire pour cela qu'il faille imiter cette scène. Il faut étudier, et non imiter; et, après qu'on a étudié les livres, il faut étudier les hommes et les femmes et les enfants. Les imitations et les pastiches sont choses mortes et inanimées; aussi bien les pastiches de comédies que les pastiches de tragédies; aussi bien les pastiches de temples grecs que les pastiches de cathédrales gothiques; mais, aujourd'hui que l'invention manque, parce qu'on ne croit plus chaudement à rien, on ne fait plus guère, en toutes choses, que des pastiches.

Ensuite, le poëte, dans une série de scènes à tiroir courtes et vives, achève ce qu'on appelle en rhétorique la démonstration par les contraires.

UN LABOUREUR.

Oh là, là ! Pauvre que je suis !

DICÉOPOLIS.

Par Hercule ! qui es-tu?

LE LABOUREUR.

Un homme bien malheureux!

DICÉOPOLIS.

Tourne-moi les talons!

LE LABOUREUR.

Ah! mon ami, puisque seul tu jouis de la paix, cède-m'en un peu, ne fût-ce que cinq ans!

DICÉOPOLIS.

Qu'est-ce qu'on t'a fait?

LE LABOUREUR.

Je suis ruiné! j'ai perdu ma paire de bœufs!

DICÉOPOLIS.

Et comment?

LE LABOUREUR.

Les Béotiens me l'ont enlevée à Phylé!

DICÉOPOLIS.

Pas de chance!...

LE LABOUREUR.

Hélas! le fumier de mes bœufs faisait ma richesse!

DICÉOPOLIS.

Qu'est-ce que j'y peux?

LE LABOUREUR.

Je perds la vue à pleurer mes bœufs! Ah! si tu t'intéresses à Dercétès de Phylé, frotte-moi vite les yeux avec ton baume de paix!

DICÉOPOLIS.

Mais ce n'est pas un baume de paix pour tout le monde!

LE LABOUREUR.

Je t'en supplie! Peut-être retrouverais-je mes bœufs.

DICÉOPOLIS.

Non, rien! Va-t'en pleurer plus loin!

LE LABOUREUR.

Rien qu'une seule goutte de paix! verse-la-moi, là, dans ce chalumeau!

DICÉOPOLIS.

Non pas une goutte! va-t'en geindre ailleurs!

LE LABOUREUR, *s'en allant.*

Ah! ah! malheureux que je suis!... Mes deux pauvres bœufs de labour!

Le poëte comique, qui est vrai avant tout, et qui, tout en suivant son idée politique, ne perd pas de vue la nature humaine, représente avec naïveté dans cette scène l'endurcissement des parvenus. Dicéopolis, malheureux la veille comme ce pauvre laboureur, et qui alors eût compâti sans doute aux infortunes qu'il partageait, devient impitoyable, tout naturellement, sitôt qu'il se voit riche. Il ne connaît plus ces misères; il y est insensible désormais, si ce n'est peut-être pour en jouir, par la comparaison de son bonheur, selon la profonde et triste pensée de Lucrèce, le poëte philosophe :

Non quia vexari quemquam est jucunda voluptas,
Sed, quibus ipse malis careas, quia cernere suave est.

« Non pas qu'on prenne plaisir à l'infortune d'autrui, mais parce que la vue des maux dont on est exempt a sa douceur. »

A peu près de même l'auteur de *Gil Blas* nous montre son héros se dépouillant de toute sensibilité humaine dès qu'il a fait fortune et qu'il est à la cour. « Avant que je fusse à la cour, dit Gil Blas dans sa naïve confession, j'étais compatissant et charitable de mon naturel; mais on n'a plus, là, de faiblesse humaine, et je devins plus dur qu'un caillou. Je me guéris aussi, par conséquent, de ma sensibilité pour mes amis; je me dépouillai de toute affection pour eux.... »

Ainsi fait Dicéopolis. Il ne songe qu'à se réjouir, et ne veut pas donner un brin de son bonheur.

※

Un garçon de noces vient aussi, de la part d'un nouveau marié, lui demander une goutte de ce baume admirable, élixir de félicité ! Le nouvel époux voudrait bien, au lieu de partir pour la guerre, passer chez lui sa nuit de noces ! — « Non ! répond Dicéopolis, je ne donnerais par une goutte de paix, fût-ce pour mille drachmes ! »

Une matrone vient faire la même prière, de la part de la mariée. Elle brûle, cette pauvre petite mariée, de garder pour elle, au logis, tout ou partie de son époux ! — Que veux-tu dire ? réplique Dicéopolis. — Alors la matrone lui parle à l'oreille. Et le peuple de rire ! Et Dicéopolis de même. Il a ri, il est désarmé. « Allons ! dit-il, je vais lui en donner une goutte ! pour elle seule ! parce qu'elle est femme et ne doit pas souffrir des maux de la guerre ! »

Et il donne avec le flacon la manière de s'en servir, qui est encore une polissonnerie.

⁂

Un dénoûment en antithèse, on ne peut plus bouffon, achève de rendre sensible à tous l'idée du poëte, les maux de la guerre et les avantages de la paix :

Le général Lamachos est obligé d'aller se mettre à la tête de l'armée, pendant que Dicéopolis va se mettre à table. L'un demande son casque, l'autre crie qu'on apporte le civet. Il y a là un cliquetis de répliques, vers par vers.

LAMACHOS.

Esclave décroche ma lance, et apporte-la-moi !

DICÉOPOLIS.

Esclave ! esclave ! retire le boudin du feu, et apporte-le-moi !

LAMACHOS.

Allons ! que j'ôte ma lance du fourreau ! Tiens, tiens bien, esclave !

DICÉOPOLIS.

Tiens, tiens bien, esclave ! que je retire la broche !...

Cette antithèse et ce contraste se développent pendant une cinquantaine de vers avec une verve étourdissante. Puis, l'un s'en va combattre, et l'autre banqueter. Et le chœur, qui reste toujours en scène, achève d'indiquer à l'imagination des spectateurs ce que l'on ne peut mettre tout à fait sous leurs yeux; quoiqu'on ne se gêne pourtant pas beaucoup, comme vous allez le voir bientôt; mais le chœur dit en attendant :

« Bien du plaisir à tous les deux, dans vos expéditions qui ne se ressemblent guère! l'un va boire, couronné de fleurs, avec une belle fille à ses côtés...; l'autre va geler et monter la garde pendant la nuit... »

Après ce chœur, assez court, — mais dans le théâtre grec, soit tragique, soit comique, le temps marche au gré du poëte et de l'imagination des spectateurs, et il n'y a rien de plus chimérique que les prétendues unités de temps et de lieu imputées aux Athéniens, — voilà que l'on rapporte Lamachos blessé, estropié; — Dicéopolis arrive de l'autre côté, chantant à tue-tête, avec deux courtisanes, une sous chaque bras, et les caresse et se fait caresser par elles en plein théâtre, tandis que le chœur lui décerne l'outre réservée au meilleur buveur dans les fêtes de Dionysos [1].

Par là le poëte semblait présager le succès qu'obtint en effet sa pièce : Aristophane, par cette comédie des *Acharnéens*, remporta le prix sur Eupolis et sur Cratinos.

---

1. Érasme s'est souvenu sans doute de ce tableau, lorsqu'il a mis en scène un chartreux et un soldat : celui-ci revenant de la guerre, éclopé, misérable, aussi ruiné de corps que de biens; celui-là en pleine fleur de santé, libre de soins et charmé du repos; tous deux étrangers à toute croyance noble et généreuse. Aussi Érasme se moque-t-il de tous les deux,

Cet appareil si varié et si bizarre de guerre et de cuisine, de tribune et de marché, ces scènes courtes et vives, l'originalité de la mise en scène et des accessoires, les costumes et les évolutions du chœur, ses chants joyeux et gaillards « au dieu Phalès compagnon de Dionysos, ami des festins, coureur nocturne, patron de l'adultère, séducteur des jeunes garçons »; à travers tout cela, un dialogue naturel, rapide, étincelant, une abondance intarissable de plaisanteries, les unes bonnes, les autres mauvaises, toutes concourant à l'effet voulu ; le mouvement, l'entrain scénique de ce dénoûment en action et en antithèse; les gaietés énormes de la dernière scène, entre Dicéopolis et les deux filles, tout cela enchanta le peuple d'Athènes et les juges du concours, qui n'étaient pas prudes comme on se pique de l'être aujourd'hui.

※

Il est vrai que l'on peut, sans être prude, trouver tout cela un peu bien vif; mais les mœurs des Grecs n'étaient pas les nôtres et leurs bienséances étaient moins étroites. Il faut songer que les rôles de femmes étaient joués par des hommes. Cela rendait la licence plus aisée, mais cela diminue l'obscénité réelle.

Le bonheur de la paix, tel que le poëte nous le représente, est un peu matérialiste si vous voulez ; mais, au théâtre et pour un grand public, il faut des choses qui frappent les sens. Le théâtre a des procédés qui lui sont propres, autres que ceux de la tribune et non moins puissants. Souvent le sens commun parlant le langage de la bouffonnerie convaincra mieux le peuple que la plus grave éloquence.

L'auteur de *l'Esprit des Lois*, désignant la nation française : « Laissez-lui traiter, dit-il, les choses frivoles sérieusement, et gaiement les choses sérieuses. » Et un

peu plus loin : « On n'aurait pas plus tiré parti d'un
Athénien en l'ennuyant, que d'un Lacédémonien en le
divertissant. » Le difficile est de rendre intelligible,
d'animer et de personnifier les idées qu'on veut mettre
aux prises devant le peuple, afin qu'il soit juge du combat et qu'il prononce lui-même par le rire en faveur de
ses intérêts, contre ce qui peut les menacer. Aristophane
excelle en ce point.

LES CHEVALIERS.

On sait comment il crayonna à l'usage du peuple
souverain d'Athènes, qui était bon prince à ses heures,
une jolie caricature de la démocratie. C'est dans la
comédie des *Chevaliers* qu'il met en scène le bonhomme
Peuple lui-même, sot, un peu sourd, irascible, radoteur
et gourmand, et, à côté de lui, Cléon, le principal
meneur de l'Assemblée depuis la mort de Périclès. Il ne
nomme pas Cléon, du moins dans cette pièce, mais il le
désigne clairement; et dans une autre, il dit bien que
c'est lui qu'il a attaqué dans les *Chevaliers*. Il l'avait
maltraité déjà, incidemment, dans les *Acharnéens*, et
précédemment encore dans *les Babyloniens*, pièce qui ne
nous est point parvenue. Cléon, pour se venger, accusa
le poëte devant le Sénat, premièrement d'avoir livré le
peuple à la risée des étrangers, qui assistaient en grand
nombre aux représentations, secondement de n'être pas
citoyen d'Athènes et d'en usurper les droits. Nous avons
dit qu'Aristophane avait des biens à Égine, et il paraît
que sa famille était originaire de Rhodes : de là ces accusations. Sur le second point il se justifia en poëte comique par le mot de Télémaque au premier chant de

l'*Odyssée* : « Nul ne sait jamais sûrement quel est son père. » Sur le premier il répondit par une audace plus grande encore que celle qui lui avait attiré ces accusations, il fit *les Chevaliers*. Il nous apprend lui-même dans sa pièce, revue apparemment et augmentée, qu'aucun ouvrier n'osa faire un masque représentant le visage de l'homme qu'il voulait ridiculiser, tant Cléon était redouté ! Et le scoliaste raconte à ce propos, mais on ne sait s'il faut ajouter foi à cette anecdote, qu'aucun comédien n'ayant eu la hardiesse de se charger du rôle, Aristophane se barbouilla légèrement le visage avec de la lie et monta sur le théâtre pour y représenter lui-même son ennemi.

Le fait est, que *les Chevaliers* sont le premier ouvrage qu'il donna sous son nom et sans prendre pour chaperon Philonidès ou Callistrate. Ainsi ce fut la première fois qu'il parut dans la lice personnellement, pour combattre à visage découvert, de quelque façon qu'on veuille l'entendre : il faut donc toujours louer son courage.

Cette comédie fut jouée aux fêtes dites Lénéennes, la septième année de la guerre du Péloponnèse, 425 ans avant notre ère.

Cléon perpétuait la guerre, afin, disait-on, de se rendre indispensable. C'est donc toujours la guerre qu'Aristophane attaque, en attaquant Cléon.

Les Acharnéens sont tout à la jovialité, à l'ivresse dionysiaque ; *les Chevaliers* respirent la haine politique : Cléon était à l'apogée de sa puissance, et la fortune, à ce moment, couronnait jusqu'à ses témérités ; il avait pour lui la chance et la veine ; la faveur populaire enflait ses voiles ; tout lui riait, tout l'acclamait ; Aristophane, personnellement irrité par les persécutions judiciaires que lui avaient values *les Babyloniens*, l'attaque cette fois plus violemment encore; il prend le taureau par les cornes, il le secoue, il l'exaspère, il lui plante au cou vingt banderillas, dont les feux d'artifice éclatent dans les plaies.

L'exposition de la pièce est des plus vives. Deux esclaves du bonhomme Peuple (le poëte, dans ces deux personnages, désignait, sans les nommer, deux généraux athéniens, Démosthène et Nicias; ces noms, même, ont été introduits par les copistes dans la liste des personnages; mais ils ne se trouvent point dans les vers d'Aristophane, et ne pouvaient pas s'y trouver : ce ne sont pas là des noms d'esclaves); le *premier esclave*, donc, et le *second esclave*, car dans la pièce il n'y a pas autre chose, se plaignent d'avoir été supplantés dans l'esprit du vieillard par un nouveau venu, souple et hâbleur.

Ils poussent des gémissements fantastiques: *Iattataiax, iattataye!... Mymy, mymy, mymy! Mymy, mymy, mymy!...*

« Il faut que vous sachiez, dit l'un aux spectateurs, c'est-à-dire au peuple lui-même, que nous avons un maître d'un naturel difficile et colérique, Peuple, le Pnycien, mangeur de fèves, vieillard morose et un peu sourd.... »

La Pnyx était le nom du lieu des Assemblées, situé près de la citadelle : le poëte en fait la patrie du bonhomme Peuple. Et, s'il l'appelle mangeur de fèves, c'est que les Athéniens, étant tous juges ou jurés tour à tour, se servaient de fèves blanches et noires pour donner leurs suffrages : ils recevaient pour cette fonction un salaire, d'abord d'une, puis de deux, puis de trois oboles. Notez ce point qui va revenir souvent.

« Le mois dernier, continue l'esclave à qui on a donné le nom de Démosthène dans la liste des personnages, il achète un nouvel esclave, un corroyeur paphlagonien [1], intrigant et calomniateur. Ce corropaphlagon, ayant connu l'humeur du vieillard, se mit à faire le chien couchant auprès de lui, à le caresser de la queue, à le flatter, à le tromper, à l'enlacer dans ses réseaux de cuir, en lui disant : « O Peuple, c'est assez d'avoir jugé une affaire, va-t'en au bain, prends un morceau, bois, mange, reçois tes trois oboles. Veux-tu que je te serve à souper? » Puis il s'empare de ce que nous avons apprêté, et l'offre au maître généreusement. L'autre jour encore, à Pylos, je prépare un gâteau lacédémonien, ce voleur-là me l'escamote, et le présente de sa main, quand c'était moi qui l'avais pétri! Il nous écarte, il ne souffre pas qu'un autre que lui donne des soins au maître. Debout, l'épouvantail en main [2], il éloigne de sa table les orateurs qui bourdonnent. Il lui débite des oracles, et le vieillard raffole de prophéties. Quand il le voit dans cet état d'imbécillité, il en profite pour accuser effrontément tous ceux de la maison, pour nous calomnier, et les coups de fouet pleuvent sur nous. »

1. Cléon était fils d'un corroyeur et avait été corroyeur lui-même. Il n'était point Paphlagonien; mais ce nom en grec, par une sorte d'onomatopée, fait allusion à sa voix rauque et à son éloquence violente et tumultueuse. De plus, le poëte, en le nommant ainsi, semble à son tour le désigner comme étranger et lui renvoyer son injure. Enfin le scoliaste ajoute que les Paphlagoniens, en général, passaient pour d'assez malhonnêtes gens.

2. On rend, comme on peut, ce calembour, l'épouvantail au lieu de l'éventail : le grec dit βυρσίνην, fouet de cuir, au lieu de μυρσίνην, branche de myrte, avec laquelle les esclaves éventaient le maître ou chassaient les mouches. Ici, les mouches, ce sont les orateurs, qui seuls alors, avec les poëtes comiques, remplissaient le rôle que les journalistes remplissent aujourd'hui.

Ce trait du gâteau de Pylos devait faire rire les Athéniens, qui étaient au courant des faits. Ces faits nous sont rapportés par Thucydide, au quatrième livre de son Histoire de la guerre du Péloponnèse, dans un passage qui est lui-même une assez jolie scène de comédie et qui éclaire d'un nouveau jour cette curieuse figure de Cléon. Au reste, n'oublions pas que Thucydide, qui était, comme Aristophane, partisan de l'aristocratie, devait être, lui aussi, très-hostile à Cléon, homme nouveau, homme populaire. Il ne faut donc pas plus se fier aveuglément au témoignage de Thucydide sur Cléon que, par exemple à celui de Froissart, le chroniqueur de la noblesse et du clergé, sur Van Arteveld le tribun des Flandres. Ceci soit dit sans mettre Froissart, si léger, si enfant, si indifférent, sur la même ligne que Thucydide, si plein et si mûr.

L'historien raconte comment Cléon avait empêché la paix de se conclure, comment les Athéniens continuaient, à Pylos, de tenir les Lacédémoniens assiégés dans l'île de Sphactérie, et souffraient une grande disette d'eau et de vivres.

Cléon, de peur qu'on ne s'en prît à lui de ces souffrances, assurait qu'on ne recevait que de fausses nouvelles. A quoi on répondit en le priant d'aller lui-même voir les choses par ses yeux, en compagnie de Théagène. Cléon sentit qu'en y allant il serait forcé de convenir que les nouvelles étaient vraies. Il conseilla, voyant qu'on n'était pas encore tout à fait dégoûté de la guerre, de ne point envoyer aux informations, ce qui ne servirait qu'à perdre du temps; ajoutant que, si l'on regardait les nouvelles comme vraies, il fallait s'embarquer et porter aux assiégeants du renfort. Puis, attaquant indirectement Nicias, fils de Nicératos, qui était alors général et qu'il n'aimait pas (ce Nicias, représenté par le second esclave), il dit qu'avec la flotte qui était appareillée il serait facile aux généraux, s'ils étaient des hommes, d'aller prendre les ennemis qui étaient dans l'île; qu'il le ferait bien, lui, s'il avait le commandement! Le peuple fit entendre quelques murmures contre Cléon : « Que ne partait-il à l'instant, puisque la chose lui paraissait si facile? » Nicias surtout, attaqué par lui, dit qu'il n'avait qu'à prendre ce qu'il voudrait de troupes et se charger de l'affaire. Cléon crut d'abord qu'on ne lui parlait pas sérieusement et répondit qu'il était prêt. Mais, quand il vit que Nicias voulait tout de bon lui céder le commandement, il commença à reculer et dit qu'après tout ce n'était pas lui, mais Nicias, qui était général. Il était un peu interdit; il ne croyait pas cependant que Nicias voulût tout de bon lui remettre le généralat. Celui-ci le pressa de l'accepter, renonça à conduire l'affaire de Pylos, et prit le peuple à témoin. Plus Cléon essayait d'éluder la proposition, plus la multitude (car tel est son caractère, dit Thucydide) pressait Nicias de lui remettre le commandement, et criait à Cléon de s'embarquer. Ne pouvant plus retirer ce qu'il avait dit, Cléon accepte enfin, et promet d'amener vifs, dans une vingtaine de jours, les Lacédémoniens qui étaient dans Sphactérie, ou de les laisser morts sur la place. On rit de la forfanterie, et les honnêtes gens se réjouissaient de voir que, de deux biens, il y en avait un immanquable : ou d'être délivrés de Cléon, et c'est sur quoi l'on comptait; ou, s'ils étaient trompés dans cette attente, d'en avoir fini avec les Lacédémoniens. Cléon partit, et, des généraux qui étaient à Pylos, ne voulut pour collègue que Démosthène (ce Démosthène représenté par l'autre esclave du bonhomme Peuple, dans l'exposition de la comédie). C'est qu'il avait ouï dire que ce général pensait à faire une descente dans l'île pour mettre un terme à la déplorable situation des soldats qui ne demandaient pas mieux que de tenter, de leur côté, une sortie, si dangereuse qu'elle fût, pour en finir à tout prix, d'une ou d'autre façon. Un incendie survenu parmi les assiégés acheva de décider ce général : les Athéniens entrèrent dans l'île de deux côtés à la fois, d'une part avec Démosthène, de l'autre avec Cléon ; les Lacédémoniens, pris entre deux, furent vaincus et faits prisonniers. Ainsi la promesse de Cléon eut son effet, quoiqu'elle fût des plus téméraires, et, dans le terme de vingt jours, il amena les Lacédémoniens captifs, comme il s'y était engagé.

Tel est, en abrégé, le piquant récit de Thucydide, que l'on est habitué à regarder comme un écrivain sévère et triste ; et certainement en l'abrégeant, nous l'avons plutôt gâté qu'embelli.

Ne trouvez-vous pas que l'historien ajoute de nouveaux traits au poëte comique, et que le poëte comique, à son tour, complète l'historien ?

Voilà comment Cléon servit au peuple cet excellent gâteau que Démosthène avait pétri de ses mains et fait cuire dans l'incendie de Sphactérie.

Encore une fois, ne perdons pas de vue que Thucydide est hostile à Cléon, tout comme Aristophane. Et cependant l'historien et le poëte comique sont forcés d'avouer que Cléon vint à bout de ce qu'il avait promis. Tout en nous amusant de leurs malices, il faut donc nous garder de les prendre au mot, ni l'un ni l'autre, dans tous les détails : ce serait comme si l'on voulait juger un des hommes politiques du gouvernement de Juillet ou de la République de 1848 d'après le *Charivari* ou d'après quelques-unes des parades satiriques et calomnieuses qui parurent pendant cette dernière révolution.

Thucydide, moins âpre qu'Aristophane et par conséquent moins suspect, représente partout Cléon comme un démagogue violent et éloquent, d'un naturel ardent et sombre. Mais il ne va point, comme Aristophane, jusqu'à attaquer sa moralité et son honneur. Cependant Thucydide lui-même appartient, aussi bien qu'Aristophane, au parti oligarchique, au parti de l'aristocratie, et du régime ancien.

Cléon, d'ailleurs, fut cause du bannissement de Thucydide comme général, et en conséquence Thucydide, s'étant mis à écrire l'histoire de son temps pour occuper son exil, traita Cléon plus durement qu'il n'aurait dû le faire en sa qualité d'historien.

Le savant et sage M. Grote, dans son *Histoire de la Grèce*, estime qu'en cette circonstance « il n'y eut rien dans la conduite de Cléon qui méritât le blâme ou la raillerie. » (Voir tome IX, page 63 à 79.) Il établit très-bien aussi que Nicias était un général un peu plus estimé que de raison, lent, indécis, honnête homme et dévot, mais assez incapable. Démosthène était un général plus habile [1].

Revenons à l'exposition de la comédie des *Chevaliers*.
— Le moyen dont s'avisent les deux esclaves pour combattre l'ascendant de leur rival, c'est de lui dérober, tandis qu'il dort gorgé de viande et de vin volés au maître, un de ces oracles dont il se sert pour duper le vieillard.
— On sait, encore par Thucydide (II, 54 ; VIII, 1), l'influence qu'exercèrent sur les dispositions du peuple, pendant toute la guerre du Péloponnèse, les oracles et les prédictions de prétendus prophètes antiques. Plus d'une fois pendant la guerre du Péloponnèse, les chefs de partis firent parler les dieux.

L'oracle dérobé prédit qu'un marchand de boudins

---

1. Voir, à la fin de ce volume, l'*Appendice*, numéro II.

héritera du pouvoir; qu'un charcutier évincera le corroyeur.

Un charcutier ambulant vient à passer : ils s'emparent de lui, et, dans une scène qui a pu servir de modèle à la farce du *Médecin malgré lui* (moins les coups de bâton toutefois), le saluent sauveur de la République. Le charcutier s'en défend d'abord, comme Sganarelle se défend d'être médecin.—On le débarrasse, bon gré mal gré, de son éventaire et de sa poêle à saucisses.

« Vois-tu ce peuple nombreux? (On lui montre les spectateurs). Tu en seras le maître souverain, et aussi des marchés, des ports, de l'Assemblée; tu fouleras aux pieds le Sénat, tu casseras les généraux, tu les garotteras, les emprisonneras; tu mèneras des filles dans le Prytanée. »

Le charcutier commence à se laisser faire plus volontiers. Alors s'engage un dialogue plein de verve et d'audace.

DÉMOSTHÈNE.

Tourne maintenant l'œil droit du côté de la Carie, et l'autre vers Chalcédoine, et, dis-moi, n'es-tu pas heureux?

LE CHARCUTIER.

Parce que tu me fais loucher?

DÉMOSTHÈNE.

Non; mais d'avoir tout cela à t'administrer : car cet oracle te fait souverain.

LE CHARCUTIER.

Souverain, moi? un charcutier!

DÉMOSTHÈNE.

Oui, souverain, pour cela même, parce que tu n'es rien, que vaurien, faubourien!

LE CHARCUTIER.

Je ne me crois pas digne d'un si haut rang.

DÉMOSTHÈNE.

Et pourquoi donc, pas digne? Aurais-tu des scrupules? serais-tu d'honnête famille!

LE CHARCUTIER.

Par tous les dieux! je suis de la canaille!

DÉMOSTHÈNE.

Heureux drôle! tu es né pour gouverner!

LE CHARCUTIER.

Mais je n'ai pas d'éducation : à peine je sais lire, et mal.

DÉMOSTHÈNE.

Ceci pourrait te faire tort de savoir lire, si mal que ce soit. Le gouvernement populaire n'appartient pas aux hommes instruits ni aux honnêtes gens, mais aux ignorants et aux gredins.

Aristophane ici confond l'ochlocratie, ou gouvernement de la populace, avec la démocratie, ou gouvernement du peuple : c'est que les démagogues, dont il est l'adversaire, font de leur côté la même confusion, pour des raisons différentes, et, par de perpétuelles agitations, ne veulent faire monter à la surface que la lie ; il retourne donc contre eux-mêmes cette confusion sophistique.

LE CHARCUTIER.

Mais je ne puis comprendre comment je serai capable de gouverner le peuple.

DÉMOSTHÈNE.

Rien de plus simple ; continue ton métier : brouille et pétris ensemble les affaires, comme quand tu fais tes andouilles ; tire-les en longueur, comme les boudins ; pour t'attacher le peuple, cuisine-lui toujours quelque petit ragoût qui lui plaise. Au surplus, que te manque-t-il pour faire un bon démagogue? Voix crapuleuse, nature de gueux, vrai voyou, tu as tout ce qu'il faut pour gouverner!

Voilà la grande audace du poëte dans cette pièce : ce n'est pas seulement d'avoir offert aux risées du peuple le peuple lui-même, tel que l'on vient de le décrire et tel que nous allons le voir paraître ; ce n'est pas seulement d'avoir désigné et dénigré Cléon, le puissant démagogue, et de l'avoir servi en pâture à la haine de ses ennemis, à la jalousie de ses rivaux; c'est encore d'avoir attaqué parfois la démocratie elle-même, de l'avoir confondue avec l'ochlocratie; c'est d'avoir ouvert par-devant le bonhomme Peuple ce débat qui remplit presque toute la pièce, entre le corroyeur et le charcutier, celui-ci succédant à celui-là uniquement parce qu'il est encore plus voleur et plus impudent; c'est d'avoir osé dire à la multitude que bien souvent, si elle chasse un coquin, ce n'est que pour se livrer à un autre coquin plus détestable encore.

A la vérité, les faits étaient là pour prêter quelque vraisemblance aux attaques du poëte comique : en effet, à un marchand d'étoupes, nommé Eucrate, avait succédé un marchand de moutons appelé Lysiclès; à celui-ci, le corroyeur Cléon; à Cléon, le lampiste Hyperbolos. Y avait-il eu aussi un charcutier parmi ces démagogues? ou était-ce une invention par analogie? Peu importe.

Ce qu'il y a de vrai au fond de tout cela, c'est qu'à Athènes, où il n'existait guère de grands propriétaires fonciers, tout homme public, si public qu'il fût, tenait à un commerce quelconque, à un négoce, à un métier. Et il n'y avait pas de sots métiers. Mais le poëte oligarchique tirait parti de ces métiers pour la drôlerie et la mise en scène. Et le public, tout démocratique qu'il était, ne demandait pas mieux que de s'y prêter pour un moment[1].

Que de verve cependant ne fallait-il pas pour faire pardonner, pour faire applaudir, pour faire couronner une témérité si grande, pour faire rire de bon cœur la

---

1. Voir, à la fin du volume, dans l'*Appendice*, numéro III, les excellentes observations de M. Grote, pour compléter ce point.

spirituelle. Athènes en lui riant au nez! Rabelais se moque bien aussi du peuple de Paris, « tant sot, tant badaud, et tant inepte de nature, qu'un bateleur, un porteur de rogatons, un mulet avec ses cymbales, un vielleux au milieu d'un carrefour, assemblera plus de gens que ne feroit un bon prescheur évangélique. » Il ne s'en moque pas sur le théâtre, devant un public parisien.

Mais, outre que jamais souverain n'entendit mieux la plaisanterie que le peuple d'Athènes, surtout le jour où il fêtait Bacchus, peut-être aussi sentait-il tant de courage sous cette témérité du poëte, et tant de bon sens sous ces bouffonneries, qu'il se mettait volontiers, contre lui-même, du parti d'Aristophane, sauf à ne pas profiter de ses avis.

Le Paphlagonien paraît; le charcutier va pour s'enfuir. Les deux esclaves le rappellent, lui promettant l'assistance des Chevaliers.

Les Chevaliers, ainsi nommés parce que chacun d'eux devait entretenir à ses frais un cheval de guerre, étaient la classe moyenne, les propriétaires aisés, la bourgeoisie de la République. En les choisissant pour former le chœur qui donne le titre à la pièce, le poëte les lie habilement à sa cause. Le langage qu'il leur prête est fait pour leur plaire : ils célèbrent la gloire ancienne des Athéniens, promettent de rendre toujours à l'État des services gratuits; enfin, comme il ne serait pas séant qu'ils chantassent leurs propres louanges, ils chantent celles de leurs coursiers; ou plutôt le brillant poëte, dans sa fantaisie intrépide, confond ensemble et amalgame les chevaux et les chevaliers. Ailleurs nous trouverons une personnification aussi brillante et aussi vive des *guêpes* attiques.

Par ce panégyrique des chevaliers, Aristophane indiquait clairement que le meilleur gouvernement, à son avis, était une aristocratie tempérée, juste-milieu entre un patriciat oppressif et une turbulente démagogie. L'aristocratie qui plaisait à Aristophane, comme à Thucydide, à Périclès et à Platon, ce n'était pas celle qui prétend être fondée sur la naissance ou la fortune, mais celle qui s'acquiert par le mérite et qui est, ainsi que son nom l'exprime, « le gouvernement des meilleurs. » Or, précisément, la beauté de la véritable démocratie, c'est d'être la source féconde de la véritable aristocratie, jamais fermée, toujours ouverte à qui se rend digne d'y entrer. C'est ce qu'Aristophane, sans doute, comprenait bien en théorie, mais oubliait parfois dans la pratique, étant ennemi instinctif et des nouvelles choses et des nouvelles gens, et conservateur à l'excès.

Son esprit était, à vrai dire, plus vif qu'étendu. On peut avoir beaucoup d'esprit, et être rétrograde par les idées : nos temps en fourniraient plus d'un exemple. Eh bien! Aristophane était ainsi : lui aussi, de nos jours, il eût parlé contre les chemins de fer à leur naissance. Lui aussi, en toute occasion, se défie du progrès, regrette le bon vieux temps, ce temps d'ignorance et de rudes mœurs; « où un marin athénien ne savait que demander son gâteau d'orge, et crier : *Ho! ho! ryppapaye!* » Il va même parfois jusqu'à présenter la corruption et la turpitude morale comme la conséquence naturelle du progrès intellectuel de l'époque agitée et critique dans laquelle il vit et que nous analyserons.

Les Chevaliers viennent, comme on l'a promis, prêter main-forte au charcutier, qui peu à peu, se sentant soutenu, s'enhardit. Ils accablent le corroyeur des accusations les plus violentes :

« Infâme! scélérat! braillard! ton audace envahit tout, le pays, l'assemblée, les bureaux de finances, le greffe, le tribunal. Tu ravages la ville, comme un torrent fangeux. Tu assourdis Athènes de tes clameurs. Perché sur une roche, tu guettes l'arrivée des tributs, comme un pêcheur les thons. »

Le corroyeur n'est pas en reste d'invectives. Il y a là un formidable assaut d'injures : cela dure pendant plus de deux cent cinquante vers. Il faut que vous imaginiez cette abondance d'énormités, qui sans doute plaisait au peuple en liesse, comme les ripostes flamboyantes du catéchisme poissard dans notre carnaval d'autrefois.

CLÉON.

M'opposer un rival à moi! Bah! quand j'ai dévoré un thon bien chaud, et bu, par-dessus, un grand pot de vin pur, je me moque des généraux de Pylos!

LE CHARCUTIER.

Moi, quand j'ai avalé les tripes d'un bœuf avec le ventre d'une truie, et bu la sauce par-dessus, je suis capable, tout dégouttant de graisse, de hurler plus haut que les orateurs et de faire peur à Nicias!

LE CHŒUR.

Ton langage me plaît, la seule chose que je n'approuve pas, c'est que tu avales toute la sauce à toi tout seul....

CLÉON, *au charcutier*.

Je ferai de ta peau un tabouret!

LE CHARCUTIER.

Et moi, de la tienne une poche de filou!

CLÉON.

Je l'étendrai par terre avec des clous!

LE CHARCUTIER.

Je te hacherai menu comme chair à pâté!

CLÉON.

Je t'arracherai les paupières!

LE CHARCUTIER.

Je te crèverai le jabot!...

Nous ne citons que les répliques les plus douces. Beaucoup d'autres sont trop colorées pour qu'on en puisse donner même une faible idée. Cela étonnera peut-être quelques personnes qui ne s'imaginaient pas que l'atticisme admît de pareilles libertés. Ces mêmes personnes, sans doute, expurgeraient Molière, au nom de la morale, et même Mme de Sévigné, au nom du bon goût. Les Athéniens étaient encore moins délicats que Mme de Sévigné et que Molière. Pourtant il est à croire que les Athéniens se connaissaient en atticisme. Mais les bienséances du Midi ne sont pas celles du Nord, et qui dit *convenances* dit *conventions*. La morale est une et identique dans ses principes; mais ses applications varient à l'infini, comme le thermomètre et le baromètre montent et descendent.

Les deux rivaux font gloire, à qui mieux mieux, de leur friponnerie et de leur impudence. Le charcutier, comme Scapin, se vante de son habileté qui fut précoce. Il n'était pas plus haut que cela, qu'il se signalait déjà par cent tours d'adresse jolis:

« Dès mon enfance, je savais plus d'un tour. Pour attraper les cuisiniers, je leur disais : O mes amis, regardez donc! une hirondelle! Voilà le printemps!... Eux de regarder; moi, pendant ce temps, je leur chipais de bons morceaux.... Ordinairement, ils n'y voyaient que du feu. Mais, si l'un d'eux s'apercevait du tour, vite je cachais la viande entre mes fesses, et je niais par tous les dieux! Ce qui fit dire à un orateur : « Voilà un enfant qui ira loin; il y a en lui l'étoffe d'un homme d'État! »

Le charcutier, par sa vive éloquence et ses chaudes répliques, prélude à sa victoire, et prouve déjà, dans cette première lutte, qu'il mérite mieux de gouverner.

Bientôt, en effet, il triomphe devant le Sénat, qu'il achète en lui promettant les sardines à bon marché, et en lui offrant un peu de coriandre et de ciboules pour les assaisonner. Le chœur, son fidèle allié, avait eu soin de le munir préalablement d'utiles conseils : « Frotte-toi le cou avec ce saindoux, et tu glisseras entre les mains de la calomnie.... »

Après une admirable parabase, dont nous reparlerons plus tard, le charcutier vient faire un récit animé de cette victoire devant le Sénat. C'est une vive parodie des manœuvres et des stratagèmes employés par les orateurs pour tromper l'auditoire, et une mordante raillerie de la crédulité et de la mobilité des assemblées.

Mais le corroyeur espère bien prendre sa revanche devant le Peuple. C'est ici une des scènes capitales de la pièce, une scène homérique et rabelaisienne, d'une philosophie profonde, d'une admirable bouffonnerie.

CLÉON.
Je te traînerai devant le Peuple, pour avoir justice de toi !
LE CHARCUTIER.
Moi aussi, je t'y traînerai et je te dénoncerai encore bien plus !
CLÉON.
Mais, misérable, le Peuple ne te croit pas ; moi, je me moque de lui tant que je veux !
LE CHARCUTIER.
Comme il est sûr que le peuple est à lui !
CLÉON.
Oui, car je sais les friandises qui lui plaisent.
LE CHARCUTIER.
Bon ! Tu fais comme les nourrices : tu goûtes avant lui chaque chose et lui en mets dans la bouche une miette, puis tu en avales trois fois plus que lui.
CLÉON.
Grâce à mon habileté, je sais lui élargir ou lui resserrer le gosier....

Peuple paraît enfin. Le poëte a fait longtemps attendre son entrée pour la mieux préparer. Ainsi fera Molière pour Tartuffe. L'entrée du bonhomme Peuple est excellente.

PEUPLE.

Quel tapage! Allons, hors d'ici! décampez de devant ma porte!... Voyez un peu! ils en ont fait tomber le rameau d'olivier.... Ah! c'est toi, Paphlagonien; qui est-ce qui te fait du mal?

CLÉON.

C'est cet homme et ces gamins-là, qui me battent à cause de toi.

PEUPLE.

Comment cela?

CLÉON.

Parce que je t'aime, ô peuple, et te chéris....

Alors chacun des deux adversaires, tour à tour, essaye de se faire valoir auprès du bonhomme.

CLÉON.

Peuple, convoque vite l'assemblée, afin de connaître lequel de nous deux t'est le plus dévoué et mérite tes faveurs.

LE CHARCUTIER.

Oui, décide entre nous, pourvu que ce ne soit pas dans la Pnyx!

LE PEUPLE.

Je ne saurais siéger ailleurs : on se rendra à la Pnyx comme de coutume.

LE CHARCUTIER.

Ah! malheureux! je suis perdu! Chez lui, ce vieillard est le plus raisonnable des hommes; mais, sitôt qu'il siége sur ces bancs de pierre là-bas, aussitôt il baye aux corneilles.

Ici probablement la scène changeait et représentait la Pnyx.

Le charcutier, pour gagner la victoire, promet à

Peuple de le bien nourrir, de le dorloter comme il faut. Il commence par lui apporter un bon coussin, qu'il a cousu lui-même. « Allons, soulève-toi, cher maître, et repose plus mollement ce derrière qui s'est tant fatigué en ramant à Salamine ! »

Aux bouffonneries se mêlent des paroles sérieuses. « On te connaît, dit le charcutier à Cléon, tu veux que la guerre enveloppe comme d'un brouillard tes friponneries, que le peuple n'y voie goutte, et que la nécessité, le besoin, l'attente de son salaire, le réduisent à n'espérer qu'en toi. Mais, si jamais la paix lui est rendue, s'il retourne à ses champs se réconforter avec du pain frais et saluer ses chères olives, il saura de quels biens tu le sevrais, tout en lui payant un salaire, et il se lèvera, plein de haine et de rage, brûlant de voter contre toi. Tu le sais, et c'est pour cela que tu le berces de tes mensonges ! »

Le Paphlagonien, de son côté, s'évertue et proteste, et fait assaut de zèle. Les deux rivaux luttent de platitude avec fierté....

Combien de fois avons-nous assisté, depuis quinze ans, à des luttes pareilles !

CLÉON, *au bonhomme Peuple.*
Ah ! tu ne trouveras jamais d'ami plus dévoué que moi ! Seul j'ai su étouffer les conspirations ! Il ne se trame pas un complot dans la ville, que je ne sonne aussitôt l'alarme !

LE CHARCUTIER.
Oui, tu fais comme les pêcheurs d'anguilles : si l'eau reste calme, ils ne prennent rien ; mais, après qu'ils ont agité la vase, la pêche est bonne. Et toi aussi tu pêches en eau trouble, et pour cela tu imagines des complots....

Le charcutier donne encore au bonhomme un manteau à manches pour l'hiver et une paire de souliers. Peuple, tout doucement, se sent attendrir, et témoigne au charcutier sa royale satisfaction. « A mon avis, dit-il, nul citoyen, de tous ceux que je connais, n'a si bien mérité du Peuple, ni ne s'est montré aussi dévoué à la ville et à mes orteils. »

LE CHARCUTIER, *encouragé par son succès.*
Tiens, voici une boîte d'onguent pour les plaies de tes jambes.

CLÉON.
Permets que j'ôte tes cheveux blancs, pour te rajeunir.

LE CHARCUTIER.
Prends cette queue de lièvre, pour essuyer tes yeux.

CLÉON.
Quand tu te moucheras, ô Peuple, essuie tes doigts à mes cheveux!

LE CHARCUTIER.
Aux miens!

CLÉON.
Aux miens!

Qu'on se figure ces jeux de scène : quel mouvement!... Quelle brûlante verve!... Et quels immenses éclats de rire dans le public!...

Que dire de la joute d'oracles qui vient ensuite? Et de ces répliques entrechoquées, comme celles de Bartholo et de Figaro plaidant!...

Les orateurs aimaient beaucoup à s'appuyer sur des textes d'oracles. Aussi, lorsque le bonhomme Peuple ne veut plus de Cléon pour intendant et lui redemande l'anneau, signe de ses fonctions, Cléon s'écrie :

Maître, je t'en conjure, ne décide rien avant d'avoir entendu mes oracles!

LE CHARCUTIER.
Et les miens!...

4

CLÉON.

Mes oracles disent que tu dois, couronné de roses, régner sur la terre entière !

LE CHARCUTIER.

Les miens, que revêtu d'une robe de pourpre brodée à l'aiguille, et couronne en tête, tu parcourras la Thrace sur un char d'or !

PEUPLE.

Va me chercher tes oracles, afin qu'il les entende.

LE CHARCUTIER.

Volontiers.

PEUPLE.

Et toi, apporte aussi les tiens.

CLÉON.

J'y cours.

LE CHARCUTIER.

J'y cours aussi : rien de mieux.

Au bout de quelques instants, ils reviennent, apportant chacun des monceaux d'oracles.

CLÉON.

Tiens, regarde !... Et je ne les apporte pas tous !

LE CHARCUTIER.

Ouf ! je crève sous le poids, et je n'apporte pas tout !

PEUPLE.

Qu'est-ce-ci ?

CLÉON.

Des oracles.

PEUPLE.

Tout cela ?

CLÉON.

Tout cela. Tu en es étonné ?... Mais j'en ai encore une caisse pleine.

LE CHARCUTIER.

Et moi, deux chambres et mon grenier.

PEUPLE.

Allons, lisez-les moi, et d'abord celui que j'aime tant, où il est dit que je serai « l'aigle planant dans les nues ! »

Après l'assaut d'oracles, il y en a un autre, d'offrandes culinaires, digne de Rabelais : croûtes contre gâteaux, sauces contre purées, andouilles contre poissons, le tout au profit du bonhomme Peuple et de son ventre souverain.

A ces caricatures d'une gaieté si franche le poëte mêle de graves leçons, tempérées par de délicates flatteries :

LE CHŒUR.

O Peuple, ta puissance est grande : tous les hommes te craignent comme un maître absolu ; mais tu es facile à séduire ! tu te plais à être flatté, trompé ; tu écoutes, bouche béante, chaque orateur, et ton esprit va et vient avec eux.

PEUPLE.

Ah ! qu'il n'y en a guère, d'esprit, sous vos cheveux, si vous croyez que je ne sais pas ce que je fais ! C'est à dessein que j'ai l'air imbécile. J'aime à boire tout le jour, et me plais à nourrir un ministre voleur ; mais, quand il est plein, je le frappe, il tombe.

LE CHŒUR.

Rien de mieux, si, comme tu le prétends, tu mets du calcul dans cette conduite, si tu les engraisses exprès dans la Pnyx comme des victimes publiques, et qu'ensuite, en guise de provisions, tu prennes le plus gras pour l'immoler et le manger.

PEUPLE.

Oui, voilà comme j'attrape ceux qui se croient bien fins et pensent me tromper ! je les suis de l'œil, sans en avoir l'air, pendant qu'ils me volent ; ensuite je leur fourre un jugement dans la gorge, et ils rendent tout ce qu'ils ont pris.

Enfin Cléon, vaincu encore une fois, devant le Peuple comme devant le Sénat, est livré au charcutier son vainqueur.

Puis on voit reparaître Peuple, régénéré et rajeuni par les soins du charcutier, qui l'a fait bouillir dans sa marmite, comme Médée le vieil Éson. Il est paré élégamment, quoiqu'à la vieille mode. Il est brillant de paix, de bien-être et d'honneur. Il a recouvré la vigueur de son esprit comme de son corps, et rougit de son imbécillité passée, — qui était donc plus réelle qu'il ne l'avouait. — Agoracrite, de son côté, n'est plus dèslors, évidemment, le charcutier impudent et fripon, mais Aristophane lui-même. Aristophane se sert de sa fiction comme d'un masque qu'il ôte ou reprend à son gré (Rabelais fera de même). Selon le moment, dans la même pièce, Aristophane appelle la ville d'Athènes « la République des Gobe-mouches, » τὴν κεχηναίων πόλιν, ou bien c'est ensuite, « l'antique Athènes, couronnée de violettes, la belle et brillante Ville, qui porte sur sa chevelure la cigale d'or! »

Il sait que ses concitoyens riront volontiers de ses railleries sur leur légèreté et leur mobilité, s'il caresse leur patriotisme.

Telle est cette comédie pleine de verve, si mal appréciée par La Harpe, et beaucoup mieux par M. Grote : « C'est, dit-il, le chef-d'œuvre de la comédie diffamatoire. L'effet produit sur l'auditoire athénien quand cette pièce fut jouée à la fête Lénéenne (janvier 424 av. J.-C., six mois environ après la prise de Sphactérie), en présence de Cléon lui-même et de la plupart des chevaliers réels, a dû être puissant au delà de ce que nous pouvons facilement nous imaginer aujourd'hui. Que Cléon ait pu se maintenir après cet humiliant éclat, ce n'est pas une faible preuve de sa vigueur et de sa capacité intellectuelles. Son influence ne semble pas en avoir été diminuée. — Non pas, du moins, d'une manière permanente. Car non-seulement nous le voyons le plus fort adversaire de la paix pendant les deux années suivantes, mais il y a lieu de croire que le poëte jugea à propos de baisser le ton à l'égard de ce puissant ennemi. — La plupart des écrivains sont tellement disposés à trouver Cléon coupable, qu'ils se contentent d'Aristophane comme témoin contre lui, bien que nul autre homme public, d'aucune époque ni d'aucune nation, n'ait jamais été condamné sur une telle preuve. Personne ne songe à juger sir Robert Walpole, ni M. Fox, ni Mirabeau, d'après les nombreux pamphlets mis en circulation contre eux. Personne ne prendra *Punch* comme mesure d'un homme d'État anglais, ni le *Charivari*, d'un homme d'État français. L'incomparable mérite comique des *Chevaliers* d'Aristophane [n'est qu'une raison de plus de se défier de la ressemblance de son portrait avec le vrai Cléon[1]. »

En résumé, l'exposition vive et amusante faite par les deux esclaves qui entrent en poussant des mugissements fantastiques; le portrait si fin du bonhomme Peuple, qui rappelle les têtes de vieillards d'Holbein ; les scènes si hardies où le poëte se sert des libertés de la démocratie pour en attaquer les excès; les luttes prolongées, et pourtant variées, du charcutier avec le corroyeur; leurs assauts d'impudence, d'effronterie, de coups de poings et de coups de tripes, leurs plaisanteries, grossières et jolies tour à tour, mais abondantes comme les eaux dans les montagnes ; enfin la métamorphose joyeuse et touchante de Peuple, rajeuni et régénéré, entouré de trêves de

---

1. G. Grote, *Hist. de la Grèce*, trad. par A.-L. de Sadous, tome IX.

trente ans, personnifiées en de belles jeunes femmes, et cette marche triomphale accompagnée de fanfares; tout cela valut au poëte une nouvelle victoire, dans un sujet si délicat, si hasardeux! Par sa gaieté et son adresse il fit applaudir son audace. Il obtint encore cette fois le premier prix, par-dessus Aristomène et Cratinos.

Aristophane aimait à rappeler cette victoire et n'en parlait qu'avec orgueil. Il se vante, en plusieurs endroits, du courage herculéen qu'il a déployé, au début de sa carrière, en attaquant un monstre affreux.

※

En effet, ne l'oublions pas, la hardiesse du poëte comique, en cette circonstance, était moins de faire la caricature du peuple et de la démocratie elle-même que d'attaquer son meneur redouté. Car, selon la remarque de Macchiavel, « du peuple on peut médire sans danger, même là où il règne; mais, des princes, c'est autre chose. » Or Cléon, à ce moment-là, ayant remplacé Périclès, était en quelque sorte le prince de cette mobile démocratie.

On voit par cet exemple comment la liberté de la comédie *ancienne* n'était limitée que par la faveur ou la défaveur du public. Cette sorte de journalisme oral pouvait aller aussi loin qu'il voulait, à la seule condition de se faire applaudir.

Imaginez-vous la représentation d'une pareille pièce. Quelle journée! et que d'émotions! N'est-ce pas bien là cette Athènes que Bossuet définit ainsi : « Une ville où l'esprit, où la liberté et les passions donnaient tous les jours de nouveaux spectacles? »

Shakespeare, dans ses drames de *Coriolan*, de *Jules César* et de *Richard III*, a fait aussi d'admirables peintures du peuple, de sa crédulité, de sa mobilité, qui sont les mêmes dans tous les temps; il n'a pas effacé Aristophane. L'un et l'autre sont également vrais, par des procédés différents : Shakespeare, Anglais et réaliste, nous fait mieux voir la bête à mille têtes; Aristophane, Grec et idéaliste, les réunit en une seule et fait du peuple une personne. L'un met en mouvement la foule, comme les flots de l'Océan; l'autre la résume en un type et anime une abstraction, qui semble une réalité. Shakespeare n'a aucun parti pris, que de peindre la nature humaine; Aristophane en a un autre, et très-arrêté : c'est de combattre la démagogie, et même quelquefois la démocratie.

Mais ce que l'on nommait alors démocratie, n'était pas encore, tant s'en faut, la démocratie véritable. « Le vrai malheur d'Athènes, non plus que d'aucune cité antique, dit M. Havet, n'a pas été d'aller jusqu'à la démocratie, mais plutôt de n'y pas atteindre. On ne voit nulle part, dans le monde grec, un peuple qui ne dépende que de lui-même, mais des villes sujettes d'une autre ville, et, dans la ville maîtresse, une population d'esclaves sous une plèbe privilégiée. Pour qui n'était pas *citoyen*, il n'y avait pas de droit proprement dit. Si c'était une grande nouveauté dans la physique que de briser la voûte de cette sphère, d'un si court rayon, où on enfermait l'univers, comme l'osèrent Démocrite et Épicure, ce ne fut pas une tentative moins hardie, dans la philosophie morale, que de franchir les bornes de *la cité*, comme le firent les stoïciens. Les socratiques ne s'occupaient encore que de *la cité*, et là point d'inégalité, point de maître; on buvait, comme dit Platon, le vin pur de la liberté, on s'en enivrait jusqu'au délire, et la raison des sages se heurtait avec colère aux folies démagogiques qui s'étalaient de toutes parts. Il nous est facile aujourd'hui de reconnaître que le véritable principe de ces excès n'était pas l'égalité établie entre les citoyens, mais, au contraire, l'inégalité sur laquelle *la cité* était fondée. Et d'abord les délibérations de la multitude, amassée sur la place publique, seraient devenues chose impossible si dans le peuple eussent été compris les esclaves, et plus impossible encore si ces sujets d'Athènes, qu'on appelait ses alliés, eussent été tenus pour Athéniens, et n'avaient fait qu'un avec les habitants de l'Attique. Ainsi disparaissaient d'un seul coup l'extrême mobilité d'un gouvernement à vingt mille têtes, absolument incapable d'aucune suite; l'influence des démagogues tournant au vent de leur parole une foule assemblée deux ou trois fois par mois comme pour un spectacle; le scandale de la souveraineté exercée pour un salaire[1] par une population besoigneuse, qui subsistait des oboles de l'agora ou des tribunaux; les fonctions publiques tirées au sort, non comme un service, mais comme un profit, tandis que les sages demandaient si ceux qui montent un navire ont coutume de tirer au sort celui qui gouvernera le vaisseau; une justice capricieuse comme une loterie, faite non pour les jugés, mais pour les juges, car il fallait leur fournir des procès pour les faire vivre, et ils recevaient, pour ainsi dire, des *bons* pour juger comme ils auraient reçu des *bons* de pain; enfin les malheureux alliés faisant principalement les frais de cette justice, comme l'atteste Xénophon, et forcés, pour l'alimenter, de s'en venir plaider dans Athènes. Toutes ces misères ne résultaient pas de ce que la république athénienne était une démocratie, mais bien de ce qu'elle était la démocratie de quelques-uns, et non pas de tous. Cette multitude exerçait en réalité une tyrannie, et, comme les tyrans, elle usait de sa puissance pour satisfaire ses envies et pour se dispenser de ses devoirs. Elle voulait

---

1. Comme on a pu le voir précédemment, page 3, nous ne partageons pas absolument ce point de vue particulier.

régner par la guerre et elle ne voulait pas faire la guerre : elle payait donc des mercenaires, et c'est la plainte perpétuelle des bons citoyens; mais avec quoi les payait-elle? Avec l'argent des *sujets*. Sans les sujets, il n'y aurait pas eu de mercenaires, car qui les aurait payés? Et, sans les esclaves, il n'y aurait pas eu non plus de mercenaires : car, si tous les habitants avaient été des citoyens, Athènes n'aurait pas eu besoin d'étrangers pour se défendre. La multitude voulait encore avoir des fêtes, des spectacles, des distributions; elle payait tout cela, avec quoi encore? Toujours avec l'argent des sujets. Et, comme ce n'étaient pas ses propres deniers qu'elle administrait, ni les fruits de son travail, mais ceux du travail d'autrui, elle les administrait mal, et perdait en dépenses folles les ressources des services publics. Enfin toutes les misères privées ou publiques, toutes les espèces d'infériorité que l'esclavage entraîne avec soi, Athènes y était condamnée, ainsi que le monde ancien tout entier. Il ne s'agissait donc pas, pour la délivrer des maux qu'elle souffrait ou la mettre à couvert des périls dont elle était menacée, de restreindre chez elle la démocratie; tout au contraire il aurait fallu l'élargir, là comme dans toutes les cités du monde antique, l'étendre jusqu'où la démocratie moderne s'est étendue, et faire de l'empire d'Athènes, ou plutôt de la Grèce elle-même, ce que nous appelons une nation, dont tous les membres, égaux et libres, servent au même titre la patrie, et ne sont sujets que de la loi[1]. »

Ne laissons pas cependant d'admirer la noble race athénienne. Quelle autre a plus fait pour a gloire et

---

1. Ernest Havet, Introduction au *Discours d'Isocrate sur l'Antidosis.*

pour les progrès de l'humanité? Dans son amour de l'idéal, elle aurait voulu devancer les siècles; mais à toute chose il faut le temps pour se développer et pour mûrir. C'est donc l'honneur d'Athènes, et non pas son erreur, quoi qu'en aient dit Aristophane, et avant lui les pythagoriciens, et après lui les socratiques, d'avoir conçu et essayé la démocratie avant le temps. « Elle a aimé, du moins pour ses citoyens, l'égalité, le droit, la seule souveraineté de la loi et de l'opinion ; elle a fait voir dans l'antiquité l'effort le plus indépendant et le plus hardi que la liberté humaine eût fait jusqu'alors vers l'idéal politique : la république de l'avenir a donné là ses prémices, bien imparfaites et cependant déjà grandes [1]. »

Le patriotisme d'Aristophane l'empêchait d'étendre ses regards vers l'avenir : il ne s'attachait qu'au présent, et même il eût voulu ramener le passé.

Dès cette époque, cinq siècles avant notre ère, la religion et la philosophie, par suite, la littérature et l'art, commençaient à être travaillés d'une crise de rénovation et de révolution qui ne devait aboutir que longtemps après, sous le nom de christianisme. Aristophane, dont l'imagination était si hardie, était d'une raison prudente à l'excès. Effrayé de l'ébranlement général des esprits, inquiet aussi et irrité des excès démocratiques, il se déclare à la fois l'adversaire de la démagogie, ennemie de l'ordre, de la sophistique, qui renverse les croyances, de la nouvelle tragédie, qui prêche une morale téméraire et qui abuse du pathétique en l'excitant par de mauvais moyens. Il personnifie la première dans Cléon, la seconde dans

---

[1]. Ernest Havet, Introduction au *Discours d'Isocrate sur l'Antidosis.*

Socrate, la troisième dans Euripide. En toute chose, il déteste l'excès et craint la nouveauté; il prêche les anciennes mœurs, l'ancienne religion, l'ancienne politique, l'ancienne tragédie, les anciennes formes et les anciennes idées.

❦

Pour nous modernes, qui sommes instruits par la longue suite des événements historiques accumulés pendant vingt-deux siècles depuis lors, une vérité est évidente :

Il y a tel progrès qui ne peut s'accomplir pour l'humanité tout entière qu'en brisant le peuple qui l'accomplit. Telle nation enfante une grande révolution dont profiteront tous les autres peuples, et est destinée elle-même à périr dans l'enfantement. Aristophane avait-il le vague pressentiment de cette vérité, que les destins de la Grèce et de Rome devaient manifester plus tard? et était-il moins soucieux du progrès de l'humanité que du danger de sa patrie? On pourrait le lui pardonner.

LA PAIX.

Le plus immédiat de ces dangers était cette guerre du Péloponnèse que perpétuait l'égoïste ambition des démagogues. Aussi Aristophane y revient-il sans cesse.

La comédie intitulée *la Paix* présente sous une nouvelle forme la même idée que la pièce des *Acharnéens* : il faut mettre fin à cette funeste guerre. Mais l'imagination du poëte sait créer des allégories variées, pour ne point lasser le public. Quoique le sujet soit le même au fond, vous allez voir que les deux pièces ne se ressemblent guère.

Une didascalie [1] nouvellement découverte établit d'une manière authentique que *la Paix* fut représentée aux grandes Dionysies de l'année 421; cette pièce fut donc montée peu de temps avant la conclusion de la paix appelée de Nicias, qui mit un terme à la première partie de la guerre du Péloponnèse et qui devait, de l'aveu de tout le monde, finir à jamais cette guerre désastreuse des États grecs.

Le sujet de *la Paix* est au fond le même que celui des *Acharnéens*; seulement la paix qui dans cette dernière pièce n'est que le vœu d'un individu, est ici l'objet des désirs de tout le monde : dans *les Acharnéens*, le chœur était contraire à la paix; dans *la Paix*, il se compose de paysans de l'Attique et de Grecs de toutes les contrées, regrettant tous vivement la paix [2]. Mais la comédie des *Acharnéens* est bien supérieure en intérêt dramatique à celle qui a pour titre : *la Paix*. Celle-ci manque d'unité et de vigueur.

Il y aurait à rapprocher de ces deux comédies d'Aristophane contre la guerre, tant de pages ironiques et éloquentes de Rabelais, de Montaigne, de Johnson, de La Bruyère, de Voltaire, d'Erckmann-Chatrian, pages que l'on pourrait appeler l'honneur de la raison et de l'humanité, mais qui n'ont fait jusqu'à présent triompher ni l'une ni l'autre.

Voici la comédie d'Aristophane :

Un personnage nommé Trygée (comme qui dirait *Vigneron*, ou plutôt *Vendangeur*) ouvre la scène en se

---

1. On appelle *didascalie* un ensemble de renseignements, très-précieux pour la plupart, relatifs à la date, à l'auteur et à la mise en scène d'une pièce, et qui en accompagnent le titre.
2. Otfried Müller, *Hist. de la litt. gr.*, trad. K. Hillebrand.

disposant à monter au ciel sur un certain escarbot d'une nature si disgracieuse que l'esclave chargé de le nourrir demande aux spectateurs s'ils pourraient lui vendre *un nez bouché*. Trygée a pris une résolution : c'est d'aller apprendre de Jupiter lui-même pourquoi depuis tant d'années, et toujours, et sans fin, il laisse les Athéniens en proie aux calamités de la guerre. Les filles du bonhomme essayent en vain de le retenir. Il excite *son Pégase*, comme il l'appelle, se recommande au machiniste, craignant de se casser le cou, et commence son ascension grotesque.

Cet escarbot était, en même temps qu'un souvenir ésopique, une parodie du coursier ailé sur lequel le Bellérophon d'Euripide s'enlevait dans les airs, et une critique des machines qui embarrassaient le début de cette tragédie.

La scène change presque aussitôt, et représente le ciel. Lorsque Trygée sur sa monture, approche de la demeure des dieux, Mercure, qui joue là à peu près le rôle de saint Pierre dans nos fabliaux, Mercure sentant une odeur de mortel, comme Don Juan *odor di femina*, reçoit d'abord notre voyageur en portier bourru. Mais Trygée graisse le marteau, un bon plat de viande adoucit Mercure. C'est bien là le Mercure de la légende et des poëmes homériques : venu au monde le matin, à midi il joue de la cithare, le soir il vole les bœufs d'Apollon, les tue, les fait cuire, et en mange une partie ; premier type de Gargantua, qui *soubdain qu'il fut nay, à haulte voix s'escrioyt : A boire, à boire, à boire !* Mercure était, après Hercule, le plus goinfre de cet Olympe grand mangeur !

Amadoué par ce plat de viande, le portier du ciel

consent à répondre aux questions de Trygée. Il lui apprend que les dieux, irrités de la folie des Grecs, ont déménagé depuis la veille, et se sont retirés bien loin, bien loin, tout au fond de la calotte du ciel. Ils l'ont laissé, lui, pour garder la vaisselle, les petits pots, les petites marmites, les petites tables, les petites amphores. Ils ont installé la Guerre dans la demeure qu'ils occupaient eux-mêmes et lui ont donné tout pouvoir de faire des Grecs ce que bon lui semblerait. Puis ils sont allés aussi haut que possible pour ne plus voir vos combats et ne plus entendre vos prières.

TRYGÉE.

Et pourquoi en usent-ils de la sorte à notre égard?

MERCURE.

Parce qu'ils vous ont plus d'une fois ménagé l'occasion de faire la paix, et que, les uns comme les autres, vous avez préféré la guerre. Les Lacédémoniens remportaient-ils le plus mince avantage? « Par Castor et Pollux, s'écriaient-ils, il en cuira aux Athéniens! » Ceux-ci triomphaient-ils au contraire, et les Laconiens venaient-ils faire des ouvertures de paix? « Par Cérès, disiez-vous, ce n'est pas nous qu'on attrapera! Non, par Jupiter, nous ne les écouterons point! Ils reviendront toujours, tant que nous aurons Pylos! »

TRYGÉE.

Oui, c'est bien là le style de nos gens.

※

La Guerre donc a pris la place de Jupiter et règne à présent sur les hommes. Elle a commencé par enfermer la Paix dans une caverne profonde, qu'elle a obstruée d'un monceau de pierres.

C'est là encore une parodie des tragédies, où l'on voyait plusieurs cavernes de cette sorte : Antigone, par exemple, est enfermée ainsi.

A présent la Guerre s'apprête à broyer dans un grand

mortier les villes grecques. Elles sont désignées par leurs productions : les poireaux, l'ail, le miel attique, avec force jeu de mots et calembours.

La Guerre paraît alors, à peu près comme la Mort dans la tragédie d'*Alceste* : elle est accompagnée de son serviteur Vacarme, à qui elle ordonne de lui apporter un pilon.

« Nous n'en avons point, dit Vacarme, nous ne sommes emménagés que d'hier.

— Va m'en chercher un à Athènes, et lestement.... »

Vacarme revient presque aussitôt :

« Hélas! les Athéniens ont perdu leur pilon, ce corroyeur qui broyait l'Hellade. »

En effet, Cléon avait été tué, en 422, un an avant la représentation de cette comédie, dans un combat devant Amphipolis, le même jour que le général des Lacédémoniens, Brasidas ; et c'était cette double mort qui avait donné lieu à *la paix*, ou plutôt à la trêve trop courte, occasion de cette pièce.

On s'étonne que le poëte continue d'attaquer un homme mort ; on ne s'étonne pas moins que les Athéniens le permettent. On est tenté de dire à Aristophane, ce que lui-même fait dire par Trygée à Mercure un peu plus loin : « Assez, assez, puissant Hermès ; cesse de prononcer ce nom, laisse cet homme aux enfers, où il est maintenant ; il n'est plus à nous, mais à toi. » Cependant, même après cette parole très-juste, le poëte y revient, et à plusieurs reprises, et plus violemment que jamais. — Nous le verrons s'acharner de même sur Euripide jusque dans les enfers. Ses convictions sont si profondes et si ardentes, qu'il suit ses haines au-delà du tombeau.

Avant que la Guerre et Vacarme aient trouvé un nouveau pilon, Trygée se hâte de convoquer les laboureurs, les ouvriers et les marchands, — les habitants, les étrangers, domiciliés ou non, — les insulaires, les Grecs de tout pays, pour délivrer la Paix. Tous accourent avec des leviers, des pioches, des cordes, afin de débarrasser l'accès de la caverne, et font une entrée de ballet d'un entrain bacchique, qui donne une idée de l'ivresse joyeuse des Dionysies.

LE CHŒUR.

Allons, que faut-il faire? ordonne, dirige ; je jure de travailler aujourd'hui sans relâche, jusqu'à ce qu'avec nos leviers et nos engins nous ayons ramené à la lumière la plus grande de toutes les déesses, celle à qui la vigne est le plus chère.

TRYGÉE.

Silence ! si la Guerre entendait vos cris de joie, elle bondirait furieuse hors de sa retraite.

LE CHŒUR.

C'est qu'une telle entreprise nous remplit d'allégresse. Ah! qu'elle diffère de ce décret qui nous commandait de venir avec des vivres pour trois jours [1] !

TRYGÉE.

Prenons garde que, du fond des enfers, ce Cerbère maudit [2], par ses hurlements furieux, ne nous empêche encore, comme quand il était sur la terre, de délivrer la déesse.

LE CHŒUR.

Quand une fois nous la tiendrons, rien au monde ne pourra nous la ravir. Iou ! iou !

TRYGÉE.

Mes amis, vous me faites mourir avec vos cris ! Si le monstre accourt [3], il foulera tout sous ses pieds.

LE CHŒUR.

Qu'il foule, qu'il écrase, qu'il bouleverse tout ! Nous ne saurions modérer notre joie !

---

1. Pour une expédition. — Cf., dans *les Acharnéens*, page 21.
2. Cléon.
3. Cléon ou la Guerre? Le sujet, dans le texte, n'est pas exprimé.

TRYGÉE.

Qu'est-ce donc, citoyens? qu'avez-vous? Au nom des dieux, quelle mouche vous pique? ne gâtez pas par vos gambades la plus belle des entreprises!

LE CHŒUR.

Ce n'est pas moi, ce sont mes jambes qui sautent de joie.

TRYGÉE.

Assez! Allons, cessez, cessez de gambader.

LE CHŒUR.

Tiens, j'ai fini.

TRYGÉE.

Vous le dites, mais vous ne finissez pas.

LE CHŒUR.

Une fois encore, et je finis.

TRYGÉE.

Une seule donc, et rien de plus.

LE CHŒUR.

Nous cessons de danser, pour te servir.

TRYGÉE.

Mais, voyez, vous ne cessez pas du tout!

LE CHŒUR.

Encore cette échappée de la jambe droite, et, par Jupiter, c'est fini.

TRYGÉE.

Allons, je vous l'accorde; mais cessez de m'inquiéter.

LE CHŒUR.

La gauche réclame aussi ses droits. Quelle joie! je ne me sens pas d'aise! je pète, je ris! Déposer le bouclier, c'est plus, pour moi, que dépouiller la vieillesse [1].

TRYGÉE.

Ne vous réjouissez pas encore, vous n'êtes pas assurés du succès. Mais, quand vous tiendrez la déesse, alors chantez, riez, criez : car vous pourrez alors, à votre bon plaisir, naviguer ou rester chez vous, faire l'amour ou dormir, assister

---

[1]. Comme les serpents changent de peau, dit le Scholiaste. Le mot grec, *aspis*, qui signifie *bouclier*, signifie aussi *serpent*. L'exactitude n'est pas nécessaire dans les plaisanteries; au contraire! c'est pourquoi les gens trop exacts ne sont pas toujours très-plaisants.

aux fêtes et aux processions, jouer au cottabe [1], vivre en Sybarite, et crier : Iou, iou!

Quelle vivacité! et quelle fantaisie! Cela rappelle cet avocat bizarre consulté par M. de Pourceaugnac, et qui ne lui répond qu'en sautant et qu'en rebondissant comme une balle élastique : on voudrait en vain l'arrêter.

Mais ici ce n'est pas un homme, c'est le chœur tout entier qui gambade en criant, et que Trygée veut en vain retenir. Figurez-vous cette sorte de ballet orgiaque, ces bonds et ces cris fantastiques.

Enfin, tous se mettent à l'ouvrage, mais avec plus ou moins de zèle, plus ou moins d'amour pour la Paix : les Béotiens mollement ; c'était leur caractère, en toute chose, d'être mous et lourds; les Argiens plus mollement encore, parce que la guerre leur profitait et qu'ils recevaient tour à tour des subsides des deux partis; il y a dans tout ce passage une multitude d'allusions qui étaient transparentes pour les contemporains; les uns tirent les cordes dans un sens, les autres tirent en sens contraire. Les Lacédémoniens y vont de tout cœur : c'étaient eux qui récemment, après la mort de leur général Brasidas, s'étaient décidés à faire des propositions de paix. Les Mégariens n'avancent guère : la faim a épuisé leurs forces (rappelez-vous la scène du Mégarien, avec ses

---

1. On plantait en terre un long bâton, en travers duquel un autre faisait comme une balance, sous les deux bassins de laquelle étaient deux autres bassins plus grands et remplis d'eau, et sous cette eau il y avait une figure en bronze doré, qu'on appelait Manès. Le jeu, à la fin des banquets, consistait à verser, d'assez loin, du vin dans l'un des bassins d'en haut, de façon qu'entraîné par le poids du liquide il trébuchât et allât heurter avec bruit la tête du bonhomme caché sous l'eau, sans que le vin se répandît : alors on avait gagné, et c'était signe qu'on était aimé de celle qu'on aimait. Autrement, on avait perdu.

deux filles, dans la comédie des *Acharnéens*). Les laboureurs Athéniens sont ceux qui, avec les Laconiens, font le plus avancer l'ouvrage. Mercure et Trygée les excitent et prêchent d'exemple.

L'entrée de la caverne est, à la fin, déblayée, et l'on en voit sortir la Paix, suivie de l'Automne chargée de fruits, et de la belle Théoria, patronne des processions et des fêtes. Ces déesses répandent sur leur passage mille parfums délicieux, et ramènent avec elles tous les biens de la vie : vendanges, banquets, dionysies, flûtes harmonieuses, joies de la comédie, chants de Sophocle, grives, petits vers d'Euripide!...

Aristophane semble ne laisser échapper ce demi-éloge d'Euripide que pour donner lieu tout de suite à une réplique désobligeante de Trygée. Un peu plus loin, il reparle de Sophocle, pour l'accuser d'avarice. Cratinos est traité d'ivrogne. Ainsi le poëte comique ne respecte rien : ceux-là même qu'il honore en certains moments, dans d'autres il les ridiculise. Les spectateurs, ici encore, payent leur tribut, comme les hommes illustres, à la toute-puissante comédie, au bon plaisir de la malice et de la joie : Trygée, les parcourant des yeux, montre du doigt à Mercure le fabricant d'aigrettes qui s'arrache les cheveux, le faiseur de hoyaux qui se moque du fourbisseur de sabres, le marchand de faulx qui se réjouit et qui fait la nique au marchand de lances : les lances désormais serviront d'échalas pour soutenir les vignes..... Le public, du reste, est toujours content quand on le met de la partie, quand l'auteur comique le mêle à la pièce, parce que le spectateur alors, devenant acteur en même temps, s'intéresse par l'amour-propre à la comédie. Bien que la fiction dramatique en soit quelque peu altérée ou suspendue, le succès de l'auteur n'en est que plus certain.

Aux plaisanteries vient se mêler la poésie, avec des accents bucoliques, qui sont comme un lointain prélude de Tityre et de Mélibée,

Post aliquot mea regna videns mirabor aristas!

et aussi avec des éclats de joie et des triomphes de sensualité dignes de Rubens dans sa *Kermesse* ou de Teniers dans ses intérieurs flamands. Il faut lire dans le texte même ces vers charmants, mêlés de tons si divers, dont notre prose ne peut donner qu'un pâle reflet :

LE CHŒUR, *à la déesse de la Paix.*

O toi que désiraient les gens de bien et qui es si douce aux cultivateurs, à présent que je t'ai comtemplée avec bonheur, permets que j'aille saluer mes vignes, et embrasser, après une si longue absence, les figuiers que j'ai plantés dans ma jeunesse!...

TRYGÉE.

La belle chose qu'une houe bien emmanchée! Comme ces hoyaux à trois dents reluisent au soleil! Qu'ils vont tracer des plants bien alignés! je brûle d'aller dans mon champ et de remuer cette terre si longtemps délaissée! O mes amis, rappelez-vous les plaisirs dont la Paix nous comblait autrefois : beaux paniers de figues fraîches ou confites, myrtes, vin doux, prés émaillés de violettes sur le bord des ruisseaux, olives tant regrettées! Pour tous ces biens qu'elle nous rend, ô mes amis, adorons la déesse!

LE CHŒUR.

Salut, salut, divinité chérie! ton retour nous comble de joie! comme nous soupirions après toi, consumés du désir de revoir nos campagnes! O Paix si regrettée, mère de tous les biens! Seule tu soutiens ceux qui, comme nous, usent leur vie à travailler la terre. Nous goûtions sous ton règne mille douceurs charmantes qui ne nous coûtaient rien. Tu étais le gâteau de froment des laboureurs, tu étais leur salut! Aussi nos vignes, et nos jeunes figuiers, et tous les arbres de nos vergers souriront avec joie à ton retour! Mais où donc était-elle pendant un si long temps? Dis-le-nous, ô le plus bienveillant des dieux!

MERCURE.

Sages laboureurs, écoutez mes paroles, si vous voulez savoir comment elle fut perdue pour vous. Le principe de nos infortunes, ce fut l'exil de Phidias[1]; Périclès craignit de partager sa mauvaise fortune, et, redoutant votre naturel irritable, pour en prévenir les effets, mit lui-même l'État en feu : avec cette petite étincelle du décret de Mégare[2], faisant souffler un vent de guerre, il alluma l'incendie, dont la fumée a fait pleurer ici et là-bas les yeux de tous les Grecs. Dès que le feu eut fait craquer nos vignes, les tonneaux irrités heurtèrent les tonneaux[3]; dès lors, il ne fut plus au pouvoir de personne d'arrêter le mal, et la Paix disparut.

TRYGÉE.

Voilà, par Apollon, ce que personne ne m'avait appris; je ne me doutais pas quel lien pouvait exister entre Phidias et la Paix.

LE CHŒUR.

Ni moi, et je viens de l'apprendre. Je ne m'étonne plus qu'elle soit belle, s'il y a entre elle et Phidias quelque parenté! Que de choses nous ignorons!...

Ô joie! ô joie! de laisser là le casque! et le fromage, et les oignons! Foin de la guerre et des combats! Ce que j'aime, c'est de boire avec de bons amis, devant le feu, où pétille un bois sec, coupé pendant l'été; de faire griller des

---

1. Chargé d'exécuter la statue de Minerve, Phidias fut accusé par ses ennemis d'avoir détourné une partie de l'or dont elle devait être ornée. La calomnie et l'exil furent la récompense de ses travaux. Périclès se considéra comme attaqué dans la personne de son ami, et craignit peut-être de se voir lui-même obligé de rendre ses comptes : ce fut, dit-on, un des motifs qui le déterminèrent à engager les Athéniens dans la guerre du Péloponnèse.

2. Ce décret interdisait de laisser entrer aucun Mégarien sur le territoire de l'Attique, ni de faire aucun commerce avec ce peuple. Les Mégariens, qui tiraient d'Athènes tous leurs approvisionnements, furent réduits par ce décret à la famine. Qu'on se rappelle la scène du Mégarien forcé de vendre ses deux filles, dans la comédie des *Acharnéens;* voir ci-dessus, page 23.

3. C'est-à-dire que, les vignes ayant été ravagées par l'ennemi dès le commencement, cela augmenta l'animosité, et dès lors la guerre fut lancée avec fureur.

amandes sur les braises, ou des fênes de hêtre sous la cendre; ou de caresser la jeune servante[1], pendant que ma femme est au bain!

Non, rien n'est plus charmant, quand les semailles sont faites et quand Jupiter les arrose d'une pluie bienfaisante, que de recevoir un voisin qui vient vous dire : Eh bien, cher Comarchide, que faisons-nous? Pour moi, je boirais volontiers, pendant que le ciel féconde nos terres. — Allons, femme, fais-nous cuire trois mesures de haricots, où tu mêleras un peu de froment, et donne-nous des figues. Que Syra rappelle Manès des champs : il n'y a pas moyen d'ébourgeonner la vigne aujourd'hui, ni de briser les glèbes : la terre est trop humide. — Qu'on apporte de chez moi la grive et les deux pinsons. Il doit y avoir encore du lait caillé, et quatre morceaux de lièvre, à moins que le chat n'en ait volé hier au soir : car j'ai entendu, au logis, je ne sais quel tapage. Garçon, apportes-en trois pour nous; laisse le quatrième pour mon père. — Demande aussi à Eschinade des branches de myrte avec leurs fruits. Et puis, — c'est le même chemin, — qu'on appelle Charinade, afin qu'il vienne boire avec nous, pendant que le Dieu bienfaisant fait prospérer nos travaux.

Mais, quand revient le temps où la cigale chante sa gentille chanson, j'aime à aller voir si les vignes de Lemnos commencent à mûrir, car celles-là sont les plus précoces; ou si les figues se gonflent et rougissent. Qu'il est doux, quand elles sont à point, de les cueillir, de les goûter, en s'écriant : O saison douce!

Quelle variété dans ces esquisses, si finement touchées et enlevées! Quelle fraîcheur! Quelle senteur de la campagne! Un intérieur rustique pendant l'hiver, des promenades pendant l'été, tout cela se succède en quelques

---

1. Le texte dit : La jeune Thrace. Les esclaves portaient souvent le nom de leur pays, comme autrefois chez nous les domestiques : Champagne, Bourguignon, etc.

vers. Quelle poésie, et quelle réalité tout à la fois! Quelle saveur et quelle simplicité exquise!

Déjà le chœur des *Acharnéens* avait dit, aux vers 989 et suivants : « O Paix, compagne de la belle Aphrodite et des Grâces souriantes, que tes traits sont charmants! et je l'ignorais! Puisse l'Amour m'unir à toi, l'Amour que l'on peint couronné de roses! »

Il semble que, dans ces vers de la première comédie, se trouvât le germe de l'autre.

Dans une ode de Bacchylide se rencontraient déjà ces riantes images de la paix : « La Paix, la grande Paix produit pour les mortels la richesse et la fleur des douces chansons. Sur les splendides autels des Dieux, elle brûle à la flamme blonde les cuisses des bœufs et des brebis à la riche toison : les jeunes gens ne songent plus qu'aux jeux du gymnase, aux flûtes et aux fêtes. La noire araignée file sa toile sur les agrafes de fer des boucliers ; la rouille ronge le fer des lances et des épées. On n'entend plus retentir les clairons, et le doux sommeil n'est plus écarté des paupières au moment où il apaise le cœur. Dans les rues se dressent les tables de festin, et partout éclatent les hymnes joyeux. »

Ce petit tableau, sans doute, est charmant; mais combien ceux d'Aristophane sont plus riches, plus vifs et plus variés.

Trygée, à qui Mercure donne pour compagnes l'Automne et Théoria, redescend du ciel sur la terre. Chemin faisant, il rencontre deux ou trois âmes de poëtes dithyrambiques.

Que faisaient-elles là? dit l'esclave à qui il raconte les épisodes de son voyage aérien.

TRYGÉE.

Elles tâchaient d'attraper au vol quelques débuts lyriques dans le vague des airs.

L'ESCLAVE.

Est-il vrai, comme on le dit, que les hommes, après leur mort, soient changés en étoiles?

TRYGÉE.

Très-vrai.

L'ESCLAVE.

Quel est donc cet astre que je vois là-bas?

TRYGÉE.

C'est Ion de Chios, l'auteur de cette ode qui commençait par : « L'Orient.... » Dès qu'il parut dans le ciel, on l'appela l'*astre d'Orient*.

L'ESCLAVE.

Et qu'est-ce que ces étoiles qui traversent le ciel et brûlent en courant [1]?

TRYGÉE.

Ce sont des étoiles riches qui reviennent de dîner en ville, elles portent des lanternes, et dans ces lanternes du feu. — Mais, dépêchons, conduis cette femme chez moi, nettoie la baignoire, et fais chauffer l'eau; puis prépare, pour elle et pour moi, le lit nuptial. Quand tout sera prêt, reviens ici. Pendant ce temps, je vais la présenter au Sénat.

L'ESCLAVE.

Où donc as-tu pris ce joli bagage?

TRYGÉE.

Où? Dans le ciel.

L'ESCLAVE.

Oh bien! je ne donne pas trois oboles des dieux, s'ils font commerce de femmes, comme nous autres mortels.

TRYGÉE.

Ils ne le font pas tous; mais, là-haut comme ici, quelques-uns vivent de ce métier.

L'ESCLAVE, *à la femme*.

Eh bien, entrons. (*A Trygée:*) Dis-moi, lui donnerai-je à manger?

---

1. Ce qu'on appelle *étoiles filantes*.

TRYGÉE.

Non. Elle ne voudrait ni pain ni gâteau, habituée qu'elle est là-haut, chez les dieux, à lécher l'ambroisie.

L'ESCLAVE.

Mais on peut aussi lui servir ici quelque chose à lécher....

Enfin Trygée, à peu près comme Dicéopolis dans les *Acharnéens*, et comme Peuple dans les *Chevaliers*, ne songe plus qu'à vivre en joie et en liesse, avec sa déesse. Ici encore, éclatent, jaillissent à foison mille bouffonneries licencieuses, qui sont le couronnement de la comédie et en quelque sorte le dessert du *cômos*. Il y a, du vers 868 au vers 904, une longue description digne de l'Arétin, quand l'esclave vient dire que l'épousée est prête et que tout est bien en état. Et, du vers 1626 au vers 1239, on rencontre une scène qui pourrait figurer dans le chapitre XIII du livre Ier de *Gargantua*.

Le mariage n'est pas encore à cette époque le dénoûment obligé de la comédie ; mais on en voit déjà poindre l'usage : ce n'est alors qu'un instinct de la chair, ce sera plus tard une habitude et un procédé.

Quoiqu'on retrouve dans cette pièce l'imagination et la poésie de détails qui brillent dans les précédentes, l'ensemble en est moins remarquable, la trame en est plus faible. La seconde partie, dépouillée pour nous de tout l'appareil du spectacle, semble un peu traînante. Pour les Athéniens, elle était relevée par la mise en scène, par les costumes, et par toute la pompe poétique et musicale de l'épithalame qui la terminait :

LE CHŒUR.

Faites silence, voici que la fiancée va paraître : prenez

des torches! Que tout le peuple se réjouisse avec nous et se mêle à nos danses! Quand nous aurons bien dansé et bien bu, et chassé Hyperbolos [1], nous déménagerons pour retourner aux champs, et nous prierons les dieux de donner la richesse aux Grecs, d'accorder à tous d'abondantes récoltes, en orge, en vin, en figues, de rendre les femmes fécondes, de nous faire recouvrer enfin tous les biens que nous avions perdus, et d'abolir l'usage du fer meurtrier.

TRYGÉE.

Chère épouse, partons pour les champs, et viens, belle, coucher bellement avec moi.

LE CHŒUR.

O hymen, ô hyménée! ô trois fois heureux! et bien digne de ton bonheur!

TRYGÉE.

O hymen, ô hyménée!

PREMIER DEMI-CHŒUR, *montrant la femme.*

Que lui ferons-nous?

DEUXIÈME DEMI-CHŒUR.

Que lui ferons-nous?

PREMIER DEMI-CHŒUR.

Nous cueillerons ses baisers.

DEUXIÈME DEMI-CHŒUR.

Nous cueillerons ses baisers [2].

PREMIER DEMI-CHŒUR.

Allons, camarades, nous qui sommes au premier rang, enlevons et portons le fiancé. O hymen, ô hyménée!

TRYGÉE.

O hymen, ô hyménée!

DEUXIÈME DEMI-CHŒUR.

Vous aurez une jolie maison, pas de soucis, et de bonnes figues. O hymen, ô hyménée!

TRYGÉE.

O hymen, ô hyménée!

---

1. Ce démagogue que, dans la comédie des *Chevaliers*, on a vu remplacer Cléon dans la faveur de la multitude : car un démagogue chasse l'autre, et tous sont chassés tour à tour.

2. Τρυγήσομεν αὐτήν. On joue sur le nom de *Trygée*, qui, nous l'avons dit, signifie à peu près *vendangeur*. Mot à mot, *nous la vendangerons, nous la vendangerons*.

PREMIER DEMI-CHŒUR.

Celui-ci en a de grosses, celle-là en a de douces.

TRYGÉE.

Mangez et buvez à-cœur-joie, et ensuite répétez encore : ô hymen, ô hyménée !

DEUXIÈME DEMI-CHŒUR.

O hymen, ô hyménée !

TRYGÉE.

Joie et liesse, mes amis ! Ceux qui me suivront auront des gâteaux.

Il faut vous figurer cette fin animée. Vous la devinez, quoiqu'il y ait plusieurs lacunes dans le texte de cette dernière scène.

On croit que cette pièce fut presque improvisée et cela expliquerait la faiblesse de la composition et de la contexture ; mais combien de détails charmants !

Au reste, la contexture des comédies d'Aristophane en général est des plus simples. C'est à peu près la même que nos auteurs emploient, sans se mettre la tête à la torture, dans nos *revues* de fin d'année : le procédé épisodique est celui de tout le théâtre grec, aussi bien des tragédies que des comédies. C'est également celui de Shakespeare. Il n'y en a point de plus aisé ni de plus naturel. Le procédé de notre théâtre classique est plus concentré, plus artificieux, et peut-être aussi plus artificiel, lorsque le génie ne l'anime point.

Les Grecs n'ont guère connu l'unité régulière : ils n'ont connu que l'unité de verve, si l'on peut s'exprimer ainsi. Peuple inspiré, qui créait en se jouant, et pour un jour.

Aristophane déploie plus de variété dans ses personnages que dans ses plans. Ses dénoûments ont presque tous entre eux un air de ressemblance. On pourrait en dire autant de ceux de Molière. Quand ces grands poètes comiques ont bien fait rire et bien frappé leur auditoire, ils savent qu'ils n'ont plus besoin de se mettre en frais d'imagination pour terminer la comédie : le premier moyen venu suffit ; on écoute à peine la fin de la pièce, loin de songer à l'éplucher. Les éclats de rire qui se continuent enveloppent et enlèvent le dénoûment.

Les contrastes, les antithèses en action, sont un des procédés d'Aristophane. Ainsi, au dénoûment des *Acharnéens*, il nous a montré, d'un côté, Dicéopolis, partisan de la paix, jouissant de tous les biens qu'elle procure ; de l'autre, Lamachos, partisan de la guerre, que l'on ramène estropié, percé de coups. Dans la comédie de *la Paix*, nous venons de voir, d'une part, le fabricant d'aigrette qui, de désespoir, s'arrache les cheveux ; de l'autre, le fabricant de faulx et le marchand de tonneaux qui se réjouissent ; les piques changées en échalas, les casques en marmites, les trompettes guerrières en pieds de balances pacifiques[1].

Il a ses procédés pour les expositions, comme pour les dénoûments. Ainsi *les Archarnéens*, *Lysistrata* que nous allons analyser, *les Femmes à l'Assemblée* qui viendront plus tard, commencent de même, par une convocation, à laquelle on ne se rend qu'avec lenteur : le principal personnage, attendant les autres et se plaignant de leur retard, fait l'exposition, à peu près de la même manière dans chacune de ces trois comédies. Les Athéniens étaient flâneurs, comme sont les Parisiens ; l'Assemblée se trouvait rarement en nombre à l'heure dite : le poëte comique ne devait donc pas craindre de renouveler la peinture de cette flânerie, qui elle-même se renouvelait tous les jours.

---

1. Rapprochez Rabelais, au chapitre de Frère Jean des Entommures : « Les taborineurs avoient défoncé leurs taborins d'un costé, pour les emplir de raisins ; les trompettes estoient chargées de moussines » (*de grappes* liées ensemble), etc. — Et Alfred de Musset, à ce vers :

De ta robe de noce on fit un parapluie !

LYSISTRATA.

Cette comédie de *Lysistrata* est une des meilleures, mais une des plus effrontées. Elle montre jusqu'où pouvait aller la licence de la comédie *ancienne*, née de l'ivresse bacchique et des phallophories. Mieux que tout autre, elle ferait voir combien on doit se méfier de cette maxime, qu'une œuvre d'art, si elle est parfaite, est morale par cela seul. *Lysistrata* est une merveille d'art et de verve, mais un prodige d'obscénité. Il y a, dans le Musée secret de Naples, des priapées dont on ne peut contester la beauté plastique; dira-t-on qu'elles sont morales? Évidemment l'impression plus ou moins morale qui peut résulter de la beauté de la forme et de la perfection du style dans ces priapées, est peu de chose en comparaison de l'impression licencieuse qui résulte du sujet même. Il est donc périlleux de prétendre qu'il y ait assez de moralité dans la forme seule de l'art et dans la perfection du style. Mais, d'autre part, il n'y a pas d'idée plus erronée que de confondre l'art avec la morale, et que de vouloir ramener toujours l'idée du beau à l'idée de l'utile. L'art est une chose, et la morale en est une autre.

Au fond, cette comédie, comme les trois précédentes, est encore un plaidoyer pour la paix. Ainsi les quatre comédies politiques du poëte ont toutes le même dessein, le même but.

Le moment, cette fois, semblait mieux choisi que

jamais pour faire accueillir enfin des conseils pacifiques. Nicias venait d'être battu en Sicile ; toute l'armée athénienne, massacrée ; Alcibiade, poursuivi par une haine impolitique peut-être, quoique méritée à certains égards, s'était réfugié à Sparte, et se vengeait de sa patrie en conseillant à ses nouveaux alliés de fortifier Décélie en Attique ; d'un autre côté Sparte, victorieuse mais épuisée, ne semblait pas éloignée de souscrire à des conditions équitables, et de laisser à Athènes l'hégémonie de la Grèce centrale et des îles, pourvu qu'elle conservât elle-même sa suprématie dans le Péloponnèse. C'est à cette époque, l'an 412 avant notre ère, que fut représentée *Lysistrata*[1].

Lysistrata, femme d'un des principaux citoyens d'Athènes, persuade à toutes les autres femmes de sa ville et des autres villes grecques de prendre une résolution désespérée pour forcer leurs maris à conclure la paix : c'est de leur retirer leurs droits conjugaux, de les sevrer de toute caresse. Depuis assez longtemps elles pâtissent de la guerre, ils pâtiront à leur tour ! Résolution énergique ! Elle a bien quelque peine à les y décider : c'est jouer quitte ou double, et sur un terrible enjeu ! La délibération donne lieu déjà à une scène très-joliment développée, mais d'une liberté qu'on ne peut se figurer. Cependant la courageuse et éloquente Lysistrata finit par emporter ce vote redoutable. Quelques femmes, par exemple la jeune Calonice et la jeune Myrrhine, refusent d'abord, et ensuite ne prononcent que d'une voix mal assurée le terrible serment ; mais enfin, voilà qui est fait !

Cette situation est à peu près celle qui se retrouve,

---

1. Poyard, *Notice*.

mais présentée avec plus de modestie, quoique avec assez de vivacité encore, dans une jolie comédie de notre temps, intitulée : *Une femme qui se jette par la fenêtre*, œuvre de Scribe et de M. Gustave Lemoine. Ici Myrrhine s'appelle Gabrielle. Sa mère lui conseille, comme Lysistrata, de tenir rigueur à son mari, tant qu'il n'aura pas demandé la paix. La guerre dont il s'agit dans la pièce moderne, n'est, à la vérité, qu'une simple querelle de ménage. Et les rôles sont renversés, en ce sens que c'est la jeune femme qui finit par céder à son mari, ne pouvant supporter d'être privée de lui.

Lysistrata, elle, ne cèdera pas, et ne permettra ni à Calonice, ni à Myrrhine, ni à aucune autre, de faiblir. Lysistrata porte un nom significatif : cela veut dire, *celle qui dissout l'armée!* Voyons-la à l'œuvre, elle et ses compagnes.

Pour commencer, les vieilles femmes, sous couleur d'un sacrifice, s'emparent de la citadelle et du trésor qu'elle renferme : ainsi les hommes ne pourront plus subvenir aux frais de la guerre.

Un bataillon de vieux bonshommes survient : ils veulent mettre le feu à l'acropole et enfumer les femmes comme les abeilles d'une ruche. Les jeunes femmes portent secours aux vieilles et engagent la bataille avec les vieux. Figurez-vous cette comique mêlée, les torches et les cruches, le feu et l'eau, les deux sexes et les deux éléments en guerre, et, au milieu de tout cela, plus jaillissant que l'eau, plus brûlant que le feu, un dialogue où étincellent et abondent les plaisanteries de toute sorte, jets et fusées, qui semblent compléter la mêlée et l'incendie et le déluge : tout est inondé, et tout est en feu.

Un officier de police se présente avec son escorte, et se dispose à faire sauter la porte de l'acropole à coups de leviers.

LYSISTRATA, *paraissant sur le seuil.*

Inutile de faire sauter la porte. Me voici de plein gré. Ce ne sont pas des leviers qu'il vous faut, mais du bon sens [1].

L'OFFICIER DE POLICE.

Ah! c'est toi, coquine! Archer, qu'on me l'arrête, et qu'on lui lie les mains derrière le dos!

LYSISTRATA.

Par Diane! s'il me touche seulement du bout du doigt, tout archer qu'il est, il pleurera.

L'OFFICIER DE POLICE.

Eh bien, archer, as-tu donc peur?..... Prends-la à bras-le-corps.... Allons! un autre archer! Et à vous deux, garrottez-la.

PREMIÈRE FEMME.

Par Pandrose[2]! si tu portes la main sur elle, tu crèveras sous mes pieds!

L'OFFICIER DE POLICE.

Crever? voyez-vous ça!... Allons, encore un autre archer! qu'on garrotte d'abord celle-là, pour lui apprendre à piailler!

DEUXIÈME FEMME.

Par la déesse au disque lumineux, si tu touches seulement cette femme, tu auras besoin de compresses!

L'OFFICIER DE POLICE.

Eh bien! qu'est-ce-ci? Où est donc l'archer? Arrêtez-la! Je vous empêcherai bien, moi, de lâcher pied!

TROISIÈME FEMME.

Si tu approches d'elle, par la déesse de Tauride, je t'arrache des crins et des cris!

---

1. Alceste, aussi déterminé et aussi sensé que Lysistrata, ripostera à peu près de même à Célimène :

Non, ce n'est pas, madame, un bâton qu'il faut prendre,
Mais un cœur à leurs vœux moins facile et moins tendre.

2. Pandrose. Une des deux filles de Cécrops. Ce nom fut donné aussi à Minerve.

L'OFFICIER DE POLICE.

Malheureux que je suis! mes archers m'abandonnent!... Mais, c'est une honte de céder à des femmes! Scythes, en avant, serrons les rangs[1]!

LYSISTRATA.

Par les déesses! Nous vous ferons voir que nous avons ici quatre vaillants bataillons de femmes bien armées!

L'OFFICIER DE POLICE.

Scythes, garrottez-les!

LYSISTRATA.

En avant, mes braves compagnes! Fruitières, grainetières, cabaretières, boulangères, marchandes d'œufs et d'ail! Frappez, tirez et déchirez, criez et engueulez! Assez! bon! arrêtez! ne les dépouillez pas!

L'OFFICIER DE POLICE.

Hélas! mes archers en déroute!

LYSISTRATA.

Ah! ah! tu croyais donc n'avoir affaire qu'à des servantes? Ou bien tu pensais que les femmes libres n'avaient pas de sang dans les veines?

Bref, la police est vaincue et battue.

Ainsi, dès ce temps-là, dans la comédie grecque *ancienne*, comme aujourd'hui encore au théâtre de Guignol et de Polichinelle, il est nécessaire à la joie du peuple, soit athénien, soit parisien, que les commissaires de police et les gendarmes aient toujours le dessous. Le succès de *l'Auberge des Adrets* et de *Robert-Macaire*, il y a quelque trente ans, vint en grande partie de ce que, d'un bout à l'autre de ces deux pièces, les gendarmes étaient bernés : on finissait même par

---

1. A Athènes la plupart des archers étaient Scythes. Dans la première scène, où Lysistrata convoque les femmes à prêter serment, elle dit : « Où est *la scythe?* » comme on dirait chez nous : « Où est *la gendarme!* » ou comme on eût dit, sous la Restauration : « Où est *la cent-suisse?* »

en lancer un à travers les airs, aux grands éclats de rire du public, ennemi de l'autorité et ami des révolutions.

L'officier de police, abandonné par ses hommes, essaye de parlementer avec Lysistrata, qui n'a pas, comme on dit, sa langue dans sa poche. (Amis du style noble, voilez-vous la face, ce mot m'est échappé!)

L'OFFICIER DE POLICE, *à Lysistrata.*
Que prétends-tu faire?

LYSISTRATA.
Tu me le demandes? Nous voulons administrer le trésor.

L'OFFICIER DE POLICE.
Administrer le trésor?

LYSISTRATA.
Oui. Qu'y a-t-il là d'étonnant? N'est ce pas nous qui administrons la dépense de nos ménages?

L'OFFICIER DE POLICE.
Mais ce n'est pas la même chose.

LYSISTRATA.
Pourquoi, pas la même chose?

L'OFFICIER DE POLICE.
Cet argent est pour faire la guerre.

LYSISTRATA.
Mais d'abord il n'y a pas besoin de faire la guerre.

L'OFFICIER DE POLICE.
Et le salut de la cité?

LYSISTRATA.
Nous nous en chargeons.

L'OFFICIER DE POLICE.
Vous?

LYSISTRATA.
Nous-mêmes!

L'OFFICIER DE POLICE.
Cela fait pitié!

LYSISTRATA.
Nous te sauverons, de gré ou de force!

L'OFFICIER DE POLICE.

Ah! c'est un peu fort!

LYSISTRATA.

Tu te fâches? il te faudra bien pourtant en passer par là.

L'OFFICIER DE POLICE.

Par Cérès! voilà qui est violent!

LYSISTRATA.

On te sauvera, mon ami.

L'OFFICIER DE POLICE.

Et, si je ne veux pas?

LYSISTRATA.

Raison de plus!...

Quelle franchise de dialogue! et quelle vérité! quelle force comique! Et cela continue ainsi pendant plus de cent vers encore. Et les traits tombent dru comme grêle.
— Nous avons connu, nous aussi, de ces sauveurs bon gré mal gré. Mais nous sommes de l'avis d'Horace :

Invitum qui servat, idem facit occidenti.

LYSISTRATA.

Durant la dernière guerre nous avons supporté en silence tout ce qu'il vous plaisait de faire : vous ne nous permettiez pas de souffler mot. Nous n'étions guère contentes, car nous savions bien ce qu'il en était ; souvent, dans nos maisons, nous vous entendions discuter à tort et à travers sur quelque affaire importante. Alors, le cœur bien triste, mais le sourire aux lèvres, nous vous demandions : « Eh bien! dans l'assemblée d'aujourd'hui, a-t-on voté la paix? — Occupe-toi de tes affaires, disait le mari, tais-toi. » — Et je me taisais.

UNE FEMME.

Ce n'est pas moi qui me serais tue!

L'OFFICIER DE POLICE.

Il t'en aurait cuit, de ne pas te taire!

LYSISTRATA.

Moi, je me taisais. Mais bientôt, apprenant que vous aviez pris quelque autre résolution déplorable : « Ah! mon ami, disais-je, comment pouvez-vous agir si follement? » Il me regardait de travers : « Tisse ta toile, répondait-il, sinon gare à tes joues ! *La guerre est l'affaire des hommes*[1] ! »

L'OFFICIER DE POLICE.

Bien dit, par Jupiter !

LYSISTRATA.

Comment, *bien dit*, imbécile ! Ainsi, quand vous ne faites que des bêtises, il ne nous sera pas permis de vous les remontrer? — Lorsqu'enfin nous vous avons entendu dire à haute voix dans les rues : « N'y a-t-il plus un homme dans le pays? — Non, en vérité, il n'y a plus d'hommes! » — alors les femmes ont résolu de se réunir pour travailler toutes au salut de la Grèce. Car pourquoi aurions-nous attendu plus longtemps? Prêtez donc l'oreille à nos sages conseils, gardez le silence à votre tour, et nous pourrons rétablir vos affaires.

L'OFFICIER DE POLICE.

Vous, nos affaires? Une telle folie se peut-elle supporter?

LYSISTRATA.

Silence !

L'OFFICIER DE POLICE.

Comment, silence ! je me tairais au commandement d'une carogne qui porte un voile sur la tête !

LYSISTRATA.

Si ce n'est que mon voile qui t'offusque, tiens, le voici, mets-le sur ta tête, et tais-toi ! Prends aussi ce panier, ceins-toi comme une femme, carde ta laine, et mange tes fèves. *La guerre sera l'affaire des femmes !*

Comme cela se retourne joliment! Et comme ce commissaire de police travesti en femme tout-à-coup par Lysistrata devait faire rire !

Cependant l'officier public essaye de tenir tête à cette luronne. L'homme se croit plus fort que la femme, surtout en fait de raisonnement. Notre commissaire fait donc à celle-ci des objections, des interrogations; Ly-

---

1. Ces derniers mots sont les paroles d'Hector à Andromaque, au sixième chant de l'*Iliade*.

sistrata se moque de lui, ou donne à des idées sensées une forme plaisante qu'il ne comprend pas.

L'OFFICIER DE POLICE.

Comment pourrez-vous ramener l'ordre et la paix dans toutes les contrées de la Grèce?

LYSISTRATA.

Le plus facilement du monde.

L'OFFICIER DE POLICE.

Mais comment? Je suis curieux de l'apprendre.

LYSISTRATA.

Comme, quand notre fil est embrouillé, nous faisons passer la bobine à travers l'écheveau et de ci et de là; de même, pour la guerre, nous ferons passer de ci et de là des ambassades qui débrouilleront les affaires.

L'OFFICIER DE POLICE.

Qu'est-ce qu'elle dit? Mettre fin à la guerre avec du fil et des bobines! Pauvre folle!

LYSISTRATA.

Si vous n'étiez pas fous vous-mêmes, vous sauriez faire en politique ce que nous faisons pour nos laines.

L'OFFICIER DE POLICE.

Comment cela? Voyons!

LYSISTRATA.

Nous commençons par laver la laine pour en séparer le suint; vous devriez faire de même; ensuite nous la battons à coups de baguettes; vous devriez aussi, à coups de baguettes, vous débarrasser des gredins et des scélérats. Ceux qui, noués en boules, s'accrochent aux honneurs, il faut les carder brin à brin et leur crêper la boule; et puis, les jeter tous également au panier. Étrangers domiciliés, ou du dehors, pourvu qu'ils soient amis et rapportent au trésor public, je les carderais tous indistinctement. Quant à nos colonies, par Jupiter! qui sont jusqu'à présent des pelotons séparés, je voudrais tirer jusqu'ici le fil de chacune d'elles, et n'en faire qu'un seul, en former une grosse pelote, et en tisser pour le peuple un manteau[1]!

1. C'est-à-dire que les tributs, au lieu de couler dans telle ou telle dépense spéciale, devraient être directement versés dans le

L'OFFICIER DE POLICE.

N'est-il pas étrange qu'elles prétendent battre et pelotonner tout cela, elles qui ne prennent point part à la guerre?

LYSISTRATA.

Eh! misérable, elle pèse sur nous d'un double poids : d'abord nous enfantons des fils qui vont faire la guerre loin du pays....

L'OFFICIER DE POLICE.

Tais-toi, ne rappelle pas nos malheurs [1] !

LYSISTRATA.

Ensuite, au lieu de nous amuser et de jouir de notre jeunesse, nous couchons seules : nos maris sont au camp !... Passons sur ce qui nous regarde; mais les filles qui vieillissent dans leur lit solitaire, je pleure quand j'y pense !

L'OFFICIER DE POLICE.

Et les hommes, ne vieillissent-ils pas?

LYSISTRATA.

Quelle différence ! l'homme, à son retour, eût-il des cheveux gris, trouve aisément une jeune femme. Mais la saison d'une femme est courte, et, si elle la laisse passer, elle ne trouve plus de mari, et reste assise, à consulter le sort....

La vérité de ce dialogue et de ces peintures n'est-elle pas admirable?

Battue par le raisonnement comme par les armes, la police se voit forcée de céder. Les femmes chantent victoire. Ensuite, par la bouche de leur coryphée, elles donnent à la ville d'utiles conseils. Et pourquoi pas? « Que je sois née femme, qu'importe? si je sais remédier à vos malheurs ! je paye ma part de l'impôt en donnant des hommes à l'État ! »

C'est là un argument très-sérieux, quoique jeté dans une comédie. Michelet ne dira pas mieux : « Qui est,

---

Trésor, afin que le peuple tout entier en fît un emploi profitable. C'est la centralisation des finances. Ici Aristophane, contrairement à son habitude, émet et patrone une idée qui appartient à l'avenir, non au passé.

1. Allusion au récent désastre de Sicile.

plus que les mères, intéressé dans la société, où elles mettent un tel enjeu, l'enfant? Qui, plus qu'elles, est frappé par le désordre ou par la guerre[1]? »

Il a été souvent question en Angleterre et en France de conférer aux femmes le droit électoral. C'est une opinion qui a pour elle de graves partisans. — Le gouvernement de Moravie a décidé récemment que les veuves payant des impôts auraient à l'avenir le droit de voter dans les élections municipales[2].

Mais poursuivons notre analyse.

Vainement les femmes ont vaincu les hommes, elles ne peuvent se vaincre elles-mêmes. La plupart d'entre elles, lorsqu'elles ont prêté le cruel serment exigé par Lysistrata, ne l'ont fait qu'à contre-cœur. L'occasion ne s'est pas encore présentée de le tenir, ce serment redoutable, et déjà elles ont des démangeai-

---

1. Michelet, *Bible de l'humanité*.
2. On lit dans la *Gazette de Cologne*, 1ᵉʳ septembre 1865 :
« Nous aurons sous peu à Leipzig le spectacle d'une assemblée toute particulière : un congrès allemand de femmes! Déjà, dans une assemblée préparatoire, ont été proposés « les points princi-
« paux de la question concernant l'affranchissement pratique du
« sexe féminin », et Mme Louise Otto-Peters, ainsi que Mlle Augusta Schmidt y ont fait un appel patriotique à leurs sœurs d'Allemagne pour les engager à prendre part au congrès, et à préparer les rapports qu'elles pourraient avoir à faire touchant la question.
« Voici quel serait le sujet de leurs délibérations : Exposition industrielle et artistique de travaux féminins, organisation de caisses de subventions et de secours mutuels, participation de talents féminins dans les salles d'audience des académies et universités, érection d'écoles économiques et commerciales pour femmes, etc., etc. Il paraît que, des principales villes d'Allemagne, sont déjà arrivées plus de cinquante lettres annonçant la participation d'autant de membres au futur congrès. »

sons de se parjurer. Péripétie piquante et naturelle, tirée des caractères et des tempéraments.

Quelques-unes désertent : celle-ci sous prétexte d'aller visiter sa laine, qui se mange aux vers; celle-là, son lin à teiller; une troisième fait semblant d'être sur le point d'accoucher. — « Mais tu n'étais pas enceinte hier! — Je le suis aujourd'hui... » — Leur continence est sur les dents, hors de combat, avant la lutte. Lysistrata, l'intrépide générale, tient bon et ranime les moins défaillantes. « Vous regrettez vos maris! croyez-vous qu'ils ne vous regrettent pas? Je le sais, moi, ils passent des nuits cruelles[1]. Courage, mes braves amies, patientez encore un peu.... »

En effet, bientôt, selon les prévisions de Lysistrata, les hommes arrivent, dans un état... que vous dirai-je? pitoyable, ou monstrueux? Comment vous indiquer la chose?... Il y a un ancien ballet, de Noverre, intitulé : *l'Enlèvement des Sabines*, dont le libretto contient l'indication suivante : « Ici les Romains témoignent par leurs gestes qu'ils manquent de femmes. » Eh bien! dans cette scène d'Aristophane, les hommes témoignent la même chose, mais de la façon la moins ambiguë.

En un mot, cette scène, d'un bout à l'autre, est une véritable phallophorie, — moins le sérieux qui pouvait, sous couleur de religion, faire passer les phallophories proprement dites. — Comme les matassins avec leurs

---

1. On doit se rappeler ici ce que W. Schlegel nomme *le temps idéal*, c'est-à-dire le temps qui s'allonge ou qui s'abrége au gré de l'imagination du poëte ou des spectateurs, par conséquent tout le contraire de la fameuse *unité de temps*, qui n'existe pas plus dans le théâtre grec, que la fameuse *unité de lieu*. Resterait l'*unité d'action*, qui encore, dans le théâtre grec comme dans le théâtre de Shakespeare, se réduit à l'unité d'intérêt, pour relier les divers épisodes d'une action extrêmement libre et changeante, ou même plus simplement encore à ce que nous avons nommé l'unité de verve, en ce qui regarde le théâtre d'Aristophane.

seringues poursuivent M. de Pourceaugnac, les hommes ici, et les vieux tout d'abord, se mettent à poursuivre les femmes ; et tous les jeux de scène sont indiqués, et l'on ne sait, des actions ou des paroles, lesquelles sont les plus cyniques.

L'un d'eux se détache du groupe : c'est le pauvre Cinésias, mari de la gentille Myrrhine, — je dis gentille, quoiqu'elle aime le vin ; — mais beaucoup de jeunes Anglaises l'aiment aussi, et n'en sont pas moins belles : seulement, au bout de quelques années, leur teint éblouissant se couperose, leur joli nez bourgeonne comme un printemps : le madère, le sherry et le porto s'y épanouissent en boutons ; c'est le printemps de la laideur, après celui de la beauté.

Pour le moment, Myrrhine est à croquer. — Son mari est un homme entre deux âges, maigre comme le poëte Philétas de Cos, qui, dit-on, s'attachait des boules de plomb aux jambes, de peur d'être enlevé par le vent.

Ici commence entre le pauvre homme et son espiègle femme, stylée par Lysistrata, une scène très-comique, mais très-indécente. Elle est développée avec beaucoup d'art ; mais, que cette scène et la précédente aient jamais été représentées sur un théâtre public, c'est ce qui peut à peine se comprendre, même lorsqu'on se rappelle la sicinnis et le cordax, origines de la comédie, et qu'on se figure ce que pouvaient être les chœurs de *Chèvres* et de boucs ou les *Androgynes* de Cratinos.

Voici quelques passages de cette scène capitale, qu'il est aussi difficile de citer que d'omettre, quand on est résolu à ne pas éluder l'étude sincère du grand poëte comique athénien.

CINÉSIAS.

Ah! grands dieux! quel supplice!... je suis sur la roue...!

LYSISTRATA.

Qui vive?

CINÉSIAS.

C'est moi!

LYSISTRATA.

Un homme?

CINÉSIAS.

Eh! oui, un homme!...

⁂

Qu'y a-t-il de plus comique et de plus bouffon que ce mot, dans cette situation et dans cette posture?

On veut le chasser, il supplie; et, prenant sa voix la plus douce, il implore sa chère Myrrhine, sa belle petite Myrrhinette! il la fait appeler par son petit garçon. Un enfant, au milieu de cette phallophorie!... Il est vrai qu'on l'emmènera tout à l'heure.

CINÉSIAS.

Petit, appelle ta maman.

L'ENFANT.

Maman, maman, maman!

CINÉSIAS.

Eh bien! n'entends-tu pas, et n'as-tu pas pitié de cet enfant? Voilà six jours qu'il n'est ni lavé ni nourri[1].

MYRRHINE.

Pauvre petit! son père n'en a guère soin!

CINÉSIAS.

Descends, chérie, descends, c'est pour l'enfant!

MYRRHINE.

Ce que c'est que d'être mère! il faut descendre. Comment s'y refuser?...

1. Même observation qu'à la note précédente : le spectateur admettait donc sans peine, quoiqu'il n'y eût pas eu d'entr'acte et qu'il n'y en eût jamais, qu'il s'était écoulé six jours et six nuits depuis que les femmes avaient formé le complot par lequel commence la pièce.

Cinésias trouve sa femme plus jeune, plus jolie que jamais. Elle embrasse l'enfant avec coquetterie : « Tu es aussi gentil que ton père est méchant! Que je t'embrasse, ô cher trésor de ta maman! »

Le mari entre en pourparlers; mais, comme à l'éloquence des paroles il veut joindre celle des gestes, Myrrhine lui dit : « A bas les mains! » Et elle dicte ses conditions : A moins qu'un bon traité ne termine la guerre, elle n'accordera rien, mais rien!

Il promet de faire conclure la paix; il jurera tout ce qu'elle voudra. Mais il demande, en guise d'arrhes, quelques caresses.

MYRRHINE.

Non pas!... Et cependant.... je ne saurais nier que je t'aime.

CINÉSIAS.

Tu m'aimes! Alors pourquoi me refuser, ma Myrrhinette?

MYRRHINE.

Y penses-tu? devant cet enfant!

CINÉSIAS.

Manès, emporte l'enfant à la maison.... Là; ton fils ne nous gêne plus. Eh bien! ne veux-tu pas à présent?...

MYRRHINE.

Mais où?...

Cinésias propose la grotte de Pan, située dans le voisinage. Myrrhine fait quelque objection; le mari y répond. Vite elle en fait une autre. C'est une escrime très-bien conduite.

MYRRHINE.

Et mon serment, malheureux! veux-tu donc que je me parjure!

CINÉSIAS.

Je prends la faute sur moi, ne t'inquiète pas!

On se rappelle ici l'objection d'Elmire et la réponse de Tartuffe, dans une situation analogue :

ELMIRE.
Mais comment consentir à ce que vous voulez,
Sans offenser le ciel, dont toujours vous parlez?
TARTUFFE.
Si ce n'est que le ciel qu'à mes vœux on oppose,
Lever un tel obstacle est pour moi peu de chose...
. . . . . , ...
Oui, madame, on s'en charge...

Toutefois il n'y a là qu'une ressemblance de situation, et non une ressemblance de caractère : Cinésias n'est pas un Tartuffe ; c'est simplement un homme emporté par la passion sensuelle, mais sans complication d'hypocrisie. Et c'est à sa propre femme qu'il s'adresse, non à la femme d'un ami.

A part ce point, qui a son importance, la situation est pareille, — et des plus hardies chez Aristophane comme chez Molière. Lorsqu'Elmire feint de consentir à ce que veut Tartuffe et qu'elle le prie de regarder auparavant si son mari n'est pas dans la galerie voisine, lorsque Tartuffe revient, ferme la porte, se débarrasse de son manteau, et s'avance délibérément vers Elmire pour l'embrasser, la scène est aussi osée que possible dans le théâtre moderne; le spectateur, à la vérité, est rassuré par l'honnêteté de la femme, et par la présence du mari caché; toujours est-il que Tartuffe, quand il rentre, se dispose à satisfaire tout de suite sa brutalité, et qu'entre l'intention et l'exécution il ne se passerait pas trois minutes, si tout à coup Orgon et la morale ne le saisissaient au collet.

De même, chez le poëte grec, Cinésias, dont le nom, comme l'action, ne sont que trop significatifs, pousse les choses aussi loin que possible ; mais c'est à sa femme qu'il s'adresse, et, d'après la donnée de la pièce, sa femme doit lui résister. Il est vrai que le spectateur n'est pas très-sûr de la résistance obstinée de Myrrhine, qui pourrait bien finir par se prendre elle-même au piége des coquetteries dont elle agace son mari. Elle feint, comme Elmire, de consentir à tout.

MYRRHINE.
Allons! je vais chercher un petit lit.
CINÉSIAS.
Eh non! par terre nous serons bien!

C'est répliquer comme Jupiter à Junon, au XIVe chant de l'*Iliade*, lorsque la rencontrant dans les bois de l'Ida, ornée de la ceinture de Vénus, irrésistible talisman, il ne prend pas le temps de regagner l'Olympe.

Mais Cinésias n'est pas Jupiter, et n'en vient pas à ses fins comme lui. Chaque fois qu'il croit toucher au but de ses désirs, c'est une chose, c'est une autre, que Myrrhine a oubliée et qu'elle va chercher : après le petit lit, un matelas, et puis un oreiller.

CINÉSIAS.
Mais à quoi bon un matelas? Pour moi, je n'en ai pas besoin!
MYRRHINE.
Par Diane! sur les sangles, ce serait honteux!
CINÉSIAS.
Eh bien! donne-moi d'abord un baiser.
MYRRHINE.
Voilà!
CINÉSIAS.
Hon! que c'est bon! A présent, reviens au plus vite!
MYRRHINE, *revenant*.
Voici le matelas. Couche-toi, je me déshabille.... Mais il n'y a pas d'oreiller.
CINÉSIAS.
Eh! je n'en ai pas besoin!
MYRRHINE.
Mais j'en ai besoin, moi!

Le pauvre bonhomme est haletant : soif de Tantale !...
Elle revient avec l'oreiller, elle l'accommode. Puis elle se déshabille lentement.

CINÉSIAS.

Enfin, il ne manque plus rien !

MYRRHINE.

Plus rien? Crois-tu?

CINÉSIAS.

Allons, viens, mon bijou !

MYRRHINE.

J'ôte mon corset[1]. Mais n'oublie pas ce que tu m'as promis au sujet de la paix. Tu tiendras ta promesse?

CINÉSIAS.

Oui, que je meure !...

MYRRHINE.

Mais tu n'as pas de couverture !

CINÉSIAS.

Des couvertures ! Eh ! c'est toi que je veux !...

MYRRHINE.

Patience ! je suis à toi dans un instant.

CINÉSIAS.

Cette femme-là[2] me fera mourir avec ses couvertures !

Myrrhine revient avec une couverture... Ah ! enfin !...
— Mais elle s'aperçoit, fort à propos, qu'elle a oublié... quoi encore? de l'huile, pour parfumer ce cher mari !

1. Bien entendu, par ce mot de *corset*, il ne faut pas ici entendre absolument le corset d'aujourd'hui. Cependant, le στρόφιον, dont parle ici le texte, étant la pièce du vêtement destinée, comme le prouvent d'autres passages des poëtes comiques, à tourner sous la gorge pour la soutenir, ce mot correspond plus exactement à celui de *corset*, qu'à celui de *ceinture*. Mais c'est un corset primitif, qui soutient la gorge et ne la brise pas : un peuple artiste ne l'aurait pas permis.

2. Le texte dit : Ἄνθρωπος, *cet homme*, mais dans le sens générique, comme on pourrait dire : *Cet être-là !* Cet exemple est encore plus curieux que celui de Cicéron, souvent cité, où il pleure la mort de sa fille, malheur auquel pourtant il faut se résigner, dit-il, *quoniam homo nata erat*, puisqu'elle était née *homme* (et par conséquent sujette à la mort).

MYRRHINE.

Ne veux-tu pas que je te parfume?

CINÉSIAS.

Non, par Apollon! non, de grâce!

MYRRHINE.

Si! par Vénus! que tu le veuilles ou non!

CINÉSIAS.

Tout-puissant Jupiter, fais que nous en finissions avec ces parfums!

MYRRHINE.

Tends la main, que je t'en verse, et frotte-toi.

CINÉSIAS.

Par Apollon! ce parfum-là n'est guère agréable, à moins qu'il ne le devienne en frottant; il ne sent pas la couche nuptiale.

MYRRHINE.

Ah! sotte que je suis! j'ai apporté du parfum de Rhodes.

CINÉSIAS.

C'est bon, laisse, ma chérie!

MYRRHINE.

Es-tu fou?

CINÉSIAS.

Maudit soit le premier qui a distillé des parfums!

Myrrhine sort encore une fois, et revient avec une autre fiole....

« Allons, méchante, couche-toi, et ne va plus chercher rien!

— Me voilà, par Diane! Je me déchausse. Mais, mon chéri, tu voteras la paix?

— Sois tranquille. »

Et l'espiègle femme, étant déshabillée, s'en va, ne revient plus. — « Je suis mort, elle me tue! » s'écrie le malheureux Cinésias. » Dans quel état elle me laisse!... Hélas! qui me soulagera?... »

Le chœur, afin que personne n'en ignore, ajoute ses commentaires et ses descriptions aux exclamations et à la mimique priapesque de Cinésias.

Sur ces entrefaites, arrive de Sparte un héraut qui demande la paix. « A Sparte aussi, tout est en l'air, » et le héraut comme les autres.

Un magistrat survient et le gourmande : « Drôle ! dans quel état !... » Le héraut lui explique le complot formé par les femmes, non-seulement d'Athènes, mais de toute la Grèce, pour contraindre les hommes à faire la paix et à abolir la guerre. C'est une conspiration générale, qui embrasse toutes les villes : les hommes, dans tous les pays, sont excédés de cette situation, n'en peuvent plus, demandent grâce, implorent la paix à tout prix : la paix avec les femmes, la paix entre les peuples; la paix au dedans, la paix au dehors; la paix partout et toujours !... Le plan de la courageuse Lysistrata a réussi : elle a fait honneur à son nom, elle a dissous toutes les armées, plus habile à elle seule qu'un Congrès de la Paix.

Les ambassadeurs lacédémoniens arrivent ensuite, dans le même état que le héraut. « La situation, disent-ils, est de plus en plus tendue.... »

On appelle Lysistrata. Elle conclut la réconciliation universelle. « Laconiens, approchez-vous; et vous, Athéniens, de ce côté. Écoutez-moi : Je ne suis qu'une femme, mais j'ai quelque bon sens; la nature m'a donné un jugement droit, que j'ai développé encore, en écoutant les sages leçons et de mon père et des vieillards. Permettez que je vous adresse, à tous également, un reproche, hélas ! trop fondé ! Vous qui, à Olympie, aux Thermopyles, à Delphes (combien d'autres lieux je pourrais nommer, si je ne craignais de m'étendre!) arrosez les autels de la même eau lustrale et ne formez qu'une seule famille, ô Hellènes, vous vous détruisez, les armes à la main, vous et vos villes, quand les Barbares sont là qui vous menacent!... »

Démosthène ne dira pas mieux que cette brave Lysistrata, et ne trouvera pas dans son cœur une plus noble et plus grande éloquence. Cavour ne parlera pas autrement pour réunir les membres dispersés de la patrie italienne, que Garibaldi ressuscitera.

Bref, Péloponnésiennes, Athéniennes, Corinthiennes, Béotiennes, se remettent avec leurs maris. Seuls les vieillards grognent un peu, tout en étant contents au fond; mais ils sont humiliés de se soumettre : « Maudites femmes! sont-elles assez rusées! Ah! qu'on a eu raison de dire : *Pas moyen de vivre avec ces coquines, ni sans ces coquines!* »

La comédie est couronnée par un festin et par des danses animées, sous l'invocation des dieux, avec un double chant des Athéniens et des Laconiens réconciliés. « Chantons Sparte, disent les Laconiens en terminant, Sparte qui se plaît aux divins chœurs et aux danses retentissantes, quand les jeunes filles, au bord de l'Eurotas, bondissent pareilles à des cavales, et frappent la terre de leurs pieds rapides, secouant leur chevelure, comme les bacchantes qui agitent leurs thyrses en se jouant! la belle et chaste fille de Latone les précède et conduit le chœur. — Allons! noue tes cheveux flottants, joue des mains et des pieds, bondis comme une biche! Que le bruit anime la danse! Et célébrons ensemble la puissante déesse au temple recouvert d'airain[1]. »

Pendant ce chœur, chaque mari, Athénien ou Lacédémonien, prend le bras de sa femme, et s'apprête à partir, pour réparer le temps perdu. Cela finit comme la fable des *Deux Pigeons*; mais il y a ici bien plus de

---

1. Minerve *chalciéque*.

deux pigeons; c'est l'Hellade tout entière qui est le colombier.

Voilà nos gens rejoints, et je laisse à penser
De combien de plaisirs ils payèrent leurs peines !

⚘

Telle est cette *liberté gaillarde* dont parle quelque part Fontenelle. *Gaillarde* est bien modeste. *Lysistrata*, nous l'avons dit, est tout bonnement une phallophorie, moins la gravité religieuse. Et encore avons-nous omis les énormités de paroles qui accompagnent et qui commentent les énormités d'action.

Cela prouve que, si la morale dans ses principes ne varie pas, la pudeur et les bienséances varient selon les lieux, selon les temps. Quand on lit Rabelais, on est bien étonné ; mais les obscénités de Rabelais restent enfermées dans un livre; celles d'Aristophane s'étalaient en paroles et en actions, sur le théâtre, à la face du soleil, devant trente mille spectateurs !

Croirait-on, après cela, qu'Aristophane se vante en maint endroit d'être plus réservé que les autres poëtes comiques de son temps? Vive Bacchus! Quelle réserve!... Le monde moderne ne présente rien d'aussi fort. Lorsque Charles VI fit son entrée dans Paris, des filles nues, placées aux fontaines publiques, représentaient des sirènes; dans *le Jugement de Pâris*, joué vers le même temps, les trois déesses, dont le berger devait comparer la beauté, paraissaient nues sur le théâtre ; ordinairement, le 1er mai, mois de l'amour, des femmes se montraient nues sur la scène, et parcouraient ensuite les rues, en portant des flambeaux; mais la scène de Myrrhine et de Cinésias, sans compter les autres où les hommes figurent dans de si étranges attitudes, c'est bien autre chose vraiment que la nudité pure et simple. Le nu, en lui-même, n'est pas indécent, excepté pour des esprits faux et pour des natures déjà perverties par les sottes idées d'une morale inepte. Ah! si Myrrhine, pour ne parler que d'elle, était simplement nue!... Mais elle se déshabille! Rappelez-vous le tableau de Vanloo, cette grande femme nue, qui va se mettre au lit : elle serait décente, quoique nue, si elle n'avait pas un bonnet de nuit et si elle ne tournait pas la tête pour vous regarder dans ce moment-là. Ce bonnet ôte la pureté du nu, et ce regard tourné vers vous est provoquant. En vain répondrait-on qu'elle est seule dans sa chambre : pour qui donc se retourne-t-elle ainsi? Il faut que ce soit, tout au moins, pour son miroir : la chose est grave. Cette femme n'est donc pas décente, quelque belle qu'elle soit. De même, la rusée Myrrhine, quittant pièce à pièce tout son vêtement, « les spectateurs, comme le remarque Alfred de Musset, devaient partager le tourment de Cinésias. »

Toutefois il importe de remarquer que cette scène et cette comédie tout entière sont plutôt indécentes qu'immorales, ou du moins ne sont immorales que par l'indécence. Le but général de la pièce est honnête, ne l'oublions pas; l'idée fondamentale en est morale et vraie : n'était-ce pas un regret légitime que celui des douceurs du foyer domestique et des joies intimes de la vie de famille, sans cesse troublées et interrompues par cette guerre qui désolait toute l'Hellade? « Plus d'amour, partant plus de joie! » Cette comédie est donc, à proprement parler, la réclamation de la famille contre la guerre. Quoi de plus juste, de plus sensé, de plus moral, au fond?

Mais, dans la forme, quelle licence! quelle effronterie! quelle obscénité! La joyeuse ivresse des fêtes de Bacchus, l'habitude des phallophories, le culte de Priape, les rôles de femmes joués par des hommes, tout cela ensemble peut à peine en rendre raison.

Toujours est-il qu'on ne saurait trop admirer, dans cette pièce comme dans les trois précédentes, l'art de présenter les idées sérieuses sous une forme claire, frappante et populaire. Quelle verve et quel naturel ! quelles gradations comiques ! quel dialogue abondant et vrai ! quel atticisme mêlé à tout ce cynisme ! Ah ! je comprends que saint Chrysostome voulût toujours avoir sous son chevet les comédies d'Aristophane !

Lorsque notre bon maître, M. Viguier, si artiste et si fin, si érudit et si original, nous faisait lire et nous commentait, à l'École normale, une de ces prodigieuses comédies, quelquefois son admiration allait jusqu'à l'attendrissement ; riant et presque pleurant tout ensemble, ou rougissant de quelque énormité qui succédait à des détails exquis, il s'écriait, avec une douceur charmante : « Ah ! messieurs, quelles canailles que ces Grecs ! mais qu'ils avaient d'esprit ! »

Toutefois M. Michelet, dans la *Bible de l'humanité*, pense qu'ils étaient plus purs en actions qu'en paroles. Soit, mais cela laisse encore une assez grande latitude. C'étaient, avant tout, des artistes. N'oublions pas, cependant, leur grandeur, leur aptitude universelle. « L'Athénien maniait également bien l'épée, la rame et la parole. Il est la guêpe ou l'abeille ; il a les ailes et l'aiguillon ; non pas seulement l'aiguillon qui perce les Barbares, mais celui qui pénètre les esprits. Sa ville est la citadelle et le marché de la Grèce ; elle en est aussi l'école ; elle a mis parmi les dieux la Persuasion, et lui fait des sacrifices. Les Athéniens sont les propagateurs ardents et les apôtres de la pensée.... [1] »

Moralement, les Athéniens étaient peut-être inférieurs

---

[1] Ernest Havet, *le Christianisme et ses origines*.

à nous modernes, mais certes bien supérieurs à tous les autres hommes qui vivaient il y a vingt-deux siècles.

Pour résumer en quelques mots cette première partie notre étude, Aristophane, dans les pièces où il touche es questions politiques, se montre partout et toujours ennemi de la guerre et ami de la paix. Voilà son dessein immuable. Mais cette idée, toujours la même, vient d'être présentée déjà sous quatre formes différentes, sans compter toutes les pièces perdues pour nous. Ainsi donc, la guerre, qui est toujours si fatale à la démocratie, et vers laquelle pourtant la démocratie se précipite toujours, voilà le monstre auquel Aristophane, sans être démocrate bien fervent, s'attaque sans cesse, avec toutes les ressources de son courage et de son esprit.

De ce côté-là nous n'avons que des éloges à lui donner. Nous sommes de l'avis d'Aristophane, d'Horace, de Rabelais, de Montaigne, de Johnson, de La Bruyère, de Voltaire, d'Erckmann-Chatrian, et nous considérons la guerre, excepté la guerre défensive et patriotique, comme une barbarie hideuse et une effroyable ineptie, dernier reste de la sauvagerie antique.

A présent que nous avons étudié le poëte grec comme critique politique, nous l'étudierons en second lieu comme critique social, et en troisième lieu comme critique littéraire.

II.

COMÉDIES SOCIALES.

Chacune des pièces d'Aristophane, avons-nous dit, est une action, un combat, mais une action, un combat plus ou moins directs. Tantôt il critique les hommes, et tantôt les institutions.

Lorsque la politique allait trop vite pour que le poëte pût la suivre, ou peut-être lorsque la question était trop brûlante pour qu'il osât y toucher, il donnait quelque pièce de critique sociale ou de critique littéraire, qui, étant d'une application moins immédiate ou moins périlleuse, risquât moins de compromettre les affaires ou lui-même.

Comme critique politique, nous l'avons vu confondre parfois la démocratie avec l'ochlocratie, la souveraineté du peuple avec la tyrannie de la populace, envelopper dans les mêmes satires l'abus et l'usage, l'excès et le droit, et se montrer déjà conservateur à l'excès. Comme critique social, il faut nous attendre à le retrouver partisan des idées anciennes, ennemi des idées nouvelles, non-seulement de celles qui étaient chimériques, mais de celles même auxquelles était réservé le gouvernement de l'avenir.

Le bon sens de Molière voit droit et loin par-delà l'horizon du dix-septième siècle; celui d'Aristophane, a, relativement la vue courte. L'un, guidé par l'instinct de son génie, marche toujours dans le sens de la révolution future et y travaille pour sa part, continuant Rabelais et préparant Voltaire; l'autre, méconnaît et bafoue celle qui, de son temps, commençait à germer et qui devait donner, plusieurs siècles après, ses fleurs, ses fruits et ses moissons, sous le nom de christianisme. Il ne la pressentit que pour s'en effrayer, pour la combattre de toutes ses forces, et cela quelquefois par les moyens les plus blâmables, les plus coupables. Nous allons en avoir tout de suite un exemple.

Les quatre comédies de critique sociale sont:
Les Nuées, l'an 424 avant notre ère.
Les Guêpes, l'an 423.
Les Femmes à l'Assemblée, l'an 393.
Plutus, représenté deux fois, en 409 et 388.

LES NUÉES.

Voici une des œuvres les plus fantastiques dans la forme, mais les plus sérieuses au fond, et aussi, disons-le tout d'abord, la plus injuste et la plus odieuse parmi toutes celles d'Aristophane.

Ce sont, comme le titre l'indique, des Nuées, personnages parlants et chantants, qui forment le chœur de la pièce. En réalité, il s'agit de l'éducation publique, c'est la querelle du passé et de l'avenir, des idées anciennes et des idées nouvelles, de la religion et de la philosophie. « Ici s'agitent, dit le chœur des Nuées, ici s'agitent les destinées de la philosophie[1]. »

Cette comédie est donc en effet la plus grave de toutes les discussions sociales ; mais, au premier coup d'œil, c'est une bouffonnerie encore plus fantastique, s'il est possible, que celle qu'on vient de parcourir.

Dans cette pièce, Aristophane, emporté par la peur des nouvelles idées, calomnie leur représentant le plus illustre et le plus pur, l'un des hommes les plus divins qui aient jamais existé sur la terre. On voit là un esprit affolé par la crainte, comme certaines gens qu'épouvante aujourd'hui le nom seul de socialisme, et qui, le plus naturellement du monde, calomnient et frappent leurs adversaires sans les comprendre, sans leur permettre même de définir ce nom.

Singulier moment dans l'histoire d'une civilisation que celui où le régime ancien ayant fait son temps, le régime futur se cherche encore ; où traditions, mœurs, religion, tout s'écroule ; où la société se décompose et semble ne contenir que des forces désorganisées ; où l'esprit nouveau, esprit destructeur, curieux, téméraire, envahit tout ; où l'on se sent glisser sur une pente sans savoir où l'on va ; où le flot des idées révolutionnaires grossit, se précipite, entraîne tout. Alors, comme les caractères des hommes sont différents, et que, dans toutes les sociétés humaines, sous les formes quelconques de gouvernement, l'éternel problème à résoudre est celui de la conciliation de l'ordre et de la liberté, mais que, s'il faut faire pencher la balance dans un sens ou dans un autre, les uns pré-

---

1. Au vers 955.

fèrent l'excès de l'ordre, les autres celui de la liberté, il se forme deux grands partis : d'un côté, ceux qui pensent que la sagesse ordonne de creuser un lit au torrent, afin d'en gouverner le cours ; que les idées dites *révolutionnaires* seront simplement *évolutionnaires* si l'on ne gêne pas cette évolution ; de l'autre, ceux qui sont d'avis de barrer le courant et de le contenir. Ceux-ci se croient les plus prudents et en réalité sont les plus téméraires. Ils se donnent le titre de conservateurs, et perdraient tout, si leur dessein réussissait. Ils se roidissent et se fâchent contre le mouvement irrésistible ; ils protestent au nom du passé, et jettent à ce monde qui gravite vers de nouvelles destinées d'inutiles admonestations. Tel fut le rôle d'Aristophane. Il mit, certes, dans cette entreprise cent fois plus d'esprit et d'ardeur qu'il n'en aurait fallu pour réussir, s'il était donné à un homme d'arrêter le cours de l'humanité et les progrès de la raison. Il devait échouer, il échoua.

Essayons toutefois de pénétrer dans les idées de ce poëte, de les comprendre et de les expliquer, sans les justifier.

La crise qui travaillait le siècle d'Aristophane était, à la vérité, le commencement d'une ère nouvelle pour l'esprit humain, mais aussi faisait redouter, par ses profonds ébranlements, une décadence plus ou moins rapide pour la nation grecque, et d'abord pour la puissance d'Athènes. Le poëte Athénien fut plus frappé des dangers probables de sa patrie que des progrès possibles de l'humanité.

Socrate avait des sentiments plus étendus. Comme on lui demandait quelle était sa patrie, — « Toute la Terre, » répondit-il, donnant à entendre qu'il se considérait comme citoyen de tous les lieux où il y a des hommes[1], des êtres

---

1. Cicéron, *Tusculanes*, V, 37. — Cf. Plutarque, *sur l'Exil*, ch. v ; — Épictète, *Discours philosophiques* recueillis par Arrien, I, 9, 1.

pensants. « Avant lui déjà, l'esprit philosophique avait franchi les bornes de la cité. Anaxagore fut citoyen de la Terre plutôt que de Clazomène; Pythagore, dit-on, ne fit aucune différence entre les Grecs et les barbares dans l'organisation de la société; il embrassait la nature entière dans son amour. Démocrite s'était proclamé citoyen du monde. Toutefois cette profession de sentiments cosmopolites avait été moins une doctrine que l'indifférence d'un sage pour les intérêts journaliers de la politique. La pensée de Pythagore, plus haute et plus pure, inspira peut-être Socrate, qui le premier sut concilier rationnellement les devoirs du citoyen avec ceux de l'homme[1]. Le grand Athénien, en s'élevant au-dessus du patriotisme jaloux qui régnait chez les Grecs, ne se séparait pas de la cité où le hasard l'avait fait naître; il l'aimait avec tendresse, et, tout en estimant les institutions de Lycurgue supérieures à celles de Solon[2], il manifesta toujours une prédilection particulière pour sa patrie. S'il ne montait pas à la tribune pour entretenir le peuple des intérêts du jour, s'il n'était pas, à proprement parler, un homme politique, sa vocation n'avait pas de moindres avantages pour l'État. « Il s'occupait de persuader à tous, jeunes et vieux, que les soins du corps et l'acquisition des richesses ne devaient point passer avant le perfectionnement moral, que la vertu ne vient pas des richesses, mais que tous les vrais biens viennent aux hommes de la vertu[3]. »

Socialement Aristophane était l'adversaire de Socrate, quoiqu'ils appartinssent à peu près au même parti

---

1. M. F. Laurent, *Histoire du Droit des gens*, t. II, p. 392.
2. En quoi il se trompait, je crois.
3. Platon, *Apologie de Socrate*. — Et Morel, *Histoire de la Sagesse et du Goût*.

politique. « La politique des Socratiques à Athènes, dit M. Havet, comme en France la philosophie du dix-huitième siècle, était en opposition avec l'ordre établi ; mais il y avait cette différence considérable, que la philosophie française s'appuyait sur l'esprit de la démocratie, tandis que la philosophie athénienne était anti-démocratique, comme paraît déjà l'avoir été la philosophie pythagoricienne, dont elle recueillait les traditions. C'est que les philosophes, impatients du mal et ne pouvant manquer de l'apercevoir autour d'eux, ne sachant où trouver le mieux qu'ils conçoivent, et poussés pourtant, par un instinct naturel, à le placer quelque part, l'attachent volontiers à ce qui se présente comme le contraire de ce qu'ils connaissent. Les Pythagoriciens voyaient la multitude régner, par ses chefs populaires ou tyrans, dans les cités d'Italie ; les Socratiques la voyaient régner par elle-même dans Athènes. Les uns et les autres désavouèrent également la démocratie, ou du moins ce qu'on appelait de ce nom, car, on le sait, il n'y avait là qu'une apparence[1].... » Toutefois, comme le remarque encore M. Havet, « on pourrait dire qu'en vain leurs systèmes étaient aristocratiques, leur instinct ne l'était pas. Ils ne s'y sont pas trompés, ceux qui ont condamné Socrate. Leur indépendance à l'égard des traditions religieuses suffit pour montrer qu'ils ne sont pas véritablement du côté du passé, même lorsqu'il le semble, même lorsqu'ils le croient. Et, à ce seul signe, l'esprit moderne reconnaît en eux des frères. Par là leur philosophie est encore aujourd'hui toute vivante, leur action se perpétue ; elle ne sera à son terme que le jour où le fantôme des superstitions, dissipé enfin à la lumière qu'ils ont les premiers allumée, aura cessé de peser sur l'humanité, réveillée pour jamais d'un lourd sommeil. Je ne doute

---

1. Ernest Havet, *Introduction à Isocrate*.

pas, quant à moi, que l'impatience que leur causait l'obstination aveugle des croyances populaires n'ait été pour beaucoup dans la défiance que la multitude leur inspirait. Un sentiment pareil arrachait à Voltaire des cris de colère contre la foule, qu'il croyait vouée à l'erreur et au fanatisme pour toujours. Rien n'indispose autant à l'égard du grand nombre les esprits distingués et les cœurs ardents que de le voir se trahir lui-même et prêter sa force à ce qui l'accable [1]. »

Mais, si Socrate, du côté politique, se rapprochait d'Aristophane, il le dépassait de bien loin par les vues sociales, par l'esprit philosophique. Nous avons remarqué qu'Aristophane, dans son extrême amour de l'ordre, confond avec les démagogues la démocratie elle-même ; ainsi, dans sa haine des *nouveautés* (pour parler comme Bossuet, esprit analogue sous ce rapport), il confond la philosophie avec les sophistes. Attaché aux institutions anciennes, qui avaient encore pour elles la consécration de l'expérience et qui avaient eu longtemps celle de la gloire, il emploie à défendre l'héritage du passé, en un mot à *conserver*, toute la verve et la malice que Voltaire et Beaumarchais emploieront à démolir. Il ne fait point, il ne veut point faire de distinction entre la libre pensée et l'athéisme, ni même entre les génies courageux qui élaborent les problèmes sociaux, les doctrines de l'avenir, et les charlatans, rhéteurs et sophistes, qui, discutant toutes les théories avec une égale éloquence et une égale incrédulité, les brisent les unes contre les autres, renversant tout et n'édifiant rien. Peu s'en faut que, par réaction, il n'invente déjà ce paradoxe où Jean-Jacques Rousseau encore inconnu cherchera le bruit et la gloire et faussera son génie dès le début, à savoir que les sciences, les lettres, les arts et la philosophie, servent

1. *Ibidem.*

plutôt à corrompre les hommes qu'à les rendre meilleurs. Bref, Aristophane est conservateur et fébrile réactionnaire enragé. L'analyse de cette comédie montrera que le mot n'est pas très-fort.

✦

Quoi qu'en dise le proverbe arabe : « La parole est d'argent, et le silence est d'or, » il peut être vrai dans la vie privée, il est faux dans la vie publique. La parole, même avec ses abus et ses excès, vaut mieux que le silence. La parole, c'est la liberté, la vie ; le silence, c'est la compression, la mort ; c'est tout au moins, la léthargie. En voulez-vous une preuve entre mille ? « Une des premières mesures de l'oligarchie des Trente fut de défendre, par une loi expresse, tout enseignement de l'art de parler. Aristophane raille les Athéniens pour leur amour de la parole et de la controverse, comme si cette passion avait affaibli leur énergie militaire ; mais, à ce moment, sans aucun doute, ce reproche n'était pas vrai, et il ne devint vrai, même en partie, qu'après les malheurs écrasants qui marquèrent la fin de la guerre du Péloponnèse. Pendant le cours de cette guerre, une action insouciante et énergique fut le trait caractéristique d'Athènes, même à un plus haut degré que l'éloquence ou la discussion politique, — bien qu'avant le temps de Démosthène il se fût opéré un changement considérable [1]. »

Dans la vie des Athéniens telle qu'elle était constituée, « l'habileté de la parole était nécessaire non-seulement à ceux qui avaient dessein de prendre une part marquante dans la politique, mais encore aux simples citoyens pour défendre leurs droits et repousser des accusations dans une cour de justice. C'était un talent de la plus grande utilité pratique, même indépendamment de tout

---

[1]. G. Grote, *Hist. de la Grèce*, t. VII, p. 395.

dessein ambitieux, à peine inférieur à l'usage des armes ou à l'habitude du gymnase. En conséquence les maîtres de grammaire et de rhétorique, et les compositeurs de discours écrits que d'autres devaient prononcer, commencèrent à se multiplier et à acquérir une importance sans exemple[1]. » C'est dans ce moment-là qu'Aristophane composa la comédie des *Nuées*. En voici l'analyse.

Strepsiade, homme simple et peu éclairé a fait la sottise, que feront après lui beaucoup d'autres et Georges Dandin, de prendre pour femme, lui paysan, une personne de qualité, dépensière, frivole et ardente au plaisir. Il en a eu un fils. Quand ce fils vint au monde, la noble épouse et le pauvre mari se querellèrent au sujet du nom qu'il convenait de lui donner. Elle y voulait de la *chevalerie* : c'était Xant*ippe*, Char*ippe*, Call*ippide*[2]. Lui, voulait qu'on l'appelât tout bonnement comme son grand-père, *Phid*onide, nom fleurant l'économie. Enfin, après une longue dispute, on prit un moyen terme et on appela l'enfant Phidippide[3].

Or Phidippide, devenu grand, tient plus de sa mère que de son père, et justifie moins la première moitié de son nom que la seconde : il aime les chevaux, les chiens, le jeu, les paris, les combats de coqs. Son malheureux père en est désolé, et ruiné.

C'est dans son lit, en se lamentant et en se défendant contre les puces, que Strepsiade nous apprend sa déplorable histoire, tandis que son coquin de fils rêve, à côté de lui, de courses et de chars. Cela fait encore une ex-

---

1. G. Grote, *Hist. de la Grèce*, tome VII, p. 391. V. p. 392, les noms des principaux sophistes.
2. Le mot *cheval*, ἵππος en grec, entre dans tous ces noms.
3. Nom formé de φείδομαι, *j'épargne*, et de ἵππος, *cheval*.

position jolie, et une mise en scène curieuse : le théâtre, par un décor combiné, moins simple que les procédés ordinaires décrits par Schlegel, devait représenter d'un côté l'intérieur de la maison de Strepsiade, de l'autre l'intérieur de l'école de Socrate ; au milieu, une place ou une rue.

Strepsiade, donc, est couché dans un lit, son fils dans un autre. Autour d'eux, des esclaves dorment par terre. Il fait nuit.

STREPSIADE, *couché, et gémissant.*

Oh! io, io, ioïe! grands dieux! que les nuits sont longues! Le jour ne viendra donc jamais? Depuis longtemps j'ai entendu le chant du coq, et mes esclaves ronflent encore! Ah! jadis ce n'eût pas été ainsi! Maudite guerre! m'as tu fait assez de mal! je ne puis même plus châtier mes esclaves! — Et cet honnête fils que j'ai là ne s'éveille pas davantage : il pète, enveloppé dans ses cinq couvertures! — Allons! essayons encore de dormir et renfonçons-nous dans le lit. — Dormir? Eh! comment, malheureux? dévoré par la dépense, l'écurie et les dettes, à cause de ce beau fils! Lui, avec ses cheveux flottants, il monte à cheval ou en char, et ne rêve que chevaux ; et moi je meurs, lorsque la lune ramène le jour des échéances! — Hé! esclave! allume la lampe, et apporte-moi mon registre : que je récapitule à qui je dois, et que je calcule les intérêts. — Voyons : douze mines à Pasias. Pour quel objet ai-je emprunté ces douze mines à Pasias? Ah! c'était pour payer ce cheval pur-sang! Hélas! plût au ciel qu'un bon coup de pierre, auparavant, eût fait couler ce sang!

PHIDIPPIDE, *rêvant.*

Philon, tu triches! tu dois aller droit devant toi!

STREPSIADE.

Voilà cette folie qui me ruine! Même en dormant, il ne rêve que courses!

PHIDIPPIDE, *rêvant.*

Combien de tours pour le char de guerre?

STREPSIADE.

Quand finiras-tu de m'en faire, des tours? — Voyons,

après Passias, quelle autre dette? Trois mines à Amynias pour un char et ses roues.

PHIDIPPIDE, *rêvant*.
Roule bien le cheval et remmène-le chez nous.

STREPSIADE.
Roule, roule! Gredin! Mes écus aussi, tu les fais rouler! Quelques créanciers ont déjà obtenu sentence contre moi, d'autres réclament des hypothèques.

PHIDIPPIDE, *s'éveillant*.
En vérité, mon père, qu'as-tu donc à gémir et à te retourner toute la nuit?

La première parole que prononce le jeune homme met bien en relief le comique de la situation : ce sont les désordres du fils qui privent le père de sommeil, et peu s'en faut que le fils ne se plaigne impertinemment d'être troublé dans son repos par les agitations dont lui seul est la cause. « En vérité, mon père !... » Ce mot indique un mouvement d'impatience. Et puis, Phidippide se retourne et se rendort du sommeil du juste, après avoir dit ce seul mot.

Le père continue à se tourmenter; il n'en a que trop de raisons! Il déplore son sot mariage, source de tous ses autres malheurs.

« Ah! maudite soit l'entremetteuse qui m'a fait épouser ta mère! je vivais si heureux à la campagne, sans souci, mal peigné et content, riche en abeilles, en brebis, en olives! »

Quel joli croquis, en deux ou trois traits!

« Alors j'épousai la nièce de Mégaclès fils de Mégaclès. J'étais des champs; elle, de la ville. C'était une femme hautaine, dépensière, folle de toilette. Le jour des noces, quand je me couchai près d'elle, je sentais à plaisir la lie de vin, le fromage, le suint; elle, sentait les essences, le safran, les baisers, les profusions, les festins, les plaisirs lascifs.... »

Strepsiade, en causant ainsi tout seul, se lève tout-à-

coup : il croit avoir trouvé une voie de salut merveilleuse
et divine. D'abord, il réveille son enfant gâté, en prenant
sa voix la plus douce :

« Phidippide, mon petit Phidippide !

PHIDIPPIDE.

Quoi, mon père ?

STREPSIADE.

Embrasse-moi, et donne-moi ta main.

PHIDIPPIDE.

La voilà. Qu'y a-t-il ?

STREPSIADE.

Dis-moi : m'aimes-tu ?

PHIDIPPIDE.

J'en jure par Neptune équestre !

STREPSIADE.

Ah ! n'invoque pas, je t'en prie, ce dieu des chevaux ; c'est
lui qui est cause de mes malheurs ! Mais, si tu m'aimes
vraiment et de tout cœur, mon enfant, écoute-moi bien.

PHIDIPPIDE.

Parle.

STREPSIADE.

Change de vie au plus vite, et cours apprendre ce que je
vais te dire.

PHIDIPPIDE.

Dis. De quoi s'agit-il ?

STREPSIADE.

M'obéiras-tu un peu ?

PHIDIPPIDE.

Je t'obéirai, par Bacchus !

STREPSIADE.

Eh bien ! regarde de ce côté. Vois-tu cette petite porte et
cette petite maison ?

PHIDIPPIDE.

Oui, mon père. Qu'est-ce que cela ?

STREPSIADE.

Un pensoir de doctes esprits. Les gens qui demeurent
là-dedans démontrent que nous sommes des charbons
enfermés sous un vaste étouffoir, qui est le ciel. Ils ensei-

gnent aussi, pour de l'argent, à gagner toutes les causes, bonnes ou mauvaises.

PHIDIPPIDE.

Qui sont-ils?

STREPSIADE.

Je ne sais pas bien leur nom. Ces honnêtes gens s'appellent des penseurs.

PHIDIPPIDE.

Ah! les malheureux! Je sais qui tu veux dire : tu parles de ces charlatans, de ces figures blêmes, de ces va-nu-pieds, comme ce misérable Socrate et Chéréphon....

Bref, Strepsiade, cherchant les moyens de ne pas payer les dettes qui l'accablent, n'a imaginé rien de mieux que d'envoyer son fils à l'école des sophistes, pour y apprendre l'art de frustrer ses créanciers.

Mais, supposé que les sophistes fissent profession d'enseigner cet art, c'est une odieuse calomnie de présenter Socrate comme un de leurs pareils et un de leurs complices, Socrate qui fut leur constant adversaire, qui passa toute sa vie à les combattre, à les réfuter et à les railler.

Quelques-uns de ces sophistes étaient en effet des charlatans qui faisaient trafic de leur rhétorique et de leurs procédés oratoires. « On appelait sophistes, dit Cicéron, ceux qui faisaient de philosophie parade et marchandise : » *Sophistæ appellabantur ii qui ostentationis aut quæstus gratia philosophabantur.*

« Au sein d'une république où l'éloquence était le grand ressort du gouvernement, quiconque voulait acquérir de l'influence et jouer un rôle dans les affaires devait être orateur. Cette importance du talent de la parole en fit bientôt un art compliqué, pour lequel il fallut un apprentissage, et qui eut ses règles, ses écoles, ses maîtres. C'est ainsi que la rhétorique devint partie essentielle de l'éducation, et en fut le complément nécessaire. On sait quelle fortune firent les rhéteurs et quelle considération les entoura d'abord : il suffit de citer Isocrate. Un art cultivé avec tant de passion dut bientôt se raffiner, se subtiliser : les abus ne tardèrent pas à paraître ; les leçons des rhéteurs dégénérèrent en charlatanisme lucratif, et en art de soutenir le pour et le contre; ils enseignaient, pour de l'argent, à gagner les mauvaises causes : ces lieux communs qu'ils débitaient sur le juste et l'injuste, sur le vice et la vertu, ébranlaient toutes croyances morales et conduisaient au scepticisme. Tel fut l'ouvrage des sophistes. A leurs préceptes se mêlaient fréquemment l'exposition des opinions philosophiques et des systèmes en vogue sur la formation du monde. Or, les cosmogonies touchant de très-près à la mythologie, la religion de l'État se trouvait engagée dans leurs discussions; de là, l'imputation d'introduire des dieux étrangers et de mépriser les dieux de la patrie ; de là les accusations d'impiété et d'athéisme [1]. »

Protagoras fut le premier sophiste qui tira de ses auditeurs un salaire, et cela ne fit qu'ajouter à sa renommée. Il se vantait d'enseigner les moyens de rendre bonne une mauvaise cause. Sur un sujet quelconque, il se faisait fort de prouver les deux opinions contraires. Prodicos prononçait des harangues de différents prix, et, à ce que rapporte Aristote, quand ce sophiste voyait la galerie un peu fatiguée des discussions philologiques auxquelles il se plaisait : « Allons, s'écriait-il, réveillez-vous ! Je vais vous réciter la harangue de cinquante drachmes ! » Gorgias, le plus célèbre de tous, avait sans doute donné l'exemple de ces brillantes jongleries, dans ces jours, appelés *fêtes*, où il faisait entendre ses discours que l'on

---

1. Artaud, notice sur *les Nuées*.

nommait des *flambeaux*, alors que, du haut du théâtre, il défiait ses auditeurs en leur criant : *Proposez !* Ce célèbre sophiste avait, dès sa jeunesse, écrit un livre du *Non-être*, dans lequel il prétendait établir les trois points suivants : 1° Il n'existe rien ; 2° S'il existait quelque chose, on ne pourrait le connaître ; 3° Si l'on pouvait connaître quelque chose, on ne pourrait le communiquer aux autres hommes. » Il n'y avait donc en tout, selon lui, qu'apparence et illusion.

Hippias d'Elis, Thrasymaque de Chalcédoine, Evénos de Paros, Critias, Pôlos d'Agrigente, Calliclès, le panégyriste de la force et des passions sans frein, faisaient assaut de paradoxes et de sophismes. Deux frères, natifs de Chio, Euthydème et Dionysodore, enseignaient que « nulle affirmation ne peut être un mensonge.» La grande recette de leur art, comme maîtres d'éloquence, était l'emploi de l'équivoque et des déductions trompeuses.

La plupart des rhéteurs-sophistes prétendaient porter avec eux la science universelle. Prêts à tous les sujets, ils parlaient pour ou contre, aussi longtemps que l'on voulait, éblouissant la multitude de leurs éclatantes métaphores, appelant le flatteur un *mendiant artiste*, les vautours, *des tombeaux vivants* [1] ; ou bien s'évertuant parfois, pour faire montre de leur esprit, à traiter des sujets bizarres, à faire l'éloge de la Marmite, ou du Sel,

---

1. C'étaient des espèces d'histrions, desquels on pourrait rapprocher ceux de la comédie italienne au dix-huitième siècle. Ceux-ci également amusaient leur public par toutes sortes de définitions curieuses, analogues à celles que nous venons de citer. Brighella, par exemple, type de nos Scapins, n'est pas un voleur, non ! mais un homme d'esprit et un calculateur habile qui sait résoudre ce problème de *trouver une chose avant que son propriétaire l'ait perdue*. Les objets qu'il s'approprie sont des *biens dont il hérite avant la mort de ceux qui les possèdent*. Quand il est forcé de *voyager*, c'est-à-dire de fuir, il *console les poules veuves, adopte les poulets mineurs et les canards orphelins. Il délivre les bourses et les montres captives;* etc.

ou de la Mouche, ou de la Punaise, ou de l'Escarbot, ou de la Surdité, ou du Vomissement; remontant de ces puérilités aux théories les plus téméraires et aux systèmes les plus dénaturés; enseignant, en somme, à discuter tout, sans croire à rien; et, pour la plus grande gloire de l'éloquence, compromettant la morale et la religion par leurs paradoxes et leurs arguties.

STREPSIADE, *à son fils.*

Ils enseignent, dit-on, deux raisonnements, le juste et l'injuste. Par le moyen du second, on peut gagner les plus mauvaises causes. Si donc tu apprends ce raisonnement injuste, je ne payerai pas une obole de toutes les dettes que j'ai contractées pour toi.

Il est vrai que Socrate avait imaginé la distinction de deux sortes de raisonnements, distinction reproduite par Aristote. Le discours, selon ces deux grands esprits, avait pour objet, ou d'exprimer les vérités absolues, ou de persuader par des raisonnements simplement vraisemblables. Dans ce second cas, le discours peut devenir captieux et faire accepter aux ignorants le juste ou l'injuste. « Mais, en distinguant ainsi, Socrate avait-il tort!? et cette distinction même ne lui servait-elle pas à montrer combien il faut se défier des sophistes et des rhéteurs, qui sont au fond indifférents à la réalité des choses, étrangers à l'étude des principes supérieurs? »

Phidippide, moins par honneur que par amour-propre

---

1. Pascal, dans le fragment intitulé *de l'Art de persuader*, retrouve cette théorie, comme il avait, plus jeune, deviné les premières propositions d'Euclide. — Cette note, et la phrase à laquelle elle se rapporte, sont de M. Morel, dans le livre déjà cité, *Histoire de la Sagesse et du Goût.*

et par crainte du ridicule, refuse la proposition de son père :

« N'espère pas que j'y consente! Pour devenir pâle et maigre! et ne plus oser regarder en face mes amis les cavaliers! »

Comme on dirait aujourd'hui : Mes amis du *Jockey-club*.

STREPSIADE.

Eh bien donc, par Cérès! je ne te nourrirai plus, ni toi, ni ton attelage, ni ton cheval pur-sang! Va te faire pendre, je te chasse!

PHIDIPPIDE.

Bah! mon oncle Mégaclès ne me laissera pas sans chevaux! Je m'en vais chez lui, et je me passerai bien de toi!

C'est bien la réponse d'un fils mal élevé, et le père est puni par où il a péché, comme l'*Avare* de Molière, qui donne à son fils sa malédiction et à qui celui-ci répond : « Je n'ai que faire de vos dons! » J.-J. Rousseau, là-dessus, se fourvoie, accusant Molière d'être immoral lorsqu'il fait parler ainsi un fils à son père. Molière, au contraire, est moral ici par la peinture de l'immoralité et en faisant punir les vices du père par les défauts du fils. Aristophane, de même, dans cet endroit, ne mérite que des louanges.

Il en mérite également lorsqu'il attaque les excès de certains sophistes. Mais il est digne du blâme le plus sévère, lorsqu'il présente Socrate comme leur chef, lui leur éternel adversaire.

Strepsiade, voyant son fils lui échapper, se décide à aller demander pour lui-même des leçons aux sophistes. Il frappe à la porte de Socrate, comme Dicéopolis, dans *les Acharnéens*, à celle d'Euripide. Comme lui, il est reçu d'abord par un disciple. Aristophane a toujours soin (Molière possédera aussi cet art) de ménager, de préparer l'entrée de son personnage principal.

La scène se passe d'abord dans l'antichambre, en quelque sorte, du *pensoir*. Le disciple raconte à Strepsiade les merveilles de l'enseignement des sophistes : comme quoi Socrate vient d'apprendre à Chéréphon à mesurer le saut d'une puce qui du sourcil de celui-ci avait sauté sur la tête de celui-là, et à trouver le rapport exact qui est entre le saut et la longueur des pattes[1]; comme quoi il lui a démontré que le bourdonnement des cousins ne vient pas de leur trompe, mais de leur derrière ; et aussi comme quoi, la veille au soir, il a très-subtilement volé un manteau dans la palestre, en faisant une démonstration.

Ainsi Aristophane accuse Socrate, non-seulement de minutie et de charlatanisme, mais de vol. Au surplus, c'est ce qu'avaient fait déjà Eupolis et Amipsias, tant la licence comique était extrême !

Or, quoique le vol ne fût pas pour les Grecs une chose grave, et quoiqu'ils le considérassent surtout du côté de l'adresse (à Lacédémone, par exemple, le vol et la maraude ne faisaient-ils pas partie de l'éducation des jeunes gens?), il faut avouer cependant qu'une telle accusation, lancée contre un tel homme, est étrange et scandaleuse.

Mais n'avons-nous pas eu quelque chose d'analogue en 1848, dans de mauvaises rapsodies jouées à Paris, au théâtre du Vaudeville, et intitulées *la Foire aux idées?*

---

1. A propos du saut des divers insectes, dont la force musculaire croît à mesure que leur taille diminue, lire la *Revue des Deux-Mondes* du 15 mars 1867, pages 542, 543. On y verra que la science moderne n'a pas dédaigné ces problèmes, qui paraissaient à Aristophane vains et ridicules.

Celles d'un publiciste éminent y étaient sottement travesties et indignement calomniées par des gens qui ne l'avaient pas lu ou qui ne l'avaient pas compris. On s'était emparé d'un titre : *La Propriété, c'est le vol*, sans s'occuper de ce qui l'expliquait et l'excusait; — par exemple, de la proposition suivante, corollaire indispensable de la première : *Il n'y a qu'un moyen de légitimer ce vol, c'est de l'universaliser*. — La personne même de l'écrivain, et son visage, très-reconnaissable avec ses lunettes, étaient mis sur le théâtre et livrés à la risée publique. Si donc des excès aussi regrettables se sont produits en France, en plein dix-neuvième siècle, on peut comprendre, tout en le déplorant également, comment chez les Grecs, peuple assez peu scrupuleux, la comédie *ancienne*, dans la licence des fêtes de Bacchus, avait pu, à plus forte raison, s'y laisser entraîner.

Strepsiade, ébloui par les réclames du disciple, brûle d'être admis à cette école où l'on apprend de si belles choses! Le disciple lui permet alors de pénétrer dans l'intérieur du pensoir. On tirait sans doute un rideau, qui le laissait voir au public. Strepsiade et les spectateurs y apercevaient des figures omineuses, dans des postures ridicules : c'étaient les autres disciples.

Molière apparemment, comme Racine, avait étudié Aristophane, et s'en est parfois souvenu, ou bien s'est rencontré avec lui par hasard, parce que tous les deux observaient et représentaient la nature humaine. Strepsiade tout à l'heure récapitulait ses dettes sur son registre, comme *le Malade imaginaire* compte le mémoire de son apothicaire. George Dandin, comme Strepsiade, se plaint d'avoir épousé « une demoiselle. » Sganarelle, du *Mariage forcé*, prête une oreille naïve aux sottises de Pancrace et de Marphurius, comme Strepsiade à celles du disciple et ensuite à celles du maître. Strepsiade fait à ceux-ci, sur les diverses sciences, des questions qui rappellent tout-à-fait celles du *Bourgeois gentilhomme* au Maître de Philosophie si fort sur l'alphabet. Il s'embrouille en répétant leurs réponses, comme le Sganarelle de *Don Juan* en voulant répéter la tirade qu'il vient d'entendre débiter à son maître. Il fait, sur la grammaire, des réflexions semblables à celles de Martine, la pauvre cuisinière des *Femmes savantes*. Il est crédule et emporté comme Orgon, et, comme lui, il maudit son fils, qui rit de sa malédiction, comme le fils d'Harpagon rit de celle de son père. — C'est que Strepsiade, comme la plupart des personnages que nous venons de rappeler, représente la nature humaine médiocre, moyenne, abandonnée à ses instincts; ni bonne ni mauvaise, mais facile au mal par intérêt ou par nécessité. C'est un paysan lourdaud et madré, qui, semblable à M. Jourdain, considère d'abord toute chose du côté de son utilité personnelle.

STREPSIADE, *au disciple, en lui montrant une sphère.*
Qu'est-ce-ci, dis-moi ?

LE DISCIPLE.
C'est l'astronomie.

STREPSIADE.
Et cela ?

LE DISCIPLE.
La géométrie.

STREPSIADE.
A quoi sert-elle, cette géométrie ?

LE DISCIPLE.
A mesurer la terre.

STREPSIADE.

La terre qu'on distribue au peuple?

LE DISCIPLE.

Toute la terre.

STREPSIADE.

Bon cela! Voilà une invention excellente et populaire!

LE DISCIPLE.

Tiens, maintenant, une carte du monde! Regarde, voici Athènes.

STREPSIADE.

Comment! Athènes? Je n'y vois pas de juges en séance!...[1] Et Lacédémone, où est-elle?

LE DISCIPLE.

Lacédémone? La voici.

STREPSIADE.

Comme elle est près de nous! Éloignez-la donc le plus possible.

LE DISCIPLE.

Il n'y a pas moyen.

STREPSIADE.

Tant pis!... Et quel est cet homme suspendu dans un panier?

LE DISCIPLE.

C'est lui?

STREPSIADE.

Qui, lui?

LE DISCIPLE.

Socrate.

STREPSIADE.

Socrate? Ah! je t'en prie, appelle-le-moi bien haut.

LE DISCIPLE.

Appelle-le toi-même : je n'ai pas le temps.

Voilà donc quelle est l'entrée de Socrate : il apparaît juché en l'air dans un panier à viande, sorte de garde-manger, selon le Scholiaste. Euripide, dans *les Acharnéens*, a fait une entrée semblable. Euripide et Socrate, aux yeux d'Aristophane, sont les représentants d'une

[1]. Dans ce trait se trouve le germe de la comédie suivante, *les Guêpes*.

même cause : la sophistique ou la philosophie, qui, suivant lui, la seconde comme la première, corrompent également les mœurs anciennes et altèrent la religion des aïeux. Socrate était très-assidu aux représentations des pièces d'Euripide, son ami. Sa présence était une approbation, une complicité. Il aimait, d'ailleurs, le théâtre, comme peinture de la vie humaine : il assista même, dit-on, à la représentation de cette comédie des *Nuées*, et resta debout jusqu'à la fin, immobile et impassible, plein d'une sérénité constante et douce; de sorte que tout le monde put comparer l'original et la copie, et voir quelle distance les séparait. Il ne protesta pas autrement.

Aristophane poursuit en ces deux hommes les maîtres, à ce qu'il prétend, d'une génération abâtardie, qui fuit les gymnases et les exercices militaires, pour aller chercher dans les écoles ou au théâtre des leçons de scepticisme et d'incrédulité; mais plutôt, à vrai dire, il persécute en eux les disciples d'Anaxagore, irréligieux comme lui, c'est-à-dire croyant à un Dieu unique, et ne laissant pas échapper une seule occasion de semer dans les esprits tous les germes de la vérité future, toutes les témérités du spiritualisme naissant. Il les hait, comme les esprits timides de notre temps haïssent les socialistes; parce qu'il voit qu'ils ébranlent tout; et que, fût-il moins frappé des dangers présents que des résultats futurs, il ne veut pas de ces résultats. Il aime ce qui est, il aimait mieux ce qui était, il bafoue ce qui veut être. C'est le type des esprits soi-disant positifs, c'est-à-dire négatifs en toute chose, fertiles uniquement en objections, qui trouvent que tout est pour le mieux dans le meilleur des mondes possibles, mais qui, pour peu qu'on les eût consultés sur la création et le plan de ce meilleur des mondes ainsi réglé, n'eussent pas manqué d'y faire aussitôt cent mille objections et cent mille critiques, —

peut-être d'ailleurs très-fondées : car il y a des inconvénients à tout ; — mais ces gens-là n'aperçoivent jamais que les inconvénients.

L'éclosion et le développement de l'esprit scientifique faisaient ombrage à l'esprit théologique et aux croyances populaires. L'intrusion de la science troublait la foi religieuse ancienne.

Comme les philosophes entrevoyaient un Dieu véritable planant au-dessus des fantômes de dieux, on les accusait d'athéisme. D'après le précepte de Zaleucos, « tous les citoyens devaient être persuadés de l'existence des dieux. » Cet axiome se trouvait explicitement ou implicitement contenu dans les diverses constitutions. Aussi la gent dévote et bien pensante s'indignait-elle de la sacrilége liberté des poëtes novateurs, des philosophes et des savants. Or, quand l'esprit de dévotion prévaut, en tout temps il est implacable[1]. Une foule d'hommes distingués furent exilés ou mis à mort sous prétexte d'impiété. Périclès eut besoin de tout son crédit pour sauver de la peine capitale Anaxagore, son maître ; Prodicos se vit condamner par les Athéniens, et, suivant l'usage, eut à choisir lui-même son genre de mort : il but la ciguë. Socrate était réservé à la même destinée. L'histoire de Diagoras de Mélos ne se termine pas moins tragiquement. Il avait été sollicité par les Mantinéens de leur donner des lois, et ces lois se trouvèrent excellentes. C'était un homme d'une imagination exaltée ; il avait composé des dithyrambes où l'ardeur de la poésie se mêlait à celle d'une piété fougueuse[2]. On l'avait vu se livrer aux pratiques les plus ferventes de la religion, parcourir la Grèce pour se faire initier aux Mystères, témoigner enfin par toute sa conduite de son amour pour les dieux. Mais, à la

---

1. Voir Morel, *Hist. de la sagesse*, etc.
2. Si toutefois on n'a pas mêlé ensemble deux hommes différents, portant le même nom de Diagoras.

suite d'une injustice dont il fut victime, il se métamorphosa complétement. « Un de ses amis refusa de lui rendre un dépôt, et appuya son refus d'un serment prononcé à la face des autels. Le silence des dieux sur un tel parjure, ainsi que sur les cruautés exercées par les Athéniens dans l'île de Mélos, étonna Diagoras et le précipita du fanatisme de la superstition dans celui de l'athéisme. Il souleva les prêtres, en divulguant dans ses discours et dans ses écrits les secrets des Mystères; le peuple, en brisant les effigies des dieux; la Grèce entière, en niant ouvertement leur existence. Un cri général s'éleva contre lui : son nom devint une injure. Les magistrats d'Athènes le citèrent à leur tribunal et le poursuivirent de ville en ville : on promit un talent[1] à ceux qui apporteraient sa tête, deux talents à ceux qui le livreraient en vie; et, pour perpétuer le souvenir de ce décret, on le grava sur une colonne de bronze. Diagoras, ne trouvant plus d'asile en Grèce, s'embarqua et périt dans un naufrage[2]. »

Le retentissement d'aventures aussi éclatantes prédisposait la foule aveugle à détester ou à laisser vilipender quiconque faisait profession de philosophie, c'est-à-dire de libre pensée. La haine, qui avait ainsi commencé à s'attacher au nom de « chercheur de sagesse, » devait atteindre et tuer le plus irréprochable des Grecs, le bon et ingénieux Socrate.

Aristophane, sans le vouloir, préluda par le ridicule et la calomnie au supplice de ce juste.

Il nous le montre donc juché dans un panier à viande,

---

1. Monnaie fictive, d'une valeur que l'on suppose avoir été égale à 5700 francs environ.
2. Barthélemy, *Voyage d'Anacharsis*.

— sorte de parodie de la machine dans laquelle les dieux descendaient du ciel pour dénouer les tragédies, notamment celles d'Euripide — dix-neuf sur vingt se terminent ainsi. — Strepsiade, d'en bas, lui adresse la parole.

STREPSIADE.

Socrate ! Mon petit Socrate !

SOCRATE.

Que me veux-tu, homme éphémère ?

STREPSIADE.

Avant tout, dis-moi, je t'en conjure, ce que tu fais là.

SOCRATE.

Je marche dans les airs, et ma pensée tourne avec le soleil.

STREPSIADE.

C'est donc du haut de ton panier, et non pas de dessus la terre, que tu laisses planer tes regards sur les dieux, si toutefois ?...[1]

SOCRATE.

Pour bien pénétrer les choses du ciel, il me fallait suspendre ma pensée, et confondre la subtile essence de mon esprit avec cet air qui est de même nature. Si, restant sur la terre, j'avais considéré d'en bas ce qui est en haut, je n'aurais rien découvert : car la terre, par sa force, attire à elle la séve de l'esprit, comme il arrive pour le cresson.

STREPSIADE.

Comment ! l'esprit attire la séve dans le cresson ? Ah ! descends près de moi, mon cher petit Socrate, pour m'instruire des choses sur lesquelles je viens te demander des leçons.

SOCRATE, *descendant de son panier*.

Qu'est-ce qui t'amène ?

STREPSIADE.

Je veux apprendre à parler. J'ai emprunté, et mes créanciers, usuriers intraitables, me persécutent, me ruinent, et saisissent tout ce que je possède.

SOCRATE.

Et comment ne t'es-tu pas aperçu que tu t'endettais ainsi ?

---

1. Réticence. C'est-à-dire : Si toutefois tu admets qu'il y ait des dieux.

STREPSIADE.

Ce qui m'a ruiné, c'est la maladie des chevaux, mal des plus dévorants. Mais enseigne-moi l'une de tes deux manières de raisonner, celle qui sert à ne rien rendre. Quelque prix que tu me demandes, je vais jurer par les dieux de te le payer.

SOCRATE.

Par quels dieux jureras-tu? Car il faut que tu saches d'abord que les dieux n'ont pas cours chez nous.

STREPSIADE.

Par quoi jurez-vous donc?...

Socrate lui apprend comme quoi les seules divinités qu'il adore sont les Nuées. Il faut les invoquer, c'est le moyen de devenir « un roué d'éloquence, un vrai claquet, la fine fleur! »

Et le personnage, en parlant ainsi, se met à singer les Mystères, saupoudrant Strepsiade de farine; et autres cérémonies, qui donnent lieu à toutes sortes de parodies plaisantes.

L'invocation aux Nuées et le chœur des Nuées elles-mêmes sont des morceaux d'une fantaisie gracieuse et d'une poésie exquise.

SOCRATE.

Silence, vieillard! Prête l'oreille aux prières! — O Maître suprême, Air sans bornes, qui tiens la Terre suspendue, brillant Éther, et vous, vénérables Déesses, Nuées, qui portez dans vos flancs les éclairs et la foudre, élevez-vous et apparaissez au penseur dans les régions célestes!

STREPSIADE.

Pas encore, pas encore! Attends que je plie mon manteau en double pour ne pas être mouillé! Et dire que je n'ai pas pris mon bonnet! quel malheur!

SOCRATE.

Venez, Nuées que j'adore, venez vous montrer à cet homme! soit que vous reposiez sur les sommets sacrés de l'Olympe[1] couronné de frimas, ou que vous formiez des chœurs sacrés avec les Nymphes, dans les jardins de l'Océan, votre père; soit que vous puisiez les ondes du Nil dans des urnes d'or, ou que vous habitiez les marais Méotides ou les rochers neigeux du Mimas, écoutez ma prière, acceptez mon offrande. Puissent ces sacrifices vous être agréables!

L'approche des Nuées est annoncée par un grondement de tonnerre. Puis, avant de les voir, on les entend chanter.

LE CHŒUR.

Nuées éternelles, élevons-nous du sein de notre père, l'Océan à la voix profonde, et montons en vapeurs légères aux sommets boisés des montagnes; d'où nous contemplons les hauts promontoires, la terre sacrée, mère des moissons, et les fleuves au divin murmure, et la mer retentissante aux profondes plaintes, que l'œil infatigable de l'Éther illumine de ses rayons étincelants! Mais dissipons ces brouillards pluvieux qui cachent notre immortelle beauté, et promenons au loin nos regards sur le monde.

SOCRATE.

O déesses vénérées, vous répondez à mon appel! (*A Strepsiade*) : As-tu entendu leur voix qui se mêlait au terrible grondement du tonnerre?

STREPSIADE.

O Nuées adorables, je vous révère, et je fais aussi gronder mon tonnerre, tant le vôtre m'a fait peur! Permis ou non, ma foi! je me soulagerai[2].

Voilà les contrastes d'Aristophane! voilà les ordures

---

1. Montagne de Thrace.
2. *Cacare volo.*

qui se mêlent à cette fraîche poésie ! Les supprimer ou les voiler toujours par une délicatesse mal entendue, ce serait altérer la physionomie de l'auteur que nous voulons étudier en toute franchise. Il faut donc, du moins, les laisser entrevoir quelquefois.

« Point de bouffonnerie ! dit Socrate ; ne fais pas comme ces grossiers poëtes comiques barbouillés de lie. »

Toujours est-il qu'Aristophane fait comme les autres, en paraissant les critiquer.

SOCRATE.

Mais silence ! un nombreux essaim de déesses s'avance en chantant.

LE CHŒUR.

Vierges humides de rosée, allons visiter la riche contrée de Pallas, la terre des héros, le bien-aimé pays de Cécrops, où se célèbrent les secrets sacrifices, où le mystérieux sanctuaire se découvre aux initiés, avec les offrandes pour les dieux célestes, les temples au faîte élevé, les statues, les saintes processions des bienheureux, les victimes couronnées et les festins sacrés en toutes saisons ; et, au retour du printemps, les joyeuses fêtes de Dionysos, les luttes harmonieuses des chœurs et la muse retentissante des flûtes.

STREPSIADE.

Par Jupiter ! je t'en prie, dis-moi, Socrate, quelles sont ces voix de femmes qui font entendre des paroles si pleines de majesté ? seraient-ce des demi-déesses ?

SOCRATE.

Ce sont les célestes Nuées, les grandes déesses des paresseux ! c'est à elles que nous devons tout, pensées, esprit, dialectique, phrases, prestiges, tours et subtilités.

STREPSIADE.

C'est donc cela qu'en les écoutant mon esprit déjà prend son vol, et brûle de subtiliser, de pérorer sur les brouillards, de discuter, de contredire et de rompre argument contre argument. Mais ne vont-elles pas se montrer ? je voudrais bien les voir, si c'est possible.

SOCRATE.

Eh bien ! regarde par ici, du côté du Parnès [1]; les voilà qui descendent lentement.

STREPSIADE.

Mais où donc? Fais-les-moi voir !

SOCRATE.

Elles s'avancent en foule, suivant une route oblique à travers les vallons et les bois.

STREPSIADE.

C'est singulier ! je ne vois rien.

SOCRATE.

Tiens, les voici qui arrivent.

STREPSIADE.

Ah ! enfin je les vois.

Les Nuées paraissent en foule, et remplissent toute la scène. Avec quel art et quelles gradations le poëte a su préparer et faire valoir leur entrée, aussi bien que celle de Socrate !

SOCRATE.

Tu ne savais donc pas que les Nuées étaient des divinités?

STREPSIADE.

Non vraiment : je croyais qu'elles n'étaient que brouillard, rosée, vapeur.

SOCRATE.

Alors tu l'ignores aussi sans doute, ce sont-elles qui nourrissent la foule des sophistes, des empiriques, des devins, des fainéants aux longs cheveux et aux doigts chargés de bagues [2], des poëtes lyriques, des métaphysiciens, tas de flâneurs et de hâbleurs, qu'elles font vivre parce qu'elles les chantent !

1. Montagne voisine d'Athènes.
2. Ces onze derniers mots n'en font qu'un dans le grec. Il est vrai qu'il a neuf syllabes, et qu'il est formé de quatre vocables soudés ensemble : σφραγιδονυχαργοκομήτας. Mais si, de nos onze mots français, on ôte les articles, mots parasites, et la conjonction *et*, les onze se réduiront à six.

Socrate enseigne à Strepsiade que les Nuées sont les seules vraies divinités; que tous les autres dieux ne sont que fables.

« Mais Jupiter?

— Il n'y a point de Jupiter!

— Et le Tonnerre?

— Ce sont les Nuées qui se heurtent.

— Le moyen de croire cela?

— Tu vas le comprendre par ton propre exemple : lorsqu'aux Panathénées tu t'es gorgé de viande, n'entends-tu pas ton ventre se troubler et retentir de grondements sourds?

— Oui, par Apollon! je souffre, j'ai la colique; puis la ratatouille gronde comme le tonnerre, et enfin éclate avec un terrible fracas. C'est peu de chose d'abord, pappax, pappax! Puis, ça augmente, papappapax! Et, quand je me soulage, c'est vraiment le tonnerre, papapappapax! absolument comme les Nuées! »

Le philosophe fait jurer au néophyte de ne reconnaître dorénavant d'autres divinités que le Chaos, les Nuées et la Blague. — « Quand je rencontrerais les autres dieux nez à nez, répond le docile disciple, je ne les saluerais pas. »

En récompense, les Nuées sont prêtes à lui accorder tout ce qu'il désire. « Dis hardiment ce que tu veux de nous. Tu ne peux manquer, si tu nous rends hommage, de devenir un habile homme. »

STREPSIADE.

O déesses souveraines, je ne vous demande qu'une toute petite grâce : faites que je dépasse de cent stades tous les Hellènes dans l'art de la parole!

LE CHŒUR.

Nous te l'accordons : désormais nulle éloquence ne triomphera plus souvent que la tienne devant le peuple.

STREPSIADE.

Peuh! la grande éloquence n'est pas ce que je veux; mais savoir chicaner à mon profit, pour échapper à mes créanciers.

LE CHŒUR.

Tu auras ce que tu désires : ton ambition est modeste. Livre-toi bravement à nos ministres [1].

STREPSIADE.

Bien volontiers! Je crois en vous! D'ailleurs il n'y a pas à reculer, avec ces chevaux pur-sang et ce sot mariage qui m'ont ruiné! Que vos ministres fassent de moi ce qu'ils voudront; je me livre à eux, corps et âme : les coups, la faim, la soif, le chaud, le froid, je supporterai tout! Qu'on fasse une outre de ma peau, pourvu que je ne paye pas mes dettes; pourvu que j'aie la réputation d'être un hardi coquin, beau parleur, impudent, effronté, gredin, colleur de mensonges, finassier, chicanier, plein de rubriques, vrai moulin à paroles, renard, vilebrequin, souple comme une courroie, glissant comme une anguille, trompeur, blagueur, insolent, scélérat, sans foi ni loi! oui, voilà tous les titres dont j'ambitionne qu'on me salue! à cette condition, qu'ils me traitent à leur guise; et, s'ils le veulent, par Cérès! qu'ils fassent de moi du boudin et me servent aux libres penseurs!

Comment ne pas recevoir aussitôt un néophyte si fervent? Socrate lui fait passer, seulement pour la forme, un petit examen d'admissibilité.

SOCRATE.

Voyons. As-tu de la mémoire?

STREPSIADE.

Cela dépend : si l'on me doit, j'en ai beaucoup, mais si je dois, hélas! je n'en ai pas du tout [2].

SOCRATE.

As-tu de la facilité naturelle à parler?

1. C'est-à-dire aux sophistes.
2. A peu près de même, à la première scèn du *Mariage forcé*, Sganarelle, sortant de chez lui, dit à ses gens : « Si l'on m'apporte de l'argent, que l'on me vienne quérir vite chez le seigneur Géronimo; et, si l'on vient m'en demander, qu'on dise que je suis sorti, et que je ne dois revenir de toute la journée. »

STREPSIADE.

A parler, non ; à filouter, oui.

Chaque réplique amène ainsi un trait, ou un quolibet, ou un coq-à-l'âne ; car le récipiendaire n'est pas très-fort, quoique plein de bonne volonté : il oublie les tours les plus simples, sitôt qu'on les lui a appris ; il ne veut savoir qu'une seule chose, et tout de suite : l'art de ne pas payer ses dettes, au moyen du raisonnement biscornu. En vain, Socrate, comme le Maître de philosophie de M. Jourdain, veut commencer par le commencement : point d'affaire ! C'est le raisonnement sophistique que Strepsiade veut savoir tout d'abord ; rien de plus ! Il n'a que cette pensée : ne pas payer ses dettes ! il y revient sans cesse, sous toutes les formes.

STREPSIADE.

Une idée !- dis-moi : si j'achetais une magicienne de Thessalie et que je fisse pendant la nuit descendre la lune, pour l'enfermer, comme un miroir, dans un étui rond, je la tiendrais sous clef, et alors....

SOCRATE.

Qu'y gagnerais-tu ?

STREPSIADE.

Ce que j'y gagnerais ? S'il n'y avait plus de nouvelle lune, je n'aurais plus à payer d'intérêts.

SOCRATE.

Pourquoi cela ?

STREPSIADE.

Parce que les intérêts se payent chaque mois.

Socrate, satisfait de voir qu'enfin l'esprit du néophyte se débrouille, lui propose à son tour une subtilité ; Strepsiade y réplique par une autre. C'est une série de problèmes absurdes et de démonstrations à l'avenant, qui rappellent la dialectique de ce prédicateur du seizième siècle prouvant que le monde ne saurait remplir le cœur de l'homme, par la raison que le monde étant rond et le cœur triangulaire, un rond inscrit dans un triangle ne le remplit pas.

Strepsiade toutefois, malgré ces lueurs d'intelligence, a l'esprit ordinairement si obscur et l'entendement si bouché, que les Nuées, désespérant d'en faire quelque chose, lui conseillent, s'il a un fils, de l'envoyer apprendre à sa place.

— « C'est ce que je voulais! mais il ne veut pas, lui!

— Et tu ne sais pas t'en faire obéir?

— Dame! c'est qu'il est grand et robuste! Cependant je vais courir après lui et l'amener ici, de gré ou de force! »

Le bonhomme en effet rattrape Phidippide. Celui-ci lui fait remarquer qu'il revient de chez Socrate sans manteau et sans souliers.

PHIDIPPIDE.
Et ton manteau, on te l'a donc volé?
STREPSIADE.
On ne me l'a pas volé, on me l'a philosophé.
PHIDIPPIDE.
Et tes souliers, qu'en as-tu fait?
STREPSIADE.
Je les ai perdus *à ce qui était nécessaire*, comme disait Périclès.

C'était la réponse de Périclès quand on lui demandait compte de ses fonds secrets. Que de traits dans ce dialogue! Comme tout cela est joli et vivant! on est tenté de dire : moderne. Car cela semble écrit d'hier, quoiqu'ayant deux mille trois cents ans de date.

Phidippide aime toujours mieux être cavalier que philosophe; mais son père, à la fin, le prenant par la douceur : « Allons, viens avec moi, obéis à ton père et ne t'inquiète pas du reste. Tu n'avais pas six ans, tu bégayais encore, je faisais tout ce que tu voulais ; et la première obole que je touchai comme juge[1], je t'en achetai un petit chariot à la fête de Jupiter. »

Ce caractère de Strepsiade est bien dessiné : c'est un paysan un peu lourd, qui a des moments de finesse ; il est ce qu'on appelle bonhomme, mot élastique, qui n'implique pas nécessairement une grande honnêteté ; il est mené par sa femme (on l'a vu par l'exposition, au reste elle ne paraît pas dans la pièce) ; il est mené aussi par son fils ; il voudrait bien ne pas payer les dettes que celui-ci lui a fait contracter ; il tâche d'être malhonnête, mais sans y réussir complétement ; il n'a pas l'étoffe d'un coquin ; il le sent instinctivement, et veut que son fils, moins simple que lui, le devienne pour deux, s'il est possible.

Chemin faisant, il veut faire parade à ses yeux de la science qu'il n'a pas acquise ; il lui débite, comme le Bourgeois-gentilhomme à sa servante, quelques bribes des choses qu'on lui a apprises : « Il n'y a point de Jupiter !... Ce qui règne, c'est le Tourbillon !.... »

Phidippide suit son père chez les Sophistes ; mais il dit à part : « Tu te repentiras bientôt de ce que tu exiges ! » Mot qui fait pressentir la péripétie et le dénoûment, — comme le mot de la femme de Sganarelle, dans l'exposition du *Médecin malgré lui* : « Je te pardonne, mais tu me le paieras ! » Toute la pièce sort de ce mot, qui à lui seul, d'ailleurs, est un chef-d'œuvre.

~~~

Ils entrent dans le pensoir Socrate paraît de nouveau,

---

1. Encore un trait qui prépare la comédie des *Guêpes*.

toujours dans son panier à viande : c'est sa manière de se montrer aux étrangers pour la première fois, comme un dieu dans son nimbe et dans sa gloire. Strepsiade lui présente son fils :

« Il a de l'esprit naturel. Tout petit, il s'amusait déjà chez nous à fabriquer des maisons, à creuser des bateaux, à construire de petits chariots de cuir ; et, avec des écorces de grenade, il faisait des grenouilles. Qu'est-ce que tu dis de cela? N'apprendra-t-il pas bien les deux raisonnements, le fort, et puis le faible, qui renverse le fort par un coup fourré. Ce sont surtout ces coups fourrés que je te prie de lui enseigner par tous les moyens.

SOCRATE.

Je chargerai l'un et l'autre raisonnement en personne de venir l'instruire.

STREPSIADE.

Je me retire. Ne perds pas de vue qu'il s'agit de le rendre capable de battre la vérité sur tous les points.

On apporte le Juste et l'Injuste (c'est-à-dire le raisonnement droit et le raisonnement sophistique) dans une cage, comme deux coqs de combat : ces combats étaient à la mode alors. Ainsi se mêlent toujours habilement la discussion morale et la fantaisie.

Ce spectacle bizarre, cette escrime curieuse où s'entrechoquaient des paradoxes spirituels et des pensées élevées, dans un dialogue plein de verve, devait charmer l'esprit des Athéniens. Un Athénien de Paris, Alfred de Musset, n'y prenait pas moins de plaisir. « C'est, dit-il, la plus grave et la plus noble scène que jamais théâtre ait entendue. »

Mettons encore au-dessus, toutefois, celle de la Pauvreté, dans *Plutus*, que nous analyserons plus loin.

Les deux coqs se provoquent et sortent de la cage ; ils ergotent et se livrent un assaut.

LE JUSTE.

Tu es bien insolent !

L'INJUSTE.

Et toi bien ganache !...

Ils se disputent Phidippide. Le chœur s'interpose, selon sa coutume, et ramène la querelle à des procédés réguliers. Par sa voix, se révèle ici tout le dessein, toute la pensée d'Aristophane, soit dans cette pièce, soit dans les autres : le passé opposé à l'avenir.

Trêve de combats et d'injures ! Mais exposez, toi, ce que tu enseignais aux hommes d'autrefois, et toi l'éducation nouvelle ; afin qu'après vous avoir entendus contradictoirement, ce jeune homme choisisse.

LE JUSTE.

Je le veux bien.

L'INJUSTE.

Moi aussi.

LE CHŒUR.

Voyons, qui parlera le premier ?

L'INJUSTE.

Lui, j'y consens ; et, d'après ce qu'il aura dit, je le transpercerai d'expressions nouvelles et de pensées subtiles. Enfin, s'il ose encore souffler, je le piquerai au visage et aux yeux avec des traits comme des dards de guêpe ! il n'en relèvera pas !

Le Juste commence donc et rappelle éloquemment quelle était l'éducation des enfants d'Athènes qui devinrent les guerriers de Marathon. En ce temps où la modestie régnait dans les mœurs, un jeune homme étai une statue de la Pudeur. Il se fortifiait dans les gymnases, au lieu de s'amollir et de se corrompre dans les bains publics. Si Phidippide veut suivre ces nobles exemples, il ira se promener à l'Académie, sous l'ombrage des oliviers sacrés, la tête ceinte de joncs en fleur, avec un sage ami de son âge; au sein d'un heureux loisir il respirera le parfum des ifs et des pousses nouvelles du peuplier, goûtant les beaux jours du printemps, lorsque le platane et l'ormeau confondent leurs murmures. Il aura la poitrine robuste, le teint frais, les épaules larges, la langue courte, et le reste de même. Il ne contredira pas son père, il ne le traitera pas de radoteur, il ne reprochera pas son âge au vieillard qui l'a nourri. Mais, s'il s'abandonne aux mœurs du jour, il aura bientôt le teint pâle, les épaules étroites, la poitrine resserrée, la langue longue, et le reste de même. Il sera corrompu, subtil, bavard et chicanier. L'Injuste lui fera trouver honnête ce qui est honteux, honteux ce qui est honnête. Il se vautrera dans l'infamie.

LE CHŒUR.

O toi qui habites les hauteurs sereines du temple de la Sagesse [1], quelle douce fleur de vertu s'exhale de tes discours! Oui, bienheureux ceux qui vivaient en ce temps-là! (*A l'Injuste*) : Pour répondre à cela, toi qui possèdes la museaux discours séduisants, tâche de trouver des raisons bien neuves, car ton adversaire a fait une vive impression. Tu as besoin des ressources de ton esprit, si tu veux vaincre un tel antagoniste et ne pas faire rire à tes dépens.

L'INJUSTE.

Enfin!... J'étouffais d'impatience, tant je brûlais de le confondre par ma réplique!... Si dans l'école on m'appelle l'Injuste, c'est parce que j'ai, le premier de tous, inventé les moyens de contredire les lois et la justice; et n'est-ce pas un talent hors de prix que de prendre une mauvaise cause et de la faire triompher? Écoutez et voyez comme je vais percer à jour cette éducation dont il est si fier!...

---

1. *Edita doctrinâ sapientûm templa serenâ.*

LUCRÈCE.

Et alors il répand à pleines mains les subtilités, les sophismes, les arguties, les exemples cocasses, les épigrammes, ou même les injures à l'adresse des spectateurs.

Ce dialogue était une parodie des thèses des sophistes, de leurs amplifications pour et contre ; par exemple, du fameux morceau où Prodicos avait fait disserter la Vertu et la Volupté se disputant Hercule adolescent, comme ici le Juste et l'Injuste se disputent le jeune Phidippide.

Il n'est pas sans analogie avec les disputes scolastiques du moyen âge entre les Vertus et les Vices ; ni avec certaines Moralités du même temps ; par exemple, celles qui mettaient aux prises les personnages nommés *Mundus*, *Caro* et *Demonia*, et d'autre part les Vertus et les Anges, Dieu le Père, Dieu le Fils et Dieu le Saint-Esprit.

Bref, l'Injuste triomphe, et le Juste est vaincu. C'est là peut-être le trait le plus poignant et l'ironie la plus amère : Aristophane, par ce trait, comme par la conception générale des Nuées, déesses des sophistes, peint son époque, — telle du moins qu'il la voit, — c'est-à-dire seulement par les mauvais côtés.

Phidippide reste chez les sophistes, et profite des leçons de Socrate un peu plus vite que Strepsiade ; si bien même qu'au bout de quelques instants il sait se défaire des créanciers, puis lever la main sur son père lui-même, et lui prouver par les deux raisonnements, juste et injuste, qu'il fait bien de le battre, voire même contraindre le bonhomme à en demeurer d'accord avec lui.

N'est-ce pas là un dénoûment d'un excellent comique et d'une parfaite moralité ? Et comprend-on qu'un célèbre critique allemand, Hermann, ne voye dans cette scène qu'un épisode étranger à l'action, un hors-d'œuvre que le poëte eût mieux fait, selon lui, de supprimer? Cet épisode est préparé par les vers 865, 1114, 1242 et 1307. Phidippide représente *la jeunesse dorée* de ce temps-là, composée de dissipateurs paresseux et corrompus, d'ergoteurs subtils sans conviction et sans cœur.

Strepsiade, toujours extrême, comme Orgon, déteste maintenant Socrate et les sophistes, et court mettre le feu à leur maison. Qui pis est, la colère lui donne de l'esprit, et, en les brûlant, il se moque d'eux; il les parodie, comme Sganarelle parodie Marphurius tout en lui donnant des coups de bâton [1].

Ce dénoûment si animé, dans lequel toutes les qualités du poëte comique éclatent à la fois, ce spectacle tragico-bouffon, cet holocauste du pensoir, fut ajouté, à ce que l'on croit, avec la grande scène des deux coqs, après la première représentation [2], qui n'avait eu que peu de succès.

Palissot a imité quelque chose de ce dénoûment dans sa comédie des *Philosophes*, qui, par le dessein, ressemble aux *Nuées*, puisque l'auteur y attaque Diderot, d'Alembert et Jean-Jacques Rousseau, comme l'auteur des *Nuées* attaque Socrate. Au demeurant, pièce venimeuse et rien de plus.

Celle d'Aristophane n'est pas non plus sans venin. C'était l'avis du père Brumoy; et, pour mieux le prouver, le bon jésuite la comparait aux *Provinciales*.

Je crois les *Provinciales* exemptes de venin, mais pas toujours de jésuitisme, tout en abîmant les Jésuites.

La péripétie de l'histoire de Phidippide et de Strepsiade rappelle l'anecdote que raconte Pascal, justement dans ces terribles *Petites Lettres*; celle du domestique

---

1. Dans l'Italie grecque, à Crotone, la foule s'était soulevée contre les pythagoristes accusés d'oligarchie, et avait mis le feu à leurs écoles.

2. Voir Egger, *De la deuxième édition des Nuées*.

des Jésuites, Jean d'Alba, qui avait volé les plats d'étain de ses maîtres, et qui, ayant étudié dans leurs livres les cas de conscience et les restrictions mentales, leur démontrait par leurs procédés mêmes qu'en les volant il ne les volait point.

Il s'agit de conclure sur cette comédie, si brillante, mais si étrange.

Certes, Aristophane a raison d'attaquer les mauvais sophistes, de poursuivre de ses sarcasmes ces docteurs sans conscience et sans foi qui déconcertent la raison par le raisonnement; mais il attaque en même temps la dialectique véritable, la métaphysique, et la physique elle-même, qui venait de naître et qui déjà remuait les esprits; il symbolise dans les Nuées la manière vaporeuse vide et creuse de la nouvelle philosophie de la nature; il attaque aussi la tragédie philosophique, qui propageait les nouvelles idées; c'est tout cela que les Nuées personnifient, aussi bien que la fausse éloquence et la sophistique : cette confusion est des plus injustes.

Et quel est le ministre, le prêtre, de ces fantastiques divinités? C'est Socrate! c'est lui que le poëte appelle le pontife des niaiseries subtiles!

Quoi! Socrate, ce grand esprit et ce grand cœur? Socrate, le maître du divin Platon! Socrate, qui n'est pas seulement un théoricien, faisant de la philosophie comme d'autres font de l'art pour l'art, sans aucun but d'utilité pratique, mais qui reste philosophe en actes comme en paroles! Socrate qui, au siége de Potidée, supporte la faim et la soif, marchant pieds nus sur la glace mieux que les soldats chaussés! Socrate, qui a toute la fermeté du stoïcien sans en avoir la morgue! Socrate qui, à Délion, couvre la retraite de l'armée athénienne, sauve la vie à ses disciples Xénophon et

Alcibiade, et fait adjuger à celui-ci le prix du combat, qu'il eût pu revendiquer pour lui-même! Socrate, héroïque comme sans y songer! Socrate, qui seul eut le courage de se lever contre la sentence capitale frappant les neuf généraux athéniens qui n'avaient pas enseveli leurs morts après la victoire des Arginuses! Socrate, que la Pythie avait proclamé le plus sage des hommes, et dont Platon disait avec vénération et avec amour : « On ne trouverait personne, soit chez les anciens, soit chez les modernes, qui approchât en rien de cet homme, de ses discours, de son originalité! » Socrate, qui passa toute sa vie à combattre, à confondre les sophistes; Socrate, qui mourut leur victime, pour les avoir convaincus d'ignorance et de mauvaise foi, comme le Christ mourut victime des Scribes, pour les avoir traités d'hypocrites! Socrate, dont la mort divine a mérité d'être appelée l'apothéose de la philosophie! Socrate, que saint Augustin et Voltaire, d'accord cette fois, ont proclamé *martyr de l'unité de Dieu!* est-ce bien l'homme qu'on traduisit sur le théâtre, et qu'on livra à la risée et à la haine de ses concitoyens, en le présentant comme le type et comme le chef de ces charlatans éhontés qu'il ne cessa de réfuter et par sa vie et par sa mort? Est-ce bien lui qu'on ose accuser, non-seulement de niaiserie, mais encore de fourberie, de vénalité et de vol?

Voilà ce qui étonne, ce qui confond!

Comment justifier le poëte et les spectateurs? Pour ceux-ci, il est à propos peut-être de rappeler ce que nous venons de dire, à savoir que la comédie des *Nuées*, lors de la première représentation, n'eut pas de succès. Probablement une partie du public, et la plus éclairée sans doute, se montra au moins réservée, en présence des calomnies auxquelles le poëte s'était laissé entraîner contre le philosophe populaire, et cette froideur pourrait passer pour une sorte de protestation tacite. C'est

Aristophane lui-même qui, dans la parabase ajoutée après coup avec plusieurs autres parties, constate l'insuccès de la première représentation. Mais il est possible aussi que cet insuccès s'explique par la faiblesse de la pièce telle qu'elle était d'abord.

Et, en tout cas, nous nous retrouverions toujours en face de cette question : Comment Aristophane, aussi bien qu'Eupolis et Amipsias, osèrent-ils, devant le public contemporain, calomnier ainsi Socrate? Comment les amis et disciples du philosophe odieusement travesti ne firent-ils pas entendre contre de tels excès des protestations énergiques et efficaces?

C'est sans doute que les majorités sottes étouffent aisément la voix des minorités intelligentes. Nous avons rappelé comment, en 1848, le public de Paris, pendant plusieurs semaines, laissa jouer *la Foire aux idées*, où l'on voyait, — outre le travestissement odieux de Proudhon, l'éminent publiciste, — une autre turpitude digne de la première : un représentant des colonies ridiculisé parce qu'il était nègre!

Par quelle inconséquence, un public français naturellement ennemi de la traite des noirs et de l'esclavage, souffrait-il qu'on blessât ainsi l'égalité, le bon sens, la justice? — Par la même inconséquence, apparemment, qui fait qu'aux États-Unis, où l'abolition de l'esclavage vient d'être soutenue et propagée au prix de si grands sacrifices, on ne permet pas à un homme de couleur de monter dans un omnibus. L'humanité n'est pas tout d'une pièce : elle est inconséquente à chaque instant. C'est à cette condition peut-être qu'elle continue d'exister : la logique pure la tuerait.

Nous aurons à faire valoir la même raison, à propos du travestissement des dieux eux-mêmes sur le théâtre. Le peuple, qui faisait mourir Socrate sous prétexte d'irréligion, souffrait bien qu'un poëte comique mît sur la scène la caricature de tel ou tel dieu qu'on adorait à d'autres heures. — Et il ne serait pas difficile de trouver dans le monde actuel, chez les peuples les plus civilisés des exemples d'inconséquence analogues. — « Patraque d'humanité! » disait le père de notre Balzac.

« Comme comédie, dit M. Grote, les *Nuées* ont le second rang seulement après les *Chevaliers*; comme portrait de Socrate, ce n'est guère qu'une pure imagination; ce n'est pas même une caricature, c'est un personnage totalement différent. Nous pouvons, à la vérité, apercevoir des traits isolés de ressemblance : les pieds nus et la subtilité d'argumentation appartiennent à tous deux; mais l'ensemble du portrait est tel que, s'il portait un nom différent, personne ne songerait à le comparer à Socrate, que nous connaissons bien d'après d'autres sources. »

Continuons à expliquer, mais non certes à justifier, des excès si surprenants et si déplorables. Voici ce qu'on peut dire encore :

Socrate, pour combattre les sophistes, employait quelquefois leurs armes; il leur empruntait leur langage, leur manière d'argumenter; il usait lui-même, parfois, de démonstrations sophistiques, pour venir à bout de ses adversaires et les réduire à l'absurde par tous les moyens. Il lui en coûta cher d'avoir pris leurs allures : on le confondit avec eux, comme ce héros grec de l'*Iliade* que son ardeur emporte à travers la mêlée au milieu des rangs ennemis et que l'on prend pour un Troyen. Socrate disant et répétant partout : « Je ne sais qu'une chose, c'est que je ne sais rien, » semblait afficher, lui aussi, le scepticisme de Gorgias. Il ne se méfiait pas assez des méprises auxquelles il pouvait donner lieu, ou des prétextes qu'il pouvait fournir contre lui. Ce procédé du *doute méthodique*, que Descartes devait employer pour son usage particulier, Socrate en usait partout en public. Comment savoir si ce n'était pas doute réel, indifférence et incrédulité? Son *ironie* réduisait en poussière toutes les solutions proposées, et ne les remplaçait pas toujours. Cet homme d'une foi si profonde, d'un spiritualisme si vif et si fécond, avait l'air peut-être de ne croire à rien, du moins à aucune science ni à aucune religion positives; il paraissait n'avoir, en fin de compte, qu'un dogmatisme virtuel et un scepticisme effectif. Par là il pouvait être, aux yeux de quelques-uns, aussi dangereux, aussi pernicieux, que ceux-là même qu'il combattait; et, si la malveillance s'en mêlait, il pouvait être donné pour l'un d'entre eux.

Les esprits terre à terre et les faibles courages, qui ont besoin de s'attacher à des formules et à des dogmes consacrés, prennent aisément en suspicion et en aversion les esprits libres et les braves cœurs qui marchent sans ces béquilles, droit devant eux, confiants en la nature. Les gens qui ne peuvent se passer de telle ou telle croyance officielle n'admettent pas volontiers que les autres s'en passent. Intolérants par charité, cela s'est vu : hors de l'Église, point de salut...!

Ceux qui se croyent les plus libéraux admettront tout au plus que vous soyez, sinon *catholique*, du moins *protestant;* à grand'peine toléreront-ils *israélite;* mais *musulman*, leur serait en horreur; quant à *bouddhiste*, ils ne comprendraient plus. Eh bien! si vous leur dites que vous n'êtes ni catholique, ni protestant, ni israélite, ni musulman, ni bouddhiste, ni d'aucune religion positive quelconque, et que vous êtes bien trop religieux pour cela, vous devenez pour eux un être immoral, sans foi ni loi, un être dangereux, funeste, qu'il faut mettre au ban de la société. En Angleterre, par exemple, pays si libéral en tout le reste, on exige que chacun professe une religion, appartienne à un culte reconnu ; autrement, vous n'êtes pas admis à vivre, et vous êtes chassé du pays, ou considéré comme un paria, par ce peuple très-libéral.

Ils oublient cette belle pensée d'un de nos philosophes français du dix-huitième siècle : « Toutes les religions positives sont des sectes de la religion naturelle. »

Or l'esprit sectaire est étroit, cruel. C'est lui qui, aujourd'hui encore, prêche l'Évangile à coups de canon, sous prétexte de civiliser les peuples. On veut bien de la liberté des cultes pour soi, à la condition toutefois qu'il y ait un culte reconnu ; mais on n'en veut pas pour les autres. On les massacre pour leur apprendre à vivre.

Si les mots *dévot* et *bigot* sont des expressions modernes, la chose est vieille presque autant que le monde. Socrate eut l'imprudence de donner prise à la race dévote et bigote d'Athènes, et ne chercha pas à se défendre : ce fut là ce qui le perdit.

D'ailleurs, — analysons encore un sujet si complexe et si subtil, essayons de rendre raison de cette confusion incroyable établie par les poëtes comiques à l'égard du grand philosophe, et acceptée jusqu'à un certain point par le public : —

Certes, c'était à bon droit que la Pythie avait proclamé Socrate le plus *sage* des hommes. Mais ce mot même, sage, *sophos*, voulait dire tant de choses ! Il était presque le même que *sophiste*; il signifiait sage, mais aussi il signifiait habile, adroit, rusé ; il s'appliquait à un orateur, à un poëte, aux Muses ; le Sphinx, aux énigmes embrouillées, qui fut le premier des sophistes, s'appelle, dans Sophocle, *la vierge sage*. Les deux choses et les deux mots, *sophos* et *sophistès*, se ressemblaient beaucoup, et souvent se confondaient. Aussi bien le nom de *sophiste* n'était pas d'abord chez les Athéniens une qualification injurieuse, non plus que le nom de *précieuse* chez les Français du dix-septième siècle, avant que les précieuses ridicules eussent imité, contrefait et compromis les précieuses véritables. Socrate était donc, dans la bonne acception du mot, un *sophiste* autant qu'un *sage*. Solon et Pythagore aussi sont tous deux appelés sophistes.

Si Aristophane choisissait Socrate pour représentant de la sophistique plutôt que Gorgias ou Protagoras, c'est peut-être qu'il aimait mieux prendre pour plastron de ses railleries un concitoyen athénien, que les confrères étrangers de celui-ci, qui étaient seulement de passage à Athènes.

Et puis les poëtes comiques, ces gamins de génie, toujours en quête de sujets curieux, considérèrent sans doute comme une bonne trouvaille la figure populaire de l'homme au nez camus, vulgarisateur des idées, de ce philosophe flâneur qu'on rencontrait causant et ergotant à tous les coins de rue, dans tous les carrefours, de cet accoucheur des esprits, de ce « sage-homme[1], » fils de la sage-femme. Ce front chauve, ce nez épaté, donnaient un bon masque de comédie. Les allures singulières du bonhomme, son habitude de marcher nu-tête et nu-pieds, de s'arrêter dans les rues et sous les portiques, dans les boutiques des cordonniers et des barbiers ou des marchandes de légumes, partout où il trouvait l'occasion de dire quelque chose d'utile ou de subtil; ses manières de parler familières autant qu'ingénieuses, ses comparaisons prises dans la vie de chaque jour, ses

---

1. Expression de Montaigne, masculin du mot *sage-femme*.

paraboles quelquefois triviales, composaient déjà un type curieux, sans tout ce que la fantaisie et la licence des poëtes, Eupolis, Amipsias, Aristophane, se réservaient d'y ajouter, pour en faire, non le portrait d'un individu, mais la personnification arbitraire d'une classe entière.

Si Socrate est un idéal pour nous, nul n'est un idéal pour ses contemporains, comme nul n'est héros pour son valet de chambre. Saint-Simon raconte que je ne sais plus qui, le comte de Grammont peut-être, disait à propos de saint Vincent de Paul, qu'on venait de canoniser : « Pour moi, j'aurai beaucoup de peine à m'habituer à voir un saint dans un homme que plus d'une fois j'ai vu tricher au piquet. »

Les poëtes comiques d'Athènes et les gens malveillants ou sans discernement étaient peut-être de l'avis que devait exprimer plus tard Caton l'Ancien qui, au rapport de Plutarque, traitait Socrate de bavard et de séditieux.

Ce qui était séduisant et tentant pour cette race railleuse, c'est que Socrate était connu d'avance de tous les spectateurs, des derniers comme des premiers : des femmes, qui savaient comment il était tourmenté dans son ménage; des enfants, qui avaient coutume de se le montrer dans les rues, parce qu'il lui était arrivé d'y jouer aux noix avec quelques-uns d'entre eux. Il avait justement la popularité qu'il faut pour être mis sur le théâtre, et l'originalité moyennant laquelle on est aisément tourné en caricature. Un tel personnage était donc une bonne fortune pour la comédie.

Platon lui-même, dans un de ses dialogues, ne fait-il pas dire à un des interlocuteurs de ce maître vénéré : « Socrate ressemble tout-à-fait à ces Silènes qu'on voit exposés dans les ateliers des sculpteurs et que les artistes représentent avec une flûte et des pipeaux à la main, mais dans l'intérieur desquels, quand on les ouvre en séparant les deux moitiés, on trouve des statues de divinités? » Eh bien ! Aristophane ne vit ou ne voulut voir que le grotesque Silène, et se garda bien de l'ouvrir ; ou, s'il l'ouvrit, ce fut pour mettre sous la laideur physique la laideur morale, à la place de la beauté. Par là il fit un Socrate de son invention ; ce qui était peut-être nécessaire, à son point de vue, pour présenter sous une forme sensible et amusante un sujet si grave et si abstrait. Encore ne réussit-il point du premier coup dans son dessein. Et, lorsqu'il eut refait la pièce telle que nous la possédons aujourd'hui, il ne parvint pas à la faire jouer de nouveau.

De même que, sous le nom du Paphlagonien (Cléon) dans les *Chevaliers*, Aristophane a prétendu dénoncer les excès de la démagogie, ici, sous le nom de Socrate, il dénonce les dangers de la philosophie nouvelle.

Dès sa première pièce, intitulée : *les Daitaliens*, ou *les Banqueteurs* (comme nous dirions : *les Viveurs*), donnée sous le nom de Callistrate ou de Philonidès, il avait préludé à ce grave sujet. « Les *Banqueteurs*, qui formaient le chœur de cette pièce, composaient une société de table qui venait de banqueter dans un sanctuaire d'Héraclès (Hercule), dont le culte était souvent célébré par des banquets. Ils assistaient maintenant en spectateurs à un combat que se livraient l'antique éducation, sobre et modeste, et la moderne, frivole et bavarde, dans la personne de deux jeunes gens, le vertueux (σώφρων) et le mauvais sujet (καταπύγων). Le mauvais sujet y était peint, dans une conversation avec son vieux père, comme dédaignant Homère et la poésie, fort au courant de tous les termes de la chicane, — évidemment afin de s'en servir pour des raffinements de retors ; — partisan zélé enfin du sophiste Thrasymaque et d'Alcibiade, chef de la jeunesse dorée d'Athènes. —

Ce qu'Aristophane avait tenté dans cet essai, il l'exécuta dans *les Nuées*, quand il fut arrivé à sa maturité[1]. »

Il était revenu au même sujet dans une autre comédie, perdue aussi : *les Tagénistes* (ou *Faiseurs de crêpes?*), où il traduisit sur la scène le fameux sophiste Prodicos.

Un autre poëte comique, nommé Platon, qu'il ne faut pas confondre avec le philosophe, y mit d'un coup tous les sophistes.

Mais, supposé qu'il fût permis de mettre sur le théâtre les démagogues ou les sophistes, Cléon ou Prodicos, il n'était pas permis d'y mettre un philosophe, dont la vie admirable était un modèle de toutes les vertus.

Disons mieux, il n'était pas permis moralement, d'y mettre aucun individu quelconque. La comédie *ancienne*, à la vérité, s'arrogeait ce prétendu droit ; mais ce droit-là, comme beaucoup d'autres, n'était, il faut le reconnaître, qu'une injustice et une violence.

En principe, la comédie *ad hominem* est mauvaise, parce que, traduisant sur le théâtre, non les vices ou les travers, ou les caractères généraux, mais les personnes elles-mêmes, elle est une atteinte à la liberté individuelle. Il est injuste que le premier venu ait prise sur la vie privée d'un citoyen, sans que celui-ci ait aucun recours contre lui. Car il serait absurde de dire : « Je fais une comédie contre vous, faites-en une contre moi ! » Ce serait l'histoire de l'homme qui, précipité des tours Notre-Dame, tua un passant en tombant sur lui : les juges offrirent à la partie civile de tâcher de faire de même en se jetant aussi du haut des tours. — Ces violences alternées fussent-elles possibles, seraient un retour à la barbarie.

Oui, répondront peut-être les polémistes, la vie pri-

---

1. Otfried Müller, *Hist. de la litt. gr.*, trad. K. Hillebrand.

vée doit être murée, nous en convenons; mais la vie publique appartient à tous. — Eh bien, non! Même s'il s'agit uniquement de la vie publique, vous n'avez pas le droit cependant de mettre les personnes sur le théâtre. Cela dépasse les limites de la discussion légitime; c'est un outrage, c'est une voie de fait; cela sort de la civilisation et rentre dans la violence sauvage.

Et voyez où cela mène! Socrate, après avoir été traduit sur le théâtre, fut traduit à la fin devant les tribunaux, sous le coup des mêmes accusations, et condamné à boire la ciguë.

En vain pourrait-on dire et a-t-on dit : Aristophane n'avait aucun dessein de désigner Socrate à la vindicte publique; il ne demande pas qu'on le traîne devant les tribunaux, comme coupable d'avoir attenté à la religion de l'État; la comédie des *Nuées* n'avait pas le dessein d'ôter à Socrate l'honneur et la vie.

Soit; mais, sans le vouloir, elle y contribua. Le poëte, ici, a outre-passé les licences de la comédie *ancienne* elle-même. Exposer sur la scène un puissant démagogue, ou le peuple lui-même, passe encore! c'était une courageuse témérité. Mais porter la main sur un homme paisible et juste, pour en faire arbitrairement le représentant de certains charlatans effrontés, corrupteurs de la jeunesse, l'exposer à la risée et à la flétrissure, supposé même que la comédie *ancienne* en donnât la licence au poëte, l'honnêteté le lui défendait.

Peut-être ajoutera-t-on subtilement ceci : Mais puisque ce n'est pas lui-même?... puisque c'est un Socrate de fantaisie?... — Eh! quoi? n'est-il pas d'autant plus inique de donner le nom et le visage du véritable Socrate à ce personnage sacrifié? C'est un calcul malhonnête, odieux, et l'on ne voudrait pas d'un chef-d'œuvre à ce prix.

Ce qu'il y a de plus perfide et de plus traître, c'est

que, dans maint passage, Aristophane saisit par certains traits le vrai Socrate, et passe du vrai au faux par des nuances qui facilitent la confusion. Ainsi, quand Phidippide prétend prouver qu'il a eu raison de battre son père, le poëte mêle habilement aux sophismes de ce fils dénaturé un ou deux arguments socratiques : N'est-ce pas un droit commun que celui de corriger l'erreur? L'expiation n'est-elle pas un profit manifeste pour l'homme même qui est châtié et qui se trouve ainsi allégé de sa faute? — Socrate avait réellement conçu de cette manière la théorie des peines : il se les figurait comme devant être une purification du coupable[1]. Avec quelle perfidie le poëte abuse d'une thèse philosophique si morale et si judicieusement humaine!

Phidippide ne borne pas les effets de sa logique à la *correction* de son père. Il est prêt aussi à battre sa mère et à prouver qu'il doit la battre, comme Oreste, dans Euripide, démontre qu'il était obligé de tuer la sienne.

Là on peut voir comment la parodie se mêlait à tout, chez ce peuple très-littéraire, et faisait accepter, comme plaisanteries de pure forme, bien des choses qui, prises sérieusement, seraient odieuses. Et peut-être doit-on invoquer, d'une manière générale, cette circonstance atténuante dans le sujet qui nous occupe. La faute du poëte restera assez grave encore.

Sans imputer directement à Aristophane la mise en accusation de Socrate, comme le fait Élien, puisqu'il y eut entre la représentation des *Nuées* et le jugement qui condamna le philosophe à boire la ciguë un intervalle

---

1. Voir la dernière partie du dialogue de Platon intitulé *Gorgias*.

de vingt-trois ans, — il faut constater, toutefois, que les chefs d'accusation sur lesquels s'appuie le jugement qui frappa ce juste, se trouvent déjà tous en germe dans les traits satiriques et calomnieux de cette comédie. Platon en a fait la remarque. Il est vrai que c'est dans l'intention d'affaiblir les accusations d'Anytos, ramassées, dit-il, dans une comédie. Toujours est-il qu'elles s'y trouvent, et que de là elles circulèrent et se grossirent dans la rumeur publique.

Je conviendrai que, s'il était constant qu'Aristophane eût pu être considéré comme l'instigateur de la condamnation et de la mort de Socrate, Platon, sans doute, n'eût pas parlé aussi favorablement qu'il l'a fait de l'homme qui eût été, en quelque sorte, le meurtrier de son maître chéri ; il ne nous les eût pas montrés tous deux buvant ensemble et conversant amicalement dans son *Banquet*, peu d'années après la représentation des *Nuées* ; il y aurait eu là une inconvenance morale et une invraisemblance littéraire qui eussent choqué également son cœur et son esprit élevés. Mais, de là à conclure que l'influence des *Nuées* sur le procès fait à Socrate, pour n'avoir pas été instantanée, fut nulle, il y a loin : nous croyons, au contraire, que cette comédie, sans que l'auteur eût pu le prévoir, prépara les esprits à l'accusation de Socrate. Qu'est-ce, après tout, qu'un intervalle de vingt-trois ans ? Pensons à la révolution de 1848, ou même à celle de 1830 : est-ce que nous avons oublié ce qui fut fait et dit, soit dans l'une, soit dans l'autre ? Il semble que c'était hier. Vingt-trois années paraissent longues, quand on les considère dans l'avenir ; dans le passé, c'est un éclair. Nous sommes donc du sentiment, sinon d'Élien, du moins de Lucien ; et, en dépit de toutes les explications et de toutes les excuses que nous-même avons essayé d'alléguer dans notre impartialité, nous ne pardonnons pas à Aristophane d'avoir calomnié Socrate et préparé involontairement des arguments pour sa condamnation.

A la vérité, les accusations portées contre lui, et empruntées à la comédie des *Nuées*, ne furent que de vains prétextes, auxquels personne ne se méprit. Devant un tribunal composé par ses ennemis, le juste était condamné d'avance : pouvait-on lui pardonner l'indépendance de son langage et de sa pensée, dans un temps de servitude et d'oppression? Mélitos, Anytos et Lycon ne furent que les instruments d'un parti tout-puissant qui frappait l'incorruptible censeur de ses vices et de ses crimes [1].

En public, en particulier, à l'armée, à la ville, sa conduite avait toujours été celle d'un citoyen soumis aux lois, courageux et simple; parfois sublime sans y songer, sans sortir des habitudes de sa vie ordinaire. Un jour que le sort l'avait désigné pour présider l'assemblée du peuple, la foule voulait porter un décret injuste : il s'y opposa en s'appuyant sur la loi, et resta impassible devant les fureurs d'une multitude à qui nul autre n'aurait osé résister.

Quand sa patrie tomba sous la domination des Trente, si ces usurpateurs de l'autorité lui commandaient quelque chose d'injuste, il n'obéissait pas. Ainsi, sommé par eux de mettre fin à ses conversations avec la jeunesse, il ne tint compte de la défense. Un jour que les Trente lui prescrivaient d'aller, avec quelques autres citoyens, arrêter un homme qu'ils voulaient mettre à mort, le philosophe répondit que leur ordre, n'étant pas légal, ne pouvait l'obliger. Au-dessus de la loi écrite, il y a la loi non écrite.

Voyant qu'ils avaient fait mourir un grand nombre de citoyens distingués et qu'ils en forçaient d'autres à seconder leurs injustices, il avait osé dire publique-

---

1. Voir Poyard, notice sur les *Nuées*.

ment : « Je serais étonné que le gardien d'un troupeau, qui en ferait disparaître une partie et rendrait l'autre plus maigre, ne voulût pas s'avouer mauvais pasteur; mais il est plus étrange encore qu'un homme, se trouvant à la tête de ses concitoyens, enlève les uns, corrompe les autres, et n'avoue pas, en rougissant de honte, qu'il est un mauvais chef d'État. »

Socrate était un de ces obstinés qui semblent un peu fous aux consciences moyennes, mais dont l'exemple maintient la justice sur la terre.

Un orage peu à peu se forma contre lui, et un jour vint où il eut à compter avec une foule d'ennemis. « Le vieux parti aristocratique était mécontent de voir un homme de la foule acquérir autant d'influence; les démocrates étaient mal édifiés des tendances générales de sa politique, qui semblait vouloir l'établissement d'une oligarchie de sages ; les partisans du culte de l'État lui reprochaient d'abandonner les autels de la patrie et d'introduire on ne savait quelle divinité nouvelle : il parlait fréquemment de son « génie » ou « démon, » comme d'un inspirateur secret et merveilleux qui lui traçait sa conduite et lui permettait de diriger celle des autres. Il n'en fallait pas tant pour perdre un citoyen sans fonctions publiques, sans autorité officielle.... Ses ennemis se liguèrent, et, confondant dans une même accusation des griefs disparates, ils l'accusèrent publiquement. Un homme puissant, impétueux, qui se donnait pour ami du peuple, et dont le philosophe avait plus d'une fois percé à jour les intrigues d'ambition, Anytos, lui reprocha d'avoir compté parmi ses auditeurs le versatile et perfide Alcibiade, le sanguinaire Critias, un des Trente qui avaient été renversés à si bon droit. Socrate avait dit : « Je ne suis pas seulement citoyen d'Athènes, mais citoyen du monde. » Cette parole ne devait-elle pas s'interpréter comme un dédain de la patrie? De telles impuiations, et quelques autres, également relatives à la politique, ne purent cependant servir de base à un procès criminel : une amnistie récente les annulait. Il fut donc réglé qu'une autre des victimes ordinaires de ce railleur, Mélitos, mauvais poëte, le dénoncerait comme impie et novateur en fait de religion, comme corrupteur habituel de la jeunesse. Lycon, orateur virulent, promit de soutenir l'accusation. Socrate refusa l'assistance d'un autre orateur, l'habile Lysias, offrant d'écrire un plaidoyer que l'accusé aurait pu, d'après la coutume, lire à ses juges, et dont les mouvements eussent été calculés de manière à rendre un acquittement presque certain. Il comparut donc devant le tribunal des Héliastes, fut condamné à une amende, et, sur son refus de se reconnaître coupable en promettant de la payer, on prononça contre lui la peine de mort. Les juges étaient ce jour-là au nombre de 556 : quand ils eurent opiné, on trouva que 281 avaient prononcé contre l'accusé, 275 pour lui; la majorité était donc seulement de 6 voix. Socrate pouvait, aux termes de la loi, se condamner lui-même à l'une de ces trois peines : la prison perpétuelle, l'exil ou l'amende. Mais il demanda, ironiquement, d'être nourri, aux frais de l'État dans le Prytanée, asile glorieux des citoyens qui avaient rendu de grands services au public. Les juges irrités délibérèrent alors de nouveau et le condamnèrent à mort[1]. »

Hermogène, cité par Xénophon comme le témoin le plus exact et le plus précis, raconte que, dans une conversation, avant l'audience du tribunal des Héliastes, Socrate invité à défendre sa vie contre les accusateurs, s'y refusa par cette raison, « qu'ayant toujours pratiqué la justice, il devait s'estimer heureux de mourir avant d'éprouver les maux d'une vieillesse caduque. » Devant

---

1. Morel, *Hist. de la Sagesse.*

ses juges, il rappela et réfuta les trois griefs invoqués contre lui : méconnaissance des dieux adorés dans l'État, introduction de divinités nouvelles, corruption de la jeunesse. Puis, se rendant le témoignage qu'il devait se féliciter de sa conduite antérieure, l'accusé ne voulut pas demander grâce. Même après sa condamnation, Socrate persista dans son généreux orgueil et ne plia point. Voilà au rapport de Xénophon, ce qui était consigné, dans l'écrit d'Hermogène.

Xénophon ajoute qu'Hermogène, avant le jugement, voyant Socrate s'entretenir de toute chose plutôt que de son procès, lui dit : « Socrate, ne devrais-tu pas songer à ta défense? — Quoi donc! tu ne vois pas que je m'en suis occupé toute ma vie? — Comment cela? — En ne commettant jamais d'injustice. »

Se voyant condamné, il dit : « Je n'irai point, parce que je meurs injustement, abaisser mon courage. L'opprobre est à craindre, non pour moi, mais pour ceux qui me condamnent.... Oui, j'en suis certain, et l'avenir et le passé témoigneront que je n'ai nui à personne, que je n'ai fait que du bien à ceux qui conversaient avec moi, en leur donnant gratuitement toutes les salutaires leçons que je pouvais leur offrir. »

Un homme simple, mais qui l'affectionnait, Apollodore, lui disant qu'il était révolté de l'iniquité du jugement, — « Mon cher Apollodore, lui répondit Socrate avec un doux sourire et en lui passant amicalement la main sur la tête, aimerais-tu mieux me voir mourir coupable? »

Après la mort de Socrate, une prompte réaction de l'opinion fit justice des méchants qui avaient égaré les Héliastes. On peut inférer d'un passage de Plutarque qu'Anytos, n'ayant pas la force de supporter la haine publique, se pendit de désespoir. Judas, selon la légende, fit de même.

Aristophane, lui aussi, dut bien sentir quelque remords. Les *Nuées* sont une bonne comédie, mais une mauvaise action. Socrate, menacé du supplice sous les Trente comme ami de la liberté, et proscrit après leur chute comme suspect à la démocratie dont il avait raillé les erreurs, fut un martyr; et le poëte calomniateur ne pouvait pas dire en bonne conscience : « Je me lave les mains du sang de ce juste. »

Disons du reste qu'Aristophane était fort jeune lorsqu'il fit jouer cette comédie, et c'est peut-être, si l'on veut, une circonstance atténuante. *Les Nuées*, représentées en 424 avant notre ère, sont la seconde pièce qu'il ait donnée sous son nom.

Socrate aussi, par conséquent, était encore loin de cet âge où ses vertus devaient lui gagner peu à peu la considération publique. Et ceci nous amène à une explication que donne M. Eugène Noel. Distinguant les deux phases de la vie de Voltaire, et nous exhortant à ne pas confondre la première avec la seconde, il ajoute : « Sa grande action, comme celle de Socrate, eut ses temps de préparation. Le Socrate dont se moque Aristophane n'est point du tout le Socrate dont nous parleront plus tard Platon et Xénophon. Des rêveries métaphysiques, dont se moque avec tant de bon sens l'auteur des *Nuées*, Socrate en était venu enfin au bon sens, dans sa vieillesse. » Cette explication ne manque pas de vraisemblance, et doit être ajoutée aux autres.

Mais celle qui, sans contredit, domine tout le reste, est celle-ci, qu'il ne faut jamais perdre de vue :

Aristophane, l'homme du passé, attaqua dans Socrate l'homme de l'avenir, le promoteur des idées nouvelles qui allaient renverser peu à peu la vieille religion et tout l'ancien régime. Il injuria, vilipenda, calomnia en lui la révolution philosophique et sociale, qu'il redoutait, voyant qu'elle ébranlait tout l'ordre ancien, et n'entrevoyant pas l'ordre nouveau. En sacrifiant cet homme populaire, redouté des gouvernants, qui répandait partout les idées et improvisait une conférence en plein air au coin de chaque rue, il voulut, il crut faire acte de patriotisme; mais, au delà de sa petite patrie, il ne vit pas l'humanité.

Il est bien difficile que le génie comique, ne vivant que de raillerie et s'attaquant à toute innovation, ne soit pas souvent hostile au progrès, qui est toujours une innovation. Socrate devançait son époque ; Aristophane la suivait. Socrate et Euripide faisaient alors une sorte de dix-huitième siècle, minant les dogmes du passé, semant les germes de l'avenir; discutant tout, remuant tout; pleins d'une foi ardente, sous un scepticisme apparent.

Aristophane, par sa vive imagination, et son style naturel et riche, plein de fraîcheur et de santé, est un des plus brillants représentants de l'esprit grec ; mais il ne faut pas craindre d'avouer que, si l'esprit grec lui-même, en général, se meut avec une agilité merveilleuse, c'est dans un cercle assez étroit.

Toute révolution est une évolution, un épanouissement, un progrès, quand elle est une révolution véritable : celle qui commençait alors devait être la plus considérable de l'histoire entière de l'humanité, je ne dis pas avant le christianisme, puisque ce grand mouvement des esprits n'était dès lors, quatre cents ans avant le Christ, autre chose que le christianisme à son aurore; mais je dis avant la Réforme et la Révolution française.

Cette première révolution qui s'accomplissait du temps de Socrate, et en grande partie grâce à lui, fondait la science, en substituant aux hypothèses, filles de l'imagination, l'observation des phénomènes de la nature : Aristophane ne peut voir sans frémir la physique détrôner les dieux ; il veut croire, en dépit de tout, comme Boileau, « que c'est Dieu qui tonne. » Cette révolution renouvelait la poésie tragique, en substituant à la peinture d'une fatalité extérieure pesant sur les hommes, sur les héros et sur les dieux eux-mêmes, la peinture de la liberté n'ayant plus à lutter que contre la fatalité intérieure des passions. Elle agrandissait la morale, en enseignant aux orgueilleux et dédaigneux autochthones que les barbares aussi étaient des hommes. Elle transformait insensiblement le patriotisme jaloux, qui n'est qu'une seconde forme de l'égoïsme, en un sentiment plus élevé, plus pur et plus vrai, le sentiment de la fraternité humaine, que devaient prêcher Cicéron et Sénèque, avant le Christ. En un mot, elle était le travail de la philosophie enfantant cette religion que le Christ devait baptiser et nommer. Elle ruinait les dieux, pour annoncer Dieu. Socrate déjà, on peut le dire, évangélisait. Enfant du peuple, comme Jésus ; fils du sculpteur, comme Jésus du charpentier ; au nom de l'Esprit qui lui parlait comme à Jésus, il enseignait la foule en paraboles comme Jésus, et prêchait les vérités mêmes que Jésus devait répéter ; comme Jésus, il confondait les faux docteurs, et, pour répondre à leurs interrogations captieuses, il employait parfois des tours subtils ; comme Jésus, il devait mourir leur victime, ou celle du pouvoir dont ils étaient les appuis ; et mourir d'une mort aussi divine que Jésus, quoi que Rousseau ait voulu dire par sa distinction énigmatique ; et, comme lui, pour le salut des hommes ; c'est-à-dire pour les racheter de l'erreur, de l'hypocrisie, de la superstition et du fanatisme, qui sont le véritable enfer; pour les conquérir à la vérité, qui est la vraie vie éternelle.

Aristophane s'était constitué le défenseur de tout le régime ancien, par conséquent de l'ordre légal et de la religion officielle (du moins quand ce n'était pas lui qui l'attaquait dans ses parodies irrévérencieuses); ce fut donc sans doute par conviction et, à ce qu'il crut, par dévouement à son pays, mais ce fut aussi, il faut bien le dire, par étroitesse d'esprit et par peur, qu'il livra Socrate aux risées. Partant, ce fut par un coup de son art, mais par un coup odieux autant que terrible, qu'il le confondit avec les sophistes ses adversaires, afin de le tuer moralement par le ridicule et la calomnie. Il ne prévit pas, à la vérité, qu'il broyait la ciguë que d'autres verseraient; toujours est-il que, sans l'avoir prévu, il contribua, quoique longtemps d'avance, à la mort de Socrate.

Et, en tout cas, il a calomnié le juste.

C'est la destinée des grands cœurs, des âmes élevées, des esprits étendus qui devancent leur siècle, des consciences pures, ennemies de la fange, d'être persécutés par le pouvoir du jour et par le troupeau des natures vulgaires, au nom des croyances reçues et de la soi-disant légalité. Ceux qui portent en eux la loi de l'avenir sont mis à mort ou tourmentés au nom de la loi du passé. Les majorités, prises une à une, sont lâches ou sottes presque toujours. Si la raison cependant, à la fin, triomphe, quoique bien lentement, c'est par l'action successive des individus courageux et des élites humaines qu'on nomme minorités : en vain on les proscrit, on les étouffe; on n'étouffe pas avec elles l'idée qui est leur âme et leur honneur; elle sort de leur tombe ou de leur bûcher, et conquiert le monde qui la repoussait. Et de la succession de ces minorités qui, au prix de leur repos et de leur vie, dégagent la vérité philosophique, scientifique et politique, se forme peu à peu, à travers les siècles, une majorité finale, qui seule donne raison au droit, à la science et à la liberté.

Est-ce tout? Non. Nous avons passé très-vite sur les reproches adressés à la classe des rhéteurs-sophistes, pressés que nous étions d'en distinguer, d'en séparer Socrate dans les choses essentielles. Mais est-ce que les rhéteurs-sophistes eux-mêmes ne sont pas, — quelques-uns du moins, — calomniés dans la comédie des *Nuées*? Oui, certes! car ils n'étaient pas tous mauvais. « Qu'il y eût, dit M. Grote, des hommes sans principes et immoraux dans la classe des sophistes, — comme il y en a et comme il y en eut toujours parmi les maîtres d'école, les professeurs, les gens de loi, etc., et dans tous les corps quelconques, — c'est ce dont je ne doute pas. En quelle proportion? c'est ce que nous ne pouvons déterminer. Mais on sentira l'extrême dureté qu'il y a à passer condamnation sans réserve sur le grand corps des maîtres intellectuels d'Athènes, et à canoniser exclusivement Socrate et ses sectateurs, si l'on se rappelle que l'apologue bien connu appelé *le Choix d'Hercule* fut l'œuvre du sophiste Prodicos et son sujet favori de leçon. »

M. Fustel de Coulanges, dans sa belle étude sur *la Cité antique*, dit de son côté, en parlant des sophistes : « C'étaient des hommes ardents à combattre les vieilles erreurs. Dans la lutte qu'ils engagèrent contre tout ce qui tenait au passé, ils ne ménagèrent pas plus les institutions de la Cité que les préjugés de la religion. Ils examinèrent et discutèrent hardiment les lois qui régissaient encore l'État et la famille. Ils allaient de ville en ville, prêchant des principes nouveaux, enseignant non pas précisément l'indifférence au juste et à l'injuste, mais une nouvelle justice, moins étroite et moins exclusive que l'ancienne, plus humaine plus rationnelle, et dégagée des formules des âges antérieurs. Ce fut une entreprise hardie, qui souleva une tempête de haines et de rancunes. On les accusa de n'avoir ni religion, ni morale, ni patriotisme. La vérité est que sur toutes ces choses ils n'avaient pas une doctrine bien arrêtée, et qu'ils croyaient avoir assez fait quand ils avait combattu des préjugés. Ils remuaient, comme dit Platon, ce qui jusqu'alors avait été immobile. Ils plaçaient la règle du sentiment religieux et celle de la politique dans la conscience humaine, et non pas dans les coutumes des ancêtres, dans l'immuable tradition. Ils enseignaient aux Grécs que, pour gouverner un État, il ne suffisait plus d'invoquer les vieux usages et les lois sacrées, mais qu'il fallait persuader les hommes et agir sur des volontés libres. A la connaissance des antiques coutumes ils substituaient l'art de raisonner et de parler, la dialectique et la rhétorique. Leurs adversaires avaient pour eux la tradition ; eux, ils eurent l'éloquence et l'esprit. »

Ce n'est pas qu'Aristophane, leur ardent antagoniste, manquât d'esprit ni d'éloquence. Mais son thème était fait, son parti était pris. Il fouille sans cesse dans l'arsenal des vieilles idées, rappelant à tout propos les noms de Marathon, de Salamine, pour griser les esprits par le patriotisme, le chauvinisme de ce temps-là. Au fond, ses arguments sont faibles, et même nuls ; ils se réduisent à ceci : La perfection est dans le passé.

Pour ses adversaires, et pour nous, elle était, elle sera toujours dans l'avenir. Elle est l'idéal éternel, que l'on doit poursuivre toujours, sans espérance de l'atteindre jamais, et dont on se rapproche pourtant de plus en plus. C'est ce que Platon, dans son beau langage, appelait : ἡ ὁμοίωσις τῷ Θεῷ. Et c'est ce qu'en langage moderne, on nomme : *Perfectibilité*.

Otfried Müller dit, un peu rudement, mais non sans justesse : « Aristophane est un brave homme qui ne comprend rien à toutes les finesses des docteurs à la mode, c'est un conservateur borné, — cela n'empêche point d'avoir de l'esprit ; — c'est un homme qui ne connaît que le bon vieux temps, religieux par habitude et convention, qui jette Descartes et Condillac dans le même sac, comme d'affreux philosophes. Ce qu'il est là, il l'est partout : partisan de la paix quand même en politique, admirateur des classiques en littérature, homme de bonne compagnie qui s'encanaille à ses jours, mais qui garde ses préjugés de fils de famille; tout cela exclut-il donc l'esprit, le génie? tout cela ne permet-il pas même de rester dans le vrai, — à moins qu'on ne vienne contester la légitimité et la vérité du principe conservateur ? — Il cherche à contribuer de toute manière au bien de sa patrie, tel qu'il l'entend[1]. »

Le poëte, par sa comédie des *Nuées*, se flattait d'avoir pris un vol nouveau et tout-à-fait original. Cependant le public et les juges du concours ne se montrèrent pas favorables à la pièce : ce ne fut pas Aristophane cette fois,

---

1. V. Otfried Müller, *Hist. de la litt. gr.*, trad. et commentée par K. Hillebrand, t. II.

ce fut le vieux Cratinos qui obtint le prix. Le jeune poëte en fit, dans la pièce suivante, de violents reproches au public. Toutefois, cet échec le déterminà à refondre sa pièce, et c'est cette seconde édition, fort différente de la première, qui est venue jusqu'à nous[1].

LES GUÊPES.

Dans *les Guêpes*, comme dans *les Chevaliers*, le poëte s'attaque au peuple. Les *Guêpes*, ce sont les Athéniens. Pour mieux dire, Aristophane critique dans cette pièce une des institutions mêmes d'Athènes.

Chez les Athéniens, la justice n'était pas rendue par un certain corps, ou par une certaine classe de citoyens; tous les Athéniens, âgés de trente ans, pouvaient être juges ou jurés, par le renouvellement annuel. Sur vingt mille citoyens libres, il y en avait toujours six mille à la fois qui remplissaient les dix tribunaux d'Athènes. — A ces six mille jurés ou juges, joignez les avocats; puis, d'autre part, les orateurs politiques, les membres du Sénat et de l'Aréopage, vous comprendrez comment la nation presque tout entière était sans cesse occupée à plaider, à rendre des arrêts, ou à discuter. Les assemblées populaires, les élections politiques, les

---

1. Les premières *Nuées* avaient, d'après une tradition authentique, une parabase différente. Elles n'avaient pas non plus la lutte du Juste et de l'Injuste, ni l'incendie de l'école à la fin. Il est probable, d'ailleurs, d'après Diogène de Laerte (II, 18), et malgré toutes les confusions que nous trouvons chez lui, — dit Otfried Müller, — que dans les premières *Nuées* Socrate était mis en rapport avec Euripide, et qu'on attribuait à l'un une part dans les tragédies de l'autre. (V. les remarques contraires de F. Ritter dans son compte rendu de cet ouvrage.)

accusations et les jugements, deux mois entiers donnés aux fêtes religieuses, absorbaient la vie des Athéniens et les écartaient du travail et des exercices militaires. Cette habitude de juger, de prononcer ou d'écouter des plaidoiries, était devenue un besoin, une manie du peuple tout entier. — Déjà, dans *les Chevaliers*, le poëte nous a fait voir les Athéniens « perchés tout le jour sur les procès, comme les cigales sur les buissons. » Dans *les Nuées*, le disciple de Socrate montrant Athènes à Strepsiade sur une carte de géographie. : « Comment, Athènes? dit celui-ci; je n'y vois pas de juges en séance! »

Cette manie athénienne, que rien ne corrige ni ne modère, Aristophane, dans *les Guêpes*, l'attaque de front.

Dans la forme primitive des lois de Solon, cette institution, par laquelle toute la nation prenait part aux fonctions de jurés ou de juges, était sans danger, parce que ces fonctions étaient alors une charge publique, un devoir en même temps qu'un droit : elles n'étaient point rétribuées. Alors les citoyens ne s'empressaient pas trop d'aller siéger au tribunal, parce que, pendant ce temps-là, leur travail était interrompu, leurs affaires chômaient : pour servir l'État de cette sorte, il leur fallait négliger leurs propres intérêts; les besoins de la famille, des enfants, du ménage, les retenaient chez eux, ou les pressaient d'y rentrer, dès que leur présence dans l'Agora et dans la place Héliée n'était plus nécessaire.

Mais les institutions se modifièrent : on alloua aux jurés une indemnité, qui fut d'abord d'une obole, puis de deux, puis de trois. Par là, les démagogues délivrèrent les citoyens de cette nécessité du travail qui seule les avait un peu retenus loin de la place publique et des tribunaux. Les citoyens, grâce au *triobole*, menèrent une vie presque oisive; ils passaient leurs journées hors de chez eux[1]. Ajoutez que l'esprit athénien n'était pas, par nature, ennemi, tant s'en faut, de la discussion ni de la chicane : vous concevez comment ce passe-temps devint une sorte de folie endémique, folie non pas individuelle, accidentelle et extraordinaire, comme celle de Perrin Dandin dans la comédie de Racine, mais générale, commune à tous les Athéniens, et, à la longue, préjudiciable à la république.

Les démagogues, nous l'avons vu dans l'exposition des *Chevaliers*, entretenaient cette folie, à laquelle ils trouvaient leur compte. Vous vous rappelez les cajoleries du Paphlagonien au bonhomme Dèmos : « O peuple, mon cher petit peuple, c'est assez d'avoir jugé une affaire, va au bain, prends un morceau, bois, mange, touche le triobole. » Puis, aux Chevaliers, qu'il essaie de mettre dans ses intérêts : « O vieillards Héliastes, de la confrérie du triobole, vous que je nourris par mes dénonciations insensées, venez à mon secours ! »

Quant à l'institution du triobole, l'opinion de l'impartial M. Grote diffère bien de celle d'Aristophane. « L'établissement à Athènes de ces dikastèria payés, dit M. Grote, fut un des événements les plus importants et les plus féconds de toute l'histoire grecque. La paye aidait à fournir un moyen de vivre pour les vieux citoyens qui avaient passé l'âge du service militaire. Les hommes d'un certain âge étaient les personnes les plus propres à un tel service....Néanmoins, il n'est pas nécessaire de supposer que tous les *dikastes* (juges) fussent ou vieux, ou pauvres, bien qu'un nombre considérable

---

1. L'obole valait 12 centimes de notre monnaie : le triobole faisait donc 36 centimes. Mais une valeur de 36 centimes, en ce temps-là, représentait bien l'équivalent de 3 fr. de nos jours.

d'entre eux le fussent, et bien qu'Aristophane choisisse ces qualités comme faisant partie des sujets les plus propres à être tournés par lui en ridicule. Périclès a souvent été critiqué pour cette institution, comme s'il eût été le premier à assurer une paye aux dikastes qui auparavant servaient pour rien, et qu'il eût ainsi introduit des citoyens pauvres dans des cours composées antérieurement de citoyens au-dessus de la pauvreté. Mais, en premier lieu, cette supposition n'est pas réellement exacte, en ce qu'il n'y avait pas de tels dikastèria constants fonctionnant antérieurement sans paye; ensuite, si elle eût été vraie, l'exclusion habituelle des citoyens pauvres aurait annulé l'action populaire de ces corps, et les aurait empêchés de répondre désormais au sentiment régnant à Athènes. Et il ne pouvait sembler déraisonnable d'assigner une paye régulière à ceux qui rendaient ainsi un service régulier. Ce fut, en effet, une partie essentielle dans l'ensemble du plan et du projet, au point que la suppression de la paye semble seule avoir suspendu les dikastèria, pendant que l'oligarchie des Quatre-Cents fut établie, — et c'est seulement sous ce jour qu'on peut la discuter. En prenant le fait tel qu'il est, nous pouvons supposer que les six mille Héliastes qui remplissaient les dikastèria étaient composés de citoyens de moyenne fortune et de plus pauvres indistinctement, bien qu'il n'y eût rien qui exclût les plus riches s'ils voulaient servir[1]. »

Selon Aristophane, au contraire, le triobole est la source des misères d'Athènes, une des causes de sa décadence. Mais c'est une question si brûlante, que les orateurs osent à peine y toucher. Et pourtant ce mal met obstacle à tous les grands projets, à toutes les réformes utiles. Par le triobole on mène le peuple; c'est le

---

1. *Hist. de la Grèce*, fin du tome VII.

triobole qui est tout-puissant. « O Dieux! s'écrie, dans la comédie des *Grenouilles,* Dionysos (Bacchus) voyageant aux enfers et payant à Caron son passage, quelle puissance a pourtant le triobole ! »

Eh bien! c'est cette puissance redoutable que le courage d'Aristophane ose braver; c'est ce mal endémique qu'il veut guérir, c'est à cette grave réforme sociale qu'il veut, s'il est possible, amener les esprits.

« Papa, dit un des petits enfants qui figurent dans le chœur des *Guêpes,* si l'archonte supprimait le tribunal, comment dînerions-nous ? » — A cette supposition, le chœur s'effraye : « Par Jupiter! répond le père, je ne sais pas où nous trouverions à dîner ! »

En effet, le citoyen d'Athènes, n'ayant désormais ni une fortune, ni une industrie, ni un travail qui le fasse vivre, il ne lui reste, à lui flâneur, bavard, habitué à une vie douce et facile, il ne reste à sa femme qui l'attend près du foyer, à son fils qui demande de quoi manger et s'amuser, des fruits et des osselets, il ne leur reste à tous que le triobole, c'est-à-dire une parcelle de ce trésor public où les démagogues feignent de puiser libéralement pour faire largesse au peuple, et qu'ils épuisent à leur profit.

Le poëte entreprend de prouver aux Athéniens que, par cette institution si populaire du triobole, ils ne reçoivent pas même la dixième partie des revenus de l'État, et que ce sont les démagogues qui prennent le reste. En même temps que l'intérêt public est lésé par ces dilapidations, les intérêts privés ne périclitent pas moins, livrés qu'ils sont à la vénalité et à la sottise de ces juges de hasard.

Ainsi, dans ses Guêpes au dard aigu, Aristophane représente non-seulement les juges armés du poinçon avec lequel ils inscrivaient leur verdict sur des tablettes enduites de cire, mais encore ce peuple tout entier d'ergoteurs, avocats ou juges, hérissés d'arguments et de sentences, cette multitude oisive et bourdonnante, avide de plaidoyers et de chicane, autant que de harangues politiques, de dialectique et de sophistique, cette foule pressée tous les jours autour de la corde qui marquait l'enceinte où les juges siégeaient dans la place Héliée.

Et toutefois, de peur d'irriter son public, il désigne aussi par ces terribles aiguillons, dans certain passage de la pièce, l'esprit belliqueux des Athéniens et leur indomptable patriotisme.

C'est cette vigoureuse satire sociale que Racine, l'ami de Boileau, a réduite aux proportions d'une jolie satire littéraire dans sa comédie des *Plaideurs*, en substituant la manie d'un seul homme à la manie de tout un peuple, ou plutôt une caricature de fantaisie à la critique d'une institution publique. Philocléon est devenu Perrin Dandin; Bdélycléon est devenu Léandre. Dans un sujet et dans un cadre entièrement différents, le poëte moderne a pu introduire la figure nouvelle et originale de Chicaneau; idée heureuse, de mettre en face d'un vieux juge endiablé un plaideur endiablé aussi; et, à son tour, le personnage de Chicaneau a amené, comme pendant, celui de la comtesse de Pimbesche. Par là, le sujet se retourne: ce ne sont plus *les juges*, ce sont *les plaideurs*.

Au surplus, chez Aristophane, ce sont les plaideurs autant que les juges, Athènes tout entière n'étant en quelque sorte qu'un vaste tribunal, où tous les citoyens étaient l'un ou l'autre.

Le principal personnage de la comédie des *Guêpes* est Philocléon, c'est-à-dire l'ami de Cléon, parce que Cléon avait porté à ce chiffre de trois oboles le salaire des juges, qui n'était que deux oboles sous Périclès. — Philocléon a pour adversaire son fils Bdélycléon (l'ennemi de Cléon) : les sentiments de ce personnage sont ceux d'Aristophane lui-même.

A l'ouverture de la pièce, deux esclaves (comme dans *les Chevaliers*), ils s'appellent ici Sosie et Xanthias, font sentinelle devant la maison de Philocléon, leur maître, et le gardent, par ordre de son fils, pour l'empêcher d'aller juger. — Racine a imité cette exposition, que tout le monde a dans la mémoire. — Voici quelques passages de celle d'Aristophane :

Juger, dit Sosie, c'est la passion du bonhomme; s'il n'occupe pas le premier banc au tribunal, il est désespéré[1]. La nuit, il en perd le sommeil, ou, s'il s'assoupit un instant, son esprit revole vers la clepsydre[2]. L'habitude qu'il a de tenir le caillou de suffrage fait qu'il se réveille les trois doigts serrés, comme celui qui jette une pincée d'encens sur l'autel à la nouvelle lune.... Son coq l'ayant réveillé tard, — C'est, dit-il, que des accusés l'auront gagné à prix d'argent[3] ! — A peine a-t-il soupé, qu'il demande à grands cris sa chaussure ; il court au tribunal, avant le jour, et s'endort collé comme une huître au pied de la colonne[4]. Juge impitoyable, il ne manque jamais de tracer sur ses tablettes

---

1. Tous les jours, le premier aux plaids et le dernier.
   Racine, *les Plaideurs*, acte I, scène 1.

2. Sorte d'horloge à eau, qui mesurait le temps aux orateurs pour leurs plaidoyers.

3. Il fit couper la tête à son coq, de colère,
   Pour l'avoir éveillé plus tard qu'à l'ordinaire :
   Il disait qu'un plaideur dont l'affaire allait mal
   Avait graissé la patte à ce pauvre animal.
   RACINE, *les Plaideurs*, acte I, scène 1.

4. Une des colonnes qui soutenaient le toit abritant les juges contre le soleil dans la place Héliée.

la ligne de condamnation, et rentre les ongles pleins de cire, comme une abeille ou un bourdon. Dans la crainte de manquer de cailloux à suffrages, il entretient dans la cour de sa maison une grève, qu'il renouvelle sans cesse. Telle est sa manie ; tout ce qu'on lui dit pour l'en guérir ne sert de rien et ne fait que l'exciter davantage. Aussi nous le gardons et nous l'avons mis sous les verrous pour l'empêcher de sortir. Car son fils est désolé de cette maladie. D'abord il le prit par la douceur ; il voulut lui persuader de ne plus porter le manteau[1], et de ne plus sortir : notre homme n'en tint compte. Ensuite il lui fit prendre des bains et des purifications ; ce fut en vain. On le soumit aux expiations sacrées des Corybantes ; mais il se sauva avec le tambour et ne fit qu'un saut jusqu'au tribunal. Enfin, comme ces mystères ne réussissaient pas, on le mena à Égine et on le fit coucher de force une nuit dans le temple d'Esculape[2]. Au point du jour, on le retrouva devant la grille du tribunal. Dès lors nous ne le laissâmes plus sortir. Mais il fuyait par les gouttières et les lucarnes. On se mit à boucher et à calfeutrer tout. Mais lui, il enfonçait des bâtons dans le mur et sautait d'échelon en échelon, comme une pie. Enfin, nous avons tendu des filets au-dessus de toute la cour, et nous faisons bonne garde.

En effet, nos deux factionnaires, tout en causant entre eux, et aussi avec les spectateurs par un procédé d'exposition fort commode et assez naïf, font sentinelle, une broche à la main.

Bdélycléon paraît à la fenêtre et leur donne avis que son père est occupé en ce moment à grimper par la cheminée de l'étuve pour s'échapper encore une fois, et qu'il gratte, comme une souris.

On le guette, il passe la tête par le tuyau.

---

1. Insigne des juges.
2. Comme Chrémyle y fait coucher Plutus, dans la comédie qui porte ce dernier nom. (Voir plus loin.) C'était l'usage, en pareil cas

« Qui vive ?

— C'est la fumée ! » répond le bonhomme, — qui est fou, mais qui n'est pas bête.

On bouche le tuyau de la cheminée avec un couvercle et une traverse : la fumée est forcée de rebrousser chemin.

« Comment, coquins, vous m'empêchez d'aller juger ! Dracontidès va être absous. »

Ne pouvant faire sauter la barre qui l'emprisonne, il menace de ronger le filet qui lui sert de cage. Puis, feignant de se radoucir, il cherche quelque prétexte de sortir : il veut aller vendre son âne ; c'est la nouvelle lune, jour de marché. Bdélycléon offre à son père d'y aller à sa place, pour lui en épargner la peine : ce n'est pas là le compte du bonhomme !

BDÉLYCLÉON.

Ne pourrais-je pas aussi bien le vendre ?

PHILOCLÉON.

Pas comme moi !

BDÉLYCLÉON.

Non ; mieux !

Il entre dans la maison, et en fait sortir l'âne. Mais il s'aperçoit que Philocléon, nouvel Ulysse, s'est suspendu au ventre de la bête, pour s'échapper de sa prison. C'est la scène de l'*Odyssée* dialoguée et parodiée : Ulysse s'échappant de chez le Cyclope.

BDÉLYCLÉON.

Pauvre baudet, tu pleures ! Est-ce parce qu'on va te vendre ? Avance un peu. Qu'as-tu à geindre ? Est-ce que tu porterais un Ulysse ?

XANTHIAS.

Mais oui, par Jupiter ! il porte quelqu'un sous lui !

BDÉLYCLÉON.

Qui ? voyons donc !...

XANTHIAS.

C'est lui !

BDÉLYCLÉON.

Qui va là ? qui vive ?

PHILOCLÉON.

Personne.

BDÉLYCLÉON.

Personne? De quel pays?

PHILOCLÉON.

D'Escampette, en Ithaque.

BDÉLYCLÉON.

Eh bien! Personne, tu n'auras pas à t'applaudir. Tirez-le de là au plus vite! Le malheureux! où s'était-il fourré? il a l'air d'un ânon qui tette!

PHILOCLÉON.

Si vous ne me laissez pas tranquille, nous plaiderons!

BDÉLYCLÉON.

Et quel sera le sujet du procès?

PHILOCLÉON.

L'ombre de l'âne[1].

※

On fait rentrer le vieillard avec l'âne, et on barricade la porte en dehors. A peine est-il sous clef, autre aventure : il cherche à s'échapper par les gouttières.

SOSIE.

Hé là! qui donc a fait tomber sur moi du plâtre?

XANTHIAS.

Peut-être quelque rat, qui l'aura détaché.

SOSIE.

Un rat? Non pas, vraiment! C'est ce juge de gouttière, qui s'est glissé sous les tuiles du toit[2]!

1. Sorte de proverbe. On contait qu'un voyageur, ayant loué un âne pour aller à Mégare, s'était assis, pendant une halte, à l'ombre de cet âne, afin de s'abriter contre l'ardeur du soleil. L'ânier lui disputa la place, prétendant qu'il avait loué l'âne, mais non son ombre. De là, contestation et procès. — Démosthènes reprit ce conte dans un de ses discours, pour réveiller l'attention de son public.

2. .... Le voilà, ma foi! dans les gouttières;
. . . .
.... Vous verrez qu'il va juger les chats!

RACINE, *les Plaideurs*, acte I.

Ne trouvez-vous pas que cette série d'inventions légères et littéraires fait une exposition très-gaie? Quelle variété d'incidents et de détails! Quelle abondance de plaisanteries! Quelle originalité et quel mouvement! Que de métaphores et de parodies, jet étincelant et fin, que la traduction ne rend qu'à moitié. On comprend bien que tout cela eût séduit Racine et Boileau, et qu'ils aient essayé d'en faire passer quelque chose sur la scène française.

⁂

Une invention encore plus originale et plus hardie, ce sont les Guêpes elles-mêmes, qui arrivent armées de leurs aiguillons, et portant des lanternes, car il ne fait pas jour encore. Les séances des tribunaux commençaient au lever du soleil. Les Guêpes, c'est-à-dire les juges, s'y rendent en hâte, ayant avec eux leurs enfants, dont quelques-uns les font endêver.

LE CHŒUR.
Hâtons-nous, camarades, avant que le jour ne paraisse! Éclairons bien le chemin avec nos lanternes, de crainte d'être surpris par quelque casse-cou.

UN ENFANT.
Voilà de la boue! Papa, papa, prends garde!

LE CHŒUR (*c'est-à-dire*, LE CORYPHÉE).
Ramasse un bouchon de paille et mouche la lampe.

L'ENFANT.
Je la moucherai bien avec mes doigts!

LE CHŒUR.
Pourquoi donc allonges-tu la mèche, petit sot? L'huile est rare! Ce n'est pas toi qui as le mal de payer! (*Il lui donne un soufflet.*)

L'ENFANT.
Oh bien! Si vous nous faites de la morale avec des gifles, nous soufflerons les lampes, nous nous sauverons chez nous, et vous resterez là sans lumière à patauger dans les bourbiers comme des canards!

LE CHŒUR.

J'en sais châtier de plus grands que toi!... Bon! je crois que je marche dans un bourbier!... Je serai bien étonné si, d'ici à quatre jours, il ne tombe pas de l'eau à foison : voyez quels champignons à nos lampes ! c'est toujours signe de grande pluie. Du reste, les biens de la terre, qui sont un peu en retard, demandent de l'eau et du vent.

Le bavardage de ces bonshommes est rendu avec beaucoup de vérité et de naïveté. Le service militaire appelant au dehors les jeunes gens, les tribunaux en temps de guerre étaient composés surtout de vieillards : circonstance favorable pour le poëte comique, qui s'amuse à faire la caricature de ces vieux Héliastes routiniers et rabâcheurs. Ce chœur est un troupeau de Brid'oisons. Un ou deux parlent pour tous les autres selon l'usage; c'est ce qu'il ne faut pas oublier, pour comprendre le dialogue avec l'enfant.

En passant devant la maison de Philocléon, ils le hèlent, s'étonnant de ne pas le voir paraître, lui qui est toujours des premiers !

Ils insistent par un chœur spécial, qui arrive là comme le couplet dans nos comédies-vaudevilles d'autrefois, ou comme l'ariette dans nos opéras-comiques.

Ce qu'on appelle *la parabase* est plus étrange ; nous y reviendrons plus tard. Dans celle de la comédie que nous étudions, le poëte explique aux spectateurs la fiction de sa pièce, ou plutôt le second aspect de sa fiction, celui par lequel il flatte leur patriotisme, pour leur faire entendre raillerie :

Cette race de vieillards, dit-il, ressemble aux guêpes,

quand on les irrite. Ils ont aux flancs un aiguillon perçant, dont ils vous piquent. Ils dansent en criant, et le dardent comme une étincelle.... Si quelqu'un de vous, spectateurs, me regarde avec étonnement à cause de cette taille de guêpe, ou demande ce que signifie cet aiguillon, je lui expliquerai la chose et dissiperai son ignorance. Cette gent armée de l'aiguillon est la gent attique, seule noble et seule indigène, la plus vaillante de toutes les races ! C'est elle qui combattit si bien pour cette ville, quand le Barbare vint couvrir ce pays de feu et de fumée, dans le dessein de détruire nos ruches.... Ah ! comme on leur donna la chasse, dardant nos aiguillons dans leurs braies flottantes, les harponnant comme des thons [1] ; ils fuyaient, nous leurs piquions les joues et les sourcils ! Aussi maintenant encore les Barbares disent-ils qu'il n'y a rien de plus redoutable que la guêpe attique.... Regardez-nous bien : vous trouverez en nous une entière ressemblance avec les guêpes pour le caractère et les habitudes. D'abord il n'y a pas d'êtres plus irascibles ni plus terribles que nous quand on nous excite. Pour tout le reste aussi, nous faisons comme les guêpes : nous nous réunissons par essaims dans des espèces de guêpiers [2], les uns chez l'Archonte [3], d'autres avec les Onze [4], d'autres à l'Odéon [5] ; quelques-uns serrés contre les murs, la tête baissée, bou-

---

1. Eschyle, dans le récit de la même bataille, celle de Salamine, se sert de la même comparaison. Il est intéressant de rapprocher, sur ce sujet national, Eschyle, Aristophane et Hérodote, génies si divers, — tragédie, comédie, histoire ; — partout le même esprit, la même fierté, la même joie patriotique.

2. Les tribunaux.

3. Les six derniers archontes présidaient les tribunaux civils, sous le nom de Thesmothètes.

4. Magistrats qui instruisaient les affaires criminelles et qui veillaient à la garde des condamnés. Socrate, en prison depuis son jugement jusqu'au jour où il but la ciguë, resta sous la surveillance des Onze.

5. Amphithéâtre construit par Périclès. On y donnait des concours de musique : de là le nom *Odéon*, « lieu où l'on chante. » On y faisait aussi les distributions de farine au peuple ; et la présence de juges était sans doute nécessaire pour mettre fin aux contestations qui s'élevaient.

geant à peine, comme les chrysalides dans leurs alvéoles[1]. Notre industrie fournit abondamment à tous les besoins de la vie : nous piquons tout le monde, et cela nous fait vivre. Nous avons aussi parmi nous des frelons paresseux, dépourvus de cette arme, et qui, sans partager nos labeurs, en dévorent les fruits. Certes, il est dur de voir piller notre richesse par ceux qui n'attrapent jamais d'ampoules à manier la lance ou la rame pour la défense du pays! Mon avis est qu'à l'avenir quiconque n'aura pas d'aiguillon ne touche point le triobole. »

J'ai voulu rapprocher de l'exposition de la pièce ce morceau qui se trouve vers le deuxième tiers, afin de mettre tout d'abord en lumière l'idée-mère de la comédie, les guêpes dans leur double aspect.

***

Philocléon, hélé par ses collègues, paraît à la fenêtre et leur apprend qu'il est retenu prisonnier. Dans son désespoir, il prie Jupiter de le changer « en comptoir aux suffrages! »

LE CHŒUR.

Mais qui te retient et t'enferme? Dis; tu parles à des amis.

PHILOCLÉON.

C'est mon fils, pas de cris! Il est là-devant, qui dort : baissez la voix.

LE CHŒUR.

Mon pauvre ami! Et quelles sont ses raisons? où veut-il en venir par cette conduite?

---

1. « Ceci regarde les magistrats préposés à l'entretien des murs. Du reste, cet office n'était pas une magistrature proprement dite, mais seulement une commission temporaire, selon les besoins. C'est ainsi que Démosthènes fut élu par la tribu Pandionide; ce qui nous a valu les deux célèbres discours de Démosthènes et d'Eschine pour et contre Ctésiphon. »

ARTAUD.

PHILOCLÉON.

Il ne veut plus, citoyens, que je juge, ni que je condamne personne! Il prétend que je fasse bonne chère, et moi je ne veux point[1]!

Le chœur des Guêpes le console et l'encourage à s'évader. Philocléon se met à ronger le filet. Voilà qui est fait! Il ne s'agit plus que de descendre par une corde.

— Mais, si ses gardiens allaient s'en apercevoir, retirer la corde et le repêcher!

— « Ne crains rien, nous nous pendrons tous après toi pour te retenir! — Je me fie à vous, je me hasarde; s'il m'arrive malheur, emportez mon corps, baignez-le de vos larmes, et enterrez-le sous le tribunal! »

Tout cela n'est-il pas joli, bien mené et bien soutenu? et d'une mise en scène très-amusante, et d'une verve intarissable?

Philocléon descend donc par la corde; mais, lorsqu'il est à mi-chemin, voilà que Bdélycléon se réveille et appelle les deux esclaves, qui, par les fenêtres du rez-de-chaussée, piquent avec leurs broches ce vieillard cerf-volant, pour le forcer de remonter.

Les Guêpes, selon leur promesse, s'élancent au secours de Philocléon : avec un bourdonnement terrible, elles dardent leurs aiguillons, fondent sur Bdélycléon et sur les deux esclaves, leur piquent le visage, les

---

1. Racine semble s'être rappelé ces vers d'Aristophane dans le trait suivant du dialogue de Chicaneau avec la comtesse de Pimbesche :

CHICANEAU.
Mais cette pension, madame, est-elle forte?
LA COMTESSE.
Je n'en vivrais, monsieur, que trop honnêtement;
Mais vivre sans plaider, est-ce contentement?

yeux, les doigts, le derrière, tout. Eux résistent, avec des bâtons d'abord, et puis avec des torches, pour enfumer les Guêpes.

LE CHŒUR DES GUÊPES.

Non, jamais nous ne céderons tant que nous aurons un souffle de vie! (*A Bdélycléon* : (Tu aspires à la tyrannie!

C'était l'accusation ordinaire et banale, et comme un refrain monotone dans cette jalouse démocratie.

BDÉLYCLÉON.

Tout est pour vous tyrannie et complots, quelle que soit l'affaire en cause, petite ou grande. La tyrannie! Je n'en ai pas entendu parler une fois en cinquante ans, et elle est maintenant plus commune que le poisson salé; son nom a cours sur le marché. Achète-t-on des rougets et ne veut-on pas de sardines, le marchand de sardines, qui est à côté, dit aussitôt : « Voilà un homme dont la cuisine sent la tyrannie! » Qu'un autre demande par-dessus le marché un peu de ciboule pour assaisonner des anchois, la marchande de légumes le regardant de côté lui dit : « Hum! tu demandes de la ciboule! Est-ce que tu aspires à la tyrannie? Ou bien t'imagines-tu qu'Athènes te doive en tribut tes assaisonnements? »

Bdélycléon déclare son dessein de faire à son père une vie très-douce, au lieu de ce rude et triste métier de juge.

PHILOCLÉON.

Ah! La meilleure chère ne vaut pas pour moi le genre de vie dont tu me prives! Je ne me soucie de raie ni d'anguille! Un petit procès à l'étouffade est un mets qui me plairait mieux!

BDÉLYCLÉON.

C'est par habitude que tu aimes cela; mais, si tu consentais à m'écouter patiemment, je te ferais voir comme tu t'abuses.

PHILOCLÉON.

Je m'abuse quand je rends la justice?

BDÉLYCLÉON.

Tu ne sens pas que tu es le jouet de ces hommes que tu adores! Tu es leur esclave, sans t'en douter.

PHILOCLÉON.

Esclave? moi, qui commande à tous?

BDÉLYCLÉON.

Tu crois commander, mais tu obéis!...

Ainsi commence une discussion en forme, mêlée de sérieux et de comique, et dans laquelle le poëte déploie de nouveau sa vigueur et sa subtilité.

Chaque comédie d'Aristophane contient ainsi une scène capitale, largement développée, où la question, soit générale, soit particulière, qui fait le sujet de la pièce, est posée, débattue et résolue, tantôt directement et au nom du poëte, s'exprimant par la bouche du coryphée dans cette partie du chœur qu'on nomme la parabase, tantôt indirectement par le dialogue et la dispute des personnages. Telle est la querelle de Dicéopolis et des *Acharnéens*; celle de Cléon et des *Chevaliers*; celle de Chrémyle et de la Pauvreté, dans *Plutus*; celle du Juste et de l'Injuste dans *les Nuées*; celle d'Eschyle et d'Euripide dans *les Grenouilles*; telle est ici celle de Philocléon et de Bdélycléon. De sorte que ces plans, si libres et si flottants au premier coup d'œil, à cause du procédé épisodique qui y domine, sont réglés cependant avec une logique constante, et, malgré leur laissser-aller apparent et leur facilité qui semble excessive, peuvent se ramener presque tous à une même loi de composition. Or, l'unité dans la variété, n'est-ce pas là, précisément, une des conditions de l'art?

Dans la présente discussion, il s'agit de prouver aux Athéniens que l'institution par laquelle ils sont tous juges ou jurés tour à tour, moyennant salaire, est ridicule et funeste. « Entreprise hardie et difficile, supérieure peut-être aux forces d'un poëte comique, comme il le remarque lui-même par la bouche de Bdélycléon, que de guérir une maladie invétérée dans un État. »

Philocléon prétend que le pouvoir du juge ne le cède à aucune royauté. Est-il un bonheur comparable au sien ? Tout tremble devant lui, si vieux qu'il soit ! « Dès que je sors de mon lit, dit-il, les plus grands et les plus huppés [1] font sentinelle près de ma grille. Sitôt que je parais, on me caresse d'une main douce [2], qui a dérobé les deniers publics ; avec force courbettes on me supplie d'une voix molle et pitoyable : « O père, aie pitié de moi, je t'en prie, par les petits profits que tu as pu faire toi-même, dans l'exercice des charges publiques ou dans l'approvisionnement des troupes ! » Eh bien ! celui qui parle ainsi ne se douterait même pas que j'existe, si je ne l'avais acquitté une première fois. »

Le vieux juge continue à décrire avec complaisance tous les hommages et toutes les joies que lui procure son pouvoir irresponsable. Le poëte entremêle habilement à cette description la satire des mœurs contemporaines et esquisse plusieurs petits tableaux dont les spectateurs, encore mieux que nous, devaient goûter la vérité malicieuse.

---

1. Τετραπήχεις, littéralement, *hauts de quatre coudées.* C'est Racine qui nous fournit l'équivalent.

    Qu'est-ce qu'un gentilhomme ? Un pilier d'antichambre.
    Combien en as-tu vus, je dis des plus huppés,
    A souffler dans leurs doigts dans ma cour occupés,
    Le manteau sur le nez, ou la main dans la poche ;
    Enfin, pour se chauffer, venir tourner ma broche !
                    Les Plaideurs, Acte I, scène 5.

2. C'était un usage des accusés, pour se rendre les juges favorables. Xénophon (*Rep. Ath.*) le mentionne aussi. Au surplus, cela fait partie de la mimique naturelle instinctive, et peut s'observer encore aujourd'hui chez les enfants et chez les simples.

Et cette puissance absolue, déjà si heureuse par elle-même, elle a encore pour récompense le triobole! Quand il rapporte cet argent à la maison, cela lui vaut mille caresses et de sa femme et de sa fille « qui l'appelle son cher papa, en le lui pêchant dans la bouche avec sa langue[1]. » On le dorlote, on le gâte, on l'empâte, on le régale de toute manière, et il se régale lui-même, ayant toujours sa bouteille avec lui. Son bonheur est égal à sa puissance, et sa puissance égale à celle du roi des dieux :
« On parle du juge comme de Jupiter! notre assemblée est-elle tumultueuse, chacun dit en passant : Grands dieux! le tribunal fait gronder son tonnerre!... »

L'hyperbole de Philocléon allant ici jusqu'au lyrisme, le poëte, pour l'exprimer, laisse l'iambe et prend le vers lyrique. — Shakespeare, avec une liberté plus grande encore, emploie tour à tour dans la même pièce, selon le moment, la prose ou les vers.

Le chœur des guêpes bourdonne de joie; tous ces vieux héliastes se gonflent d'orgueil, aux paroles enthousiastes de leur collègue Philocléon.

Jamais, dit le coryphée, je n'ai entendu parler avec tant d'éloquence et de raison!... Il a tout dit; pas une omission! Aussi je grandissais à l'écouter; je croyais rendre la justice dans les îles Fortunées[2], tant j'étais sous le charme de sa parole!

BDÉLYCLÉON.

Comme il se pâme d'aise! comme il est hors de lui! Attends, va, je te ferai voir les étrivières!

---

1. Vers 609. Les pauvres gens portaient dans la bouche leur menue monnaie. — De là aussi par suite, l'usage de mettre une obole dans la bouche des morts pour payer leur passage dans la barque de Caron. — « Encore aujourd'hui, dans l'Orient, les Juifs et autres marchands portent dans leur bouche une quantité incroyable de petites monnaies, sans que cela les empêche de parler.»
ARTAUD.

2. Même aux îles Fortunées, un des paradis de l'antiquité, ce vieux juge ne serait heureux qu'en jugeant.

Et, par cette transition, vient la contre-partie, où Aristophane réplique, sous le nom de Bdélycléon ; c'est là le cœur même de la pièce et de la discussion sociale qu'elle contient.

Il prouve que les juges, si satisfaits de leur royauté et de leur liste civile du triobole, ne reçoivent pas même le dixième des revenus publics, et que les démagogues, dévorant tout, ne leur laissent que les miettes.

En effet, chaque juge recevant 3 oboles par séance,

6000 juges, à 3 oboles par jour, font 540 000 oboles par mois ;

La drachme étant de 6 oboles, cela fait par mois 90 000 drachmes ;

La mine étant de 100 drachmes, cela fait 900 mines ;

Le talent étant de 60 mines, cela fait 15 talents ;

Et, pour une année de 10 mois[1], 150 talents.

La totalité des revenus étant de 200 000 talents, le dixième serait de 200 : or, ils n'en reçoivent que 150. Donc ils ne reçoivent pas même le dixième.

Ainsi la comédie d'Aristophane admet la statistique et même l'arithmétique. L'esprit tire parti de tout et sait égayer même les chiffres ; témoin ce chapitre où Edmond About[2] analyse la quote-part de chaque citoyen dans le budget, et montre ce qu'il paye pour chaque chose, — comme Aristophane montre ce qu'il reçoit.

S'il ne reçoit que bien moins du dixième, où donc va le reste ? dit Bdélycléon. Il va dans les poches de ces gens qui crient : « Jamais je ne trahirai les intérêts du peuple ! Toujours je lutterai pour le peuple ! » Et toi, mon père, trompé par ces déclamations, tu te laisses mener par ces gens-là. Et alors ce sont des cinquan-

---

1. Les deux autres mois, nous l'avons dit, se dissipaient en fêtes de toute sorte, pendant lesquelles les tribunaux chômaient, et, par conséquent, on ne touchait pas le triobole.

2. Dans son beau livre du *Progrès*.

taines de talents qu'ils extorquent aux villes alliées, par la menace et l'intimidation : « Payez, ou je lance la foudre sur votre ville, et je l'écrase ! » Toi, tu te contentes de ronger les restes de ta royauté.... N'est-ce pas la pire des servitudes que de voir à la tête des affaires tous ces misérables, et leurs complaisants, qu'ils gorgent d'or ? Pour toi, si l'on te donne les trois oboles, tu es content : voilà le prix de tant de fatigues et de dangers, sur mer, et en rase campagne, et au siége des villes ! »

Philocléon, aussi naïf que le paraît d'abord le bonhomme Dèmos dans *les Chevaliers*, — puisque c'est le même personnage sous un autre nom, — exprime sa stupéfaction de se voir ainsi dupé : « Est-ce ainsi qu'ils me traitent ? Hélas ! que me dis-tu ? Je suis bouleversé ! Voilà qui me donne bien à penser ! Je ne sais plus où j'en suis ! »

Alors le poëte, toujours sous le nom de Bdélycléon, redouble ses coups et achève de retourner l'esprit du vieillard. Ici encore, comme dans *les Chevaliers* et dans *Plutus*, sans quitter le ton familier, il s'élève jusqu'à l'éloquence. Dans ces passages, les grands vers anapestes contribuent par leur ampleur à la puissance de l'effet :

Tu règnes sur une foule de villes, depuis le Pont jusqu'à la Sardaigne. Qu'en retires-tu ? Rien que ce misérable salaire ! Encore te le dispensent-ils chichement, goutte à goutte : juste de quoi ne pas mourir ! Car ils veulent que tu sois pauvre, et je t'en dirai la raison : c'est afin que tu sentes la main qui te nourrit, et qu'au moindre signe par lequel elle te désigne un ennemi à attaquer, tu t'élances sur lui en aboyant avec fureur. S'ils voulaient assurer le bien-être du peuple, rien ne leur serait plus facile : mille villes nous payent tribut ; qu'ils ordonnent à chacune d'entretenir vingt hommes, nos vingt mille citoyens vivront dans les délices, mangeront du lièvre, boiront du lait pur, et, couronnés de fleurs, goûteront tous les biens que mérite une terre telle que la nôtre et le trophée de Marathon; tandis qu'aujourd'hui, semblables aux mercenaires qui font la cueillette des olives, vous suivez celui qui vous paye!

Philocléon, qui, en acceptant le défi de son fils, avait juré de se percer de son épée, s'il succombait dans le débat, s'écrie avec un accent tragique où l'on sent quelque parodie d'une œuvre contemporaine, soit l'*Ajax* de Sophocle, soit l'*Andromaque* d'Euripide : « Hélas! ma main s'engourdit; je ne puis plus tenir mon épée; qu'est devenue ma vigueur? » à peu près comme le vieux Don Diègue désarmé par le comte de Gormas :

O Dieu! ma force usée en ce besoin me laisse!

Bdélycléon ne se ralentit pas, il insiste; il veut entraîner, outre Philocléon, le chœur tout entier de ces vieilles guêpes héliastes; il accumule les raisons, les exemples; c'est un fleuve d'éloquence pratique et familière, — comme M. Thiers dans ses bons jours, lorsqu'il décompose, lui aussi, les budgets.

Quand ils ont peur, ils vous promettent l'Eubée à partager, et, pour chacun de vous, cinquante boisseaux de blé; mais que vous donnent-ils? rien; si ce n'est, tout récemment, cinq boisseaux d'orge. Encore ne les avez-vous eus qu'à grand'peine, en prouvant que vous n'étiez pas étrangers; et seulement chénix par chénix[1]? Voilà pourquoi je te tenais toujours enfermé; je voulais que, nourri par moi, tu ne fusses plus à la merci de ces emphatiques bavards; et maintenant encore je suis prêt à t'accorder tout ce que tu voudras, excepté cette goutte de lait du triobole.

Le chœur des Guêpes est entraîné et passe du côté de Bdélycléon pour achever de décider Philocléon.

---

1. Mesure qui correspond à peu près au litre.

Le chœur, considéré d'une manière générale, soit dans la comédie, soit dans la tragédie, représente les intelligences moyennes, le sens commun, exempt de parti pris ; ce que Wilhelm Schlegel appelle « le spectateur idéal, » c'est-à-dire la représentation de l'opinion publique désintéressée et flottante.

Chez nous, ce rôle est tristement rempli par l'ignoble chose qu'on appelle *la claque*, et qui est chargée d'exprimer, mais plutôt au point de vue littéraire qu'au point de vue moral, les impressions des spectateurs. Elle applaudit pour le public. Aux passages réglés d'avance par l'auteur et le directeur, elle pousse de petits cris de joie ou d'attendrissement, elle fait entendre des éclats de rire, ou des bravos enthousiastes ; lorsque le rideau tombe, après la première représentation, elle demande le nom de l'auteur (qu'elle connaît fort bien), elle rappelle à grands cris le principal acteur, la principale actrice, ou bien, selon la formule : *Tous, tous, tous !* La claque est l'accompagnement obligé de la représentation de la pièce, et en fait partie à certains égards. Elle représente l'opinion moyenne : elle la simule et la stimule. Voilà par où elle ressemble au chœur antique.

Mais, d'autre part, elle en diffère profondément. D'abord le chœur des tragédies était quelque chose de noble, d'élevé, de moral et de religieux, où se combinaient la philosophie, la poésie, la musique et la danse, pour donner à l'expression de la conscience publique toutes les formes les plus belles ; bref, ce « spectateur idéal » se produisait et se manifestait effectivement dans les conditions les plus parfaites de l'art et de l'idéalité.

Quant au chœur de la comédie, quelque bouffon qu'il fût souvent par son costume et par ses danses, il retrouvait un certain idéal par la hardiesse de la fantaisie, poussée souvent jusqu'au lyrisme.

En tout cas, il avait toujours, à de certains moments,

nous le voyons ici, le même rôle moral que le chœur tragique; celui d'assister aux débats avec impartialité, et de pencher alternativement du côté de chaque adversaire, tant que la balance oscillait ; puis, lorsqu'enfin l'un des plateaux descendait visiblement sous le poids des raisons meilleures, le chœur y ajoutait sa voix prépondérante et achevait d'emporter la balance de ce côté-là.

Ce n'était pas toujours, entendons-nous bien, pour le parti le plus héroïque que le chœur, soit comique, soit tragique, se décidait. Aristote précise parfaitement ce point, lorsqu'il nous dit que, si dans la tragédie les personnages qui agissent sont, en général, des *héros*; le chœur ne se compose que d'*hommes*. D'hommes, c'est-à-dire d'hommes ordinaires, intelligences et consciences moyennes, dont se composent les majorités.

Ici donc notre chœur de Guêpes, passant du côté de Bdélycléon, se met à dire :

« Combien est sage cette maxime, *Avant d'avoir entendu les deux parties, ne jugez pas!* Car c'est toi maintenant qui me parais de beaucoup l'emporter. Aussi ma colère s'apaise, et je vais déposer les armes. (A *Philocléon :*) Allons, compère, laisse-toi gagner à ses discours, fais comme nous, ne sois pas trop farouche, trop récalcitrant, et trop indomptable. Plût au ciel que j'eusse un parent ou un allié qui me fît de pareilles propositions ! C'est quelque dieu, évidemment, qui te protége en cette occasion et te comble de ses bienfaits : accepte-les sans hésiter. »

Mais le caractère forcené du vieux juge ne se dément point encore. — « Demande-moi tout, dit-il, hors une seule chose! — Laquelle? — Que je cesse de juger. Avant que j'y consente, j'aurai comparu devant Pluton ! »

Racine traduit, ou à peu près, la suite :

BDÉLYCLÉON — LÉANDRE.

Si pour vous sans juger la vie est un supplice,
Si vous êtes pressé de rendre la justice,
Il ne faut point sortir pour cela de chez vous :
Exercez le talent et jugez parmi nous.

PHILOCLÉON — PERRIN-DANDIN.

Ne raillons point ici de la magistrature :
Vois-tu? je ne veux point être juge en peinture.

BDÉLYCLÉON — LÉANDRE.

Vous serez, au contraire, un juge sans appel,
Et juge du civil comme du criminel.
Vous pourrez tous les jours tenir deux audiences.
Tout vous sera, chez vous, matière de sentences :
Un valet manque-t-il de rendre un verre net?
Condamnez-le à l'amende, ou, s'il le casse, au fouet.

PHILOCLÉON — PERRIN-DANDIN.

C'est quelque chose. Encor passe quand on raisonne.
Et mes vacations, qui les paira? Personne?

BDÉLYCLÉON — LÉANDRE.

Leurs gages vous tiendront lieu de nantissement.

PHILOCLÉON — PERRIN-DANDIN.

Il parle, ce me semble, assez pertinemment.

Aristophane, à la vérité, ajoute encore beaucoup d'autres traits, que Racine n'a pas voulu traduire. Nous devons du moins en indiquer quelques-uns, pour faire connaître le plus complétement possible, dans cette fidèle réduction, le poëte des fêtes de Bacchus.

BDÉLYCLÉON.

Voici un pot de chambre, si tu veux lâcher de l'eau : on va l'accrocher près de toi à ce clou.

PHILOCLÉON.

C'est une bonne idée cela, et fort utile à un vieillard pour prévenir les rétentions.

En effet, dans le courant de la scène, le bonhomme se sert plusieurs fois du vase. — Voilà ce que n'excluait pas l'atticisme en ses jours de joie.

BDÉLYCLÉON.

Je mets là aussi un réchaud, avec un poêlon de lentilles, si tu veux prendre quelque chose.

PHILOCLÉON.

Fort bien encore ! Et, dis-moi, quand même j'aurais la fièvre, je toucherais toujours mon salaire ? Et ici je pourrai, sans quitter mon siége, manger mes lentilles. Mais à quoi bon ce coq, perché là près de moi ?

BDÉLYCLÉON.

Si tu viens à dormir pendant les plaidoiries, il te réveillera en chantant de là-haut.

※

Ainsi tout est disposé pour le mieux.

Une cause se présente, à souhait: Le chien Labès vient de voler un fromage de Sicile. L'allusion était claire pour les contemporains : le général Lachès, commandant une flotte envoyée en Sicile, avait gardé pour lui une partie, soit du butin, soit de l'argent destiné à entretenir les troupes. La plaisanterie avait, comme on voit, plus de portée que celle du chien Citron et de son chapon, dans la comédie de Racine. La pièce des *Plaideurs* ne tourne en ridicule que les travers littéraires et extérieurs du barreau ; la comédie d'Aristophane met en scène une affaire politique, à la suite d'une discussion sociale.

L'abbé Galiani, dans ses lettres, écrites de Naples à Mme d'Épinay, parle de deux chiens condamnés à mort par autorité de justice, et exécutés par la main du bourreau, pour avoir mordu un enfant. Ainsi la fiction du poëte grec, quelque fantastique qu'elle puisse paraître dans sa bouffonnerie, est égalée par la réalité.

C'est donc un personnage vivant, connu de tous, le général Lachès, que le poëte présente sous la figure d'un chien qui a dévoré à lui seul tout un fromage de Sicile. Le nom qu'il lui donne, *Labès*, est tiré du verbe grec qui signifie *prendre*, et ressemble d'ailleurs au vrai nom de Lachès, qui lui-même, en français, fournirait aisément à un auteur comique quelque jeu de mots analogue.

Remarquons en passant que ce fromage de Sicile est le pendant du gâteau de Pylos dans la comédie des *Chevaliers*; mais le fromage tient plus de place que le gâteau : ce procès forme tout un épisode, qui est le dernier de la pièce.

Racine, en remplaçant le fromage par un chapon, a conservé le chien maraudeur, son arrestation, sa citation en justice, sa comparution, et son jugement dans les formes, avec les débats et les plaidoiries. Voici comment il s'en explique dans sa Préface :

« Quand je lus *les Guêpes* d'Aristophane, je ne songeais guère que j'en dusse faire *les Plaideurs*. J'avoue qu'elles me divertirent beaucoup, et j'y trouvai quantité de plaisanteries qui me tentèrent d'en faire part au public; mais c'était en les mettant dans la bouche des Italiens, à qui je les avais destinées, comme une chose qui leur appartenait de plein droit. Le juge qui saute par les fenêtres, le chien criminel et les larmes de sa famille, me semblaient autant d'incidents dignes de la gravité de Scaramouche. Le départ de cet acteur interrompit mon dessein, et fit naître l'envie à quelques-uns de mes amis de voir sur notre théâtre un échantillon d'Aristophane.... Si j'appréhende quelque chose, c'est que des personnes un peu sérieuses ne traitent de badineries le procès du chien et les extravagances du juge. Mais enfin je traduis Aristophane, et l'on doit se souvenir qu'il avait affaire à des spectateurs assez difficiles. Les Athéniens savaient apparemment ce que c'était que le sel attique; et ils étaient bien sûrs, quand ils avaient ri d'une chose, qu'ils n'avaient pas ri d'une sottise. Pour moi, je trouve qu'Aristophane a eu raison de pousser les choses au-delà du vraisemblable. »

Ce qui redouble la bouffonnerie, c'est que le chien Labès a pour accusateur un autre chien. Et tous les deux aboient à qui mieux mieux : *Houah, houah! — Houah, houah! — Houah, houah!* — Vous vous rappelez les petites truies, dans *les Acharnéens* : Coï, coï! — Coï, coï! — La tragédie elle-même, chez les Athéniens, se permettait quelquefois ces onomatopées bizarres : les *Euménides* d'Eschyle ronflent, et leurs ronflements sont écrits dans le texte, au milieu des vers les plus grandioses et de la poésie la plus sublime.

C'est que le théâtre grec tout entier n'était pas moins romantique, moins plein de nouveauté et d'imprévu, moins abondant en hardiesses fantaisistes ou réalistes, lyriques ou familières, que le théâtre de Shakespeare. Ceux qui se figurent le théâtre grec d'après notre théâtre français classique du dix-septième siècle, s'en forment une idée fort incomplète et fort inexacte. La liberté la plus grande régnait dans le théâtre comme dans la vie même des Athéniens. Jamais, par exemple, ils ne s'astreignirent à ces prétendues règles des trois unités, attribuées à Aristote; ils ne les connaissaient même point. Jamais ils ne connurent, non plus, les mille timidités du *goût* français, ennemi de l'invention hardie; ni les cent mille bégueuleries modernes, qui font la petite bouche à l'esprit gaulois, et qu'effaroucherait souvent Mme de Sévigné elle-même, une honnête femme écrivant à sa fille.

※

Philocléon, pour procéder au jugement, ne réclame plus qu'une seule chose : une barre ! car comment juger sans une barre ? Il lui faut un barreau, vite un barreau ! — « La fo-orme ! la fo-orme ! » comme dira Brid'oison. — On prend donc pour barreau, pour balustrade, la claie qui sert à parquer les cochons. Pour le coup, il ne manque plus rien ; ainsi l'espère du moins l'impatient vieillard.

PHILOCLÉON.

Allons ! qu'on appelle la cause ! Mon verdict est déjà prêt.

BDÉLYCLÉON.

Attends, que je t'apporte tablettes et poinçon.

PHILOCLÉON.

Ah ! tu me fais mourir d'impatience avec tes lenteurs ! Je brûle de tracer ma raie !

BDÉLYCLÉON, *lui donnant les tablettes et le poinçon.*
Tiens.

PHILOCLÉON.

Appelle la cause.

BDÉLYCLÉON.

J'y suis.

PHILOCLÉON.

Qu'est-ce d'abord que celui-ci ?

BDÉLYCLÉON.

Ah ! que c'est ennuyeux ! j'ai oublié les urnes !

PHILOCLÉON.

Eh bien ! où cours-tu donc ?

BDÉLYCLÉON.

Chercher les urnes !

PHILOCLÉON.

Point ! je me servirai de ces vases-ci[1] !

1. Sans doute, le poêlon et la bouteille.

BDÉLYCLÉON.

Très-bien! Alors nous avons tout ce qu'il nous faut; — pardon! excepté la clepsydre!

PHILOCLÉON.

Et ce pot [1]? n'est-ce pas une clepsydre?

BDÉLYCLÉON.

On ne saurait mieux trouver : et ainsi toutes les formes sont observées. Allons! qu'on apporte au plus vite du feu, des branches de myrte et de l'encens, et, avant d'ouvrir la séance, invoquons les dieux.

LE CHŒUR.

Et nous, en leur offrant des libations et des actions de grâces, nous vous bénirons pour la noble réconciliation qui a mis fin à vos querelles.

BDÉLYCLÉON.

Oui, faites entendre des paroles favorables.

LE CHŒUR.

O Phœbos Apollon Pythien! Donne une issue heureuse pour nous tous à l'affaire que celui-ci prépare là devant sa porte, et délivre-nous de nos erreurs, ô Péan secourable!

BDÉLYCLÉON.

O puissant dieu qui veilles à ma porte devant mon vestibule, Apollon Agyiée,[2] accepte ce sacrifice nouveau; je te l'offre pour que tu daignes adoucir l'excessive sévérité de mon père. Il est aussi dur que le fer; son cœur est comme un vin aigri; verses-y un peu de miel. Qu'il devienne doux pour les autres hommes; qu'il s'intéresse plus aux accusés qu'aux accusateurs; qu'il se laisse attendrir aux prières! Calme son âpre humeur; arrache les orties de son âme irritée!

LE CHŒUR.

Nos chants et nos vœux s'unissent aux tiens, dans ces nouvelles fonctions que tu exerces; ton langage a gagné nos cœurs, parce que nous sentons que tu aimes le peuple plus que pas un des jeunes gens d'aujourd'hui.

1. Le pot de chambre. La clepsydre, nous l'avons dit, était une horloge à eau : de là, l'analogie et la plaisanterie.

2. De ἀγυιά, rue.

N'oublions pas qu'Aristophane, se confondant avec Bdélycléon, l'hommage que le chœur adresse à celui-ci est un témoignage que le poëte, fort de sa conviction sincère et de son patriotique dessein, se rend publiquement à lui-même.

Dans ce qui précède immédiatement, n'est-ce pas un mélange curieux, intéressant à observer, que celui de ces formes religieuses et lyriques, avec ces grosses bouffonneries? et que cette fraîche poésie, qui fleurit légère et charmante, parmi tant d'inventions burlesques?

Enfin, on introduit l'accusé. Il serre les dents pour n'être point trahi par son haleine empestée de fromage, qui cependant lui joue un mauvais tour.

On cite les témoins, qui sont : un plat, un pilon, un couteau à ratisser.

Bdélycléon se charge du rôle de l'avocat, et commence son plaidoyer :

Juges! C'est une tâche difficile de prendre la défense d'un chien en butte aux imputations les plus odieuses; je l'essayerai cependant. C'est un bon chien, et il chasse les loups.

PHILOCLÉON.
C'est un voleur et un conspirateur!
BDÉLYCLÉON.
C'est le meilleur de tous les chiens!...

Vous voyez d'ici le mouvement de la scène. Racine n'a eu qu'à se souvenir, en laissant de côté ce qui, dans le poëte athénien, continue l'allusion politique; par exemple ceci :

BDÉLYCLÉON

Écoute, je te prie, mes témoins. Viens, couteau ; parle haut et clair. Tu étais alors payeur, n'est-ce pas? As-tu partagé aux soldats ce qu'on t'avait remis pour eux? — Entends-tu? il dit qu'il l'a fait.

PHILOCLÉON.

Il ment, par Jupiter! il ment!...

Le vieux juge consulte son coq, qui vote pour la condamnation. Le défenseur redouble d'éloquence et termine par la péroraison pathétique, que Racine a imitée :

BDÉLYCLÉON — LÉANDRE.

Venez, famille désolée;
Venez, pauvres enfants qu'on veut rendre orphelins;
Venez faire parler vos esprits enfantins!
Oui, messieurs, vous voyez ici notre misère :
Nous sommes orphelins ; rendez-nous notre père,
Notre père, par qui nous fûmes engendrés,
Notre père, qui nous....

PHILOCLÉON — PERRIN-DANDIN.

Tirez, tirez, tirez!

BDÉLYCLÉON — LÉANDRE.

Notre père, messieurs,...

PHILOCLÉON — PERRIN-DANDIN.

Tirez donc!... Quels vacarmes!...
Ils ont pissé partout!

BDÉLYCLÉON — LÉANDRE.

Monsieur, voyez nos larmes!

PHILOCLÉON — PERRIN-DANDIN

Ouf! je me sens déjà pris de compassion!
Ce que c'est qu'à propos toucher la passion!

Ce qui contribue à faire pleurer le vieux juge, dans la pièce grecque, plus encore que le pathétique de la défense et que la perspective du sort infortuné de ces chiens orphelins réduits à l'hôpital, c'est qu'il s'est trop pressé d'avaler ses lentilles toutes bouillantes dans le poêlon.

Il ne laisse pas toutefois d'être ému. Il ne se reconnaît plus lui-même : « Ah ! ciel ! suis-je malade ? Je sens ma colère mollir ! Malheur à moi ! Je m'attendris ! »

Toutefois, il résiste, et se dit comme Orgon :

Allons, ferme, mon cœur; point de faiblesse humaine!

Il croit qu'il y va de sa gloire, de condamner toujours.

Mais, dans son trouble, il ne s'aperçoit pas du stratagème de Bdélycléon, qui lui présente une urne au lieu d'une autre : il acquitte l'accusé croyant le condamner.

Lorsqu'on proclame le résultat, de douleur il s'évanouit :

BDÉLYCLÉON.
Eh! qu'as-tu, mon père, qu'as-tu ?

PHILOCLÉON.
Ah! là là! De l'eau!

BDÉLYCLÉON.
Reprends tes sens.

PHILOCLÉON.
Dis-moi ? est-il absous vraiment ?

BDÉLYCLÉON.
Oui, certes!

PHILOCLÉON.
Ah! je suis mort!

BDÉLYCLÉON.
Ne t'afflige pas, mon bon père. Allons, du courage!

PHILOCLÉON.
Ainsi, j'ai chargé ma conscience de l'acquittement d'un accusé ! Que devenir ! dieux révérés ! pardonnez-moi : c'est bien malgré moi que je l'ai fait, et ce n'est pas mon habitude!

Bdélycléon, pour consoler son père, confirme les promesses qu'il lui a faites, d'une vie douce, large et heureuse.

Comme il faut que la comédie s'achève par toutes les folies ordinaires, qui sont une nécessité des Dyonisies, le vieillard, avec plus ou moins de vraisemblance, se laisse enfin persuader. On l'habille à la mode du jour, en beau jeune homme, en élégant Athénien ; on lui montre les belles manières. — C'est quelque chose d'analogue, pour la fantaisie à cœur-joie, aux scènes du *Bourgeois Gentilhomme* avec son tailleur, et aussi à celles du *Malade imaginaire*, lorsqu'il se laisse si facilement transformer en jeune bachelier, pour être reçu médecin. — Tous les détails de la vie élégante et du bel air, sont reproduits dans cette scène, qui devait être très-agréable pour les contemporains par ce qu'on appellerait aujourd'hui une mise en scène réaliste. Il y a là des traits charmants, qui semblent avoir servi de modèle à Théophraste pour son *Vieillard écolier* ; — quelque chose comme notre *Ci-devant jeune homme*.

Philocléon, pour mettre aussitôt en pratique les leçons de *fashion* qu'il vient de recevoir, tombe d'un excès dans un autre, et devient, comme on dirait aujourd'hui, un gandin parfait. Ce contraste avec le premier aspect du personnage devait divertir la foule et excuser l'invraisemblance aux yeux des spectateurs plus éclairés.

Il devient donc « buveur très-illustre et débauché très-précieux. » Il a tout-à-coup « le triple talent, de boire, de battre, et d'être un vert-galant. »

Xanthias, battu par lui, accourt, en poussant des gémissements : « O tortues ! que vous êtes heureuses, d'avoir une si dure cuirasse, pour protéger vos côtes ! Et que vous n'êtes pas bêtes, d'avoir un toit qui met votre dos à l'abri des coups ! Moi, je meurs sous les coups de bâton ! »

LE CHŒUR.

Qu'est-ce, mon enfant? Car, fût-on âgé, on est un enfant si on se laisse battre.

XANTHIAS.

Ne voilà-t-il pas que le bonhomme est devenu pire que la peste, et le plus ivrogne des convives? Et cependant il y avait là Hippyllos, Antiphon, Lycon, Lysistrate, Théophraste et Phrynichos; il est cent fois plus insolent qu'eux tous! Après s'être gorgé de bons morceaux, il s'est mis à danser, sauter, rire et péter comme un âne régalé d'orge, et à me battre de tout son cœur, en s'écriant : « Esclave ! esclave !... » Il insultait chacun à tour de rôle, avec les plus grossières plaisanteries, il débitait cent propos saugrenus. Puis, quand il fut bien ivre, il s'achemina de ce côté, en frappant tous ceux qu'il rencontrait. Et, tenez, le voici qui vient en chancelant. Moi, je me sauve, de peur d'être battu encore.

On voit paraître alors Philocléon avec une courtisane, à peu près comme Dicéopolis à la fin de la comédie des *Acharnéens*. Il l'appelle son « joli petit hanneton.... »

En un mot, il faut que cette pièce, comme les autres, se termine par ces gaillardises et ces obscénités, qu'autorisait et que réclamait la gaieté populaire dans l'ivresse des fêtes des Dionysos. Ce n'est pas seulement une habitude, c'est le dénoûment obligé de la comédie *ancienne*, une nécessité de la mise en scène et un usage indispensable.

Le poëte, selon sa coutume, présente à ceux qui suivront ses conseils une perspective de bonheur et de plaisir : de bonheur un peu sensuel et de plaisir un peu matériel, il est vrai; mais c'est l'appât dont il se sert pour allécher la foule qu'il veut captiver et conduire.

Tout finit par des danses bizarres, à la mode de Thespis et de Phrynichos, et par un *cordax* des plus vifs. Ce ballet final, nécessaire, rattachait la comédie à tout le reste de la fête de Bacchus : il l'y retenait comme le cordon qui retient l'enfant à la mère.

Observons, avant de quitter cette comédie, que la discussion des *Nuées* et celle des *Guêpes* se font pendant l'une à l'autre, et que les deux pièces se dénouent à l'inverse l'une de l'autre : dans la première, c'est le fils qui s'instruit trop bien au gré du père; dans la seconde, c'est le père qui se métamorphose trop complétement au gré du fils.

Mais le dénoûment de celle-ci, le vieux juge devenu un *beau* du jour, ne peut s'expliquer que par cet usage que nous venons de rappeler.

LES FEMMES A L'ASSEMBLÉE.

Le socialisme est un mot nouveau, mais qui désigne une chose très-ancienne. Ces questions, agitées de nos jours, — le mariage, la famille, l'éducation, le travail, la richesse, la propriété, l'égalité des droits de l'un et de l'autre sexe, l'émancipation des femmes, — s'agitaient déjà il y a plus de deux mille ans. Aristophane les traite à sa manière, selon le procédé comique, par le ridicule et la bouffonnerie.

Le communisme, qui est le faux socialisme, avait été, très-anciennement, rêvé par les uns, pratiqué par les autres : — pratiqué dans les républiques de Crète et de Sparte; rêvé par les métaphysiciens Phaléas et Platon, dans la *République* idéale dont chacun d'eux avait tracé le plan, peut-être avec quelque réminiscence ou quelque reflet des croyances orientales.

Le mythe indien montrait la société entière sortant de Brahma toute constituée : — de sa tête, les prêtres; de ses bras, les guerriers; de ses cuisses, les laboureurs; de ses pieds, les esclaves. La propriété, collective, indivisible, demeurait tout entière dans les mains des prêtres, fils premiers-nés du dieu; c'était un communisme partiel.

Le génie dorien, fidèle aux traditions reçues des mystérieux Pélasges, renferma aussi la population de Sparte dans quatre cadres inflexibles, et, divisant la terre par portions égales entre tous les citoyens, les obligea pourtant d'en consommer les revenus en commun.

Or Phaléas et Platon prirent la Crète et Sparte dans le monde réel comme bases de leurs aristocratiques théories dans le monde idéal. Platon, — pour ne parler que de lui, puisque le livre de Phaléas ne nous est point parvenu, — divise, dans sa *République*, les citoyens en trois castes, semblables aux trois premières des Indiens : quant aux esclaves, qui formeraient la quatrième caste d'hommes, ceux-là ne comptent même pas; ils ne font point partie de l'espèce humaine, ils sont des choses. Les terres et les biens sont possédés en commun par les trois castes. Les femmes aussi sont en commun : elles appartiennent à tout le monde, et n'habitent en particulier avec personne; de sorte que les enfants ne connaissent pas leurs pères, ni les pères leurs enfants. Ainsi, plus de famille! aucun lien! La pudeur périt, comme la tendresse : sous prétexte que la femme est égale à l'homme (*égale*, oui; mais non *identique*; et c'est ce que l'on perd de vue!), on traitera les femmes comme les hommes; elles apprendront à monter à cheval, à lancer le javelot ou le disque; elles s'exerceront dans les gymnases et dans les palestres, nues parmi les jeunes hommes nus. — Les enfants sont fils de l'État; ils sont tous confondus dès la naissance, et toute mère, sans pouvoir reconnaître le sien, doit à tous sa mamelle devenue publique.

Tels étaient les égarements de cette politique de Platon, si aisée d'ailleurs à réfuter par la morale du même philosophe.

L'ironie d'Aristophane, et plus tard le bon sens d'Aristote, firent justice de ces chimères. Celui-ci, dans sa *Politique*, critique rudement l'auteur de la *République*, et le réfute avec un bon sens impitoyable. L'autre, dans ses comédies, sans nommer ni Phaléas ni Platon, présente de la manière la plus spirituelle et la plus bouffonne les objections qui s'élèvent contre ces systèmes de communauté absolue. — Au reste, Platon lui-même, dans ses *Lois*, qui ne sont pas une rétractation de la *République*, mais une sorte de transaction entre l'idéal et le possible, entre le rêve et la réalité, ne parle ni de la communauté des femmes ni de la communauté des biens.

Il faut voir en détail comment Aristophane traitait toutes ces théories.

Les *Femmes à l'Assemblée* ne sont pas sans analogie avec *Lysistrata* : il s'agit encore d'une conspiration féminine ; mais, cette fois, ce n'est plus une révolte, c'est une révolution, et une révolution sociale.

Les Athéniennes, sous la conduite de Praxagora, femme avisée et entreprenante, comme son nom le fait entendre, ont formé le dessein de se déguiser en hommes, de s'introduire dans l'Assemblée, de s'assurer ainsi la pluralité des voix, et de faire voter une constitution nouvelle, fondée sur la communauté des biens, des femmes et des enfants, — et, de plus, assurant au sexe féminin la direction des affaires publiques. Par ce dernier point seulement la parodie d'Aristophane dépasse la *République* de Platon. — Voilà le sujet de cette comédie, amusante satire du communisme, — et nouveau travestissement de la démocratie, pouvant faire suite aux *Chevaliers*, aussi bien qu'à *Lysistrata*.

La pièce commence, — ainsi que la précédente, et comme un grand nombre d'autres pièces grecques, soit tragiques, soit comiques, — un peu avant le lever du jour.

Praxagora est seule, elle attend ses compagnes dans une rue proche de la Pnyx, où doit avoir lieu une réunion préparatoire. Parodiant les débuts de tragédie, elle adresse la parole en style pompeux à la lampe qu'elle tient à la main, à la « complice de ses secrets plaisirs[1]. »

Une femme arrive, puis une autre. — « Je t'ai bien entendue, dit celle-ci, gratter à ma porte, pendant que je me chaussais. Mon mari, ma chère, — c'est un marin de Salamine, — ne m'a pas laissée en repos une seule minute de toute la nuit! Enfin, je n'ai eu que ce moment-là pour m'évader en prenant ses habits. »

Toutes les femmes, et les plus distinguées de la ville, viennent se joindre aux trois premières. Elles ont eu soin de se procurer des barbes : chez les Athéniens, il n'y avait guère que les hommes débauchés qui n'en portassent point. Elles racontent qu'au lieu de continuer à s'épiler et à se flamber comme de coutume, elles se sont frottées d'huile par tout le corps et exposées au grand soleil.

Tout va bien : chaussures lacédémoniennes, bâtons, habits d'hommes, rien ne leur manque pour paraître dans l'Assemblée.

Quelques-unes, voulant mener de front le ménage et la politique, ont apporté leur laine et leurs fuseaux pour travailler pendant les débats.

— « Pendant les débats, malheureuse? — Sans doute! Entendrai-je moins bien, si je travaille? Mes enfants vont tout nus! »

Ce sont les *tricoteuses* de ce temps-là.

---

1. Et toi, lampe nocturne, astre cher à l'amour!
ANDRÉ CHÉNIER, *Élégies.*

On fait une sorte de répétition des rôles, afin de les mieux jouer. Les orateurs mettent leurs barbes et leurs couronnes. Praxagora prononce la formule : « Qui veut parler? » prescrite par Solon, et que l'on n'omettait jamais, parce qu'elle conservait la liberté, en avertissant que tout citoyen avait le droit de prendre la parole.

Une Athénienne se lève et fait un exorde qu'emploiera plus tard Démosthène lui-même dans son Discours sur la Liberté des Rhodiens. Puis elle s'anime et, dans le feu de l'improvisation, elle s'oublie et jure *par les deux déesses*, manière de jurer propre aux femmes.

Praxagora à son tour prend la parole : Sauvons le vaisseau de l'État, qui ne marche pour le moment ni à la voile ni à la rame. C'est aux femmes qu'il faut remettre le gouvernail. N'est-ce pas à elles que l'on confie le soin de mener la barque de la famille? Ne sont-ce pas elles qui règlent la dépense? Elles s'entendront mieux que les hommes à administrer les finances publiques. — Déjà Lysistrata s'était servie de cet argument. — Praxagora en ajoute d'autres : Les femmes seules ont conservé les mœurs antiques. «En effet, elles s'accroupissent pour mettre la viande sur le gril, comme autrefois; elles portent fardeaux sur la tête, comme autrefois; elles célèbrent les fêtes de Cérès et de Proserpine, comme autrefois[1]; elles font cuire les gâteaux, comme autrefois; elles font enrager leurs maris, comme autrefois; elles reçoivent chez elles des amants, comme autrefois; elles achètent des gourmandises en cachette, comme autrefois; elles

---

1. Les femmes seules y étaient admises, et les hommes disaient qu'à huis clos il se passait parfois entre elles d'étranges choses : c'est à quoi peut-être Aristophane fait ici quelque allusion satirique. — Cependant la pièce que nous avons de lui sous ce titre : *Les Fêtes de Cérès et de Proserpine* ne nous présentera rien de tel; mais un assez grand nombre d'autres détails plaisants. Voir plus loin.

aiment le vin pur, comme autrefois; elles se plaisent aux ébats voluptueux, comme autrefois. Ainsi, Athéniens, en leur abandonnant l'administration, n'ayons aucun souci, ne nous enquérons point de ce qu'elles feront. Laissons-les gouverner en toute liberté. Considérons avant tout qu'elles sont mères, et qu'elles auront à cœur d'épargner les soldats. »

Argument sérieux, qui surprend l'auditeur au bout d'une tirade bouffonne. Lysistrata l'a employé déjà, et après elle le chœur de la même comédie. — Il est très-grave, et nous ne voyons pas qu'on puisse y répliquer, si ce n'est pas de froides railleries.

Pourquoi donc un temps ne viendrait-il pas, où les femmes, mères de famille, auraient enfin voix au chapitre et seraient non pas éligibles, mais électeurs? Nous n'osons aller jusqu'à dire avec Condorcet et Olympe de Gouges : « Les femmes ont bien le droit de monter à la tribune, puisqu'on ne leur conteste pas celui de monter à l'échafaud! » Non, le temps de l'échafaud est passé pour elles, comme pour tous; celui de la tribune, je crois, ne viendra jamais; je parle de la tribune politique. Mais nous ne voyons pas du tout en quoi la bienséance pourrait être offensée et contrarier la justice si un jour on reconnaissait aux mères de famille le droit d'aller déposer dans l'urne électorale un bulletin de vote silencieux. En dépit du préjugé et des moqueries, je ne puis me résoudre à croire que les femmes soient condamnées à rester mineures éternellement, et que toute une moitié du genre humain soit à jamais exclue d'un droit que nous nommons *universel*[1].

---

1. Ceci était écrit en 1849, dans *la Liberté de penser*, où ces *Études* parurent d'abord en quatre articles. Je suis plus que jamais de cette opinion. L'enfant lui-même, puisqu'il peut être propriétaire, devrait avoir son vote : — et encore, en parlant ainsi, je me place au point de vue le plus étroit, qui ne découvre la source du droit

M. John Stuart Mill, après Condorcet, est d'avis de donner à la femme le droit de suffrage. On répond à cela que la femme électeur impliquerait la femme éligible. Cela n'est point une nécessité. — Il y aurait plus d'une objection à faire quant à ce second degré. — Pour le premier il n'y en a aucune.

Les Athéniennes, comme de raison, saluent de leurs applaudissements le discours de Praxagora.

La répétition ayant réussi, elles se rendent à l'Assemblée. Ainsi se termine cette exposition pleine de mouvement et de verve, semée, dans le texte, de plaisanteries fort vives et d'équivoques licencieuses, auxquelles le sujet ne prêtait que trop.

Mais voici quelque chose de plus gros que la licence proprement dite, et je ne puis l'omettre entièrement, voulant donner une idée abrégée mais aussi exacte que possible du théâtre d'Aristophane.

Le mari de Praxagora, Blépyros, s'est réveillé, et n'a plus trouvé ses habits, ni ses chaussures, ni sa femme. Il s'est vu obligé de prendre les mules et les habits de celle-ci ; car un besoin pressant, dit-il, le forçait de sortir avant le jour.

« Où trouverai-je un endroit favorable ? Ma foi ! la nuit, tous les endroits sont bons ! Personne ne me verra faire. — Ah ! malheureux, de m'être marié, à mon âge ! Que je mérite bien mille coups !... — Certes, ce n'est pas

---

de suffrage que dans la propriété. A plus forte raison, selon le droit vrai et complet, tout être faisant partie de la nation devrait-il voter, soit par lui-même s'il est en âge, soit par ses parents ou tuteurs en attendant. Autant de têtes, autant de votes. Voilà le vrai.

dans de bonnes intentions qu'elle s'est échappée du logis!
— Enfin, faisons toujours notre affaire. »

Un autre homme survient et trouve Blépyros dans cette posture et avec cette toilette : robe jaune et chaussures persiques! La même aventure lui arrive, à lui aussi : en se réveillant, plus de femme, plus de souliers, plus de manteau! il a donc été obligé de s'affubler également des vêtements laissés par la fugitive.

Ces hommes affublés de robes de femmes sont la contre-partie comique des femmes travesties en hommes.

Blépyros ne se dérange pas pour causer avec un ami, et même il invoque la déesse des accouchements difficiles.

Un troisième citoyen arrive de la Pnyx, et raconte ce qui vient de s'y passer. Il y avait à l'Assemblée une foule telle qu'on n'en vit jamais, et, chose étrange! c'étaient tout des visages blancs! On a vu paraître à la tribune, d'abord un chassieux, le fils de Néoclès; ensuite le subtil Évéon, « qui était nu, à ce que nous croyions tous, mais il disait qu'il avait un manteau[1]; puis, un beau jeune homme, au teint blanc, semblable à Nicias[2], et qui a proposé de remettre aux femmes le gouvernement de la république. « C'est, a dit ce jeune orateur (vous reconnaissez Praxagora), la seule nouveauté dont nous ne nous soyons pas encore avisés à Athènes en fait de gouvernement. » Sa proposition a été appuyée par la foule des visages blancs, qui étaient en majorité, et la chose a été votée d'emblée.

BLÉPYROS.

Votée?

---

1. Cela signifie que son manteau était tellement mince et déchiré, qu'on pouvait douter qu'il en eût un.
2. Le petit-fils, à ce que l'on croit du célèbre général dont il est question dans *les Chevaliers*.

CHRÉMÈS.

Oui.

BLÉPYROS.

On les a chargées de tout ce qui regardait les hommes?

CHRÉMÈS.

Comme tu dis.

BLÉPYROS.

Ainsi ce sera ma femme qui ira au tribunal à ma place?

CHRÉMÈS.

Et ce sera elle qui à ta place entretiendra vos enfants.

BLÉPYROS.

Et je n'aurai plus à me fatiguer dès le matin?

CHRÉMÈS.

Non, ce sera l'affaire des femmes. Toi, au lieu de geindre, tu resteras au lit à péter à ton aise.

BLÉPYROS.

Ce que je crains pour nous autres, c'est que, tenant en main les rênes du gouvernement, elles ne nous obligent,... de force,... à....

CHRÉMÈS.

A quoi?

BLÉPYROS.

A les caresser.

CHRÉMÈS.

Et alors, si nous ne pouvons pas....

BLÉPYROS.

J'ai peur qu'elles ne nous refusent à dîner.

CHRÉMÈS.

Eh bien! tâche de t'exécuter et de dîner.

Les deux bonshommes s'en vont, chacun de son côté.

Les femmes reviennent, triomphantes! Elles jettent leurs barbes et leurs déguisements masculins. Investies de l'autorité, aussitôt elles se mettent à l'œuvre. Praxagora expose son plan de communisme: communauté des biens, communauté des femmes, communauté des enfants. Tout cela présenté très-plaisamment par le poëte comique. Le phalanstère lui-même semble prévu:

PRAXAGORA.

Je veux faire de la ville une seule et même habitation, où tout se tiendra et ne fera qu'un, où l'on sera les uns avec les autres.

BLÉPYROS.

Et les repas, où les donnera-t-on ?

PRAXAGORA.

Les tribunaux et les portiques seront convertis en salles de banquet.

BLÉPYROS.

Et la tribune, à quoi servira-t-elle?

PRAXAGORA.

A mettre les cratères et les aiguières. J'y placerai aussi des enfants pour chanter la gloire des braves et l'opprobre des lâches qui, tout honteux, n'oseront pas assister au festin.

BLÉPYROS.

Par Apollon! ce sera charmant....

PRAXAGORA.

Lorsque vous sortirez de table, les femmes courront au-devant de vous dans les carrefours, en vous disant : Par ici, viens chez nous, tu y trouveras une jolie fille. — Chez moi aussi, dira une autre du haut de sa fenêtre; elle est belle et éblouissante de blancheur; mais il faut d'abord coucher avec moi. — Et les hommes laids, surveillant de près les beaux jeunes gens, leur diront : « Eh! l'ami, où cours-tu si vite? Entre chez elles, mais tu ne feras rien : c'est aux laids et aux camards que la loi accorde le droit d'être les premiers admis.... » Eh bien! dis-moi, tout cela n'est-il pas bien arrangé?

BLÉPYROS.

A merveille.

PRAXAGORA.

Il faut que j'aille sur la grand'place pour recevoir les biens qu'on va mettre en commun et que je choisisse une crieuse publique à la voix sonore. A moi tous ces soins, puisqu'on m'a départi le pouvoir! je dois faire dresser aussi les tables publiques, afin que dès aujourd'hui vous banquetiez tous en commun.

BLÉPYROS.

Dès aujourd'hui, nous allons banqueter?

PRAXAGORA.

Sans doute. Et puis, je veux abolir les courtisanes, absolument.

BLÉPYROS.

Pourquoi?

PRAXAGORA.

Eh! mais, afin que nous ayons, nous autres, les prémices des jeunes gens....

Trait profond, sous forme plaisante. Il n'y aura plus de courtisanes, parce que toutes les femmes le seront.

Blépyros, bon type de mari, ne se sent pas de joie en écoutant pérorer sa femme. Sans songer du tout à lui disputer le pouvoir, il lui fait sur le nouvel état de choses des questions naïves contenant, sous forme ingénue, des objections si solides qu'Aristote lui-même, au commencement du livre II de sa *Politique*, n'en trouvera pas de meilleures pour battre en brèche la cité idéale de Platon.

Praxagora répond à tout imperturbablement, Blépyros est ébloui. — Lorsqu'elle a fini son discours : — Allons, dit-il, que je marche tout près de toi, afin qu'on me regarde et qu'on dise : Voyez-vous? c'est le mari de notre générale!

C'est l'inverse de la chanson :

Ah! que je suis fière
D'être femme d'un militaire!
Ah! que je suis fière
Et comme, à son bras
Je sais faire mes embarras!

Le chœur qui suivait ce dialogue dans la pièce grecque est malheureusement perdu : c'était sans doute le cri de triomphe des femmes devenues maîtresses et souveraines de la République à la suite de leur coup d'État; il y avait là encore, probablement, bien des gaietés, bien des malices. — De notre temps on a composé plusieurs pièces sur ce sujet : *le Royaume des Femmes, ou le Monde à l'envers;* — *la Reine Crinoline,* etc.

Vient ensuite une scène excellente entre deux bourgeois, dont l'un, simple et de bonne foi, se dispose à donner ses biens à la République, pour obéir au décret et apporte tout son petit ménage ; tandis que l'autre, prudent et peu docile, jure pour sa part de ne rien lâcher qu'à la dernière extrémité. Ses paroles naïves et chaleureuses respirent l'amour sacré de la propriété et l'enthousiasme de l'égoïsme.... Le citoyen-modèle allègue la loi. — Bah! dit l'autre, la loi! on la vote, mais depuis quand est-ce qu'on l'exécute? Recevoir, bien ; mais donner, non! ce n'est pas dans mes habitudes.

Une péripétie amusante, c'est que, le repas public étant servi, quand tout est prêt, lits et tapis, coupes, parfums et parfumeuses, lièvres à la broche, gâteaux, fruits, couronnes, — celui des deux bourgeois qui n'a pas contribué veut se mettre à table avec tout le monde, puisqu'ainsi l'ordonne la loi !

LE PREMIER CITOYEN.

Et où vas-tu? puisque tu n'as pas contribué!

LE DEUXIÈME CITOYEN.

Eh! je vais au banquet!

LE PREMIER CITOYEN.

Oh, oh! si les femmes ont du sens, tu ne dîneras pas sans avoir contribué!

LE DEUXIÈME CITOYEN.

Mais je contribuerai!

LE PREMIER CITOYEN.

Quand cela?

LE DEUXIÈME CITOYEN.

Oh! je ne serai pas le dernier!

LE PREMIER CITOYEN.

Comment?

LE DEUXIÈME CITOYEN.

Il y en aura de moins pressés que moi!

LE PREMIER CITOYEN.

En attendant, tu vas dîner.

LE DEUXIÈME CITOYEN.

Que veux-tu? il faut que les hommes de sens prennent part comme ils peuvent à la chose publique.

Et il va prendre part, en effet, et la plus grosse part possible. — Cette scène n'est-elle pas de tous les temps?

Nous venons de voir comiquement mettre en pratique la première partie de la Constitution nouvelle, celle qui regarde la communauté des biens; le poëte met ensuite en action celle qui concerne la communauté des femmes, — point déjà touché dans la scène entre Praxagora et son mari; — quant à la communauté des enfants, elle a été incidemment touchée aussi, et cela presque dans les mêmes termes que chez Platon.

Une série de scènes parfois licencieuses, souvent gracieuses et toujours comiques, nous montre trois vieilles femmes successivement disputant à une jeune fille la possession d'un beau jeune homme; — ce sont les vieillards de Suzanne retournés, ou la femme de Putiphar multipliée en trois personnes. — La première vieille s'écrie:

Qu'il vienne à mes côtés, celui qui veut goûter le bonheur! Ces jeunes filles n'y entendent rien: il n'y a que les femmes mûres pour connaître l'art de l'amour! Nulle ne chérirait comme moi l'amant qui me posséderait! Les jeunes filles sont des coquettes!

LA JEUNE FILLE.

Ne dis pas de mal des jeunes filles! c'est dans les lignes pures de leurs jambes fines et de leur jeune sein que fleurit la volupté; mais toi, vieille, tu es là étalée et embaumée comme pour tes funérailles, amante de la mort!

La vieille cependant tient bon, ayant la loi pour elle : « Les femmes ont décidé que, si un jeune homme désire une jeune fille, il ne pourra la posséder qu'après avoir satisfait une vieille. » *Dura lex, sed lex!* La vieille, à cheval sur son droit, prétend user, et en long et en large, du bénéfice que la loi lui confère. Pas moyen de lui échapper! Cruelle vieille! il faut en passer par là! pauvre jeune homme!

En vain la belle fille vient en aide au garçon, et continue d'apostropher la vieille qui se cramponne à lui : « Allons donc, vieille! il est trop jeune pour toi; tu serais sa mère! songe à Œdipe[1]! »

En vain aussi le jeune homme déclare qu'il n'a pas besoin de vieux cuir.—S'échappant des mains de la première vieille, il tombe dans celles de la seconde, et de celle-ci dans la troisième : c'est pis que Charybde et Scylla, ici il y a trois monstres et trois gouffres!

LA DEUXIÈME VIEILLE.

C'est moi qu'il doit suivre, d'après la loi!

LA TROISIÈME VIEILLE.

Non pas, c'est moi : c'est la plus laide!

Et elle l'entraîne. L'autre tire de son côté. Le jeune homme, tiré à trois vieilles, est peu s'en faut, écartelé : premier supplice, qui n'est que le prélude de l'autre. La

---

1. Œdipe, qui jadis eut la douleur amère
De faire des enfants à madame sa mère!
BOURSAULT, *le Mercure galant*, comédie.

troisième vieille, et la plus effroyable, l'emporte enfin
sur les deux premières, conformément à la loi.

⊗

La pièce se termine, comme d'ordinaire, par une
bombance générale, à laquelle on invite plaisamment
les spectateurs : « Vieillards, jeunes gens et enfants, le
dîner est prêt pour tout le monde sans exception,… si
l'on s'en va chez soi. »

⊗

Le poëte, paraissant demander grâce pour son excessive liberté — d'imagination, de paroles et d'actions, — ajoute, par la voix du coryphée, une adroite requête au public et aux juges du concours dramatique : « Que les sages me jugent sur ce que j'ai dit de sage, les fous sur ce que j'ai dit de fou ; je me soumets ainsi au jugement de tous. »

Puis le chœur de femmes se sépare en deux demi-chœurs, qui bondissent, poussant des cris de joie et de triomphe : « Courons nous mettre à table ! les autres mangent déjà ! Sautons en l'air, ohé ! évohé ! allons manger ! Evohé, ohé ! célébrons la victoire ! ohé, ohé, ohé, ohé ! »

C'est par ces cris, et par une sorte de ballet, comme toujours, que se terminait la comédie.

⊗

En résumé, — passons sur la licence, inséparable des fêtes du dieu du vin, — est-il possible de mettre plus d'entrain et de gaieté dans la critique d'une utopie socialiste ?

Encore avons-nous dû omettre toutes sortes de joyeusetés où éclate impétueusement la fantaisie d'Aristophane, qui n'a d'égale que celle de Rabelais ou celle de Shakespeare. Pour ne citer qu'un seul détail, le menu du repas public est donné en six vers qui ne font qu'un seul mot ; mais ce seul mot énumère tous les mets, et ces noms de mets sont soudés ensemble et forment soixante-dix-sept syllabes ! Je le transcris, pour en donner l'idée :

    Lepadotemachoselachogaleo —
    Cranioleipsanodrimypotrimmato —
    Silphioprasomelitocatakechymeno —
    Kichlepicossyphophattoperistera —
    Lectryonoptenkephalokinclope —
    Leiolagôosiraiobaphétraganopterygôn.

Ouf!... Un tel mot vaut un discours ; c'est une carte de restaurateur ; cela signifie à peu près :

« Huîtres, salaisons, turbots, têtes de squales, silphium à la sauce piquante, assaisonné de miel, grives, merles, tourterelles, crêtes de coq grillées, poules d'eau, pigeons, lièvres cuits au vin, tendons de veau, ailes de volaille. »

Pour dire un pareil mot tout d'une haleine, il faudrait être Grandgousier, Gargamelle ou Gargantua. Il me rappelle les chefs-d'œuvre de la gastronomie allemande et particulièrement les principes de la composition du *Saucissenkartoffelbreisauerkrautkrantzwurst*. Formidable couronnement de l'édifice culinaire allemand, ce mets est surmonté d'une guirlande de boudins et d'andouilles ; une corniche de choucroute, entrelacée de betteraves confites au sel, forme un anneau qui repose sur une coquille de saucisses et de saucissons fumés et rôtis sur le gril. Des ornements, imitant lourdement le travail des orfèvres, contournent la coquille et sont composés de sept espèces de boudins, pour les noms desquels nous renvoyons le lecteur au fameux *Kochbuch*, composé par un professeur de chimie de Heidelberg. Une purée de pois, flanquée de boules de pommes de terre, s'agite à la base du mets, qui s'élève magistralement assis sur une vaste croûte de pâté. Il est arrosé de haut en bas avec de l'eau-de-vie de pommes de terre, et enduit d'une couche épaisse de sirop de groseilles. Puis, on l'allume et on le place flambant sur la table.

Il y a aussi un Noël populaire de la Bresse qui pourrait être cité ici (Voir les *Chansons populaires des provinces* de France, notices par Champfleury, p. 41 et 42).

En somme, la comédie des *Femmes à l'Assemblée* nous fait voir une fois de plus qu'il n'y a point d'idée si sérieuse que la comédie ne puisse atteindre, pour la faire tomber sous le ridicule, ou la contrôler par la raillerie, ou la faire triompher par le bon sens.

PLUTUS.

Plutus, en grec *Ploutos*, c'est à dire *Richesse*, mais Richesse au masculin, le bonhomme Richesse ; c'est quelque chose comme le seigneur Capital, qu'on a, de notre temps, mis sur la scène; ou le dieu Trésor chez les Latins.

Plutus, dieu des richesses, était au nombre des dieux infernaux, parce que les richesses se tirent du sein de la terre[1]. Selon Hésiode, il était fils de Cérès : l'agriculture est, en effet, la première source des richesses. On

---

1. Rapprochez Plutus et Pluton.

le représentait ordinairement sous la forme d'un vieillard aveugle, boiteux et ailé, venant à pas lents, mais s'en retournant d'un vol rapide, et tenant une bourse à la main. A Athènes, la statue de la Paix tenait sur son sein Plutus enfant, symbole des richesses dont la Paix est la mère.

La pièce de *Plutus* est une satire économique et une allégorie morale. Le poëte, ayant critiqué dans la pièce précédente le système de la communauté des biens, aborde dans celle-ci une autre question qui touche de près à la première ou qui est une autre face du même problème, celle de la répartition des richesses. « Ne semble-t-il pas, — dit Chrémyle, qui est, après Plutus, le premier personnage de la pièce, — ne semble-t-il pas que tout soit extravagance ou plutôt démence dans le monde, à voir le train dont il va ? Une foule de méchants jouissent des biens qu'ils ont acquis par l'injustice, tandis que les plus honnêtes gens sont misérables et meurent de faim. »

Cette pièce est, parmi celles qui nous restent d'Aristophane, la seule appartenant à la comédie *moyenne*, période de transition entre l'*ancienne* et la *nouvelle*[1]. Nous n'en avons de lui aucune qui appartienne à la comédie *nouvelle*.

---

1. Voici l'ordre chronologique des onze pièces d'Aristophane qui nous sont parvenues :

426 ans avant notre ère, *les Acharnéens*;
425, *les Chevaliers*;
424, *les Nuées*;
423, *les Guêpes*;
421, *la Paix*;
415, *les Oiseaux*;
412, *Lysistrata*;
411, *les Fêtes de Cérès et de Proserpine*;
406, *les Grenouilles*;
393, *les Femmes à l'Assemblée*;
408 et 388, *Plutus*, représenté deux fois.

Après la victoire remportée par les Lacédémoniens sur les Athéniens au fleuve de la Chèvre (*Ægos Potamos*), victoire qui mit fin à la guerre du Péloponnèse, Athènes ayant été prise par Lysandre en 404, le gouvernement des Trente, établi sur les ruines de la démocratie, défendit par un décret de mettre désormais sur la scène les événements contemporains, de désigner par son nom aucune personne vivante, et de faire usage de la parabase. *Plutus* avait été représenté pour la première fois en 408, quatre ans avant ce décret, et fut reprise vingt ans après la première représentation, avec les changements nécessaires[1]; la pièce, telle que nous l'avons aujourd'hui, est un composé de ces deux éditions[2].

Au reste, dès la défaite de Sicile, comme on manquait également d'argent pour subvenir aux représentations scéniques et de gaieté pour les animer, on avait déjà réduit le chœur. A plus forte raison, lorsque la constitution politique fut changée, la chorégie disparut avec la

---

1. « On peut supposer, dit Schlegel, que, déjà quelque temps avant la loi, il était devenu dangereux pour le poëte comique de donner toute l'étendue possible au privilége dont il jouissait. S'il est vrai, comme on l'a prétendu et contesté tour à tour, qu'Alcibiade ait fait noyer Eupolis pour le punir d'avoir dirigé contre lui une satire dialoguée, il n'y a aucune gaieté comique en état de résister à l'idée d'un pareil danger.

« Le *Plutus* qui nous est conservé n'est pas celui que le poëte avait mis sur la scène en 408, mais bien celui qu'il donna vingt ans plus tard, en 388; c'est la dernière pièce que le vieux poëte ait fait jouer lui-même; car les deux comédies qu'il composa encore, le *Coccalos* et l'*Éolosicon*, il les fit donner par son fils Araros[*]. »

2. « L'absence de la parabase, et de nombreuses allusions à des faits politiques postérieurs à 408, ne permettent pas de supposer que nous ayons entre les mains l'édition primitive; d'un autre côté, les vers où Aristophane attaque certains citoyens par leur nom ne peuvent appartenir à l'édition de 388, puisqu'alors cette licence était proscrite. »

POYARD, *Notice*.

[*] Otfried Müller, *Hist. de la litt. gr.*

démocratie : c'est-à-dire que les citoyens riches, s'il en restait quelques-uns, n'étant plus intéressés à nourrir, faire instruire et habiller magnifiquement des choristes, comme sous le régime démocratique, pour gagner la faveur du peuple et ses voix dans les élections, il en résulta que le chœur, cessant d'être soutenu par les fortunes particulières, et ne l'étant point, ne l'ayant jamais été par le trésor public, devint de plus en plus pauvre et mince, et fut presque réduit à rien. Enfin, la parabase, qui en était la partie vitale, l'âme et l'aiguillon, en ayant été retranchée par ce décret, ce fut la mort du chœur : il disparut. Dans la pièce que nous venons d'analyser, *les Femmes à l'Assemblée*, il n'y a plus de parabase[1]; dans *Plutus*, repris en 388, il n'y a plus ni parabase ni chœur lyrique ; il y a seulement quelques vers prononcés par le chœur, c'est-à-dire par le coryphée, dans le dialogue de la pièce. Dans plusieurs endroits est marquée la place où le chœur proprement dit, le chœur lyrique, chantait et dansait, selon la coutume, lors de la première représentation, en 408; mais la place est vide, le chœur n'y est plus.

Ainsi périt la comédie *ancienne*. Et, chose singulière ! elle périt parce que les idées d'Aristophane avaient triomphé. En effet, qu'a-t-il soutenu toujours ? l'aristocratie et la paix. Et qu'a-t-il combattu toujours ? la démocratie et la guerre. Or, sa cause est victorieuse, les faits sont pour lui, la paix est conclue, l'aristocratie triomphe, la démocratie succombe; mais avec elle la liberté, et dès lors l'*ancienne* comédie. La démocratie revint plus tard avec Thrasybule; mais sans rétablir la liberté du théâtre.

Le poëte comique, ne pouvant plus se prendre aux personnes ni aux choses du temps, est obligé de se borner à la critique philosophique et littéraire, ou à l'allé-

---

1. Ni dans *Lysistrata*, soit que le temps ait mutilé cette pièce, soit que le poëte n'ait pas toujours usé de son droit.

gorie morale et à une sorte d'apologue en action ; c'est ce qu'on appelle la comédie *moyenne*, acheminement à la *nouvelle*, qui entreprendra de peindre la vie privée, les mœurs domestiques et les caractères. Pour la comédie en général, ce sera un progrès ; pour la comédie grecque, une décadence. En effet, elle cesse d'être un combat, une discussion partiale et brûlante, en même temps qu'un jet lyrique de l'ivresse dionysiaque ; elle n'est plus qu'une œuvre littéraire : or ce fut, chez les Grecs, un signe de décadence pour la littérature, quand elle cessa de faire partie de la vie politique et sociale, et qu'elle commença de se prendre elle-même pour fin et pour objet.

Le sort de la tragédie et celui de la comédie, comme le remarque Schlegel d'une manière aussi ingénieuse que juste, furent très-différents : l'une mourut de mort naturelle, et l'autre de mort violente ; la tragédie expira, lorsque ses forces se furent peu à peu épuisées et qu'elle ne fut plus en état de se soutenir à son antique hauteur ; la comédie fut privée, par un acte du pouvoir suprême, de la liberté illimitée, condition nécessaire de son existence.

Horace, dans l'*Épître aux Pisons*, que l'on nomme communément *Art poétique*, indique cette catastrophe en peu de mots : « A ces poëtes (Thespis et Eschyle) succéda l'ancienne comédie, qui obtint de grands succès ; mais la liberté y dégénéra en licence et mérita d'être réprimée par une loi. La loi fut portée, et le chœur se tut honteusement, quand il n'eut plus le pouvoir de nuire. »

Mais cette dernière raison n'est pas la principale. La principale est celle que nous venons de dire : à savoir que la ruine des grandes fortunes, d'une part, et de l'autre la difficulté de trouver des chorèges, lorsque l'intérêt politique eut cessé de les exciter, firent d'abord réunir la chorégie comique et la chorégie tragique en une seule *liturgie*[1], qui elle-même bientôt parut trop lourde à ceux que ne stimulaient plus l'ambition et la soif de la popularité. C'est ce qui causa la décadence du théâtre. Les corporations d'acteurs, en se substituant à l'État, soutinrent seules, pendant quelque temps encore, l'art dramatique, ou, pour mieux dire, en prolongèrent la décadence [2].

Ces réflexions étaient nécessaires avant l'analyse de *Plutus*. On ne peut se défendre, en lisant cette comédie, d'une sorte de tristesse : on sent qu'Athènes est humiliée, ruinée; plus de liberté, plus d'argent, plus de joie dans les fêtes de Bacchus! Le poëte comique s'évertue à mériter encore ce titre par des œuvres d'un esprit fin et par des allégories délicates, mais où l'abstraction se fait un peu sentir.

Au reste, si la fantaisie est moins vive, moins impétueuse, moins lyrique dans *Plutus* que dans les autres comédies d'Aristophane, en revanche elle est plus morale, plus relevée et plus sévère. C'est ce que fera voir l'analyse de la pièce.

Le laboureur Chrémyle, homme de bien et pauvre, s'apercevant que la fortune n'a de faveurs que pour les scélérats et les parjures, les sycophantes, les orateurs vendus, va demander à l'oracle d'Apollon s'il a eu tort de rester honnête homme, et, puisque « pour lui, le carquois de sa vie est épuisé, » s'il ne doit pas songer à faire de son fils un coquin[3], la voie de l'injustice et de l'iniquité paraissant être celle du bonheur.

---

1. Ou charge publique honorifique et onéreuse.
2. Voir à la fin du volume, l'*Appendice*, n° IV : *Les derniers jours du théâtre grec*.
3. Comme dans cette belle chanson russe, d'une si poignante

N'admirez-vous pas comme, dès le début, la question se pose d'une manière à la fois piquante et grave? En même temps, ne croit-on pas déjà sentir un souffle de moralité ésopique ou socratique, je ne sais quel parfum noble et pur, comme une exhalaison prochaine des jardins d'Académos.

Apollon ordonne à Chrémyle de suivre la première personne qu'il rencontrera au sortir du temple, de l'aborder et de l'emmener dans sa maison.

Cette première personne se trouve être Plutus. Il est aveugle. Chrémyle lui demande qui il est. Plutus refuse

---

ironie, où la femme d'un fonctionnaire berce son enfant en disant :

« Dors, vaurien, pendant que tu es inoffensif. — Do, do, l'enfant do.

» La lune couleur de cuivre répand mystérieusement sa lumière sur ton berceau. — Ce n'est pas une histoire en l'air que je veux te dire, je vais chanter la vérité. Toi, ferme les yeux. — Do, do, l'enfant do.

» Toute la province est dans la joie à la nouvelle qui vient de se répandre : Ton père, coupable de tant de méfaits, vient enfin d'être cité en justice. Mais ton père, gredin consommé, saura se tirer d'affaire. — Dors, vaurien, tandis que tu es honnête. — Do, do, l'enfant do.

» En grandissant tu apprendras à apprécier le nom de chrétien. — tu achèteras un habit de scribe et tu prendras la plume. — Tu diras avec hypocrisie : « Je suis honnête, je suis pour la justice! » — Dors, ton avenir est assuré. — Do, do, l'enfant do.

» Tu auras l'apparence d'un grave fonctionnaire, et tu seras coquin dans l'âme. — On te reconduira jusqu'à la porte, puis on fera derrière ton dos un geste de mépris. — Tu apprendras à courber l'échine avec grâce.... — Dors, vaurien, tandis que tu es innocent. — Do, do, l'enfant do.

» Quoique doux et peureux comme un mouton, et peut-être bête comme lui, tu sauras arriver en rampant à une excellente place, sans te laisser prendre en faute. — Dors, tandis que tu ne sais pas voler. — Do, do, l'enfant do.

» Tu achèteras une maison à plusieurs étages; — tu atteindras un haut grade, et deviendras un grand seigneur, un noble! — Tu vivras longtemps, entouré d'honneurs, et finiras ton existence en paix. — Dors, mon beau fonctionnaire! — Do, do, l'enfant do. »

d'abord de répondre; enfin les menaces de Chrémyle et de son esclave Carion le contraignent à se faire connaître.

PLUTUS.

Je suis Plutus.

CARION.

Toi, Plutus? en cet état misérable!

PLUTUS.

Oui.

CHRÉMYLE.

Quoi! lui-même?

PLUTUS.

Tout ce qu'il y a de plus lui-même!

CHRÉMYLE.

D'où viens-tu donc, en si piteux équipage?

PLUTUS.

De chez Patrocle[1], qui ne s'est pas baigné depuis sa naissance.

CHRÉMYLE.

Et qui est-ce qui t'a rendu aveugle, dis-moi?

PLUTUS.

C'est Jupiter, jaloux des hommes. Quand j'étais jeune, je le menaçai de ne visiter que les gens honnêtes, justes et vertueux; alors il me rendit aveugle, pour m'empêcher de les reconnaître, tant il est jaloux des gens de bien[2]!

CHRÉMYLE.

Cependant les gens de bien et les justes sont les seuls qui l'honorent!

PLUTUS.

C'est vrai.

CHRÉMYLE.

Eh bien donc, si tu recouvrais la vue, tu fuirais les méchants?

PLUTUS.

Sans doute.

1. C'était un riche avare.
2. Voir dans Hérodote la théorie et les exemples de cette jalousie des dieux ou du destin. C'est par là qu'il explique les vicissitudes de l'histoire.

CHRÉMYLE.

Tu visiterais les bons?

PLUTUS.

Assurément. Il y a si longtemps que je n'en ai vu!

CHRÉMYLE.

Ce n'est pas étonnant : moi qui vois clair, je n'en aperçois pas non plus!

Et il regarde les spectateurs.

Chrémyle promet à Plutus de le guérir et de lui rendre la vue, s'il consent à demeurer chez lui. Plutus veut rester aveugle, il craint la colère de Jupiter. — « Mais, dit Chrémyle, que serait, au prix de ta puissance, celle de Jupiter et de ses tonnerres, si tu recouvrais la vue, fût-ce peu d'instants? » Et il le lui prouve par une série de questions et de répliques subtiles, qu'on pourrait prendre, par moments, pour une page détachée des dialogues de Platon. Le ton comique se maintient par toutes sortes de plaisanteries et d'allusions aux choses et aux personnes du temps, que le poëte, habilement, entremêle aux subtilités philosophiques. Le dialogue se termine ainsi.

CHRÉMYLE.

Enfin, Plutus, c'est par toi que tout se fait; tu es la seule et unique cause du bien comme du mal; n'en doute pas!

CARION.

A la guerre, la victoire est toujours du côté où tu fais pencher la balance[1].

PLUTUS.

Quoi! à moi seul, je peux faire tant de choses?

CHRÉMYLE.

Et bien d'autres encore! Aussi jamais personne ne se lasse de toi. On se rassasie de tout le reste : d'amour,...

---

1. Ou, comme on dit aujourd'hui, « du côté des gros bataillons. »

CARION.

De pain,

CHRÉMYLE.

De musique,

CARION.

De friandises,

CHRÉMYLE.

D'honneur,

CARION.

De gâteaux,

CHRÉMYLE.

De gloire,

CARION.

De figues,

CHRÉMYLE.

D'ambition,

CARION.

De bouillie,

CHRÉMYLE.

De pouvoir,

CARION.

De lentilles!,

1. Au troisième acte du *Bourgeois gentilhomme*, scène IX, Molière, emploie ce même procédé d'antithèses comiques, lorsque Cléonte et son valet Covielle, parlant l'un de l'ingrate Lucile, l'autre de la servante Nicole, non moins oublieuse que sa maîtresse, disent tour à tour :

CLÉONTE.

Après tant de sacrifices ardents, de soupirs et de vœux que j'ai faits à ses charmes!

COVIELLE.

Après tant d'assidus hommages, de soins et de services que je lui ai rendus dans sa cuisine!

CLÉONTE.

Tant de larmes que j'ai versées à ses genoux!

COVIELLE.

Tant de seaux d'eau que j'ai tirés au puits pour elle!

CLÉONTE.

Tant d'ardeur que j'ai fait paraître à la chérir plus que moi-même!

COVIELLE.

Tant de chaleur que j'ai soufferte à tourner la broche à sa place!...

Etc., etc.

CHRÉMYLE.

Mais de toi on ne se rassasie jamais! Qu'on ait treize talents, on désire d'autant plus en avoir seize. Si on atteint ce chiffre, on en veut quarante [1]; sans quoi on ne saurait vivre!

Plutus consent enfin à rester chez Chrémyle, qui, en brave homme et en bon cœur (le caractère se suit bien) invite aussitôt les laboureurs ses voisins à venir partager sa joie. Ce sont eux qui forment le chœur de la pièce.

Pour guérir Plutus de sa cécité, il veut le faire coucher une nuit dans le temple d'Esculape [2]. Comme il s'apprête à l'y conduire, une femme lui barre le chemin; c'est la Pauvreté, — qui ne souffrira pas qu'on essaye de la chasser de partout. — Ici vous sentez un peu l'abstraction. Pourtant l'allégorie est belle, et soutenue avec une éloquence qui fait songer encore à Prodicos, à Xénophon, à Platon et à Socrate.

La Pauvreté leur prouve que, loin d'être l'auteur de tous les maux comme on le croit vulgairement, elle est l'auteur de tous les biens; et que rendre la vue à Plutus, ce serait faire la plus grande des folies : supposé, en effet, que Plutus, la Richesse, se donne à tous également, personne ne voudra plus rien faire; c'est la ruine de l'industrie et du commerce; des sciences, des lettres et des arts. « Qui se souciera de forger le fer? de construire des vaisseaux? de faire des habits? de fabriquer des roues? de tailler le cuir? de faire de la brique? de blanchir, de corroyer; de labourer la terre pour en tirer les dons de Cérès, — si l'on peut vivre sans travailler, dans une oisiveté parfaite? »

Un phalanstérien aurait réponse prête : la théorie du

---

1. Le talent valait 5560 francs.
2. Voir, ci-dessus, l'analyse des *Guêpes*, p. 173, et la note 2.

travail attrayant; — réponse plus spécieuse que solide, et qui compte sans *la papillonne* du même système, autrement puissante que *la cabaliste!* Le travail attrayant est sujet au caprice, et le caprice ne permet pas d'accomplir des œuvres ardues, surtout des travaux plats et monotones, comme ceux dont se compose la vie quotidienne de la plupart des hommes. L'héroïsme d'une minute est plus facile que le travail suivi, le dévouement quotidien, obscur.

Le bonhomme Chrémyle ne répond guère plus solidement.

CHRÉMYLE.

Tu radotes! tous ces travaux, nos serviteurs nous les feront.

LA PAUVRETÉ.

Où donc trouveras-tu des serviteurs?

CHRÉMYLE.

Nous en achèterons avec de l'argent.

LA PAUVRETÉ.

Et qui donc d'abord voudra vendre, si tout le monde a de l'argent?... Il te faudra donc labourer, bêcher, te livrer à toutes sortes de travaux : ta vie sera bien plus pénible qu'elle ne l'est aujourd'hui.

CHRÉMYLE.

Que ce présage retombe sur ta tête!

LA PAUVRETÉ.

Tu n'auras plus, ni lit pour te coucher, où en trouveras-tu? ni tapis, qui voudra en faire, s'il a de l'or? ni parfums pour la toilette de ta jeune femme, ni étoffes brochées et teintes en pourpre pour sa parure. Et cependant à quoi sert d'être riche, si l'on est privé de toutes ces jouissances? Grâce à moi, au contraire, vous avez aisément tout ce qu'il vous faut : comme une maîtresse vigilante, je force l'ouvrier par le besoin à travailler pour gagner sa vie[1].

---

1. « Nécessité d'Industrie est la mère, » a dit La Fontaine dans une de ses *Fables*; et Perse, dans le Prologue de ses *Satires*, avait dit, plus énergiquement encore : *Magister Artis Venter*, « le Ventre est le maître de l'Art. »

CHRÉMYLE.

Quels autres biens peux-tu donner que des brûlures au feu de l'étuve publique¹, que les cris des enfants affamés et des vieilles femmes gémissantes; que les puces, les poux, les cousins, dont le bourdonnement nous réveille et nous dit: « Lève-toi pour crever de faim! » Et quels autres habits que des haillons? quel lit, qu'une litière de joncs pleine de punaises qui nous empêchent de fermer l'œil? Pour couverture, une natte pourrie; pour oreiller, une grosse pierre sous la tête : en guise de pain, des racines de mauve; pour tout potage, des feuilles de rave sèches; pour siége, un vieux tesson de cruche; pour pétrin, une douve de tonneau fendue; voilà les biens dont tu nous combles!

LA PAUVRETÉ.

Cette vie-là n'est pas la mienne; c'est celle des mendiants que tu décris!

CHRÉMYLE.

Mendicité n'est-elle pas sœur de Pauvreté?

LA PAUVRETÉ.

Comme Denys, pour vous, est frère de Thrasybule! Mais telle n'est point, telle ne sera jamais ma vie. La mendicité consiste à végéter sans posséder rien ; la pauvreté, à vivre d'épargne et de travail : point de superflu, mais le nécessaire!

CHRÉMYLE.

Vie heureuse, ma foi! d'épargner et de se donner de la peine, pour ne pas laisser de quoi se faire enterrer!

LA PAUVRETÉ.

Tu plaisantes et tu railles, au lieu de parler sérieusement, quand tu refuses de reconnaître que je sais, bien mieux que Plutus, rendre les hommes forts et de corps et d'esprit. Avec lui, ils sont lourds, ventrus, goutteux, chargés d'un honteux embonpoint; avec moi, minces, à taille de guêpes, et redoutables à l'ennemi.

CHRÉMYLE.

C'est en les affamant, sans doute, que tu leur donnes cette taille de guêpes?

---

1. Où les pauvres, pendant l'hiver, se réfugiaient en foule, et parfois se brûlaient en se pressant contre le fourneau des bains.

LA PAUVRETÉ.

Quant au moral, je m'en vais te prouver que la modestie habite avec moi, et l'insolence avec Plutus.

CHRÉMYLE.

Ah! la belle modestie, que de voler et de percer les murs!..

BLEPSIDÈME.

Eh bien! est-ce que le voleur n'est pas modeste, puisqu'il se cache?

LA PAUVRETÉ.

Vois les orateurs dans les républiques, tant qu'ils sont pauvres, ils plaident pour le bonheur du peuple et la gloire de la patrie; mais, une fois que le peuple les a enrichis, ils ne se soucient plus du droit, ils trahissent la nation, et dressent des embûches à la démocratie.

CHRÉMYLE.

Tu dis vrai, quoique mauvaise langue; mais ne triomphe pas pour cela, car je ne t'en ferai pas moins repentir d'avoir prétendu me persuader que Pauvreté vaut mieux que Richesse.

LA PAUVRETÉ.

Tu ne peux cependant pas me réfuter; tu ne répliques que par des moqueries et des propos en l'air.

CHRÉMYLE.

Eh bien! comment se fait-il donc que tous les hommes te fuient?

LA PAUVRETÉ.

C'est parce que je les rends meilleurs. Est-ce que les enfants ne fuient pas les salutaires avis de leurs parents? Tant il est difficile de discerner ce qui est bon![1]

Le débat continue ainsi, mêlé de sérieux et de plaisant. Et Chrémyle, bonhomme un peu entêté, s'écrie : « Tu ne me persuaderas pas, quand même tu me persuaderais[2]! » Il finit par chasser la Pauvreté, qui lui dit en

---

1. Comme font ceux que la misère pousse au crime.
2. C'est par ce vers que M. Boissonade répliquait aux hardiesses de Wolf sur Homère.

s'éloignant : « Un jour tu me rappelleras. — Eh bien ! tu reviendras alors, répond Chrémyle ; mais, pour le moment, va te faire pendre ! J'aime mieux être riche. »

Quelle admirable scène ! Que de sens, d'esprit, d'éloquence ! Horace a raison de le dire, la comédie peut hausser le ton quelquefois. Jamais elle ne le haussa davantage. Ni le père du *Menteur* arrachant à son indigne fils le titre de gentilhomme, ni le père de *Don Juan* reprochant à cet hypocrite scélérat de déshonorer sa noblesse, ni Cléante flétrissant la fausse dévotion et la tartuferie, ne font rien entendre de plus fort, de plus grand, de plus beau.

La conclusion de cette scène, c'est plus que le *fecunda virorum Paupertas*[1] du poëte ; c'est, à savoir, que le travail est la condition de notre nature, la loi, non-seulement physique, mais morale, la dignité, la sauvegarde et la consolation de la vie humaine. Il nous sauve, en effet, soit des plaisirs qui nous dissipent et parfois nous corrompent, soit de la préoccupation constante du problème de notre destinée, et de cette pensée unique de l'infini, qui mène à la folie ou à l'*abétissement* recommandé en propres termes par Pascal. Le travail nous courbe physiquement, mais nous tient debout moralement. Ceux qui n'aiment pas le travail finissent tôt ou tard par s'avilir. O la fausse doctrine qui prétend que le travail est un châtiment !

Une telle scène est, à elle seule, un monument littéraire et moral.

&

Chrémyle conduit Plutus au temple d'Esculape. Plutus y recouvre la vue : fidèle à sa promesse, il ne favorisera que les gens de bien.

---

1. « La pauvreté, féconde en hommes ! »
            Lucain.

Le poëte fait raconter par l'esclave Carion à Myrrhine, femme de Chrémyle, comment Plutus a recouvré la vue, et saisit cette occasion de montrer au doigt les fraudes des prêtres avides, le charlatanisme des médecins. Myrrhine répond à ces révélations de Carion, en bonne dévote un peu scandalisée.

Plutus guéri revient avec Chrémyle, et l'enrichit de tous les biens. Chrémyle aussitôt se voit obsédé des innombrables courtisans de toute fortune nouvelle[1]. Il a peine à se dégager de cet encombrement d'amis. « Allez vous faire pendre! Ah! que d'amis se montrent tout à coup, quand on est heureux! Ils me percent de leurs coudes, ils me meurtrissent les jambes, pour me témoigner leur tendresse! »

La dernière partie de la pièce nous présente le contraste assez plaisant (c'est un des procédés d'Aristophane) de fripons subitement ruinés et d'honnêtes gens subitement enrichis par la guérison de Plutus : une révolution sociale sous forme comique.

UN SYCOPHANTE.

Ah! quel coup! je suis ruiné par ce misérable Plutus! Il faut le rendre aveugle de nouveau, s'il y a encore une justice!

UN HOMME JUSTE.

Je ne crois pas me tromper en disant que cet homme ruiné était un coquin.

CHRÉMYLE.

Alors, par Jupiter! son malheur est justice!

LE SYCOPHANTE.

Où est, où est celui qui à lui seul avait promis de nous

---

1. « Que d'amis, que de parents naissent, en une nuit, au nouveau ministre! »

LA BRUYÈRE.

enrichir tous, s'il recouvrait la vue? Au contraire, il ruine les gens!

CHRÉMYLE.

Qui donc ruine-t-il?

LE SYCOPHANTE.

Mais, moi d'abord!

CHRÉMYLE.

Tu étais sans doute un coquin et un voleur?

LE SYCOPHANTE.

C'est vous plutôt qui êtes des misérables! je suis sûr que c'est vous qui avez mon argent!

Et ce sycophante essaye de prouver que Plutus a ruiné la république.

❦

Ensuite une vieille femme vient se plaindre d'être abandonnée par un beau jeune homme à qui elle donnait de l'argent, et qui, devenu riche, se moque d'elle.

LA VIEILLE.

Il était si joli, si bien fait, si honnête! il se prêtait si bien à mes désirs, et s'en acquittait si parfaitement! De mon côté, je ne lui refusais rien.

CHRÉMYLE.

Et qu'est-ce qu'il te demandait d'ordinaire?

LA VIEILLE.

Peu de chose : il était avec moi d'un discrétion étonnante! Tantôt c'étaient vingt drachmes pour un manteau, ou huit pour des chaussures; ou bien il me priait d'acheter des tuniques pour ses sœurs, une petite robe pour sa mère; tantôt il avait besoin de quatre boisseaux de blé.

CHRÉMYLE.

En effet, c'était peu de chose, et j'admire sa discrétion!

LA VIEILLE.

Et ce n'était pas, disait-il, l'intérêt qui le portait à me rien demander, mais la tendresse! c'était afin que ce manteau donné par moi lui rappelât sans cesse mon souvenir!

CHRÉMYLE.

Tendresse étonnante, en effet!

LA VIEILLE.

Hélas! il n'en est plus ainsi; et le perfide est bien changé! Je lui avais envoyé ce gâteau et les autres friandises que tu vois sur cette assiette, en lui annonçant ma visite pour ce soir....

CHRÉMYLE.

Eh bien! qu'a-t-il fait?

LA VIEILLE.

Il m'a renvoyé mes cadeaux, en y ajoutant cette tarte, à condition que je ne viendrais plus jamais chez lui, et avec cela il m'a fait dire : « Les Milésiens furent braves autrefois[1]! »

CHRÉMYLE.

L'honnête garçon! Que veux-tu? Pauvre, il dévorait n'importe quoi; riche, il n'aime plus les lentilles!

LA VIEILLE.

Autrefois il venait chaque jour à ma porte!

CHRÉMYLE.

Pour voir si l'on t'enterrait?

LA VIEILLE.

Non, rien que pour entendre le son de ma voix.

CHRÉMYLE.

Et emporter quelque cadeau.

LA VIEILLE.

S'il me sentait triste, il m'appelait tendrement sa petite colombe, son petit canard!

CHRÉMYLE.

Et ensuite il demandait pour avoir des souliers?

LA VIEILLE.

Un jour que je me rendais en char aux grands mystères, quelqu'un me regarda; il en fut si jaloux, qu'il me battit toute la journée[2].

---

1. Sorte de proverbe, pour dire : Tout change. Vous fûtes belle autrefois peut-être; mais la saison des amours est passée. — Milet avait été longtemps la plus puissante des villes Ioniennes : elle avait possédé une flotte très-nombreuse, et fondé plus de quatre-vingts colonies. Elle se laissa amollir par le luxe et la volupté, et dégénéra; ce qui est résumé dans ce vers, réponse rendue par l'oracle à Polycrate, tyran de Samos. Tombée au pouvoir des Perses, elle essaya inutilement de secouer leur joug.

2. Éleusis, où l'on célébrait les grands mystères, était à deux

CHRÉMYLE.
C'est sans doute qu'il aimait à manger seul[1].
LA VIEILLE.
Il me disait que j'avais les mains très-belles.
CHRÉMYLE.
Oui, quand elles lui tendaient vingt drachmes !
LA VIEILLE.
Que j'exhalais de ma personne un doux parfum.
CHRÉMYLE.
Quand tu lui versais du Thasos !

Ensuite, viennent des répliques plus grosses, pour divertir la populace : il en fallait pour tous les goûts. Un théâtre fait pour tout un peuple, ne peut pas être aussi châtié, aussi pur, qu'un théâtre restreint, fait seulement pour les classes lettrées et polies. Cela explique bien des choses soit dans Aristophane, soit dans Shakespeare.

Bien plus ! le jeune homme paraît à son tour, et, non content d'abandonner la vieille, l'insulte grossièrement et platement. C'est dans une telle scène qu'on peut mesurer toute la distance qui sépare la civilisation grecque de la nôtre. Certes, ce qu'on appelle chez nous la jeunesse dorée ne brille guère par la politesse envers les femmes ; mais le plus malotru, le plus brutal de nos

---

lieues d'Athènes : les femmes élégantes s'y rendaient en char, et faisaient assaut de luxe. C'était le Longchamp de ce temps-là.

1. Au second acte de *l'École des Femmes*, Alain dit à Georgette, par une métaphore semblable :

Dis-moi, n'est-il pas vrai, quand tu tiens ton potage,
Que, si quelque affamé venait pour en manger,
Tu serais en colère, et voudrais le charger ?

GEORGETTE.
Oui, je comprends cela.
ALAIN.
C'est justement tout comme :
La femme est en effet le potage de l'homme ;
Et, quand un homme voit d'autres hommes parfois
Qui veulent dans sa soupe aller tremper leurs doigts,
Il en montre aussitôt une colère extrême....

jeunes gens d'aujourd'hui ne dirait pas à la dernière des prostituées une seule des plaisanteries ignobles que dit ce jeune athénien à cette malheureuse.

Après un chœur que l'on n'a plus, les spectateurs voyaient entrer Mercure.

Hermès, toujours affamé (voir ci-dessus l'analyse de *la Paix*, p. 61), déserte le parti des dieux, à qui les hommes n'offrent plus de sacrifices depuis que Plutus règne sur la terre. Il vient se mettre au service de Chrémyle, hôte de Plutus.

« Quoi! lui dit l'esclave Carion, tu quitterais les dieux pour rester ici?

— On est beaucoup mieux chez vous, dit Hermès.

— Mais déserter? crois-tu que ce soit honnête? »

Hermès, déclamant un vers de tragédie :

La patrie est partout où l'on se trouve heureux!

Il ne faut pas perdre de vue qu'Hermès, quoiqu'il soit gourmand et voleur, est le dieu des arts et de l'éloquence : ce n'est pas sans intention que le poëte nous le fait voir, en ce temps de *ploutocratie*, désertant les hauteurs célestes pour venir, lui aussi, offrir et ses hommages et ses services à la divinité de l'or; allégorie qui parle d'elle-même, mais que de trop nombreux exemples pourraient au besoin commenter.

Un prêtre même de Jupiter abandonne les autels du maître de l'Olympe, et se consacre au culte de Plutus, souverain des hommes et des dieux! En d'autres termes, la Religion, aussi bien que l'Art, s'agenouille devant la Richesse. Les exemples de cela ne manqueraient pas non plus.

De pareils traits, de pareilles scènes, est-ce là ce que

Voltaire appelle « des farces dignes de la foire Saint-Laurent? » car c'est ainsi qu'il qualifie les comédies d'Aristophane. La Harpe, disciple trop fidèle en ce point, se hâte de jurer *in verba magistri*. Au reste, le grand Eschyle lui-même n'était-il pas à leurs yeux « un barbare? » Et Fontenelle, moins poliment, ne disait-il pas en parlant de ce Shakspeare athénien : « C'est une manière de fou? » — Pourquoi Aristophane aurait-il trouvé grâce devant ces Français entichés de leur pays et de leur temps ?

Lucien, qui à certains égards a mérité d'être appelé le Voltaire grec, a mieux compris Aristophane, et s'en est souvent inspiré. *Timon* est un reflet de *Plutus* : l'un, comme l'autre, est une satire de l'injuste répartition des biens, et une peinture des péripéties qu'amènent la richesse et la pauvreté. Plusieurs personnages de ce dialogue, Richesse, Pauvreté, Hermès, sont les mêmes que ceux de la comédie. — Shakespeare, à son tour, a repris ce sujet, dans sa pièce intitulée : *Timon d'Athènes*.

Les Aristophanes de nos jours ont refait le *Plutus* de diverses manières et sous différents titres : Bulwer, *l'Argent*; Alexandre Dumas fils, *la Question d'Argent*; Balzac, *Mercadet*; etc.

George Sand, admirant *Plutus* comme il convient, en a fait une imitation [1]. Le tort de l'illustre écrivain est d'avoir mêlé à cette fable antique des sentiments modernes : par exemple, d'avoir donné à Chrémyle une fille qui aime un esclave nommé Bactis.

Si cette comédie de *Plutus* n'est pas une des plus vives

---

1. Voir la *Revue des Deux-Mondes* du 1ᵉʳ janvier 1863.

entre celles qui nous sont parvenues comme spécimens du génie d'Aristophane, elle est une des plus hautes et des plus nobles, prise dans sa généralité, dans son esprit et dans sa conclusion : car enfin, c'est là la moralité, en même temps que le poëte stigmatise la cupidité, l'égoïsme et les autres vices des hommes, il fait voir, par l'exemple de Chrémyle, qu'on peut rester honnête tout en devenant riche; il montre aussi, chose consolante, que, si les gredins et les scélérats peuvent réussir pour un temps, leur règne n'est pas éternel : un tour de roue de la fortune les a portés en haut, un autre les renverse. Si leur triomphe paraît long, c'est eu égard à la brièveté de la vie des individus qui souffrent; mais il est court dans le développement général de l'humanité.

Cette comédie eut l'honneur assez rare d'être représentée deux fois : car ordinairement c'était pour une représentation unique que ces grands poëtes athéniens prenaient la peine de composer et d'écrire, de faire apprendre par cœur et répéter aux acteurs et aux choristes une comédie, ou une tragédie, ou un drame de Satyres. Que de soins et de travaux pour une heure ou deux! Quelle princière munificence de l'esprit et du génie[1]!.

Plutus eut donc cette gloire exceptionnelle d'être repris une seconde fois, après une vingtaine d'années.

La comédie *moyenne* ne fut pas toujours, tant s'en faut! d'un caractère si élevé, d'une intention si philosophique! Nous savons, d'autre part, que la gastronomie y

---

1. Au reste c'était aussi pour une heure ou deux qu'un Bossuet composait ses chefs d'œuvre, l'oraison funèbre de la reine d'Angleterre, ou de la duchesse d'Orléans, ou du prince de Condé. — Oui, c'était pour une heure ou deux, et pour tous les siècles.

jouait un rôle très-important; les curiosités littéraires aussi, les *griphes* par exemple. — Il faut donc nous féliciter de ce que l'unique échantillon de la comédie *moyenne* épargné par le temps soit justement un des plus nobles.

Revenons à la comédie *ancienne*, pour ne la plus quitter.

III

COMÉDIES LITTÉRAIRES.

Après les quatre comédies politiques et les quatre comédies sociales, il nous reste à analyser les trois comédies littéraires. Ce sont :
Les Femmes aux fêtes de Cérès,
Les Grenouilles,
Les Oiseaux.
De même qu'il y a deux comédies politiques contre Cléon, *les Acharnéens* et *les Chevaliers*, il y a deux comédies littéraires contre Euripide, *les Femmes aux fêtes de Cérès* et *les Grenouilles*, outre une scène des *Acharnéens*, et un grand nombre de traits épars dans toutes les pièces ; sans compter celles que nous avons perdues, *Proagon Lemniæ*, etc.

On nous permettra de revenir en quelques mots sur la scène des *Acharnéens*, que nous avons mentionnée seulement.

On se rappelle que Dicéopolis, ayant dessein de prendre la parole devant le peuple pour le convertir à la politique de la paix, imagine d'aller emprunter à Euripide les haillons d'un de ses héros tragiques, afin de mieux émouvoir l'Assemblée.

Il frappe à la porte du poëte. C'est Céphisophon qui vient lui ouvrir. Céphisophon était le collaborateur et l'ami d'Euripide, et un peu celui de sa femme, dit-on.

Encore une chose que notre siècle n'a pas inventée : le collaborateur !

DICÉOPOLIS.

Holà ! quelqu'un !

CÉPHISOPHON.

Qui est là ?

DICÉOPOLIS.

Euripide est-il à la maison ?

CÉPHISOPHON.

Il y est et il n'y est pas.

DICÉOPOLIS.

Comment peut-il y être et n'y être pas ?

CÉPHISOPHON.

Sans doute, bonhomme : occupé à chercher des vers subtils, son esprit n'est pas au logis ; mais son corps y est! Mon maître, perché en l'air, compose une tragédie.

La réplique de Céphisophon à Dicéopolis : « Il y est et il n'y est pas, » semble une parodie de celles qu'Euripide prête souvent à ses personnages ; par exemple à Hippolyte : « La langue a juré, mais non pas le cœur ! » Ou bien « Phèdre, en n'étant pas sage (*par son amour*), a été sage (*en m'accusant*); et moi, qui ai été sage (*par ma chasteté*), je n'ai pas été sage (*en me laissant accuser*). — Corneille a des subtilités semblables ; par exemple, lorsque Chimène, dans sa douleur, s'exprime ainsi :

La moitié de ma vie (*mon amant*) a mis l'autre au tombeau, (*mon père*),
Et m'oblige à venger, après ce coup funeste,
Celle que je n'ai plus (*mon père*) sur celle qui me reste (*mon amant*).

Le bon Dicéopolis est émerveillé de la réponse de Céphisophon, et s'écrie :

O trois fois heureux Euripide, d'avoir un serviteur qui réponde si subtilement. — Appelle ton maître !

CÉPHISOPHON.

Impossible !

DICÉOPOLIS.

Appelle toujours : car je ne m'en irai point d'ici, et je resterai à frapper. — Euripide, mon petit Euripide ! si jamais tu as écouté personne, écoute-moi ! C'est Dicéopolis de Chollide qui t'appelle, c'est moi !

EURIPIDE, *derrière le théâtre.*

Je n'ai pas le temps.

DICÉOPOLIS.

Fais-toi rouler ici [1].

EURIPIDE.

Impossible.

DICÉOPOLIS.

Cependant....

EURIPIDE.

Eh bien ! pour rouler, oui ; mais pour descendre, non.

Alors on voit apparaître Euripide dans un panier suspendu à une corde, comme Socrate dans *les Nuées.*

DICÉOPOLIS.

Euripide !

EURIPIDE, *avec une emphase tragique.*

Quel son a frappé mon oreille ?

DICÉOPOLIS.

Ainsi tu perches pour composer, au lieu d'écrire à terre ? Je ne m'étonne plus que tu fasses des héros boiteux [2]. Oh !

1. Par la machine suspendue qui roulait les dieux dans les tragédies, et qu'on appelle chez nous *une gloire.*
2. S'ils tombent de là-haut. Allusion au *Télèphe*, au *Philoctète*, au *Bellérophon*, tous boiteux. Dans *la Paix* de notre poëte, la fille de Trygée dit à son père qui monte au ciel sur l'escarbot : « Prends garde de tomber et de devenir boiteux : ne va pas fournir un sujet de tragédie à Euripide ! »

comme te voilà couvert de lambeaux tragiques et de haillons pitoyables. Je ne m'étonne plus, que tes héros soient des mendiants!... Eh bien! je t'en conjure à genoux, Euripide, donne-moi des haillons de quelque vieille pièce : car j'ai à débiter au chœur une longue tirade, et si je parle mal, je suis mort.

EURIPIDE.

Quelles guenilles veux-tu? Celles dont j'ai affublé le pauvre vieux OEnée?

DICÉOPOLIS.

Non : pas celles d'OEnée! celles d'un plus malheureux encore!

EURIPIDE.

Veux-tu celles de Phénix, l'aveugle?

DICÉOPOLIS.

Non, celles d'un autre encore plus infortuné!

EURIPIDE.

Mais quelles loques demande-t-il donc? Est-ce celles du pauvre Philoctète que tu veux dire?

DICÉOPOLIS.

Point; mais d'un bien plus pauvre encore!

EURIPIDE.

Seraient-ce les sales guenilles du boiteux Bellérophon?

DICÉOPOLIS.

Non; pas Bellérophon! Celui que je veux dire était à la fois boiteux, mendiant, bavard et beau parleur.

EURIPIDE.

Ah! j'y uis! c'est Télèphe, le Mysien[1]!

DICÉOPOLIS.

Oui, Télèphe! Télèphe! Donne-moi ses haillons, je t'en supplie!

EURIPIDE.

Garçon, donne-lui les haillons de Télèphe, ils sont au-dessus de ceux de Thyeste, avec ceux d'Ino.

CÉPHISOPHON, à Dicéopolis.

Tiens, les voici!

DICÉOPOLIS, étalant le manteau troué.

O Jupiter, dont l'œil perce tout, laisse-moi revêtir le cos-

---

1. OEnée, Phénix, Philoctète, Bellérophon, Télèphe, tragédies d'Euripide, desquelles il ne reste que des fragments fort courts.

tume de la misère! Euripide, achève ton bienfait en me donnant le petit bonnet mysien qui va si bien avec ces haillons. Il me faut aujourd'hui avoir l'air d'un mendiant, « être ce que je suis, mais ne point le paraître [1]. » Les spectateurs sauront bien qui je suis, mais le chœur sera assez bête pour l'ignorer, je l'entortillerai de mes sentences.

EURIPIDE.

Je te donnerai le bonnet, en faveur du noble projet que médite ton habile esprit.

DICÉOPOLIS.

« Que les dieux contentent tes désirs, et ceux que je forme pour Télèphe [2]! » Ah! je me sens déjà tout bourré de sentences! Mais il me faut aussi un bâton de mendiant.

EURIPIDE.

Le voici. « Et maintenant, éloigne-toi de ces portiques [3]! »

DICÉOPOLIS.

« Ah! mon âme! tu vois comme on te chasse de cette maison [4], » quand il te faut encore tant de petits accessoires! Mais soyons pressant, opiniâtre, importun. Euripide, donne-moi un petit panier, et dedans une lampe allumée.

EURIPIDE.

Et qu'as-tu à faire de ce panier-là?

DICÉOPOLIS.

Rien; mais je veux l'avoir tout de même.

EURIPIDE.

Ah! que tu m'ennuies! sors de ma maison!

DICÉOPOLIS.

Hélas!... Puissent les dieux t'accorder un aussi brillant destin qu'à ta mère [5]!

---

1. Vers emprunté à Euripide Il y a dans cette scène un grand nombre de vers parodiés de la même façon.
2. Ces deux vers sont empruntés au *Télèphe* d'Euripide.
3. Autre vers parodié.
4. *Idem*.
5. La mère d'Euripide avait, dit-on, vendu des herbes et des légumes sur le marché. — Ceci est, du reste, une parodie des vers de tragédie où l'on disait souvent, par un tour semblable, la pensée contraire : « Puissent les dieux t'accorder un plus heureux destin qu'à ta mère!» C'était devenu une formule, comme dans nos mélodrames : *la croix de ma mère!* ou : *sauvé! sauvé, mon Dieu!*...

EURIPIDE.

Hors d'ici, je te prie !

DICÉOPOLIS.

Oh ! seulement une petite écuelle ébréchée !

EURIPIDE.

Allons, prends, et va te faire pendre. Tu es assommant, sais-tu ?

DICÉOPOLIS.

« Ah ! tu ignores le mal que tu me fais ! » Mon bon Euripide chéri, plus rien qu'une petite cruche bouchée avec une éponge.

EURIPIDE.

Malheureux ! tu m'enlèves ma tragédie. Allons, tiens et va-t'en.

DICÉOPOLIS.

Je m'en vais ; mais, grands dieux ! il me faut encore une chose : si je ne l'ai pas, je suis un homme mort. Écoute-moi, mon petit Euripide, donne-moi encore cela, et je m'en vais, je ne reviens plus : quelques petites herbes dans mon panier[1] !

EURIPIDE.

Tu veux donc ma ruine ! Tiens, mais c'en est fait de mes drames.

DICÉOPOLIS.

Je ne demande plus rien, je m'en vais. « Importun, je ne songe pas que j'excite la haine des rois !... » Ah ! malheureux ! je suis perdu ! j'ai encore oublié une chose sans laquelle tout le reste n'est rien. Euripide, mon excellent, mon cher Euripide, que je meure misérablement, si je te demande encore une seule chose après celle-ci, la dernière de toutes, la vraie dernière : donne-moi de ce cerfeuil que ta mère t'a laissé en héritage.

EURIPIDE.

L'insolent ! (à *Céphisophon:*) Garçon, ferme la porte à clef.

Voilà cette scène curieuse, étrange. Retranchons-en par la pensée ce qui n'eût pas dû s'y trouver : les allusions à la profession de la mère d'Euripide ; il faut avouer

---

1. Encore la même allusion à la mère d'Euripide.

qu'elles sont misérables : comme il arrive d'ordinaire, c'est une faute d'esprit en même temps que de cœur. Qu'y a-t-il en effet de piquant à rappeler qu'Euripide est fils d'une verdurière? qu'est-ce que cela peut enlever au mérite du grand poëte? Cela ne pourrait qu'y ajouter : car, supposé que la première éducation eût fait défaut à cet esprit, il aurait donc développé tout seul et par sa propre force ses germes naturels; il se serait donc fait lui-même : on ne voit pas en quoi sa gloire en serait amoindrie ou obscurcie. Entre deux hommes ou deux arbres dont les têtes sont au même niveau, est-ce que celui qui part de plus bas n'est pas réellement le plus grand des deux? Ainsi l'on doit reconnaître qu'ici la pensée d'Aristophane ne vaut pas mieux que ses sentiments.

Mais, en laissant de côté ces sottes allusions, les critiques littéraires du poëte comique ne manquent ni d'agrément ni de justesse. Les subtilités où se complaisait le génie déjà très-moderne d'Euripide, et l'excès de son *réalisme*, comme l'on dirait aujourd'hui, prêtaient matière à raillerie, et l'esprit satirique d'Aristophane en a su tirer bon parti. Il y a là un grand nombre de plaisanteries de bon aloi, et un trait qui était devenu proverbe : « Malheureux! tu m'enlèves ma tragédie! »

Pour qui étudie l'art de présenter la critique littéraire sous une forme vive et dramatique, cette scène des *Acharnéens* est un modèle.

Or elle est comme le prélude des *Femmes aux fêtes de Cérès* et des *Grenouilles*.

Notons d'autre part, qu'il y a trois comédies d'Aristophane où les femmes, — les femmes grecques, — figurent comme personnages principaux; ce sont : *Lysistrata*,

— les Femmes à l'Assemblée, — et celle-ci : les Femmes aux fêtes de Cérès.

LES FEMMES AUX FÊTES DE CÉRÈS.

On dit qu'il y eut deux pièces portant ce titre, qui est en grec : *les Thesmophoriazuses*. Ou bien ce serait la même pièce qui, ayant eu sous sa première forme, peu de succès (s'il en faut croire Artaud), aurait été refondue. Il ajoute cette remarque : « Un passage cité par Aulu-Gelle (livre XV, ch. xx) et par Clément d'Alexandrie (*Stromat.*, livre VI) comme de la première édition, se trouve dans la pièce telle que nous l'avons aujourd'hui ; un autre que cite Athénée comme appartenant à la seconde, ne s'y trouve point : d'où il résulte que nous avons la première ; » celle, par conséquent qui eut peu de succès.

Cependant, la pièce, telle que nous la possédons, n'est à mon avis, ni moins bien menée, ni moins gaie, ni moins gaillarde même, que *Lysistrata*. Peut-être un peu moins serrée seulement. Elle est remplie de parodies, et extrêmement littéraire, soit par le fond, soit par la forme.

Les Thesmophoriazuses, c'est à dire les Femmes célébrant les Fêtes de Cérès et de Proserpine. L'assemblée des Thesmophoriazuses se formait de la manière suivante : chaque tribu élisait deux femmes qui prenaient part à la fête ; en montant à Éleusis, elles portaient sur la tête les livres sacrés où étaient écrites les lois de Cérès, appelées Θεσμοί : de là le nom de *Thesmophories* : procession où l'on portait les *Thesmoi*. On ne sait pas avec certitude si, comme Théodoret l'assure, les femmes adoraient dans ces mystères le signe représentatif des parties qui distinguent leur sexe, ainsi que cela se pratiquait aux mystères d'Éleusis; mais Apollodore dit formellement qu'elles se permettaient dans ces fêtes les propos les plus lascifs, en mémoire de ceux avec lesquels Iambè ou Baubo, selon les vers attribués à Orphée, avait fait rire Cérès malgré sa douleur, lorsqu'elle était venue chez Célée, en cherchant Proserpine.

Quoi qu'il en soit, l'entrée du temple où les femmes célébraient ces fêtes était interdite aux hommes.

Aristophane donc imagine qu'elles saisissent cette occasion pour délibérer à huis clos sur les moyens de se venger d'Euripide, qui ne cesse de les accabler d'injures dans ses tragédies : il ne présente sur le théâtre que des Ménalippes et des Phèdres, jamais une Pénélope. (Elles oublient Polyxène, Iphigénie, Électre, Alceste; la passion ne voit jamais qu'un côté des choses.) Indignées, furieuses, elles ont résolu de faire à Euripide un mauvais parti, — comme à Orphée les femmes de Thrace, — comme celles de Meung à Jean Clopinel qui, dans la seconde partie du *Roman de la Rose*, les traite moins délicatement que Guillaume de Lorris dans la première.

Euripide, par hasard, apprend le complot formé contre lui. Il songe aussitôt combien il lui importerait d'avoir une avocate parmi ses ennemies. Mais comment trouver une seule femme qui veuille prendre sa défense?

Il propose à Agathon, son confrère en tragédie, de se déguiser en femme, il aura peu de chose à faire pour cela, et d'aller plaider adroitement sa cause dans le conciliabule féminin.

« Eh! que ne vas-tu toi-même te défendre? dit Agathon, — qui est arrivé suspendu en l'air, comme Euripide dans la scène des *Acharnéens*.

— Voici, répond Euripide : d'abord je suis connu ; ensuite je suis chauve et j'ai de la barbe. Toi, ta figure est belle, blanche et sans poil ; tu as une voix de femme, un air mignon. »

Agathon cependant refuse. — Mnésiloque, beau-père d'Euripide, s'offre pour jouer ce rôle périlleux. On commence à le raser, on l'écorche ; il crie, et veut s'enfuir avec sa figure à demi-rasée ; on le retient de force et on l'achève. Puis, on le flambe par le bas, selon l'usage des femmes grecques ; et cela, s'il vous plaît, en plein théâtre.

« Aïe, aïe ! on me brûle ! De l'eau, voisins, de l'eau, avant que la flamme.... »

La suite de cette toilette est intraduisible.

Tant y a qu'enfin, Mnésiloque, homme entre deux âges, est métamorphosé en femme, encore plus que M. de Pourceaugnac ou Mascarille, ou Mme Gibou et Mme Pochet. Ce travestissement devait faire une parade très-amusante pour le gros du public, surtout avec toutes les circonstances de fantaisie bouffonne et licencieuse que nous n'avons pu qu'indiquer.

C'étaient des hommes qui, dans les tragédies aussi bien que dans les comédies, jouaient les rôles de femme chez les Grecs, du moins, à l'époque de Périclès et jusqu'à celle d'Alexandre ; de même chez les Latins, au commencement ; de même chez les Anglais, jusque du vivant de Shakespeare ; imaginez-vous Desdémona, ou Miranda, ou Ophélia, jouée par un homme ! — Dans un des prologues de ce poëte, on prie les spectateurs de prendre patience parce que la reine n'est pas encore rasée. Dans nos Mystères du moyen âge les rôles de femmes aussi bien que d'hommes furent joués d'abord par des prêtres et des clercs, et cela au sein même des églises, qui, en proscrivant le théâtre antique, devinrent le berceau du théâtre moderne.— Jusque chez Molière, quelques personnages, Mme Jourdain par exemple, et Philaminte, dit-on, ou plutôt Bélise à ce que je pense, étaient jouées par l'acteur Hubert, auquel succéda Beauval. Béjart le boiteux joua d'original le rôle de Mme Pernelle, et s'en acquitta des mieux, dit le bon Robinet. De notre temps, à Constantinople, on a représenté *le Malade imaginaire* traduit en turc, et tous les rôles étaient joués par de jeunes Turcs de la maison du sultan. Argant et Toinette, Turcs ! M. Purgon et Angélique, Turcs ! M. Fleurant, MM. Diafoirus et la petite Louison, Turcs !

Mais autant par le masque et par les draperies, par la démarche et par la diction, l'acteur grec s'il représentait Électre ou Myrrhine, Déjanire ou Lysistrata, s'étudiait à produire l'illusion de la beauté ou de la grâce féminines, autant, lorsqu'il représentait Mnésiloque travesti en femme, il avait soin de conserver la laideur qui est généralement l'apanage du sexe masculin dans l'âge mûr.

Cet usage de faire jouer les rôles de femme par des hommes, explique la liberté excessive, la licence gaillarde de tant de passages, et en diminue relativement l'obscénité.

La scène, qui était d'abord devant les maisons d'Agathon et de Mnésiloque, est transportée ensuite au temple de Cérès, dont on voit à la fois l'intérieur et les abords avec une multitude de petites tentes ; ce qui pouvait donner lieu à un décor piquant, supposé qu'on voulût se mettre en frais.

Les femmes y tiennent séance, et y discutent, dans les formes d'une délibération politique, la perte de leur ennemi, ce fils de fruitière qui a l'audace de révéler au au public leurs fraudes et leurs artifices, au risque de rendre les maris clairvoyants ! Si les maris ouvrent les yeux, il n'y aura donc plus moyen ni de supposer des enfants, ni de s'évader pendant la nuit! Déjà voilà qu'on met des verrous à leurs portes, et même qu'on les scelle d'un cachet! Si encore elles pouvaient, ainsi recluses, se consoler par la gourmandise! Mais non, toutes les provisions, la farine, l'huile, le vin, sont aussi sous clef.

Ce qui est assez comique c'est qu'Aristophane, au moment où il semble critiquer indirectement les duretés d'Euripide envers les femmes, ne se montre pas moins cruel à leur égard.

Mnésiloque, d'un ton de fausset qu'il essaye de rendre argentin, prend la défense de l'accusé. — Et le poëte dans ce cadre, continue la satire des femmes, thème que reprendront plus tard Juvénal, Boileau et tant d'autres : car le mal qu'on a dit des femmes pourrait fournir bien des volumes [1].

MNÉSILOQUE.

Je ne m'étonne point, ô femmes, que les médisances d'Euripide excitent contre lui votre colère et fassent bouillonner votre bile. Moi-même, j'en jure par mes enfants, je hais cet homme : ne pas le haïr serait insensé ! Cependant, réfléchissons un peu : nous sommes seules et n'avons pas à craindre que nos paroles soient divulguées. Pourquoi lui faire un crime capital d'avoir révélé deux ou trois de nos mauvais tours, quand nous les comptons par milliers? car moi, d'abord, sans parler d'aucune autre, j'ai sur la conscience pas mal de péchés; celui-ci, par exemple, qui n'est pas mince : J'étais mariée depuis trois jours; mon mari dormait près de moi ; j'avais un ami qui avait pris mon pucelage lorsque

---

1. Nous en avons fait un petit extrait en un seul livre : *le Mal qu'on a dit des Femmes.* — Mais, avec impartialité, nous avons recueilli aussi *le Bien.* — *Le Mal* a eu déjà sept éditions. — On vient de réunir en un volume *le Mal* et *le Bien*.

j'avais sept ans; poussé par sa passion, il vint gratter à la porte; je l'entendis et quittai le lit doucement. Mais mon mari me dit: Où vas-tu? — Où? j'ai la colique, mon ami; je souffre horriblement; je vais au cabinet. — Va, dit-il. Et alors, il broie pour moi des graines de cèdre, de l'anis, de la sauge, pendant que moi, graissant les gonds, j'allai à mon amant; et là, près de la porte, courbant mon corps, et prenant pour appui l'autel et le laurier sacré,... je fus à lui. — Voyez, cependant, est-ce qu'Euripide a jamais parlé de cela? Et, quand nous accordons nos complaisances à des esclaves ou à des muletiers, à défaut d'autres, en parle-t-il? Et quand, après une nuit d'amour avec quelque galant, nous mangeons de l'ail dès le matin, pour rassurer par cette odeur le mari qui revient de monter la garde sur le rempart; Euripide, dites-moi, en a-t-il jamais soufflé mot? S'il maltraite Phèdre, que nous importe? Il n'a jamais parlé non plus de cette femme qui, en déployant un manteau devant son mari, sous prétexte de le lui faire admirer au grand jour, masque ainsi l'amant qui s'évade. J'en connais une autre qui pendant dix jours fit semblant d'être en mal d'enfant, jusqu'à ce qu'elle en eût acheté un; le mari allait de tous côtés chercher des drogues pour hâter la délivrance; une vieille apporta l'enfant dans une marmite, et, pour l'empêcher de crier, elle lui avait mis du miel plein la bouche; elle fait signe à l'autre qui pousse des cris, et dit: Va-t'en, va-t'en, mon homme, car je sens que j'accouche! » C'est que le petit jouait des talons contre le ventre de la marmite[1]. Le mari s'en va tout joyeux; la vieille ôte le miel de la bouche de l'enfant; il se met à vagir; alors elle, la vieille sorcière, qui l'avait apporté, court après le mari et dit en souriant: « C'est un lion, un lion, qui t'est né! ton portrait vivant, dans toutes ses parties, et même dans celle-ci, toute pareille à la tienne et torse comme une pomme de pin! » Ne sont-ce pas là de nos tours? Oui, par Diane! Eh bien alors, pourquoi nous fâcher tant contre Euripide, qui en dit bien moins que nous n'en faisons? »

1. Ce qui faisait du bruit et allait trahir sa présence. Telle est je crois, l'interprétation véritable, quoique Artaud, d'après un scholiaste, en ait adopté une autre, et Poyard à son exemple; comme j'avais fait aussi d'abord. Mais je me rallie à la version de Brunck.

Ce plaidoyer trop favorable à Euripide inspire déjà à l'assemblée quelques soupçons sur cette avocate inconnue; lorsque Clisthène, un mignon qui a ses entrées chez les femmes, même aux Thesmophories, satire sanglante pour dire que c'est un homme-femme, encore plus qu'Agathon, vient leur donner avis qu'un homme s'est glissé parmi elles sous un déguisement.

« C'est impossible ! s'écrie étourdiment Mnésiloque, quel est l'homme assez fou pour se laisser épiler et flamber ?. » — Exclamation aussi comique que celle de M. de Pourceaugnac, également déguisé en femme : « Ce n'est pas moi ! » crie-t-il aux archers qui le cherchent et qui, sans cette imprudente parole, passaient devant *elle*, sans le remarquer.

La péripétie est la même : ce mot naïf de Mnésiloque achève de donner l'éveil. — « Il faut, dit Clisthène, que toutes passent à l'examen. » — Mnésiloque est inquiet. «Ah ! grands dieux ! » dit-il à part. — On l'entoure, on veut procéder à la vérification : — cela toujours en plein théâtre ! — Scène plus que bouffonne, qui rappelle fort un certain conte de La Fontaine sur un sujet analogue : — un gaillard qui s'est déguisé en nonne pour s'introduire dans un couvent de femmes.

Mnésiloque voudrait bien s'en aller, ou se soustraire à l'examen qui le menace. Il simule un besoin pressant ; on le suit dans son coin, on ne le quitte pas.

CLISTHÈNE.
Tu restes bien longtemps à pisser..

MNÉSILOQUE.
Hélas oui, j'ai une rétention d'urine : j'ai mangé hier du cresson.

CLISTHÈNE.
Que nous contes-tu avec ton cresson? Allons, viens ici!

MNÉSILOQUE.
Aïe! ne tire donc pas ainsi une pauvre femme souffrante!

CLISTHÈNE.

Dis-moi, qui est ton mari?

MNÉSILOQUE.

Mon mari?... Connais-tu à Cothocide un certain individu?...

CLISTHÈNE.

Qui? son nom?

MNÉSILOQUE.

C'est un individu à qui, un jour, quelqu'un, le fils d'un certain individu......

CLISTHÈNE.

Tu patauges!... Voyons, es-tu déjà venue ici?

MNÉSILOQUE.

Mais sans doute, chaque année!

CLISTHÈNE.

Quelle est ta camarade de tente[1]?

MNÉSILOQUE.

C'est une certaine.... (*à part*) Je suis pincé!

CLISTHÈNE.

Tu ne réponds pas.

UNE FEMME.

Laisse : je vais la questionner comme il faut sur les cérémonies de l'année dernière. Éloigne-toi : car tu es homme, tu ne dois rien entendre de cela. — Voyons, dis-moi, quelle fut la première cérémonie qui fût accomplie par nous? Réponds, quelle fut la première?

MNÉSILOQUE.

La première, ce fut de boire.

LA FEMME.

Et après, quelle fut la seconde?

MNÉSILOQUE.

Ce fut de boire à nos santés.

LA FEMME.

Tu auras su cela de quelqu'un. Et en troisième lieu?

MNÉSILOQUE.

Xénylla demanda une coupe : car il n'y avait pas de pots de chambre....

---

1. Pendant les Thesmophories, les femmes logeaient deux à deux sous des tentes dressées près du temple de Cérès.

LA FEMME.

Tu ne me dis rien qui vaille. — Viens, Clisthène, viens : c'est l'homme dont tu nous parles.

CLISTHÈNE.

Eh bien ! que faut-il faire ?

LA FEMME.

Ote-lui ses vêtements. Il ne dit rien qui ait le sens commun.

MNÉSILOQUE.

Quoi ! vous mettrez toute nue une mère de neuf enfants ?

CLISTHÈNE.

Imprudent, ôte vite ce corset [1] !

LA FEMME.

Certes, voilà une solide gaillarde, mais elle n'a pas de tétons comme nous.

MNÉSILOQUE.

C'est que je suis stérile, je n'ai jamais eu d'enfants.

LA FEMME.

Oui-da ? Tout à l'heure tu en avais neuf.

CLISTHÈNE.

Tiens-toi droit ! Pourquoi essayes-tu de dissimuler quelque chose [2] ?...

LA FEMME.

Voyez : il n'y a pas à s'y tromper [3] !

CLISTHÈNE.

Où est-ce passé maintenant ?

LA FEMME.

En avant.

CLISTHÈNE.

Mais non.

LA FEMME.

Ah ! en arrière à présent !

CLISTHÈNE.

Mais c'est un va-et-vient, l'ami, plus que sur l'isthme de Corinthe [4] !

---

1. Voir la note 1, p. 94.
2. *Quo penem trudis deorsum ?* Brunck.
3. *Eccum vide : prominet, et optimi coloris est.* Brunck.
4. *Isthmum aliquem habes, homo : sursumque et deorsum penem trahis retrahisque, frequentius quam Corinthii.* Les Corin-

LA FEMME.

Ah! le misérable! Voilà pourquoi il nous insultait et défendait Euripide.

MNÉSILOQUE.

Aïe! malheureux, où me suis-je fourré?...

N'est-ce pas, à peu de chose près, le conte de l'Abbesse et des Lunettes? Seulement, auprès d'Aristophane, La Fontaine a l'air pudibond. C'est qu'aussi les couvents cachaient ce que les phallophories étalaient.

Le cas de l'infortuné Mnésiloque, malgré tous les efforts qu'il fait pour le cacher, est donc à la fin découvert. Les femmes vont faire subir au traître un châtiment terrible, — comme les blanchisseuses du Gros-Caillou au perruquier libertin caché sous l'autel de la patrie, dans le Champ de Mars, en 91.

Mnésiloque s'empare d'un enfant qu'une femme portait dans ses bras, et jure de le mettre à mort si on ne le laisse pas en repos. Il se trouve que cet enfant est une outre de vin emmaillottée, que la femme baisait tendrement, tétant au lieu d'être tétée. Mnésiloque lève le poignard sur cette outre, comme Dicéopolis sur le panier à charbon des Acharnéens. — La femme demande un vase pour recueillir le sang de son enfant.

Ces parodies de scènes tragiques quelconques sont suivies d'autres plus directes de diverses pièces d'Euripide, *Palamède*, *Andromède*, *Hélène*. De telles allusions, en grande partie perdues pour nous à qui ces tragédies ne

thiens, pour n'avoir pas à faire le tour du Péloponnèse, faisaient passer sans cesse leurs navires d'une mer à l'autre à travers l'isthme, au moyen de machines. On sait, au surplus, que les vaisseaux grecs étaient de très-petites dimensions.

sont pas parvenues, avaient de l'intérêt pour les Athéniens qui souvent voyaient représenter à peu d'intervalle les ouvrages parodiés et les parodies, aimant à rire des choses même qui leur avaient tiré des larmes, et s'accommodant aisément de voir tourner en ridicule les œuvres qu'ils admiraient le plus.

En vain Mnésiloque se défend ; en vain il essaye aussi de s'enfuir : on le poursuit, et cela donnait lieu à une sorte d'entrée de ballet, comme on aurait dit chez nous au dix-septième siècle, ou à un intermède de danse, comme nous dirions aujourd'hui. Cette poursuite était réglée et rhythmée : cela est indiqué par les changements de mètre, et par les paroles mêmes du chœur (vers 655 à 684). Il faut nous figurer tout cela, avec la jolie mise en scène de cette multitude de tentes, entre lesquelles Mnésiloque essayait de fuir.

Pendant ce temps, une autre partie du chœur faisait l'apologie des femmes et réfutait les médisances, les calomnies et les injures d'Euripide et de son téméraire défenseur (vers 785 à 845). C'est la parabase ; nous y reviendrons.

Le pauvre Mnésiloque est enfin arrêté et garrotté par ordre d'un prytane ; sorte de juge de paix ou de commissaire, que l'on est allé requérir.

Le chœur des femmes exprime, par un nouvel intermède de chant et de danse, la joie qu'elles ont de se venger, pendant qu'un archer scythe, qui baragouine, comme les Suisses dans les comédies de Molière, attache

Mnésiloque à un poteau, et le serre cruellement, malgré ses cris de douleur et ses imprécations.

Mnésiloque, nouvelle Andromède captive, appelle quelque Persée à son secours.

Euripide paraît, vêtu en Persée, pour délivrer son Andromède.— Il venait de faire représenter une tragédie sur ce sujet. Toute cette scène en était la parodie.

Ensuite il fait le rôle de la reine Écho, un autre de ses personnages, et répète seulement les derniers mots des répliques d'Andromède-Mnésiloque; — ce qui produisait un effet de scène, nouveau sans doute en ce temps-là :

MNÉSILOQUE, *en Andromède.*

Triste mort !

EURIPIDE, *en Écho.*

Triste mort !

MNÉSILOQUE.

Tu m'assommes, vieille bavarde !

EURIPIDE.

Vieille bavarde !

MNÉSILOQUE.

Ah ! tu es par trop insupportable.

EURIPIDE.

Insupportable.

MNÉSILOQUE.

Mon amie, laisse-moi parler seule ; tu me feras plaisir. Allons, assez.

EURIPIDE.

Allons, assez.

MNÉSILOQUE.

Va te pendre !

EURIPIDE.

Va te pendre !

MNÉSILOQUE.

Quelle peste !

EURIPIDE.

Quelle peste!

MNÉSILOQUE.

Quel radotage!

EURIPIDE.

Quel radotage!

MNÉSILOQUE.

Maudit animal!

EURIPIDE.

Maudit animal!

MNÉSILOQUE.

Gare aux coups!

EURIPIDE.

Coups!

⁂

L'archer ou gendarme, étonné de ce bavardage, en demande la cause, et la plaisanterie reprend avec lui.

L'ARCHER.

Qu'as-tu à jacasser?

EURIPIDE.

Qu'as-tu à jacasser?

L'ARCHER.

J'appellerai les prytanes!

EURIPIDE.

Anes!

L'ARCHER.

C'est bizarre!

EURIPIDE.

C'est bizarre!

L'ARCHER.

D'où vient cette voix?

EURIPIDE.

Vois!

L'ARCHER, *à Mnésiloque.*

Est-ce toi qui parles?

EURIPIDE.

Est-ce toi qui parles?

L'ARCHER.

Ah! gare à toi!

EURIPIDE.

Oie!

L'ARCHER.

Tu te moques de moi?

EURIPIDE.

Oie!

MNÉSILOQUE.

Non; c'est cette femme qui est près de toi.

EURIPIDE.

Oie!

L'ARCHER.

Où est la coquine? Ah! elle se sauve! Où, où te sauves-tu?

EURIPIDE.

Où, où te sauves-tu?

L'ARCHER.

Tu ne m'échapperas pas.

EURIPIDE.

Tu ne m'échapperas pas.

L'ARCHER.

Tu jases encore?

EURIPIDE.

Encore!

L'ARCHER.

Arrêtez la coquine!

EURIPIDE.

La coquine!

L'ARCHER.

Peste soit de la vieille bavarde!

EURIPIDE.

Bavarde!

⁂

Euripide, qui vient de figurer déjà en Ménélas, en Persée, en Écho, reparaît encore en Persée. Le ventru Mnésiloque a représenté tour à tour la belle Hélène et la jeune Andromède.

Persée-Euripide veut la délivrer. Là, Euripide devait

paraître dans les airs; il faut nous figurer toute cette mise en scène, les travestissements, les métamorphoses, les danses et les chants entremêlés à ces parodies, qui à elles seules auraient suffi à divertir l'esprit très-littéraire des Athéniens.

« Il semble, dit Schlegel, que l'esprit d'Aristophane redouble de causticité lorsqu'il s'attaque aux tragédies d'Euripide. »

Persée ne réussit à rien : le gendarme fait bonne garde. Euripide finit par faire aux femmes des propositions de paix, qui sont acceptées : il s'engage à ne plus dire de mal des femmes, à condition qu'elles rendront la liberté à son beau-père. Mais le gendarme ne veut pas lâcher prise.

༺༻

Euripide, alors, prend encore une nouvelle forme : il paraît sous la figure d'une vieille, et cette vieille amène une danseuse et une joueuse de flûte qui, par leurs poses et leurs chansons lascives, émeuvent à compassion le cœur du gendarme.

Ah! pour être gendarme, on n'en est pas moins homme!

« Qu'elle est légère! » s'écrie le Scythe en suivant d'un œil émérillonné les passes provocantes de la danseuse, « on dirait une puce sur une toison! »

Ce qui rappelle le mot de Sancho Pança admirant une belle femme : « Ah! si toutes les puces de mon lit étaient faites comme cela! » Mot imité par Mérimée dans *Colomba*.

Euripide fait asseoir la danseuse presque nue sur les genoux du bon gendarme, qui est ravi : « Oui, oui! dit-il, mets-toi, mets-toi; oui, oui, ma belle enfant! Oh! les jolis.... » Ici, pour traduire, il faudrait citer le *Cantique des Cantiques* et ses grappes de raisin.

Il est pourtant nécessaire de dire, afin de laisser du moins entrevoir ce qu'était le théâtre d'Aristophane, que le Scythe énumère et montre aux spectateurs toutes les perfections de la danseuse, et les siennes, et que le bâton de la Brinvilliers, dans Mme de Sévigné, n'est rien au prix.

Pendant que le gendarme, qui ne se possède plus, se distrait avec cette belle, comme Cerbère avec la levrette du *Federigo* de Mérimée, Mnésiloque et Euripide saisissent le moment et prennent la fuite.

Le gendarme s'en aperçoit, mais un peu tard, et, le devoir reprenant le dessus, il s'élance après eux et court encore.

Cette pièce est bien la sœur de *Lysistrata*. Il n'y a rien de plus indécent que ces deux comédies, mais il n'y a rien de plus bouffon. Maître François Rabelais seul aurait pu traduire mot à mot, en français du seizième siècle, *Lysistrata* et *les Thesmophoriazuses*; et encore peut-être aurait-il eu peine, tout *joyeux curé de Meudon* qu'il était, à se maintenir si longtemps à un tel degré d'ivresse orgiaque.

Il y a, pour nous, dans cette pièce, un peu trop de parodies de détail.

LES GRENOUILLES.

Voici une comédie charmante, dans laquelle on respire un air plus pur.

Les Grenouilles, continuent *les Fêtes de Cérès*; c'est un nouvel assaut livré à Euripide.

Il venait de mourir. Aristophane, néanmoins, le poursuit, comme il a poursuivi Cléon, jusqu'aux enfers.

Sitôt qu'Euripide y fut arrivé, dit-il, il donna un échantillon de son savoir-faire aux larrons, aux coupeurs de bourses, aux enfonceurs de portes, aux parricides, qui foisonnent en ces tristes lieux.

A l'instant, cette aimable multitude, admira sa subtilité et son adresse à la parole pour et contre (vous vous rappelez le Juste et l'Injuste, dans *les Nuées*, où Socrate, est représenté, lui aussi, comme un voleur). Charmés de la souplesse d'Euripide et de ses artifices, tous ces gens-là raffolèrent de lui : ils le jugèrent le plus habile, et détrônèrent Eschyle pour le mettre à sa place.

Peut-être aura-t-on peine à comprendre aujourd'hui cette guerre d'injures et de calomnies en guise de critique littéraire; peut-être n'y verra-t-on qu'un acte de jalousie peu honorable pour l'auteur et peu intéressant pour le public. Mais reportez-vous à Athènes, au milieu de ce peuple artiste, passionné pour l'esprit, pour la dialectique, la poésie et l'éloquence, et vous comprendrez mieux l'emportement des écoles diverses et des divers partis. Ne perdez pas de vue que la littérature était étroitement unie à la morale, à la politique, à la religion; qu'elle était la dépositaire des traditions nationales. Ce n'était pas comme chez les modernes, une littérature de papier; c'était l'âme même de la nation qui palpitait dans cette poésie; presque toute de mémoire encore et à peine écrite. Chargée de transmettre aux générations nouvelles cet héritage sacré des traditions, si elle en perdait quelque chose, si elle permettait aux novateurs et aux sophistes de l'envahir et de le saccager, Aristophane ne pouvait-il pas croire, ou essayer de se persuader à lui-même, qu'il remplissait une mission patriotique en poussant le cri d'alarme contre cette dépositaire infidèle? De là sa haine pour Euripide, comme pour Socrate. Socrate, c'est, comme nous dirions aujourd'hui, la révolution dans l'éducation; Euripide, c'est la révolution au théâtre. Donc Aristophane croit de son devoir de les attaquer partout et toujours, comme des impies et de mauvais citoyens, comme des hommes sans foi ni loi, tandis qu'il n'hésite point à se considérer lui-même en dépit de son obscénité et de son irrévérence envers certains dieux, comme un poëte très-religieux et très-moral.

La tragédie continuait l'éducation du peuple grec, que l'épopée avait commencée : la tragédie était une sorte d'initiation populaire à l'histoire nationale, à la morale et aux dogmes. La faire descendre de cette fonction sacrée, altérer les traditions mythologiques, transporter sur la scène l'art des sophistes et les habitudes des déclamateurs, y lancer des maximes périlleuses, y invoquer *le dieu inconnu*, n'était-ce pas ébranler les croyances publiques et miner la foi populaire?

Euripide faisait alors dans ses tragédies ce que, vingt-deux siècles plus tard, Voltaire devait renouveler dans les siennes : la guerre à tout le régime ancien.

Eh bien! alors, comprenez-vous l'indignation d'Aristophane, l'homme du passé, contre Euripide, l'homme de l'avenir?

Aussi, écoutez ce qu'il lui reproche: est-ce seulement le mauvais goût de certaines innovations réalistes, l'abus des machines, des costumes, des moyens matériels et extérieurs? Non, ce qu'il lui reproche surtout c'est d'avoir faussé les esprits, corrompu les âmes, altéré le caractère national, dégradé la race hellénique, cette race valeureuse qui défendit si bien les autels de ses dieux et les tombeaux de ses pères à Marathon.

Dans Aristophane, fanatique de l'ancien régime, il y a du Joseph de Maistre.

Et pourquoi Aristophane s'adresse-t-il à Euripide plutôt qu'à tout autre poëte? C'est qu'Euripide est le représentant le plus brillant, et par conséquent, suivant lui, le plus dangereux, de cette jeune littérature, née au milieu des déclamations de l'Agora et des subtilités de l'école sophistique; c'est qu'il personnifie en lui l'esprit nouveau, avec sa mobilité inquiète, sa curiosité, son audace, son irrévérence, sa fureur de tout discuter, de tout ébranler.

A la vérité, la tragédie d'Euripide avait aussi ses inspirations sublimes, lorsqu'elle se souvenait des leçons d'Anaxagore et des entretiens de Socrate. Mais si, aux yeux de la philosophie moderne, et même des Pères de l'Église, ces inspirations font la gloire d'Euripide, précisément aux yeux d'Aristophane, partisan des vieilles idées en toutes choses et des antiques divinités, ces spéculations téméraires étaient autant de niaiseries coupables, d'attaques à la morale publique, et de blasphèmes contre la religion.

Euripide fait du théâtre une tribune, d'où il prêche les maximes nouvelles. Il bouleverse sans scrupule les vieilles légendes hiératiques, les traditions vénérées. Les personnages de la tragédie d'autrefois, ces demi-dieux, hauts de quatre coudées, il les force à descendre, il les abaisse au niveau de l'humanité. De l'idéal, la tragédie tombe au réel. Les dieux mêmes, ne sont plus pour lui que des machines à prologue ou à épilogue. Le langage suit cette décadence des personnages. Pour le rendre plus populaire et plus humain, le poëte dialecticien en altère la forme austère et sacrée; il le brise pour l'assouplir. Il ouvre la porte du théâtre tragique à une foule de mots profanes, « babillards et chétifs. » La tragédie se rapproche de la comédie. Elle fait allusion à l'événement du jour : elle parle guerre, s'il y a guerre; elle attaque un usage qui déplaît à l'auteur. Sûr de charmer les Athéniens, ou de piquer leur curiosité, Euripide dénature le spectacle tragique : au lieu d'une leçon élevée, d'un enseignement indirect mais général, s'adressant à tous les âges, il en fait une œuvre de critique, de polémique ou de fantaisie, comme la comédie elle-même. Il mêle à son *Andromaque* une pointe de satire littéraire sur les collaborateurs, dont il savait par expérience les inconvénients de diverse sorte; à son *Électre* et à ses *Phéniciennes*, la critique des œuvres d'Eschyle sur le même sujet (*les Choéphores, les Sept chefs*). Dans la même *Andromaque*, il s'élève contre un décret qui, à ce que l'on croit, permettait, depuis les désastres de la guerre, le mariage avec deux femmes (ce qui expliquerait que Socrate, comme on l'a dit, en ait eu deux). Enfin, il transporte au théâtre les discussions de l'Agora, et, amenant le peuple à se déjuger, lui fait parfois condamner sur la scène ce qu'il a approuvé ailleurs.

Par là encore la tragédie, telle que la faisait Euripide, empiétait sur la comédie. Il était naturel qu'Aristophane défendît le domaine de celle-ci, ses privilèges et ses franchises.

Plus les Athéniens goûtaient Euripide, plus Aristophane l'attaquait; mais plus aussi il devait déployer d'habileté, d'esprit, de verve dans ses attaques, pour les faire accepter et pardonner.

C'est l'admiration du public athénien pour Euripide qu'il a voulu parodier dans cet enthousiasme de tous les gueux des enfers en faveur du poëte qui vient d'y arriver.

— Le poëte Philémon se serait pendu, disait-il, s'il eût été certain de revoir Euripide aux enfers.

Remettons-nous bien en mémoire à quel moment paraissent *les Grenouilles*.

Euripide mort, à la cour d'Archélaos, roi de Macédoine, les Athéniens envoient une ambassade à ce prince pour lui redemander le corps de leur poëte; Archélaos revendique pour sa patrie l'honneur de le posséder : on se dispute Euripide après sa mort, comme on se l'était disputé pendant sa vie. Athènes entière, Sophocle en tête, qui allait mourir presque aussitôt après son illustre rival, prend le deuil autour du cénotaphe qu'on élève aux restes absents du poëte adoré.... Au milieu de ce concert de louanges et de regrets, une voix s'élève pour protester en ricanant, c'est la voix d'Aristophane.

Convenez que la situation est singulière, et que les attaques d'Aristophane contre Euripide dans un pareil moment dénotent une conviction ardente. — Que ce soit son excuse.

Mais quelle sera celle de ce peuple qui tour à tour et presque en même temps admire, adore, encense le grand poëte tragique, le philosophe du théâtre, rend à sa mémoire les honneurs suprêmes avec autant d'enthousiasme que de douleur, dispute ses restes à un roi; — et qui tout de suite, ô mobilité, — athénienne, populaire, humaine! — est prêt à rire, avec le poëte insulteur, toutes les injures prodiguées à son dieu!

Telle est l'humanité dans tous les temps et dans tous les pays, à Athènes, à Paris.

Le sujet de la comédie des *Grenouilles* est une querelle littéraire entre Eschyle et Euripide se disputant, dans les Enfers, le trône tragique.— Mais cette scène, malgré la simplicité extrême de l'art grec, n'eût pas suffi pour faire une comédie : aussi est-elle précédée d'une introduction très-divertissante qui forme à elle seule une longue odyssée de fantaisie : le Voyage de Bacchus aux Enfers. C'est la première moitié de la pièce.

La plupart des pièces d'Aristophane, *les Acharnéens*, *Plutus*, *les Guêpes*, et à présent *les Grenouilles*, et tout à l'heure, *les Oiseaux*, se présentent comme divisées en deux parties.

Le reste de la comédie des *Grenouilles* est, si l'on peut ainsi parler, un feuilleton de critique dialogué et mis en scène qui fait penser à *la Critique de l'École des Femmes*, mais avec la différence du temps, du genre et de tout le merveilleux bizarre que comportait l'ancienne comédie. D'ailleurs, outre que le débat, malgré sa vivacité, n'est pas aussi évidemment personnel de la part d'Aristophane contre Euripide, qu'il l'est de la part de Molière contre Boursault, la doctrine morale dans la pièce grecque l'emporte sur la critique littéraire; c'est le contraire dans la pièce française.

Eschyle mort, Euripide mort, Sophocle mort, Agathon retiré chez Archélaos (il semble que la cour d'Archélaos fût pour les poëtes athéniens à peu près comme la cour du roi de Prusse pour les philosophes français du dix-huitième siècle, ou comme la Russie pour les comédiens et les artistes de notre temps), la poésie tragique semblait morte ou exilée avec eux. Aristophane suppose que Bacchus, dieu du théâtre, ennuyé de ne plus voir que de mauvaises pièces à Athènes, prend le parti d'aller aux Enfers chercher quelque ancien poëte digne de célébrer ses Fêtes : il veut en ramener Euripide.

Voilà déjà une parodie de la tragédie de *Sémélé*, dans laquelle Bacchus descendait aux Enfers pour y chercher sa mère. A peu près de même dans les *Démoï* d'Eupolis, pièce dont le chœur était composé d'habitants des *dèmes* d'Athènes, Myronidès, général célèbre au temps de Périclès et qui lui survécut, allait aux Enfers rechercher un des anciens généraux d'Athènes dégénérée, il en ramenait Solon, Miltiade, Aristide et Périclès.

Pour ce périlleux voyage, Bacchus, Dionysos, le dieu

vermeil, joufflu, ventru, fanfaron, gourmand, poltron, a pris l'attirail d'Hercule, la massue, la peau de lion.— Phérécrate avait fait aussi un *Faux Hercule*. Ménandre en donna un également.

Le voilà parti, ce Bacchus-Hercule, brave comme Sganarelle dans son armure, c'est-à-dire tremblant au moindre bruit, fort empêché et fort gêné dans son accoutrement de héros.

Son esclave Xanthias l'accompagne, monté sur un âne, comme le Silène de Plaute, ou comme Sancho Panza à la suite de Don Quixote. Il porte le bagage de son maître.

Dionysos frappe à la porte d'Hercule, qui autrefois, par l'ordre de son frère Eurysthée, était descendu aux Enfers pour y aller chercher Cerbère [1] : il lui demande, à lui qui a fait ce voyage, des indications et des renseignements, les chemins, les stations, les hôtelleries, les ports, les auberges sans punaises, les boulangeries, les cabarets, les maisons de plaisir, et enfin la route la plus courte pour aller aux Enfers, une route qui ne soit ni trop chaude ni trop froide.

HERCULE.

La plus courte? C'est celle de la corde et de l'escabeau. Va te pendre!

DIONYSOS.

Tais-toi : ta route me suffoque.

HERCULE.

Il y a aussi un sentier très-court et très-battu : celui qui passe par le mortier [2].

---

1. Hercule était Thébain : aussi quelques commentateurs ont-ils voulu placer d'abord à Thèbes le lieu de la scène où Dionysos frappe à la porte de ce dieu; mais la supposition est inutile : Hercule avait un temple près d'Éleusis, et de là aux Enfers l'imagination et la foi populaires faisaient aisément le chemin.

2. Où l'on pilait la ciguë.

DIONYSOS.

C'est la ciguë que tu veux dire?

HERCULE

Tout juste!

DIONYSOS.

Ce chemin-là est froid et glacial. On s'y gèle tout de suite les jambes [1].

HERCULE.

Veux-tu que je t'en dise un très-rapide et qu'on descende très-vite?

DIONYSOS.

Ah! de grand cœur! je n'aime pas les longues marches.

HERCULE.

Va au Céramique.

DIONYSOS.

Et puis?

HERCULE.

Monte au haut de la tour.

DIONYSOS.

Pour quoi faire?

HERCULE.

Aie les yeux sur la torche au moment du signal [2]; et quand les spectateurs crieront de la lancer, alors lance-toi.

DIONYSOS.

Où?

HERCULE.

En bas.

---

1. Allusion aux premiers effets de la ciguë. Voir, dans le *Phédon* de Platon, la mort de Socrate, imitée par Lamartine dans ses premières poésies.

2. C'était au Céramique qu'on célébrait, en l'honneur de Minerve, de Vulcain et de Prométhée, les *lampadophories* et les *lampadodromies*, c'est-à-dire les processions aux flambeaux et les courses aux flambeaux : dans celles-ci on se passait les torches de main en main, et il fallait prendre garde de les éteindre en courant! Le beau vers de Lucrèce :

Et quasi cursores vitaï lampada tradunt,

est une allusion à cet usage. On donnait aux concurrents le signal du départ, en lançant une torche du haut de la tour.

DIONYSOS.

Mais je me briserai le crâne. Merci de ta route. Je n'en veux pas.

HERCULE.

Mais laquelle donc?

DIONYSOS.

Celle que tu as suivie jadis.

HERCULE.

Ah! le trajet est long. D'abord tu arriveras sur le bord d'un vaste et profond marais.

DIONYSOS.

Et comment le franchir?

HERCULE.

Un vieux nocher te passera dans une toute petite barque, moyennant deux oboles.

DIONYSOS.

Quel pouvoir ont partout les deux oboles[1]!

Après cela, il apercevra une multitude de serpents et de monstres effroyables; puis, un bourbier épais, et un torrent *fangeux*, — de la même *fange* dont parle Dante en un certain endroit de son *Enfer*. — Plus loin, enfin, il entendra un doux concert de flûtes, il verra luire une belle lumière, et, parmi des bosquets de myrte, il rencontrera des troupes bienheureuses d'hommes et de femmes. — Qui sont ces bienheureux? — Les initiés; — c'est-à-dire ceux et celles qui ont eu part aux mystères de Cérès à Éleusis, et qui, selon la foi du temps, jouissaient après leur mort d'une sorte de béatitude.

Ceux-là lui donneront tous les autres renseignements nécessaires : car ils demeurent tout près de là, sur la route même qui conduit au palais de Pluton.

1. Nouvelle allusion au salaire que recevaient les citoyens pour aller juger et voter, et dont nous avons parlé plusieurs fois, notamment à propos des *Guêpes*. Ce salaire varia, à diverses époques, de 1 à 2 et à 3 oboles.

Dionysos en sait assez long pour la première moitié de son voyage : il repart avec Xanthias.

⁂

Ce voyage qui se fait sur la scène même est quelque chose d'assez fantastique. On peut croire que le décor se modifiait une ou deux fois sous les yeux des spectateurs, mais d'une manière fort simple et fort élémentaire probablement : on n'en était pas à simuler, comme dans nos féeries, la marche du personnage en faisant marcher en sens inverse le paysage représenté au fond de la scène. Au reste, ce genre d'illusion était peut-être celui dont les Grecs, et surtout les Athéniens, se souciaient le moins. L'imagination du spectateur suivait très-volontiers celle du poëte, et, guidée par ses rares indications, faisait presque tous les frais du décor. — Il n'en sera guère encore autrement du temps de Shakespeare en Angleterre, et en France au dix-septième siècle. — Comme le remarque fort bien M. Vitet, dans ses études sur l'art et le théâtre antiques, « plus les peuples ont d'imagination et de fraîcheur d'esprit, moins ils demandent à leur théâtre un système de décors rigoureusement imitatifs. Voyez les enfants! ils se figurent ce qu'ils veulent voir ; ils transforment tout à plaisir : Un bâton sur l'épaule, et les voilà soldats! Un bâton qu'ils enfourchent, les voilà cavaliers! Ainsi des peuples jeunes. Ils ont les yeux dociles et complaisants. Pour se passer de nos décors modernes, il faut ou la jeunesse ou le raffinement de l'esprit. Dans nos salons, dans nos châteaux, on joue la comédie, on la joue sans coulisses et sans toile de fond : un simple paravent fait l'affaire. C'était un paravent de marbre que la décoration du *proscenium* antique. »

⁂

L'indolent Xanthias, qui porte au bout d'un bâton le léger bagage de son maître, se plaint du poids de son paquet. On ne sait trop pourquoi il le porte lui-même, puisqu'il peut le faire porter à son âne, — à moins que ce ne soit exprès pour donner lieu à un assaut de subtilités dans le goût des tragiques et particulièrement d'Euripide :

DIONYSOS.

Quel excès d'insolence et de mollesse ! Moi, Dionysos, fils de la Bouteille, je vais à pied et me fatigue, tandis que je donne à ce drôle une monture, afin qu'il soit à l'aise et n'ait rien à porter....

XANTHIAS.

Est-ce que je ne porte rien ?

DIONYSOS.

Comment porterais-tu puisque tu es porté ?

XANTHIAS.

Oui, mais je porte ce paquet.

DIONYSOS.

Comment ?

XANTHIAS.

Comment ? Avec bien de la peine !

DIONYSOS.

N'est-ce pas l'âne qui porte le paquet que tu portes ?

XANTHIAS.

Non, certes, ce n'est pas l'âne qui porte ce que je porte.

DIONYSOS.

Mais comment est-ce toi qui portes, puisque c'est toi qui es porté ?

DIONYSOS.

Je n'en sais rien ; mais j'ai mal à l'épaule.

DIONYSOS.

Eh bien ! puisque tu dis que l'âne ne te sert de rien, à ton tour, prends-le sur ton dos et porte-le, pour voir !...

༄

Xanthias propose à son maître de faire marché avec quelqu'un des morts qui s'en vont par là aux Enfers, pour lui donner son paquet à porter. Bacchus y consent.

DIONYSOS.

Eh! justement, en voilà un qu'on mène!... Holà, hé! l'homme! le mort! c'est à toi que je parle : dis donc, veux-tu porter notre bagage aux Enfers?

LE MORT.

Comment est-il gros?

DIONYSOS.

Le voici.

LE MORT.

Tu me payeras deux drachmes.

DIONYSOS.

Oh! c'est trop cher.

LE MORT.

Porteurs, continuez votre route.

DIONYSOS.

Un moment, l'ami : on peut s'arranger.

LE MORT.

A moins de deux drachmes, pas un mot.

DIONYSOS.

Allons, neuf oboles!

LE MORT.

J'aimerais mieux revivre!

Xanthias trouve ce mort impertinent et reprend son paquet.

༺༻

Nos deux voyageurs arrivent au marais de l'Achéron. Charon est là avec sa barque. Mais il refuse de passer Xanthias, qui est esclave et ne s'est point racheté en combattant à la bataille des Arginuses[1]. Xanthias est donc forcé de faire à pied le tour du marais : il quitte la scène.

---

[1] Célèbre bataille navale, gagnée par les Athéniens sur les Lacédémoniens, en 406, quelques mois seulement avant la représentation des *Grenouilles*. Les Athéniens avaient embarqué sur leur flotte un certain nombre d'esclaves qui combattirent vaillamment et reçurent la liberté pour récompense. — D'autre part, les chefs de l'armée navale furent condamnés à la peine capitale pour n'avoir

Bacchus entre dans la barque. Les grenouilles du marais accompagnent sa traversée de leurs coassements. De là le titre de la pièce. — Deux poëtes, Magnès et Callias, l'un certainement avant Aristophane, l'autre soit avant, soit après, car Callias était précisément contemporain d'Aristophane, avaient aussi composé des comédies intitulées *les Grenouilles*.

On croit que le chœur des Grenouilles devait être caché sous le *proscenium* (comme qui dirait, chez nous, dans le trou du souffleur), tandis que Caron et Bacchus, assis dans la barque, ramaient dans l'orchestre.

Il faut entendre cette poésie pleine de bizarrerie et de grâce, et y ajouter, en imagination, la musique qui l'accompagnait.

CHARON.
Rame avec moi. Tu vas entendre les chants les plus doux.

---

point enseveli leurs morts, quoique la tempête les en eût empêchés. — Socrate le juste vota seul contre ce décret trop rigoureux.

Un passage de M. Grote (*Hist. de la Grèce*, t. XI), achèvera de mettre ce point en lumière :

Après la bataille des Arginuses, dans l'étourdissement de la victoire, non-seulement on n'avait pas recueilli pour les ensevelir les corps des guerriers morts flottants sur l'eau, mais on n'avait pas visité les carcasses des vaisseaux désemparés, pour sauver les hommes qui vivaient encore. Le premier de ces deux points, même seul, aurait suffi pour exciter à Athènes un sentiment pénible de piété offensée. Mais le second point, ici partie essentielle du même oubli, aggrava ce sentiment et le transforma en honte, en douleur et en indignation du caractère le plus violent. » Les huit généraux furent accusés : ils alléguèrent qu'une tempête les avait empêchés de remplir ce double devoir. Plus de mille hommes avaient été noyés ainsi. Les huit généraux furent condamnés, et les six qui se trouvaient alors à Athènes furent exécutés. Au reste, dans ce jugement rendu par passion, les formes de la justice avaient été violées, et Socrate, en qualité de prytane (seule charge politique qu'il ait eue à remplir dans une vie de soixante-dix ans), avait protesté obstinément contre cette violation. — Plus tard, il eut aussi la gloire de résister à l'odieuse tyrannie des Trente.

DIONYSOS.

Quels chants?

CHARON.

Des grenouilles à voix de cygnes : c'est admirable.

DIONYSOS.

Allons! commande la manœuvre!

CHARON.

Oop, op! Oop, op!

LES GRENOUILLES.

Brékékékex, coax, coax! Brékékékex, coax, coax! Filles des eaux marécageuses, unissons nos accents aux sons des flûtes; chantons nos chants harmonieux, coax, coax, ces chants dont nous saluons le dieu de Nysa, Dionysos, fils de Jupiter, le jour de la fête des marmites, lorsque la foule, enivrée du cômos, se presse vers notre temple du marais[1]. Brékékékex, coax, coax!

DIONYSOS.

Moi, je commence à avoir mal aux fesses, ô coax, coax! mais cela vous est bien égal!

LES GRENOUILLES.

Brékékékex, coax, coax!

DIONYSOS.

Crevez donc avec votre coax! Coax, coax, rien que coax!

LES GRENOUILLES.

Oui, vraiment, faiseur d'embarras! Nous sommes chéries des muses à la lyre mélodieuse, et de Pan aux pieds de corne, qui se joue à faire chanter les roseaux, les roseaux de nos marécages! C'est aussi avec nos roseaux qu'Apollon,

---

1. Bacchus avait, près d'Athènes, un temple situé sur le bord d'un marais : l'imagination du poëte met à profit cette circonstance. — La principale fête de Bacchus, nommée *Anthestérie*, se célébrait au mois Anthestérion et durait trois jours. Le premier jour portait ce nom même d'*Anthestérie*; le second s'appelait la fête des *Coupes* ou des *Conges*, le troisième, la fête des *Marmites* : on faisait bouillir dans des marmites toutes sortes de légumes, qu'on offrait à Bacchus, à Minerve et à Mercure. C'était le jour des concours dramatiques. Selon Théopompe, cet usage remontait au temps du déluge : ceux qui se sauvèrent des eaux offrirent un sacrifice semblable à Mercure, pour le rendre favorable à ceux qui avaient péri dans l'inondation.

dieu de la musique, fait le chevalet de sa lyre : aussi sommes-nous aimées de ce dieu! Brékékékex, coax, coax!

DIONYSOS.

Moi, j'ai des ampoules, et le derrière en sueur; et lui aussi bientôt, à force de trimer, dira....

LES GRENOUILLES.

Brékékékex, coax, coax!

DIONYSOS.

Race de braillardes, finirez-vous?

LES GRENOUILLES.

Au contraire, nous redoublerons nos chants; si jamais dans les jours pleins de soleil nous les avons fait retentir en sautant et nous élançant parmi le souchet et la pimprenelle, ou si, fuyant la pluie de Jupiter, nous avons, du fond de l'étang, mêlé nos voix au bruit des gouttes bouillonnantes. Brékékékex, coax, coax!

Dans ce passage l'imagination d'Aristophane se montre à la fois sous ses deux aspects. Quelle poésie neuve, charmante et fraîche! Et quelles ordures en même temps! Ce serait mal étudier Aristophane que de cacher tous ses vilains côtés.

La pièce, cependant commençait par une sorte de protestation contre l'usage de ces bouffonneries grossières, et par une critique assez dédaigneuse des poëtes comiques, Phrynichos, Lysis, Amipsias, qui ne rougissaient pas d'y avoir recours : Aristophane a donc bien vite oublié sa belle morale.

Corneille et Molière, à leur tour, se vantent à peu près de même, d'avoir épuré le théâtre, et ont pourtant des mots qui nous étonnent. Qu'est-ce que cela prouve? Que tout est relatif; et les bienséances plus que tout le reste. Tous les vingt-cinq ou trente ans environ, on met au rang-quart un certain nombre de mots devenus malséants : on les remplace par d'autres, moins colorés, que l'usage éclaire peu à peu; et, quand ils sont tout-à-fait éclaircis, on les rejette à leur tour. Sur certaines idées ou sur certains faits la bienséance met un voile, que le temps lève peu à peu et qu'on remplace par un autre. Et ainsi de suite indéfiniment. La grossièreté gratuite est de plus en plus refoulée. La pudeur va toujours montant, — et l'hypocrisie avec la pudeur..... — Où est la limite de l'une et de l'autre ?

⚜

Bacchus, ayant traversé le marais, retrouve Xanthias qui a fait le tour ; ce qui peut-être dérange un peu la géographie traditionnelle des enfers. C'est pour cela sans doute qu'Aristophane a fait du fleuve Achéron un marais : afin qu'on puisse le tourner. L'Achéron ordinairement est présenté comme un fleuve.

Le maître et l'esclave reprennent leur route. Xanthias est d'avis de presser le pas : car ce doit être ici la région des monstres effroyables annoncés par Hercule.

XANTHIAS.

Par Jupiter ! j'entends du bruit !

DIONYSOS, *tremblant*.

Où, où ?

XANTHIAS.

Par derrière.

DIONYSOS.

Va derrière !

XANTHIAS.

Non, c'est par devant.

DIONYSOS.

Passe devant !

L'esclave et le maître tremblent à qui mieux mieux, — quoique Bacchus essaye de faire le brave, à cause de la peau de lion : — c'est proprement, en cet endroit, la comédie du faux Hercule.

Ils ne sont pas au bout de leurs transes. « Voyager, disait le spirituel directeur de Port-Royal, M. de Sacy,

c'est voir le diable habillé en toutes sortes de façons. »
C'est bien le cas plus que jamais, lorsque l'on voyage
aux Enfers.

Ils voyent paraître un monstre énorme, épouvantable,
qui prend toutes sortes de formes : bœuf, mulet, femme,
chien tour à tour. C'est Empuse, un des spectres que la
redoutable Hécate envoyait aux hommes pour les effrayer. Ce monstre fantastique a le visage en feu, une
jambe d'airain et une jambe d'âne.

Dionysos, dans sa frayeur, se recommande à son prêtre, — qui occupait une des places réservées, au premier
rang des spectateurs. — Cette suspension de la fiction
dramatique, ce mélange de la fable avec la réalité, fait
rire pourvu qu'on n'en abuse pas. — « Prêtre! lui dit-
il, sauve-moi, pour que je puisse boire avec toi ! »

Xanthias, de son côté, invoque son maître sous le
nom d'Hercule, dans l'espoir d'effrayer le monstre. Bacchus lui impose silence, et bravement se cache, jusqu'à
ce que le fantôme ait disparu.

Alors ils entendent le son des flûtes, et sentent l'o-
deur des torches mystiques, qui indiquent l'approche
des initiés.

Ces initiés forment le chœur, le véritable chœur de la
pièce : celui des grenouilles n'est qu'accessoire, quoiqu'il donne son nom à la comédie.

On croyait que les initiés, au sortir de la vie terrestre,
jouissaient d'un sort plus heureux que le commun des
mortels.

Sur les mystères eux-mêmes, si le secret des rites
grecs a été gardé scrupuleusement, on peut, — comme
le conjecture M. Morel[1], — juger de ce qu'ils devaient

---

1. Histoire de la Sagesse et du Goût. — Voyez aussi, sur les

être par ceux qui se pratiquaient dans les temples d'Isis. « Le culte de cette déesse fut de bonne heure transporté des rives du Nil sur les plages helléniques et imité en partie. » Probablement, dans les cérémonies d'Éleusis comme dans celles de l'Égypte, le *myste* traversait des épreuves multipliées : « il fallait rester intrépidement dans les ténèbres, au milieu de bruits effroyables et inconnus, passer de l'obscurité à la lumière la plus éclatante, affronter l'eau, le feu, les poignards, les menaces de spectres sanglants. Puis, le front ceint du diadème, le corps enveloppé d'une robe semée d'étoiles d'or, l'hiérophante couronnait enfin la vertu de l'adepte, et le déclarait reçu au nombre des initiés parfaits, des *époptes* ou voyants, et, dans de symboliques représentations, toujours accompagnées de chœurs et de danses, on lui expliquait les plus sublimes lois de la société et de la nature. Le dogme des récompenses et des peines dans une autre vie, l'immortalité de l'âme, ainsi que l'unité de Dieu, principal enseignement des Mystères éleusiniens, surtout des grands Mystères, était réservé peut-être à ceux qui étaient parvenus au dernier degré de l'initiation, aux époptes, et dramatisé avec tout l'appareil des joies de l'Élysée et des châtiments du Tartare. Pour que ce spectacle ne fût pas stérile, il fallait enseigner aussi l'efficacité de l'expiation : « Par elle, dit Ovide dans son poëme des *Fastes*, tout crime, toute trace du mal sont effacés. Cette opinion vient de la Grèce, où le criminel, après les cérémonies lustrales, semble dépouiller son forfait. » Les rapports que les Mystères établissaient entre l'homme et Dieu étaient d'un ordre si élevé, d'un effet si consolant, que, suivant le commentateur ancien d'Aristophane, tout habitant d'Athènes aurait regardé comme un malheur de mourir sans s'être fait initier.

Mystères, Ernest Havet, *Le Christianisme et ses Origines*, dans la *Revue moderne* du 1ᵉʳ avril 1867.

« Heureux, dit un fragment de Pindare, le mort qui descend sous la terre ainsi initié! car il connaît le but de la vie, il connaît le royaume donné par Jupiter. » — « Les initiations, dit Cicéron (*Des Lois*, II, 4), n'apprennent pas seulement à être heureux dans cette vie, mais encore à mourir avec une meilleure espérance. » — Dans l'*Hymne à Cérès*, qui se trouve parmi les poëmes dits homériques, nous lisons ce passage : « La déesse... leur enseigne à tous les orgies (les divins Mystères), choses saintes qu'il n'est permis ni de transgresser, ni d'apprendre, ni de révéler indiscrètement : un pieux respect s'y oppose. Mais heureux sur la terre les hommes qui les ont vus ! Celui qui n'y a point de part et qui n'est pas initié n'aura jamais un sort égal au leur quand il sera descendu dans l'humide séjour des ténèbres. »

Le chœur proprement dit de la comédie que nous étudions est donc un chœur de bienheureux initiés, dont les paroles et les chants semblent appartenir en effet à un monde autre que la terre, à une sorte de paradis hellénique :

Iacchos ! toi qu'on adore en ce séjour ! Iacchos, ô Iacchos ! Viens parmi les apôtres sacrés de tes mystères, mener leurs danses sur la prairie ! Qu'autour de ta tête se balancent en épaisse couronne les rameaux de myrte chargés de fruits ! Que ton pied hardi marque la mesure de cette danse libre et joyeuse, de cette danse pure et pleine de grâces, chérie des saints initiés !

Et, comme il faut toujours que chez Aristophane le burlesque se mêle au gracieux, à cet endroit Xanthias s'écrie : « O vénérable et très-honorée fille de Cérès, quel délicieux parfum de chair de porc ! » — Sur quoi Bacchus l'apostrophe en ces termes : « Ne peux-tu donc rester tranquille, une fois que tu sens quelque tripe ? »

— Puis le chœur recommence, plus suave et plus frais encore :

Réveille l'éclat des torches ardentes, en les agitant dans tes mains, Iacchos, ô Iacchos, astre brillant des nocturnes mystères ! La prairie étincelle de mille feux ; le jarret des vieillards s'agite : ils secouent le poids des années et des soucis, pour prendre part à tes solennités ; et la jeunesse amie des danses bondit, ô bienheureux, à la suite de ton flambeau, sur les prés où luisent les fleurs pleines de rosée.

Loin d'ici les âmes impures, ignorantes de nos mystères, qui ne connaissent les fêtes ni les danses des Muses !... loin d'ici ceux qui applaudissent à des bouffonneries déplacées ! J'ordonne à ceux-là encore une fois, et encore une fois je leur ordonne de céder la place à nos chœurs et de se retirer en silence.

Vous, au contraire, éveillez de nouveau les chants et les hymnes nocturnes qui conviennent à cette fête !

Dansons sans nous lasser dans nos vallons fleuris, frappons du pied la terre ! A nous la joie, le rire !...

Que nos hymnes maintenant s'adressent à Cérès, la reine des moissons ; couronnons-la de nos chansons divines ! O Cérès, qui présides aux purs mystères, sois-nous favorable, protége les chœurs qui te sont consacrés ! Fais que nous puissions en tout temps nous livrer aux jeux et aux danses, mêler le rire aux sérieux propos, et par un agréable badinage, digne de tes solennités, mériter la couronne du vainqueur !

Mais allons, que nos chants appellent de nouveau l'aimable dieu qui préside à nos danses : Iacchos très-honoré, qui as trouvé pour cette fête des chants si doux, viens avec nous jusque vers la déesse, montre que tu peux sans fatigue parcourir une longue route [1].

Iacchos, ami de la danse, guide nos pas !

C'est toi qui, pour exciter le rire et par économie [2], as

---

1. La procession des initiés se rendait du Céramique à Éleusis : la distance était de vingt-cinq stades, — plus de deux lieues.
2. Trait lancé contre les chorèges qui avaient lésiné sur les costumes en montant cette comédie.

déchiré nos brodequins et nos vêtements : sautons, dansons à notre aise, nous n'avons rien à gâter!

Iacchos, ami de la danse, guide nos pas!

Tout à l'heure, du coin de l'œil, j'ai vu, par la tunique déchirée d'une belle jeune fille, compagne de nos jeux, sortir le bout de son sein.

Iacchos, ami de la danse, guide nos pas!

DIONYSOS.

Je les guiderai très-volontiers du côté de cette jolie fille, pour danser et rire avec elle : on sait que je suis bon compagnon.

XANTHIAS.

Moi, j'irai bien aussi, par-dessus le marché.

Après diverses plaisanteries sur tel ou tel contemporain, ou sur les Athéniens en général, — que les initiés, heureux habitants de cet autre monde inférieur, appellent « *les morts d'en haut,* » par une assez plaisante idée, semblable à celle d'Holbein dans la Danse macabre, — le chœur finit comme il a commencé, par des vers pleins de fraîcheur :

Allons dans les prés fleuris, parfumés de roses, former selon nos rites ces chœurs joyeux, où président les Parques bienheureuses! C'est pour nous seuls que brille le soleil! sa lumière sourit aux initiés, qui ont toujours été justes et bons envers les étrangers et leurs concitoyens.

Quelle charmante poésie! c'est le *Songe d'une nuit d'été* dans un autre monde. Quel mélange singulier d'inspiration lyrique et de gaieté bouffonne! quelle fraîcheur de coloris! quelle harmonie!... Ajoutez-y la forme grecque, et la mesure, et la musique des vers, et l'accompagnement des flûtes, et les flambeaux et les danses! Quel enchantement! Et comme tout cela est plus gai que le paradis du moyen âge!

Les initiés indiquent à Bacchus le chemin du palais de Pluton.

Bacchus frappe à la porte d'Éaque, concierge des Enfers, qui le prend pour Hercule en voyant la massue et la peau de lion. Or Hercule, lors de son voyage au sombre royaume, avait malmené Cerbère et failli l'étrangler. Éaque jure qu'il va venger son chien :

Ah! scélérat! ah! gueux! je te rattrape donc! Le noir rocher du Styx, l'écueil ensanglanté de l'Achéron, et les monstres errants du Cocyte me répondent de toi : Échidna aux cent têtes déchirera tes flancs; la murène tartésienne [1] dévorera tes poumons; les Gorgones tithrasiennes arracheront par lambeaux tes reins saignants et tes entrailles [2]; je cours les appeler !

Bacchus ne peut contenir sa frayeur et souille la peau de lion : le cœur, dit-il, lui est descendu dans le ventre; et ce cœur est troublé.

Ici recommence une série de péripéties très-comiques. Dionysos repasse à Xanthias, qui n'y tient pas du tout, les attributs d'Hercule, pour donner le change au terrible Éaque et à sa légion de monstres infernaux, qui ne peuvent tarder. Xanthias aimerait bien mieux rester valet et continuer à porter le bagage; mais il est forcé d'obéir. — Heureusement voici une consolation :

Proserpine, qui apparemment n'avait pas eu à se plaindre d'Hercule pendant la nuit qu'il passa aux Enfers, apprenant qu'il est de retour, envoie bien vite une servante au-devant de lui pour l'inviter à dîner. La servante, voyant la massue et la peau de lion, s'adresse à Xanthias :

---

1. Tartésia était une ville située près des marais de l'Averne, qu'habitaient, dit-on, des reptiles nés de l'accouplement des murènes et des vipères.
2. Tithrasios était, selon le Scholiaste, un endroit de la Libye habité par les Gorgones.

Ah! c'est donc toi, Hercule bien-aimé! Viens! Dès que Proserpine a su ton arrivée, elle a pétri des pains, elle a fait cuire deux ou trois marmites de purée[1], elle a fait mettre un bœuf tout entier à la broche, préparé des galettes et des gâteaux. Entre donc.

Xanthias-Hercule, meurt d'envie d'accepter ; mais il hésite, craignant de déplaire à son maître : « C'est bien de l'honneur, je te remercie, » dit-il à la servante messagère.

LA SERVANTE.

Oh! par Apollon! je ne te laisserai pas aller! Elle a fait bouillir des volailles, rissolé des croquettes, tiré le vin le plus exquis. Allons, entre avec moi.

XANTHIAS-HERCULE.

Bien obligé.

LA SERVANTE.

Es-tu fou? Je ne te lâche pas! Il y a aussi, à ton intention, une joueuse de flûte des plus jolies, et deux ou trois danseuses.

XANTHIAS-HERCULE.

Que dis-tu? des danseuses!

LA SERVANTE.

Dans la fleur de la jeunesse, et fraîs épilées. Allons, entre, car le cuisinier allait retirer les poissons du feu, et l'on dressait la table.

---

1. La purée de pois était, à ce qu'il paraît, le mets favori d'Hercule. Au commencement de cette même comédie, Bacchus, voulant lui faire comprendre à quel point il désire de revoir Euripide, lui dit : « Un désir soudain s'est emparé de moi,... avec quelle force!... je vais te le faire saisir. As-tu jamais eu une envie soudaine de purée?

HERCULE.

De purée? oh! mille fois dans ma vie!

DIONYSOS.

Me fais-je assez comprendre? dois-je en dire davantage?

HERCULE.

Oh! pour ce qui est de la purée, je comprends!

DIONYSOS.

Eh bien! tel est le désir que j'ai d'Euripide! »

XANTHIAS-HERCULE.

Eh bien! va vite dire aux danseuses que je viens. (*S'adressant à Dionysos*) Esclave, suis-moi avec le bagage.

DIONYSOS.

Là, là, pas si vite! Ah çà, je t'ai par plaisanterie déguisé en Hercule, et tu prends ton rôle au sérieux[1]! Pas de niaiseries, Xanthias, reprends le bagage.

XANTHIAS-HERCULE.

Comment! tu ne songes pas, sans doute, à m'ôter ce que tu m'as donné toi-même?

DIONYSOS.

Non, je n'y songe pas, je le fais. Ote la peau.

XANTHIAS-HERCULE.

Voyez comme on me traite, grands dieux, et soyez juges!

Le chœur, parodiant les maximes douteuses d'Euripide et ses moralités parfois ambiguës, se range du côté du plus fort, selon son habitude (le chœur représente les majorités), et donne son approbation à Bacchus :

C'est le fait d'un homme prudent et sensé, qui a beaucoup navigué, de se porter toujours du côté du navire qui enfonce le moins, au lieu de rester comme une statue, toujours dans la même posture. Changer d'attitude selon l'intérêt de son bien-être, c'est agir en sage, en vrai Théramène.[2]

Bacchus reprend donc la peau de lion, mais se repent bientôt de sa déloyauté.

---

1. Cf. Don-Salluste disant à Ruy-Blas :

« Ah çà, vous vous prenez au sérieux, mon maître!... »
et la suite.   VICTOR HUGO, *Ruy-Blas*, acte IV.

2. Théramène n'est pas ici cet honnête homme qui décrit la mort d'Hyppolyte et le monstre « couvert d'écailles jaunissantes. » Non; c'était un des *Trente*, connu par sa versatilité. Aristophane dit : « C'est agir en sage, en vrai Théramène, » — comme il eût dit de nos jours : en vrai Dupin, ou quelque autre de cette espèce.

Si Hercule jadis satisfit Proserpine, il ne satisfit pas de même deux cabaretières des Enfers, chez lesquelles il avala un jour seize pains, vingt portions de viande bouillie, quantité de gousses d'ail, de salaisons, et un fromage tout frais, qu'il dévora avec le panier! Et puis, quand elles lui demandèrent de payer, il les regarda de travers en poussant un mugissement, et tira son épée comme un furieux. Elles, de frayeur, sautèrent dans la soupente; et lui, s'enfuit, en emportant les nattes.

Mais il ne s'échappera pas aujourd'hui! s'écrient les deux cabaretières en menaçant l'homme à la peau de lion. Elles appellent à leur secours Cléon et Hyperbolos, les deux fameux démagogues devenus depuis peu habitants des Enfers.

Xanthias triomphe de cette péripétie, et dit en sourdine, entre les diverses apostrophes des cabaretières à Bacchus-Hercule : « Cela va mal pour quelqu'un. » — « Quelqu'un sera houspillé. » Il excite même les cabaretières à la vengeance.

Elles n'ont pas besoin d'être excitées!

Bacchus voudrait bien ne pas avoir repris la peau de lion et la massue. D'un ton câlin et avec de belles protestations d'amitié, il invite Xanthias à les reprendre. Xanthias n'entend pas de cette oreille-là. — C'est la scène de Scapin avec Léandre, quand celui-ci, après l'avoir battu, a de nouveau besoin de lui et essaye de le fléchir. La ressemblance de la situation est frappante : Xanthias d'abord refuse fièrement, comme Scapin, et reste sourd aux prières de son maître; puis, comme Scapin aussi, il se laisse fléchir.

Il était temps! Éaque, avec ses estafiers, arrive pour garrotter Hercule. On se jette sur l'homme à la peau de lion.

Xanthias a beau prendre les dieux à témoins qu'il n'est jamais venu aux Enfers, et que par conséquent il n'y a jamais commis aucune des violences dont on l'accuse : on va lui faire un mauvais parti; Bacchus, qui se croit sauvé, triomphe, et dit à son tour : « Cela va mal pour quelqu'un! » quand tout à coup Xanthias s'avise d'une idée qui produit une péripétie nouvelle, — une situation comique n'attend pas l'autre, — il s'écrie donc :

Je suis prêt à donner une preuve éclatante de mon innocence! Prenez cet esclave *(montrant Bacchus)*, mettez-le à la question! et, si vous me convainquez d'être coupable, faites-moi périr!

ÉAQUE.

Quelle question lui ferai-je subir?

XANTHIAS.

Toutes les espèces de questions! Tu peux le lier sur le chevalet, le pendre par les pieds, lui donner les étrivières, l'écorcher, lui tordre les membres, lui verser du vinaigre dans le nez, le charger de briques, tout ce que tu voudras! excepté de le fouetter avec des poireaux ou de l'ail nouveau[1].

ÉAQUE.

Fort bien; mais, si j'estropie ton esclave, tu me réclameras des dommage-intérêts.

XANTHIAS.

Tu ne me devras rien. Ainsi emmène-le à la torture.

ÉAQUE.

Ce sera ici même, afin qu'il parle devant toi. *(A Bacchus)*: Allons, dépose vite ton attirail, et garde-toi de mentir.

DIONYSOS, *se redressant.*

Je défends qu'on me touche, je suis un immortel. Si tu l'oses, malheur à toi!

ÉAQUE, *à Dionysos.*

Que dis-tu?

---

1. Comme on faisait pour les enfants. Il excepte ce châtiment trop doux.

DIONYSOS.

Je dis que je suis un immortel : Dionysos, fils de Jupiter! (*Montrant Xanthias :*) C'est lui qui est esclave.

ÉAQUE, *à Xanthias.*

Tu l'entends?

XANTHIAS.

Oui. Raison de plus pour le fouetter de verges : s'il est dieu, il ne sentira pas les coups.

DIONYSOS, *à Xanthias.*

Eh bien! alors, puisque tu es dieu comme moi, tu peux être comme moi fouetté impunément!

XANTHIAS.

C'est juste. (*A Éaque :*) Celui de nous deux que tu verras pleurer le premier, ou se montrer sensible aux coups, tu peux conclure que celui-là n'est pas un dieu.

ÉAQUE.

Voilà parler! C'est la justice même. Çà, déshabillez-vous.

XANTHIAS.

Pour que la question soit équitable, comment t'y prendras-tu?

ÉAQUE.

C'est facile : je vous frapperai l'un après l'autre.

XANTHIAS.

Très-bien.

ÉAQUE, *frappant Xanthias.*

Tiens!

XANTHIAS, *impassible.*

Observe si tu me vois bouger.

ÉAQUE.

Je t'ai frappé déjà.

XANTHIAS, *avec un sourire.*

Moi? Point du tout!

ÉAQUE.

En effet, on ne le dirait pas. (*Montrant Dionysos.*) A celui-ci maintenant. Vlan! (*Il le frappe.*)

DIONYSOS, *après une pause.*

Quand sera-ce donc?

ÉAQUE.

Mais je t'ai frappé.

DIONYSOS.

Bah? M'as-tu entendu souffler?

ÉAQUE.

Je n'y comprends rien. Retournons à l'autre. (*Il frappe de nouveau Xanthias.*)

XANTHIAS.

Est-ce pour aujourd'hui? (*Éaque redouble les coups, Xanthias ne peut plus se contenir, et crie*): Oïe! oïe! oïe!!!

ÉAQUE.

Que veut dire: Oïe, oïe, oïe? Aurais-tu mal?

XANTHIAS, *se grattant le front.*

Moi? point du tout. C'est que j'essayais de me rappeler à quelle date tombe la fête d'Hercule à Diomée[1].

ÉAQUE.

Le saint homme! — Revenons à l'autre. (*Il frappe de nouveau Dionysos.*)

DIONYSOS.

Ho! ho!

ÉAQUE.

Qu'y a-t-il?

DIONYSOS.

Rien. Je vois des cavaliers, et je disais: Hop, hop!

Tout cela n'est-il pas très-gai?

C'est à peu près la scène de Bilboquet avec Gringalet et Sosthène, dans la jolie bouffonnerie des *Saltimbanques*, lorsque ces deux derniers se disputent l'honneur d'être le paillasse de cet homme illustre. Bilboquet, avec l'impartialité d'Éaque, distribue alternativement ses coups de pied aux deux candidats.

GRINGALET.

Mais qu'est-ce qu'il sait faire, pour que vous le préfériez? — Sait-il seulement recevoir un coup de pied?

SOSTHÈNE.

J'en recevrais aussi bien qu'un autre, sans me flatter.

GRINGALET.

C'est ce qu'il faudrait voir.

---

1. Bourg de l'Attique, où était un temple d'Hercule.

BILBOQUET, *gravement.*

On peut essayer.

GRINGALET.

Je parie qu'il n'en a pas la moindre idée.

SOSTHÈNE.

Bah! qui est-ce qui n'a pas idée d'un coup de pied?

BILBOQUET.

La théorie n'est rien sans l'application : je vais appliquer la théorie. A toi, Sosthène!

SOSTHÈNE, *recevant le coup de pied.*

Ho!

GRINGALET, *triomphant.*

Il a dit : Ho!

BILBOQUET, *constatant.*

Il a dit : Ho!

SOSTHÈNE.

J'ai dit : Ho! parce que vous me l'avez attrapé!

BILBOQUET.

Mais, imbécile, si tu dis tout ce que je t'attrape, tu révolteras la société!... (*Concluant.*) Messieurs, votre émulation me plaît, mais elle me fatigue.

Éaque, après avoir distribué un grand nombre de coups de pied à Bacchus et à Xanthias, conclut aussi en ces mots :

—

Par Cérès! je ne puis discerner lequel de vous deux est le dieu. Mais entrez seulement : mon maître et Proserpine, qui sont dieux eux-mêmes, sauront en juger.

DIONYSOS.

C'est bien dit; mais tu aurais dû songer à cela, avant de nous battre!

Cette scène n'est-elle pas d'excellente comédie? Et y a-t-il rien de meilleur que cette série de cinq péripéties, la première quand Bacchus, craignant Éaque, passe à Xanthias la peau de lion et la massue; la seconde quand il les lui reprend, pour l'amour des belles danseuses; la troisième quand l'arrivée des deux cabaretières furieuses lui fait regretter d'être redevenu Hercule ; la quatrième quand il essaye par ses câlineries de faire reprendre ce rôle au pauvre Xanthias ; la cinquième lorsque celui-ci propose de mettre son esclave à la question pour savoir la vérité. Et enfin cet assaut de coups distribués à l'un et à l'autre, et chacun d'eux faisant tout son possible pour les recevoir sans sourciller et la bouche en cœur! Tout cela est parfait.

Une belle parabase (nous parlerons des *parabases* dans un chapitre à part) sépare les deux moitiés de la pièce. Nous avons parcouru jusqu'ici la première ; voici la seconde, qui, dans le dessein d'Aristophane, est la principale, la plus sérieuse.

L'arrivée de Bacchus a mis l'Enfer en émoi, — comme celle des *Héros de Romans* dans la fantaisie burlesque de Boileau qui porte ce titre. Vous vous rappelez cette description où le sévère Nicolas, après avoir tonné, dans son *Art poétique*, contre « le burlesque effronté, » finit par céder au torrent et par y tremper un peu sa perruque : — « Prométhée a son vautour sur le poing, Tantale est ivre comme une soupe, Ixion a violé une furie, et Sisyphe est assis sur son rocher ! »

De même, ici, l'Enfer est sens dessus-dessous. Ce remue-ménage chez les morts est occasionné par un grand débat qui s'est élevé pour le sceptre de la tragédie. Tous les gueux des Enfers ayant détrôné Eschyle pour mettre Euripide à sa place, le peuple des morts demande à grands cris qu'un jugement dans les formes décide à qui des deux appartient le premier rang.

XANTHIAS.

Mais comment se fait-il que Sophocle n'ait pas aussi revendiqué le trône?

ÉAQUE.

Lui, point du tout. En arrivant ici, il embrassa Eschyle et lui serra la main ; Eschyle voulut lui céder son trône. Pour le moment, Sophocle, simple juge du camp, comme dit Clidémides, veut rester à la seconde place, si Eschyle est vainqueur; mais, si c'est Euripide, il compte lui disputer la palme de son art.

Pluton, qui allait décider entre eux, cède la présidence à Bacchus, juge naturel en ces matières.

XANTHIAS.

Alors la lutte va commencer?

ÉAQUE.

Dans un instant. C'est ici même que s'engagera ce rude combat. La poésie sera pesée dans la balance.

XANTHIAS.

Quoi! on pèsera la tragédie comme la viande des victimes?

ÉAQUE.

Oui. On aura des règles, des toises, des coudées, des équerres et des diamètres, pour mesurer les vers. Euripide jure de faire passer à la pierre de touche, un par un, tous les vers de son rival.

XANTHIAS.

Voilà qui ne doit pas plaire à Eschyle!

ÉAQUE.

Non, certes! La tête baissée, il lance des regards de taureau....

LE CHŒUR.

Ah! quels mugissements et quelle colère, lorsqu'il verra son rival babillard aiguiser ses dents aiguës! Ah! c'est alors qu'il roulera des yeux pleins de fureur!

Quel choc de mots au casque empanaché, à l'ondoyante aigrette[1], se heurtant contre de misérables hémistiches et des bribes de tragédie[2]! Et comme le rival subtil luttera contre le héros fièrement monté sur ses grands vers!

1. Aristophane veut désigner par ces métaphores la poésie sublime, mais un peu emphatique, du grand Eschyle.

2. Le poëte malveillant désigne par ces images dénigrantes les vers d'Euripide.

Hérissant sur son cou son épaisse crinière, le géant froncera ses terribles sourcils, et, arrachant des vers solidement bâtis comme la charpente d'un navire, les lancera en rugissant !

L'autre, beau diseur à la langue affilée et jalouse, se donnera carrière, ergotant sur les mots, hachant menu la poésie de son adversaire, et cherchant à réduire en poudre l'œuvre de ses puissants poumons.

Il est impossible, je crois, de répandre plus d'imagination sur des détails de critique littéraire, et de faire, sous forme lyrique, une peinture plus vive d'Eschyle et d'Euripide, l'un avec sa grande poésie pleine d'une héroïque emphase, l'autre avec sa manière familière, subtile, pathétique, mais parfois, — c'est du moins le sentiment d'Aristophane, — énervée et énervante.

« Cette lutte, dit Otfried Müller, est un curieux mélange de sérieux et de plaisanterie : elle s'étend à toutes les parties de l'art tragique, au choix des sujets et à l'effet moral, à l'exécution et au caractère du style, aux prologues, aux chants du chœur, aux monodies, et touche très-souvent, tout en restant comique, le point essentiel. Toutefois le poëte prend la liberté d'établir par des images hardies, plutôt que par des démonstrations, la manière de voir à laquelle il s'est arrêté[1]. »

Il est facile de pressentir, par la seule annonce du combat, qu'Euripide aura le dessous. Et en effet il est fort maltraité dans la lutte. Eschyle cependant n'est pas absolument épargné ; mais le dessein d'Aristophane est clair, c'est à Euripide qu'il en veut. Seulement, comme un panégyrique messiérait en face d'une satire, il mêle à son éloge d'Eschyle une légère teinte de parodie, pour mieux faire ressortir sa critique d'Euripide : l'un sert à l'autre de repoussoir, ou, si l'on aime mieux, de contre-

---

1. Voyez les vers 76 à 82, et 788 à 794. — Nous avons tout à l'heure traduit et cité ce dernier passage.

poids. Cette balance est plus favorable à la comédie, l'antithèse est plus dramatique. C'est une des raisons par lesquelles il laisse Sophocle dans le demi-jour, en le voilant d'un éloge rapide, pour le dérober au débat. Ce n'est pas seulement qu'il l'admire au point de n'oser même l'effleurer : son admiration pour Eschyle, au fond, n'est pas moins vive, on le sent bien; et cependant il le parodie légèrement. Non : c'est que le parallèle et la discussion plaisante sont plus commodes entre les deux extrêmes. Peut-être aussi que la critique a moins de prise sur un poëte tel que Sophocle, dont les qualités sont plus égales et mieux en équilibre. Mais il sait bien comment attaquer Euripide.

La tragédie d'Euripide, selon lui, est immorale quant au fond, et décousue quant à la forme.

Elle est immorale, parce qu'il n'est pas permis d'exciter la pitié par tous les moyens, ni de l'exciter sans mesure; d'étaler les misères du corps aussi souvent que les douleurs de l'âme; de chercher toujours, dans la peinture de la passion, l'expression familière et pénétrante, qui remue, qui trouble, qui séduit les âmes sans les élever, qui au contraire les amollit et les énerve, et qui devient contagieuse à force de réalité; d'analyser curieusement des nouveautés basses ou périlleuses, et quelquefois des monstres, sans dédaigner même les procédés matériels, l'appareil des souffrances physiques et des lambeaux souillés, pour émouvoir à tout prix.

Elle est décousue, parce que poëte impétueux, grand improvisateur, bel esprit et sceptique, dialecticien et philosophe, chercheur, discuteur, osé, téméraire, le génie d'Euripide est plein de hasard et d'inégalité. Ses compositions, éblouissantes d'éclairs, sont abandonnées et flottantes; ses plans, plus négligés qu'il n'est permis même à un Grec : et, quand il a traité les scènes à effet, il laisse à son collaborateur le soin d'achever ce qui l'ennuie.

Subissant l'influence de la révolution intellectuelle, morale et sociale qui commençait alors, et lui-même à son tour y travaillant, la poussant, la soufflant partout, mêlant à ce pathétique trop vif et trop énervant des prédications hardies et toutes les saillies turbulentes de l'esprit nouveau, ses œuvres manquent de calme et de sérénité : on y remarque déjà le trouble, l'agitation, le tapage des œuvres modernes. L'ordre intime, qu'une conception lente et désintéressée peut seule produire, y fait défaut le plus souvent. Elles ont plus de variété que d'unité; plus d'intentions philosophiques que de conviction dramatique.

Aristophane n'a donc pas tort absolument, quoique son parti pris soit de mettre en lumière et même d'exagérer les défauts d'Euripide. Et, dès Euripide en effet, bien qu'il ait été surnommé *le plus tragique des poëtes*, la tragédie avait décliné.

Elle avait décliné comme tragédie, par cela même qu'elle avait grandi comme prédication; elle avait décliné en tant qu'œuvre religieuse, par cela même qu'elle avait grandi en tant qu'œuvre philosophique et, comme on dirait aujourd'hui, révolutionnaire.

Le poëte comique prend donc Eschyle et Euripide comme les deux types opposés.

Avec une foule de citations et de parodies, dans un long débat qui occupe toute la seconde moitié de la pièce et qui dure près de sept cents vers (la pièce entière en a quinze cent trente-trois), il fait tour à tour un pastiche du style de l'un et de l'autre tragique.

C'est de cette manière indirecte qu'il critique aussi dans Eschyle quelques artifices de composition : par exemple, les personnages longtemps silencieux qu'il met dans ses tragédies, pour étonner le spectateur; ou quelques excès de style, tels que ses métaphores extraordinaires, chevauchant parfois les unes sur les autres. Mais, encore une fois, on sent, à travers ces critiques et ces moqueries légères, qu'il l'admire, qu'il l'estime, qu'il l'aime, pour son patriotisme, pour son souffle héroïque, pour son esprit profondément moral et religieux.

ESCHYLE.

Mon cœur bouillonne d'indignation, d'avoir à disputer contre un tel adversaire! Mais je ne veux pas qu'il me croye désarmé. Réponds-moi donc, qu'admire-t-on dans un poëte?

EURIPIDE.

Les habiles conseils qui rendent les concitoyens meilleurs.

ESCHYLE.

Eh bien! si, au contraire, tu les as pervertis, et si de généreux, tu les as rendus lâches, quel traitement crois-tu mériter?

DIONYSOS.

La mort; je réponds pour lui.

ESCHYLE.

Vois donc quels hommes grands et braves je lui avais laissés: ils ne fuyaient pas les charges publiques; ce n'étaient pas, comme aujourd'hui, des fainéants, des fourbes, des charlatans; ils ne respiraient que lances, javelots, casques empanachés, cuirasses, jambards! C'étaient des corps hauts de quatre coudées, des âmes doublées de sept peaux de taureau!

EURIPIDE.

Gare à moi! il va m'écraser sous son avalanche d'armures.

DIONYSOS, *à Eschyle.*

Par quel moyen les avais-tu rendus si braves et si généreux? Dis-le, Eschyle, mais contiens ta colère.

ESCHYLE.

C'est avec une tragédie toute pleine de l'esprit de Mars[1].

DIONYSOS.

Laquelle?

ESCHYLE.

Les sept Chefs devant Thèbes : tous les spectateurs en sortaient avec la fureur de la guerre.... Je donnai ensuite *les*

---

1. La Harpe fait ici un contre-sens bizarre. Il met : « C'est par une tragédie intitulée *l'Accouchement de Mars.* »

Perses, où j'inspirai à mes concitoyens l'envie de vaincre toujours leurs ennemis; c'était là encore une œuvre excellente.... Voilà les sujets que doivent traiter les poëtes. Vois, combien, dès le commencement, les poëtes aux nobles pensées ont été utiles : Orphée nous a enseigné les mystères et l'horreur du meurtre; Musée, la guérison des maladies et les oracles; Hésiode les travaux de la terre, les jours où l'on doit labourer et moissonner. Et le divin Homère ! d'où lui vient tant d'honneur et tant de gloire? n'est-ce pas d'avoir peint la guerre, les combats, les vertus des héros?... Le poëte doit jeter un voile sur le vice, loin de le mettre en lumière sur la scène. Le maître instruit l'enfance, et le poëte l'âge mûr. Nous ne devons rien dire que d'utile.... J'avais tout élevé, tu as tout dégradé.... C'est toi qui as répandu le goût du bavardage et des arguties; c'est toi qui as fait déserter les palestres et corrompu les jeunes gens...

Tels sont, par la bouche d'Eschyle, les reproches sévères d'Aristophane à Euripide; telle est cette haute et noble doctrine : l'art doit être éducateur; il ne doit rien exprimer qui puisse altérer dans l'âme des hommes l'idée du beau et du bien; il doit, au contraire, nourrir et fortifier cette idée. *Le poëte ne doit rien dire que d'utile* : cela ne signifie pas qu'il doit disserter ou prêcher, mettre en dialogue dans ses pièces soit un journal des connaissances utiles, soit un catéchisme philosophique ou religieux; cela signifie qu'il doit toujours se proposer cet idéal : *le bien par le beau*.

Qu'on ne s'y trompe point : l'art utile, ce n'est pas l'art utilitaire. L'utilité et la moralité de l'art consistent à élever les âmes par l'admiration du beau, à les désintéresser de la matière par le goût des plaisirs de l'âme et des voluptés de l'esprit.

« Quand une lecture, dit La Bruyère, vous élève l'esprit, et qu'elle vous inspire des sentiments nobles et courageux, ne cherchez pas une autre règle pour juger de l'ouvrage : il est bon, et fait de main d'ouvrier. »

Le reste de la pièce est en citations alternées et en critiques de détail, quelquefois superficielles, dans l'intérêt de la comédie et du rire.

Pendant que les deux poëtes chantent et déclament tour à tour, Bacchus fait le rôle du *gracioso*, et commente ridiculement les répliques de l'un et de l'autre.

Par un refrain, *a perdu sa fiole*, qu'Eschyle ajoute à tous les vers récités par Euripide, il critique la versification lâche et décousue de son adversaire, et son amour des détails réalistes. Euripide, de son côté, par un autre refrain, qui est une onomatopée ronflante, sans aucune signification, *phlattothratto, phlattothratt*, tourne en ridicule le style pompeux d'Eschyle et le fracas de ses grands mots.

Ici comme dans *les Fêtes de Cérès*, les critiques de style sont parfois d'une finesse qui étonne, eu égard au public immense devant lequel le poëte les présentait : elles portent jusque sur les métaphores. Cela suppose que ce public, si nombreux qu'il fût, était jugé capable, en général, d'apprécier ces délicatesses. Le poëte, au surplus, semble l'y préparer, dans *les Grenouilles*, par une précaution oratoire; le chœur dit aux deux concurrents :
« Tous les moyens que vous avez à faire valoir, vieux ou neufs, exposez-les, déployez-les hardiment; hasardez quelques arguments subtils et ingénieux. Si vous craignez que les spectateurs, par ignorance, n'entendent pas toutes vos finesses, rassurez-vous : il n'en est plus ainsi, ils ont tous fait la guerre[1]; chacun a son livre et se forme

---

1. Ἐστρατευμένοι γάρ εἰσι, « ils ont fait la guerre, ils ont fait une campagne. » Pour comprendre ce passage, il faut se rappeler que le jury qui jugeait le concours des poëtes comiques était composé de cinq personnes prises au sort, indistinctement parmi tous les spectateurs; tandis que le jury du concours tragique était composé de dix personnes choisies par l'archonte parmi les citoyens qui avaient fait le service militaire.

ARTAUD.

à la sagesse. Ils ont, d'ailleurs, de l'esprit naturel, et il est aujourd'hui plus aiguisé que jamais. Soyez donc sans crainte, déployez tout votre talent, vous êtes devant des spectateurs éclairés. »

Ainsi que l'avait dit Éaque, on prend une balance pour peser, un à un, les vers des deux adversaires, et voici ce qui arrive : c'est toujours le vers d'Eschyle qui l'emporte; c'est toujours le plateau d'Euripide qui remonte. — A la fin, Eschyle s'écrie avec orgueil : « Qu'il mette dans la balance, non plus un de ses vers, mais toutes ses pièces, et lui-même, et ses enfants, et sa femme, et Céphisophon! A tout cela j'opposerai deux de mes vers! »

Euripide est vaincu, quoique Bacchus hésite à se prononcer. Bacchus, c'est le public athénien, qui aime les deux poëtes pour des raisons diverses, qui va de l'un à l'autre, et qui, en fin de compte, les préfère tous les deux : ce qui est probablement, dans l'idée d'Aristophane, une critique de ce public.

Cependant Bacchus finit par choisir Eschyle, qui s'en retourne avec lui sur la terre, et laisse, pendant son absence, le sceptre tragique à Sophocle. Euripide est donc détrôné. Il reproche à Dionysos d'avoir trompé son espérance; Dionysos renvoie au poëte subtil une de ses propres maximes. « *La langue a juré, mais non pas l'âme!* » avait dit Hippolyte. « La langue a juré, mais.... je choisis Eschyle! » répond Dionysos. Euripide est puni par où il a péché : par les maximes ambiguës.

Eschyle part avec Bacchus. Pluton lui donne ses commissions, qui sont une série d'épigrammes à l'adresse des Athéniens.

❦

En résumé, si sévère que soit le jugement d'Aristophane, voulez-vous le comprendre, sinon l'admettre?

Comparez seulement l'*Électre* d'Euripide aux *Choéphores* d'Eschyle et à l'*Électre* de Sophocle; ou bien l'*Oreste* d'Euripide aux *Euménides* d'Eschyle; ou bien *les Phéniciennes* aux *Sept Chefs devant Thèbes*. Tout ce début et la sentence qui le termine s'éclaireront d'une vive lumière [1].

Mais il faut dire, d'autre part, qu'avant l'époque d'Euripide, le génie athénien, même dans Eschyle, était demeuré étroit et cloîtré : il avait en élévation ce qui lui manquait en étendue, comme les vieilles villes enserrées de remparts. A l'époque philosophique d'Euripide, le génie grec rompt ses barrières et s'éparpille dans un champ moral bien plus vaste; il s'élance dans toutes les directions avec une généreuse audace; il entreprend sur tous les points les défrichements et les conquêtes. Si Euripide est moins parfait comme poëte dramatique, c'est parce que, comme philosophe, son élan est illimité. Il a déjà l'esprit moderne.

C'est surtout dans ses rôles de femmes que cette vérité éclate. A ce peuple jusqu'alors brutal, tenant ses femmes sous clef avec les provisions, Euripide ose montrer des types nombreux et variés de ce que sera la femme un jour, libre du gynécée, l'égale de l'homme, ayant tout comme lui une âme et un esprit, une volonté passionnée et capable de dévouement. Quel scandale pour les vieux Chrysales athéniens! Mais, à nos yeux, quelle gloire pour Euripide! A peine Sophocle, dans *Antigone*, l'avait-il, sur ce point, devancé ou suivi. C'est là, certes, un des traits les plus frappants de la conversion du génie grec à cette époque, et Euripide paraît être un des précurseurs inspirés à qui l'humanité, antérieurement à tout christianisme, en est redevable.

Donc, quoi qu'en dise Aristophane, Euripide est grand, et très-grand; mais c'est par cette grandeur

---

1. Voir, pour ces divers rapprochements, les excellentes *Études sur les Tragiques grecs*, par M. Patin, 2ᵉ édition. Paris, Hachette.

même qu'il brise le moule sacré de l'antique tragédie : Aristophane a raison de le trouver téméraire, comme les théologiens d'Espagne avaient raison, à leur point de vue, de trouver Christophe Colombe hérétique et impie.

Il a tort, en tout cas, de faire à Euripide un reproche personnel d'une tendance générale qui s'était emparée irrésistiblement de l'esprit de toute cette époque.

En un mot, les *Grenouilles* sont une satire des innovations dramatiques d'Euripide, comme les *Nuées* sont une satire des innovations philosophiques de Socrate et des sophistes. Dans l'esprit d'Aristophane, Socrate et Euripide sont liés l'un à l'autre, comme également coupables envers les anciennes idées, l'ancienne éducation et l'ancienne religion.

Le poëte de l'ancien régime en toutes choses, n'a garde de terminer cette comédie des *Grenouilles* sans rappeler le héros des *Nuées* pour lui lancer un dernier trait :

« Que ce jugement vous apprenne à ne pas rester près de Socrate à discourir. »

Par là le dessein d'Aristophane est bien marqué. — On a vu qu'il ne manque pas de rappeler aussi Cléon. Cléon, Socrate et Euripide, sont les trois haines d'Aristophane : il suit ces haines au-delà même de la mort.

Il n'y a donc rien de plus obstiné, de plus sérieux, ni de plus ardent, que les convictions de ce poëte comique sous son apparente folie.

❦

Mais quoi? Aristophane, qui accuse Euripide d'impiété et d'irréligion, ne paraît-il donc pas lui-même quelque peu irréligieux et impie par la liberté irrévérencieuse avec laquelle, dans cette pièce par exemple, il représente certaines divinités? Ces croyances qu'ébranlaient Euripide et Socrate, n'y porte-t-il donc pas lui-même atteinte, lorsqu'il dit, par exemple, avec *Plutus*, dans la comédie de ce nom, que sans lui, Plutus, les dieux de l'Olympe perdraient leurs prêtres et leurs autels? Et, dans la pièce des *Grenouilles*, que nous venons d'étudier et dont la représentation avait lieu aux fêtes mêmes de Bacchus, sous quel aspect nous montre-t-il ce dieu? C'est grotesquement travesti, et faisant assaut de fanfaronnade, de poltronnerie et d'obscénité avec un esclave. Et, dans la dernière comédie qui nous reste à parcourir, n'allons-nous pas voir les *Oiseaux* disputant au maître des dieux les offrandes et l'encens des hommes; et leur pouvoir, par conséquent, balançant celui de Jupiter même? N'y trouve-t-on pas un Mercure affamé, aussi sensuel que cet Hercule dont la galante Proserpine a conservé un si doux souvenir? Peut-on penser, après cela, qu'Aristophane soit le défenseur sérieux de l'Olympe et des fables mythologiques? Est-ce vraiment un Joseph de Maistre, ou n'est-ce qu'un Louis Veuillot? Ceci demande explication.

Premièrement, la liberté gaillarde de l'ancienne comédie admettait bien des choses. Cratinos, dans sa comédie d'*Ulysse*, n'avait-il pas osé parodier le sage et courageux héros de l'*Odyssée*, et par conséquent, du même coup, Homère, le poëte national, le dieu de la poésie hellénique? C'était pis que Boileau parodiant Corneille.

Mais Homère lui-même, devançant les licences de la comédie, n'avait-il pas montré, dans l'*Iliade*, un Vulcain boiteux, dont la marche gauche fait rire les autres dieux « d'un rire inextinguible, » et, dans l'*Odyssée*, le même Vulcain leur donnant le spectacle drolatique de Mars et de Vénus pris au filet, comme des oiseaux, pendant leur galant rendez-vous?

C'est que, dans tous les siècles et sous tous les cultes,

la liberté humaine, de temps à autre, reprend ses droits et se revanche du respect auquel, le reste du temps, elle se laisse assujettir.

Ces irrévérences intermittentes ne sont pas inconciliables avec la foi la plus sincère. Au moyen âge, par exemple, ne voit-on pas, dans les églises mêmes, des fêtes d'une extrême licence, la *Fête des Fous*, la *Fête de l'Ane*, parodier les cérémonies du culte et les mystères? Et ce nom même de mystères, par suite des représentations demi-sérieuses, demi-grotesques qui les interprétaient à la foule ignorante, ne devint-il pas synonyme de « comédies? » Bien des figures grotesques, bien des scènes grossières ou obscènes, se voient encore, sculptées en pierre, sur les vieilles cathédrales gothiques[1].

Ce qui était admis au moyen âge dans l'art chrétien, l'avait été à plus forte raison dans la poésie hellénique, au milieu des Dionysies. Aristophane, sans doute, s'imaginait et le peuple croyait avec lui que les dieux entendaient raillerie pour le moins aussi bien que les hommes. Ils étaient de la fête. On représente quelquefois Jupiter riant des couplets qu'on fait contre lui[2]. Bacchus surtout ne devait-il pas se résigner à être barbouillé de lie par ceux qu'il avait enivrés? Les gausseurs les plus audacieux étaient ses plus fidèles adorateurs.

Mais manquer de respect aux dieux semblait un privilége des poëtes comiques, un privilége qu'Euripide, poëte tragique, ne devait pas usurper. — Et quant à Socrate, philosophe, le cas était plus grave encore : la dialectique, même quand elle se joue dans les détours des dialogues et des légendes, ne plaisante pas au fond;

---

1. A propos du burlesque mêlé à la religion, V. Ernest Renan, *Études d'histoire religieuse*, p. 65 et 66. — Voir aussi Lenient, *de la Satire au moyen âge*.
2. Voir Sainte-Beuve, *Étude sur le seizième siècle*, de l'esprit de malice au bon vieux temps; notamment p. 468.

on le sentait : on jugeait sérieusement ses attaques sérieuses. Les poëtes ne concluaient pas, les philosophes concluaient plus ou moins : ce sont les conclusions qui donnent prise. Et, « il ne faut pas l'oublier, Athènes avait bel et bien l'inquisition. L'inquisiteur, c'était l'archonte-roi ; le saint-office, c'était le portique Royal, où ressortissaient les accusations *d'impiété*. Les accusations de cette sorte étaient fort nombreuses ; c'est le genre de causes qu'on trouve le plus fréquemment dans les orateurs attiques. Non-seulement les délits philosophiques, tels que nier Dieu ou la Providence, mais les atteintes les plus légères aux cultes municipaux, la prédication de religions étrangères, les infractions les plus puériles à la scrupuleuse législation des mystères, étaient des crimes entraînant la mort. Les dieux qu'Aristophane bafouait sur la scène tuaient quelquefois. Ils tuèrent Socrate ; ils faillirent tuer Alcibiade. Anaxagore, Protagoras, Théodore l'Athée, Diagoras de Mélos, Prodicos de Céos, Stilpon, Aristote, Théophraste, Aspasie, Euripide, furent plus ou moins sérieusement inquiétés [1]. »

Ce qui était interdit aux philosophes et aux poëtes tragiques, le poëte comique se le permettait, et l'inquisition le laissait faire, parce qu'il lui venait en aide d'autre part.

Et puis la religion antique, comme la religion moderne, avait des nuances très-diverses.

Rollin, quoique avec une préoccupation évidemment chrétienne, explique assez bien ce point : «'On ne sait, dit-il, pourquoi les Athéniens sont si impies au théâtre et si religieux dans l'Aréopage, et pourquoi les mêmes spectateurs couronnent dans le poëte des bouffonneries si injurieuses aux dieux, pendant qu'ils punissent de mort le philosophe qui en avait parlé avec beaucoup plus

---

1. Ernest Renan, *les Apôtres*, p. 314, 315.

de retenue. C'est qu'Aristophane, en représentant sur le théâtre les dieux avec des caractères et des défauts qui excitaient la risée, ne faisait qu'en copier les traits d'après la théologie publique : il ne leur imputait rien de nouveau et de son invention, rien qui ne fût conforme aux opinions populaires et communes ; il en parlait comme tout le monde en pensait, et le spectateur le plus scrupuleux n'y apercevait rien d'irréligieux qui le scandalisât, et ne soupçonnait point le poëte du dessein sacrilége de vouloir jouer les dieux. Au contraire, Socrate, combattant sérieusement la religion même de l'État, paraissait un impie déclaré [1]. »

Benjamin Constant, à son tour, dit avec justesse : « La tragédie grecque avait pris son origine dans la partie sérieuse de la religion ; la comédie dut sa naissance à la partie grotesque du culte.... La gaieté, dans les religions sacerdotales, a souvent représenté le mauvais principe. »
— C'est ainsi que le diable, au moyen-âge, fait tour à tour rire et trembler les populations naïves, jusqu'à ce qu'il arrive enfin à n'être plus, comme aujourd'hui, qu'un personnage de théâtre.

Il ne faut pas voir dans les plaisanteries d'Aristophane sur les dieux, plus de hardiesse et d'irrévérence qu'elles n'en contiennent réellement. D'ailleurs, à côté de ces plaisanteries, il plaçait l'éloge de leur justice, et leur rendait hommage en des vers admirables. (Voir le *Plutus* et les *Nuées*).

De plus, s'il met les dieux en scène, ce n'est pas au hasard et sans discernement : il respecte toujours Cérès et Minerve, les deux déesses protectrices d'Athènes ; il respecte généralement Jupiter, Neptune et Pluton, qui tiennent le ciel, la mer et la terre. A qui réserve-t-il ses

---

1. *Traité des Études*, tome I.— Voir, sur le même point, une très-bonne thèse de M. Dabas.

traits, d'ailleurs innocents et inoffensifs? C'est à Mercure Mange-tout-cru, dieu des marchands et des voleurs ; c'est à Hercule, le dieu de la force brutale, qui par son appétit insatiable, affama le vaisseau des Argonautes ; à Hercule, le Gargantua de Béotie, qu'un drame d'Euripide, le *Sylée*, représentait vendu comme esclave, et occupé, au lieu de façonner les vignes de son maître, à les déraciner, et à en former un grand feu, sur lequel il faisait cuire d'énormes pains et un taureau tout entier; puis, à forcer le cellier, à défoncer les tonneaux, et à arracher les portes de la maison pour se faire une table proportionnée à ce festin ; enfin, c'est à Bacchus, dieu de l'ivresse, qu'on se représentait entouré de Satyres et couvert d'une peau de bouc : s'il plaît au poëte comique de mettre à la place une peau de lion, le dieu pourrait-il se fâcher?

Le peuple riait aussi de ces plaisanteries, et n'en croyait pas moins à ses divinités. Il laissait bafouer Mercure sur la scène ; mais il ne souffrait pas qu'on mutilât les Hermès sur les places publiques. Il s'amusait de la parodie des sacrifices dans les comédies ; mais il s'indignait si quelqu'un devant sa maison n'accomplissait pas avec assez de respect les cérémonies sacrées.

C'était surtout après quelque événement grave, tel que celui de la mutilation des Hermès, ou après quelque grand désastre, tel que celui de l'expédition de Sicile, qui fut *la campagne de Russie* d'Athènes, comme Ægos-Potamos en fut le *Waterloo*, que tout à coup le peuple Athénien se sentait pris en quelque sorte d'accès de religiosité extraordinaire ; sa légèreté habituelle faisait place, pour un moment, à une sorte de dévotion analogue à celle des Anglais ou des Américains alors que le chef de l'État ordonne pour toute la nation un jour d'humiliation et de prière. Mais ces grandes crises de religiosité n'étaient guère dans le tempérament naturel d'Athènes.

Habituellement, on s'égayait sur le compte de certaines divinités. sans que cela tirât à conséquence. C'est à peu près ainsi qu'à Londres le prétendu grand juge baron Nicholson, un plaisant très-renommé, tient ses séances tous les soirs au *cider cellar* (cellier de cidre) et fait la charge des vrais juges, choisissant toujours des causes scandaleuses pour sujet de ses grotesques réquisitoires. Et dans quel pays le respect des lois est-il porté plus haut qu'en Angleterre? Le grand juge Nicholson, cependant, fait pouffer de rire toute la cité. Cette liberté britannique explique la liberté athénienne. Se moquer des choses respectées est un des attributs de la liberté.

Et puis encore, on semblait croire qu'il y avait des dieux qui avaient de l'esprit, et d'autres qui n'en avaient pas. Les dieux qui avaient de l'esprit, apparemment entendaient raillerie. Ceux qui n'en avaient pas, on pouvait donc en rire et s'amuser à leurs dépens. Voilà peut-être sur quel principe, tacitement admis entre le poëte et le peuple, certaines divinités faisaient souvent les frais de la gaieté publique.

Les Athéniens, hors du théâtre, ne vénéraient pas moins ces divinités, mais en les considérant sous d'autres aspects. Littérairement même, selon les divers genres poétiques, il y avait divers points de vue sous lesquels on envisageait tel ou tel dieu. Pour le personnage d'Hercule, par exemple, la tragédie d'Euripide intitulée *Alceste* nous présente, pour ainsi dire, le confluent indécis où le grandiose se mêle avec le bouffon dans ce dieu tragi-comique : il y paraît d'abord un peu burlesque (Voltaire n'a voulu voir que cet aspect); mais ensuite il y reparaît sublime.

Le grossissement de toutes les proportions était la condition, même matérielle, du théâtre grec : or le grossissement mène à deux choses : au grand, ou au grotesque. Voilà pourquoi certaines imaginations exceptionnelles, puissantes plutôt que fines, qui sont avant tout des verres grossissants, excellent et se plaisent presque indifféremment à l'un ou à l'autre, et ne voudraient pour rien au monde que l'un des deux fût retranché de la littérature et de l'art.

Ajoutons que le rire et le burlesque sont, pour le commun de l'humanité, une réaction nécessaire contre le noble et le grandiose, une détente, un soulagement. Même pour la plupart des esprits, c'est une balance nécessaire : il faut le ridicule à côté du sublime. Aussi le burlesque et le grotesque, quoique les noms en soient modernes, ont-ils existé de tout temps : Victor Hugo l'a démontré une fois pour toutes dans l'éloquente Préface de *Cromwell*.

Même avec les divinités sérieuses, les Athéniens en usaient quelquefois un peu familièrement, comme entre gens d'esprit sûrs de s'entendre. Après avoir bien ri à leurs dépens, ils ne hantaient pas moins les temples et ne respectaient pas moins les mystères.

Non-seulement les dieux étaient faits à l'image de l'homme, mais souvent à l'image de l'homme dégradé, dont on leur prêtait la laideur physique et morale. Au siècle brillant de Périclès, siècle de l'art et de la beauté, pendant que Phidias exposait aux yeux des peuples son Jupiter majestueux comme le Ζεύς homérique, quelques artistes représentaient ce même Jupiter et les autres dieux sous des traits comiques et bouffons. Parmi les restes de la statuaire antique qui sont parvenus jusqu'à nous, il y a un vase où l'on voit sculptés, sous la figure de masques grotesques, Jupiter et Mercure prêts à monter chez Alcmène par une échelle. Ctésiloque, élève d'Apelles, se rendit célèbre par une peinture burlesque qui représentait Jupiter accouchant de Bacchus, ayant une mître en tête et criant comme une femme, au milieu des déesses qui font l'office d'accoucheuses. Ainsi Jupiter même, à dater de ce temps, ne fut pas épargné.

La comédie dorienne de Mégare et de Sicile avait précédé dans ces voies la comédie athénienne. Épicharme, de Cos, avant Aristophane, ne s'était pas fait faute de travestir les dieux. « Jupiter, dans *les Noces d'Hébé*, devient un Gargantua gourmand, obèse, farceur ; les Muses sont transformées en poissardes ; Minerve en musicienne de carrefour, qui de sa flûte fait danser à Castor et Pollux quelque pyrrhique obscène ; Vulcain avec son bonnet pointu et son habit bigarré, est le bouffon, l'arlequin de la troupe ; Hercule en est le Gilles, avec sa gloutonnerie bestiale. Tout Homère, tout Hésiode, avec leurs plus gracieuses ou leurs plus vénérées traditions, y passeront pareillement, défigurés en charges bouffonnes. La comédie moqueuse d'Épicharme vient tomber au milieu de la mythologie en désarroi, comme le Don Quixotte de Cervantes à travers les romans de chevalerie [1]. »

Rhinton, de Tarente, dans ses hilaro-tragédies, ne respecte pas mieux les dieux. Et Plaute, qui suivit les errements de ce poëte, fut accusé, à propos de l'*Amphitryon*, d'avoir compromis leur majesté par une action comique où se jouaient des scènes bouffonnes et triviales.

Mais, comme dit Arnobe, « si Jupiter est en colère, pour le remettre en belle humeur, on n'a qu'à lui jouer l'*Amphitryon* de Plaute. » *Ponit animos Jupiter, si* AMPHITRYO *fuerit actus pronuntiatusque Plautinus.*

A Rome, sous l'empire, dans les mines de Lentulus et d'Hostilius, Diane était fouettée sur la scène ; on lisait un testament burlesque de *défunt Jupiter*.

Boufflers écrit quelque part à sa mère : « Annoncez au roi une de mes lettres, où je voudrais bien lui manquer de respect, afin de ne le pas ennuyer. Les princes ont plus

---

1. Ch. Benoît, *Cours de litt. grecque.*

besoin d'être divertis qu'adorés. Il n'y a que Dieu qui ait un assez grand fonds de gaieté pour ne pas s'ennuyer de tous les hommages qu'on lui rend. » — Eh bien ! c'est ainsi qu'Eupolis, Cratinos et Aristophane, en rendant les leurs à Bacchus, trouvaient à propos, tout dieu qu'il était, d'y mêler quelques bonnes irrévérences, afin de le mieux divertir et de le mieux fêter. Le poëte comique, dans les dionysies, avait le droit de tout dire aux dieux et au peuple, comme dans les Saturnales romaines l'esclave avait la permission de railler son maître et de s'amuser à ses dépens, ou comme l'Arétin était admis à correspondre avec le pape Paul III pour le réjouir, une fois le mois, de ses contes licencieux et de ses saillies priapesques.

Le sévère Boileau, dédaigneux du bouffon, « et laissant la province admirer le *Typhon*, » y eût-il aussi renvoyé les bouffonneries d'Aristophane? Je ne sais; mais les parodies du poëte attique sur les dieux et sur leur ménage, soit dans *les Grenouilles*, soit dans *les Oiseaux*, ne diffèrent pas toujours sensiblement, si ce n'est par le style, des inventions burlesques de Scarron, sur cette même mythologie.

M. Disraëli a rouvert cette veine. Ce membre du Parlement d'Angleterre a publié deux compositions de ce genre, qui ne laissent pas d'être amusantes, quoique les traits en soient quelquefois un peu gros. L'une a pour titre : *Ixion aux Enfers*; l'autre, *le Mariage de Proserpine*.

Chez nous, récemment, *Orphée aux Enfers* et *la Belle Hélène*, ces pochades burlesques, ont fait courir, chacun pendant près d'une année, Paris et les départements.

Le burlesque, qu'on le veuille ou non, aura toujours sa place et son emploi. On peut faire un meilleur usage de l'esprit; mais celui-là sera toujours très-populaire. Et il en a toujours été ainsi, dès l'antiquité même, qu'on se figure à tort si farouche et si renfrognée. Nous venons d'en citer d'assez nombreux exemples. On en trouverait d'autres encore dans l'*Histoire de la caricature antique*, de Champfleury, et dans l'*Histoire des Marionnettes*, de Charles Magnin, où Maccus, l'ancêtre de Pulcinelle, montre à quel point les peuples les plus épris du beau étaient amoureux aussi du grotesque. M. Feuillet de Conches, dans la *Vie de Léopold Robert*, fait mention des joutes qui se livrent encore aujourd'hui près du mausolée d'Auguste, entre des bossus et des veaux, comme si pour ces peuples artistes le bossu n'était point un homme ; et il ajoute : « Cette parodie des combats antiques et des héroïques combats de taureaux où se plaisent les Espagnols, montre combien le populaire de Rome affectionne le grotesque, comme pour se délasser du beau dont il est entouré. Il faut être un bossu vérifié, pour être admis dans l'arène. Les veaux sont de pauvres bêtes efflanquées auxquels les cornes commencent à poindre. Excités par les bossus, par les cris des spectateurs, par des pointes acérées, ils entrent en fureur, et portent à la fin de vigoureux coups. J'ai vu un des malheureux bossus, qui en avait été blessé et mis hors de combat, essayer de sortir de l'arène. La populace l'empêcha de sortir, et criait au veau : *Tue, tue!* afin d'en avoir pour son argent. »

Bref, pour le public athénien, ces trois dieux au moins, Mercure, Hercule et Bacchus, malgré le culte religieux qu'on leur rendait, étaient devenus peu à peu, à certains égards, des personnages bouffons. C'était une inconséquence sans doute ; mais l'humanité vit d'inconséquences, étant elle-même composée et entourée d'antinomies qui paraissent inconciliables et insolubles.

Et puis, le style recouvrant tout cela, y mettait une sorte de poésie et une manière d'innocence. Le burlesque tout seul, sans génie littéraire, sans art, est digne de mépris ; mais le style fait tout passer.

Pour en finir avec cette comédie des *Grenouilles*, n'est-ce pas par une inconséquence semblable que les Athéniens laissèrent représenter cette satire contre un poëte illustre qu'ils admiraient passionnément, et dont ils déploraient la mort récente? Ils ne se contentèrent point de la laisser représenter, ils l'applaudirent : les juges décernèrent à Aristophane le premier prix, et *les Grenouilles* eurent cet honneur d'être représentées une seconde fois aux autres fêtes de Bacchus.

Les observations que nous venons de faire s'appliquent également à la comédie qui a pour titre : *les Oiseaux*.

LES OISEAUX.

Voilà la pièce de fantaisie par excellence. Jamais l'imagination d'Aristophane ne fut plus charmante, plus légère que dans *les Oiseaux*. Et jamais Athènes aussi ne fut plus brillante qu'à l'époque où il les donna.

« Cette époque, comme le remarque Otfried Müller, ne peut être comparée pour l'étendue, l'éclat de la puissance et de la souveraineté, qu'avec les temps de 456, avant la destruction de son armée en Égypte. Athènes venait, par la paix très-favorable de Nicias, de fortifier sa domination sur la mer et les côtes de l'Asie Mineure et de la Thrace, d'ébranler le Péloponnèse jusque dans son sein par une politique habile, de porter ses revenus au plus haut point qu'ils aient jamais atteint; enfin, à l'expédition de Sicile, entreprise sous des auspices si heureux, s'attachait l'espoir d'étendre encore l'empire maritime et colonial d'Athènes, sur les parties occidentales de la Méditerranée. Grâce à Thucydide, nous connaissons la disposition des esprits à Athènes dans ce moment : le peuple se laissait éblouir par les brillants châteaux en Espagne de ses démagogues et devins ; rien désormais ne semblait impossible à atteindre ; tout le monde s'abandonnait à une véritable ivresse d'espérances exagérées. Alcibiade, avec sa légèreté, son outrecuidance, et cette union merveilleuse d'intelligence pénétrante et calculatrice et d'imagination hardie et illimitée, était le héros du temps. Même lorsque le malheureux procès des Hermocopides l'eut fait disparaître d'au milieu des Athéniens, l'esprit qu'il avait excité et entretenu vécut longtemps encore [1]. »

Parcourons cette brillante comédie.

Deux citoyens, Peisthétairos et Évelpide, Celui qui aime à en faire accroire aux amis et Celui qui espère toujours, excédés de la vie agitée et bruyante que l'on mène à Athènes, — ainsi qu'Umbritius de celle qu'on mène à Rome, et Damon de celle qu'on mène à Paris, dans les satires de Juvénal et de Boileau, — ont pris la résolution d'aller vivre parmi les oiseaux. Des ailes ! des ailes ! fuyons, fuyons cette ville tumultueuse et criarde !

L'un, avec un geai ou un choucas, l'autre avec une corneille pour guides ou peut-être pour montures, les voilà partis : c'est ainsi que s'ouvre la pièce. — Le théâtre représente un paysage de rochers et de forêts.

« Les cigales ne chantent qu'un mois ou deux, perchées sur les buissons ; mais les Athéniens crient toute l'année, perchés sur les procès ! » C'est à n'y pas tenir !

Ils s'en vont donc bien loin de cette ville chicanière, toute de juges et de plaideurs, dont nous avons vu la satire développée dans *les Guêpes*.

Ayant ouï dire que la huppe, l'hirondelle, le rossignol,

---

1. Otfried Müller, *Hist. de la litt. gr.* trad. K. Hillebrand.

et beaucoup d'autres, ont jadis appartenu au genre humain, ils espèrent que le souvenir de leur ancienne condition les déterminera à accueillir favorablement des transfugés de la race humaine.

Ils cherchent d'abord la huppe. — La huppe dans l'imagination des Grecs, était un oiseau mystérieux, — de même que dans les poésies orientales, où elle voyage et converse avec Salomon, comme Solon avec Crésus.

Ils finissent, grâce à leurs guides, par découvrir la demeure de la huppe, et ils frappent à la porte de son nid. Le roitelet, serviteur de la huppe, vient leur ouvrir, comme Céphisophon à Dicéopolis dans *les Acharnéens*, comme le disciple de Socrate à Strepsiade dans *les Nuées:* — Aristophane a ses procédés, auxquels il reste fidèle, parce qu'ils sont bons, et parce qu'ils tiennent en partie à la construction même et aux conditions matérielles de la scène antique.

LE ROITELET.
Qui va là? Qui appelle mon maître

ÉVELPIDE, *effrayé*.
Apollon sauveur! quelle largeur de bec!

LE ROITELET, *effrayé aussi*.
Malheur à nous! Deux oiseleurs!

ÉVELPIDE.
Mais nous ne sommes pas des hommes!

LE ROITELET.
Qu'êtes-vous donc?

ÉVELPIDE.
Moi, je suis le Peureux, oiseau d'Afrique.

LE ROITELET.
Allons donc!

ÉVELPIDE.
Regarde plutôt ce qui tombe derrière moi!

LE ROITELET.
Et cet autre? quel oiseau est-ce? (*à Peisthétairos:*) Parleras-tu?

PEISTHÉTAIROS.
Moi, je suis l'Embrenné, du pays des Faisans....

C'est par ces grosses bouffonneries que le poëte s'empare tout d'abord de la partie la plus nombreuse et la moins délicate de son public.

En écartant les jambes dans leur frayeur à la vue de ce large bec d'un roitelet de fantaisie, Peisthétairos et Évelpide laissent échapper, avec le reste, leurs montures, la corneille et le choucas, qui disparaissent, sans doute pour se disposer à figurer de nouveau dans d'autres rôles de la même pièce, en changeant quelques accessoires.

La huppe survient, avec un bec encore plus horrifique que celui de son serviteur, — la huppe qui fut jadis Térée, parent mythologique de la nation athénienne. — C'était peut-être une parodie de Sophocle, qui dans sa tragédie de *Térée* avait, dit-on, représenté la métamorphose de ce roi en oiseau. — La huppe n'a pas de plumes. Elles sont tombées, dit-elle, pendant la mue.

LA HUPPE.

Qui vous amène ici ?

ÉVELPIDE.

Le désir de nous trouver avec toi.

LA HUPPE.

A propos de quoi ?

ÉVELPIDE.

D'abord tu as été homme, comme nous ; tu as eu des dettes, comme nous ; comme nous, tu aimais à ne pas les payer ; ensuite, changé en oiseau, tu as fait, en volant, le tour de la terre et des mers : tu as donc toute la science de l'homme et toute celle de l'oiseau[1]. Voilà ce qui nous amène vers toi, pour te

---

1. Cette croyance populaire était peut-être venue de l'Orient. Voici comme parle Azz-Eddin Elmocaddessi, dans son livre intitulé *les Oiseaux et les Fleurs* :

« Considère la huppe : lorsque sa conduite est régulière et que son cœur est pur, sa vue perçante pénètre dans les entrailles de la terre et y découvre ce qui est caché aux yeux des autres êtres ; elle aperçoit l'eau qui y coule, comme tu pourrais la voir au travers d'un cristal ; et, guidée par l'excellence de son goût et par sa véracité : Voici, dit-elle, de l'eau douce, et en voilà qui est

prier de nous indiquer quelque ville paisible, où, comme dans une couverture moelleuse, on puisse goûter les douceurs du repos.

La huppe leur propose successivement plusieurs villes, dont les noms donnent lieu à des plaisanteries et à des calembours.

Aucune ne paraît convenir. Alors Peisthétairos s'avise d'une grande idée, et en fait part à la huppe : c'est de bâtir une ville dans les airs. — Au commencement des choses, l'empire du monde appartenait aux oiseaux ; ils doivent le reconquérir !

Vous règnerez sur les hommes comme vous régnez sur les sauterelles. Et, quant aux dieux, vous les ferez mourir de faim.

amère. — Elle ajoute ensuite : Je puis me vanter de posséder, dans le petit volume de mon corps, ce que Salomon n'a jamais possédé, lui à qui Dieu avait accordé un royaume comme personne n'en a jamais eu : la science que Dieu m'a départie, science dont jamais ni Salomon ni aucun des siens n'ont été doués. Je suivais partout ce grand roi, soit qu'il marchât lentement, soit qu'il hâtât le pas, et je lui indiquais les lieux où il y avait de l'eau sous terre. Mais un jour je disparus tout à coup, et, pendant mon absence, il perdit son pouvoir. Alors, s'adressant à ses courtisans et aux gens de sa suite : Je ne vois plus la huppe, leur dit-il; s'est-elle éloignée de moi? S'il en est ainsi, je lui ferai souffrir un tourment violent, et peut-être l'immolerai-je à ma vengeance, à moins qu'elle ne me donne une excuse légitime. — Ce qu'il y a de remarquable, c'est qu'il ne s'informa de moi que lorsqu'il eut besoin de mon secours. — Puis, voulant faire sentir l'étendue de son autorité, il répéta les mêmes mots : Je la punirai ! que dis-je ? je l'immolerai ! Mais le destin disait : Je la dirigerai vers toi, je la conduirai moi-même. — Lorsque je vins ensuite de Saba, chargée d'une mission pour ce roi puissant, et que je lui dis : — Je sais ce que tu ne sais pas, — cela augmenta sa colère contre moi, et il s'écria : Toi qui dans la petitesse de ton corps, renfermes tant de malice, non contente de m'avoir mis en colère en t'éloignant ainsi de ma présence, tu prétends encore être plus savante que moi? — Grâce, lui dis-je, ô Salomon, je reconnais que tu as de-

LA HUPPE.

Comment?

PEISTHÉTAIROS.

Voici. L'air, n'est-ce pas? est entre le ciel et la terre : et de même que, pour aller à Delphes, nous demandons passage aux Béotiens, ainsi, quand les hommes sacrifieront aux dieux, vous pourrez, si les dieux ne vous payent pas tribut, empêcher la fumée des sacrifices de traverser votre ville et les plaines de l'air.

La huppe trouve le plan parfait. Mais il faut le soumettre au peuple des oiseaux, et, pour cela, les convoquer.

PEISTHÉTAIROS.

Comment les convoqueras-tu?

LA HUPPE.

C'est facile. Je vais entrer dans le bocage, j'éveillerai Philomèle, ma compagne, et nous les appellerons de con-

mandé à Dieu un empire, et qu'aucun souverain n'en possédera jamais un semblable au tien; mais tu dois avouer aussi que tu n'as pas de même demandé une science à laquelle personne ne pût atteindre. Je t'ai apporté de Saba une nouvelle que tous les savants ignorent. — O huppe, dit-il alors, on peut confier les secrets des rois à celui qui sait se conduire avec prudence : porte donc ma lettre. — Je m'empressai de le faire, et je me hâtai d'en rapporter la réponse. Il me combla alors de ses faveurs, il me mit au nombre de ses amis, et je pris rang parmi les gardiens du rideau qui couvrait sa porte, tandis qu'auparavant je n'osais en approcher. Pour m'honorer, il me mit ensuite une couronne sur la tête, et cet ornement ne sert pas peu à m'embellir. D'après cela, la mention de mon immolation a été abrogée, et les versets où il est question de ma louange ont été lus. — Pour toi, si tu es capable d'apprécier mes avis, rectifie ta conduite, purifie ta conscience, redresse ton naturel, crains celui qui t'a tiré du néant, profite des leçons instructives qu'il te donne, quand même il se servirait pour le faire du ministère des animaux; et crois que celui qui ne sait pas tirer un sens allégorique du cri aigre de la porte, du bourdonnement de la mouche, de l'aboiement du chien, du mouvement des insectes qui s'agitent dans la poussière; que celui qui ne sait pas comprendre ce qu'indiquent la marche de la nue, la lueur du mirage, la teinte du brouillard, n'est pas du nombre des gens intelligents. »

cert: dès qu'il entendront notre voix, ils accourront à tire-d'aile.

PEISTHÉTAIROS.

O le plus chéri des oiseaux, ne tarde pas, je t'en supplie : entre dans le bocage et éveille Philomèle.

LA HUPPE, *chantant.*

Ô ma compagne, cesse de sommeiller ! Que l'hymne sacré jaillisse de ton gosier divin en harmonieux soupirs ! Roule en légères cadences tes fraîches mélodies pour plaindre le sort d'Itys[1], cause pour nous de tant de larmes ! Pure, ta voix s'élève du milieu des ifs au feuillage sombre jusqu'aux demeures de Jupiter, où Phébus à la chevelure d'or répond à tes chants plaintifs par les sons de sa lyre d'ivoire et préside aux chœurs des dieux immortels. Et les accords de leurs voix bienheureuses forment un céleste concert.

Ici on entendait, derrière le théâtre, les sons d'une flûte imitant les chants du rossignol.

PEISTHÉTAIROS.

O Jupiter souverain ! ô chants délicieux d'un si petit oiseau ! C'est du miel qui coule dans tout le bocage !

LA HUPPE, *continuant à chanter.*

Épopopo, popopo, popopo, popi ! Io, io ! ici, ici, ici, ici ! Vous tous qui portez comme moi des ailes ! Vous qui butinez dans les guérets fertiles, innombrables tribus au vol rapide et au gosier mélodieux, mangeurs d'orge et pilleurs de grains ; vous qui vous plaisez, au milieu des sillons, à gazouiller d'une voix grêle, tio tio tio tio, tio tio tio tio ! Et vous qui, dans les jardins, habitez le feuillage du lierre, ou qui becquetez, sur les collines, le fruit de l'olivier sauvage ou de l'arbousier, accourez, volez à ma voix : trioto, trioto, totobrix ! Vous aussi qui, dans les vallées marécageuses, happez les cousins à la trompe aiguë, et vous qui hantez l'aimable prairie de Marathon, humide de rosée ; et vous, oiseaux à l'aile diaprée, francolin, francolin ; et vous encore, tribus des alcyons, qui voguez sur les flots gonflés des mers ; venez ici apprendre une grande nouvelle ! Toute

---

1. Fils de Térée et de Procné.

la race au col flexible est ici convoquée par moi! Sachez qu'il nous est arrivé un vieillard à l'esprit subtil., avec des idées neuves et de neuves entreprises. Venez, tous à cette conférence! ici, ici, ici, ici! toro, toro, toro, torotix! kikkabau, kikkabau! toro, toro, toro, torolililix!

Que l'on s'imagine tout cela chanté, en strophes élégantes et légères, dans ce langage aimé des dieux, envié par Racine et par André Chénier,

> Dans ce langage grec aux douceurs souveraines,
> Le plus beau qui soit né sur des lèvres humaines!

et que l'on dise si l'on veut : Quelle bizarrerie ! — Mais aussi, quelle grâce !

Il n'y a rien de plus suave, de plus brillant, ni de plus frais, chez le poëte oriental Azz-Eddin Elmocaddessi, alors qu'il fait chanter les oiseaux et les fleurs. Ces onomatopées étranges forment avec ce qui les suit et les précède un ensemble charmant, plein d'originalité.

Combien cette fantaisie ailée et gazouillante est au-dessus de la prétendue exactitude avec laquelle un Allemand, nommé Bechstein, a voulu noter d'après nature le chant, non pas de la huppe, mais du rossignol, qu'Aristophane n'a osé rappeler que par les sons d'une flûte! Voici l'œuvre du bon Allemand, qui n'a pas senti que, si l'onomatopée, discrètement employée, produisait par une pointe de bizarrerie un assaisonnement piquant, l'onomatopée toute seule et trop prolongée était simplement cocasse :

> Tiouou, tiouou, tiouou, tiouou,
> Shpe tiouto koua,
> Tio, tio, tio, tio,
> Kououtiou, kououtiou, kououtiou, kououtiou,
> Tskouo, tskouo, tskouo, tskouo,
> Tsii, tsii, tsii, tsii, tsii, tsii, tsii, tsii, tsii, tsii,
> Kouofor tiou, tskoua pipits kouisi.

21

Tso, tso, tso, tso, tso, tso, tso, tso, tso, tso, tsirrhading !
Tsi si, tosi si si si si si si si,
Tsorre, tsorre, tsorre, tsorrehi ;
Tsatn, tsatn, tsatn, tsatn, tsatn, tsatn, tsatn, tsi.
Dlo, dlo, dlo, dlo, dlo, dlo, dlo, dlo, dlo,
Kouïoo trrrrrrrizt !
Lu lu lu, ly ly ly, li li li,
Kouïoo didl li loulyli,
Ha guour guour, koui, kouïo !
Kouïo, kououi, kououi, kououi, koui koui koui koui,
Ghi, ghi, ghi !
Gholl, gholl, gholl, gholl, ghia huhudoï,
Koui koui, horr ha dia dia dillhi !
Hets, hets, hets, hets, hets, hets, hets, hets, hets, hets,
Hets, hets, hets, hets, hets,
Touarrho hostchoï,
Kouïa, kouïa, kouïa, kouïa, kouïa, kouïa, kouïa, kouïati,
Koui koui koui, io io io io io io io, koui,
Lu ly li, lolo, didi io kouïa !
Higuaï, guaï, guaï, guaï, guaï, guaï, guaï, guaï,
Kouïor tsio, tsiopi !

Entre cette page et celle d'Aristophane il y a toute la différence de la lettre morte à l'esprit vivant, de l'imitation lourde à la création fantaisiste.

Vous rappelez-vous le fameux Boudoux, dont parle Alexandre Dumas dans ses *Mémoires?* « Boudoux, dit-il, qui ne parlait aucune langue morte, et qui, parmi les langues vivantes, ne parlait que la sienne, et encore assez mal, Boudoux, était à l'endroit des oiseaux le premier philologue, je ne dirai pas de la forêt de Villers-Coterets, mais encore, j'ose l'assurer, de toutes les forêts du monde. Il n'y avait pas une langue, pas un jargon, pas un patois ornithologique qu'il ne parlât, depuis la langue du corbeau jusqu'à celle du roitelet. » — Eh bien ! Boudoux peut-être eût admiré Bechstein ; il eût admiré également Raspail, qui dans la *Revue complémentaire* du 1er janvier 1855 donne le chant du rossignol, paroles et musique. Pour nous, à Bechstein, à Boudoux, et à Raspail lui-même, nous préférons Aristophane, dans cette légère et bizarre, mais gracieuse fantaisie.

En entendant le double appel de la huppe et du rossignol, les oiseaux arrivent, deçà, delà. L'entrée de chaque survenant donne lieu à des mots et à des plaisanteries de toutes sortes, allusions et calembours. Peu à peu les oiseaux se pressent : en voici une multitude et enfin comme une tempête, qui fond sur la scène avec de grands cris : Torotix, torotix!.... Épopo, popopo, popopopi!.... Ti ti ti, ti ti, ti ti!....

PEISTHÉTAIROS.
Par Neptune ! Vois donc quels tourbillons d'oiseaux !
ÉVELPIDE.
Apollon-roi ! quelle nuée ! Oïe, oïe ! ils volent si serrés qu'ils remplissent tous les passages !... Comme ils piaillent, comme ils se précipitent ! quels cris ! quels becs !... On dirait qu'ils nous menacent ! oh là là ! c'est toi et moi qu'ils regardent en ouvrant le bec.

Les oiseaux, en effet, à la vue de ces étrangers, se croyent pris dans quelque piège. Effroi des deux parts.

La huppe, à travers ce tumulte, essaye de se faire entendre, annonçant que ces deux étrangers viennent proposer une chose magnifique. On n'écoute rien d'abord, on se croit trahi, on s'apprête à venger sur ces deux intrus tous les crimes de l'espèce humaine, antique ennemie de la race ailée.

Io, io ! sus ! en avant ! à mort, à mort ! De nos ailes pressées cernons l'ennemi ! il faut que ces deux hommes jettent des cris de douleur, et servent de pâture à nos becs ! Ni l'ombre des montagnes, ni les nuées du ciel, ni la mer blanchissante, ne les soustrairont à nos coups. En avant, bec et ongles ! Que le chef de cohorte engage l'aile droite !

Vous avez encore dans la mémoire les scènes analogues des *Acharnéens* s'élançant contre Dicéopolis, des *Chevaliers* contre Cléon, des *Guêpes* contre Bdélycléon ; mais ici la scène est plus fantastique : on dirait le combat des grues et des pygmées.

Dans les œuvres de Cyrano de Bergerac, se trouve un morceau qui pourrait bien être une réminiscence de ce passage : c'est un réquisitoire des oiseaux contre deux hommes qui se sont glissés parmi eux [1].

Cependant on finit par s'entendre. Peisthétairos, soutenu par Évelpide, comme Robert-Macaire par Bertrand, expose son plan et ses idées. L'un et l'autre, par toutes sortes de rapprochements spirituels et de légendes poétiques, prouvent à la race emplumée son antique supériorité et primauté sur toutes les autres.

---

1. Un siècle avant Cyrano, il y a la *Néphélococugie* (sic) de Pierre Le Loyer. (Voir, à ce sujet, le quatrain de Ronsard cité par Sainte-Beuve, *Étude sur le seizième siècle* p. 234.) — Passerat, vers le même temps, célébrait aussi la métamorphose des *hommes-oiseaux*. — Il y a, dans les fragments laissés par Gœthe, un essai d'imitation, assez faible, de cette première partie des *Oiseaux* d'Aristophane, adaptée avec beaucoup de licence à la scène allemande, ou plutôt au goût des lecteurs allemands. Deux personnages cherchent en l'air, au risque de se casser le cou, une espèce de pays de Cocagne ; ils vont trouver un vieux hibou, critique de profession, qui les traite de fous et les envoie promener. Pendant qu'ils causent entre eux, arrivent les oiseaux, qui veulent tout simplement les mettre à mort. Discours ronflant de l'un des deux voyageurs, qui leur fait comprendre qu'ils ne sont pas des hommes, mais des oiseaux en mue. Il les engage ensuite à établir leur royaume de manière à se soumettre les dieux et les hommes, en coupant toute communication entre eux. — Suit un épilogue dans lequel Gœthe promet de donner la continuation de cette pièce, en cas qu'elle soit goûtée du public. — Il fallait qu'il comptât beaucoup sur l'ignorance de ce public, pour piller ainsi Aristophane sans faire la moindre mention de lui ni de sa comédie.

Les oiseaux sont les premiers-nés, les premiers souverains de l'univers. D'où vient que les ouvriers en tout genre se mettent à la besogne au chant du coq? N'est-ce pas le souvenir d'une vieille habitude du temps où les oiseaux, maîtres du monde, donnaient à leurs esclaves le signal des travaux?....

PEISTHÉTAIROS.

Oui, autrefois, vous étiez rois!

LE CHŒUR DES OISEAUX.

Nous, rois! Et de qui? Et de quoi?

PEISTHÉTAIROS.

De tout! De moi d'abord, et de lui (*Montrant Évelpide.*) Et de Jupiter même! Votre race est plus ancienne que Saturne, que les Titans et que la Terre.

LE CHŒUR.

Que la Terre elle-même?

PEISTHÉTAIROS.

Oui, par Apollon!

LE CHŒUR.

Voilà, par Jupiter! ce que je ne savais pas.

PEISTHÉTAIROS.

Parce que vous êtes des ignorants, des insouciants, et que vous n'avez jamais lu Ésope. Ésope dit que l'alouette naquit avant tous les autres êtres, avant la Terre même : son père mourut de maladie; comme la terre n'existait pas, il fut sans sépulture pendant cinq jours : enfin l'alouette dans l'embarras se décida, faute de mieux, à enterrer son père dans sa tête.

ÉVELPIDE.

Ce qui fait que le père de l'alouette est enterré à Céphalée[1]....

PEISTHÉTAIROS.

Mais la plus forte preuve, c'est que Jupiter, qui règne maintenant, est représenté, comment? debout avec un aigle

---

1. Bourg de l'Attique. Le même mot, en grec, signifie *tête*. De là le calembour d'Évelpide, qui fait le Lazarille, le *gracioso*, le commentateur bouffon de Peisthétairos.

sur la tête, c'est le symbole de sa royauté[1]; sa fille a la chouette; et Apollon, comme son ministre, l'épervier.

ÉVELPIDE.

Par Cérès! voilà qui est bien dit! Mais que font dans le ciel tous ces oiseaux?

PEISTHÉTAIROS.

Quand on sacrifie et que, suivant le rite, on offre les entrailles aux dieux, ces oiseaux en prennent leur part avant Jupiter. Autrefois, les hommes ne juraient jamais par les dieux, mais toujours par les oiseaux : à présent encore, Lampon jure par l'oie, quand il veut mentir[2]. — C'est ainsi que vous étiez grands et sacrés, en ce temps-là! Mais maintenant on

---

1. Odin, le Jupiter de la mythologie scandinave, est représenté avec un casque aux deux côtés duquel sont posés deux corbeaux, qui partent tous les soirs pour faire en volant le tour de la terre et lui rapporter le matin ce qu'ils ont appris.

2. Allitération sur τὸν χηνά, l'oie, au lieu de τὸν Ζῆνα, Jupiter. — Lampon était un des devins envoyés à Sybaris avec la colonie athénienne qui reconstruisit cette ville sous le nom de Thurium. — Socrate, respectant les dieux, jurait *par le chien!* — C'est par un scrupule analogue que les gens du peuple, chez nous, disent quelquefois : *Nom d'un chien!* — pour ne pas dire : *Nom de D.!* De même, s'il leur échappe de commencer à dire : *Sac.... n. de D.!* ils changent et disent : *Sac... risti!* puis *Sapristi!* ou *Sac.... à papier!* ou tel autre achèvement insignifiant. — C'est sans doute dans la même intention qu'Henri IV avait adopté *Ventre-saint-gris!* pour n'offenser personne au ciel, quoiqu'il y eût cependant un saint Gris. — Depuis qu'un de ses prédécesseurs, le dévot roi Louis IX, qu'on appelle saint Louis, avait promulgué une loi qui ordonnait de transpercer d'une pointe de fer rougie au feu la langue des jureurs et blasphémateurs, les anciens jurons s'étaient transformés, de manière à devenir innocents. Ainsi, au lieu de : *Par la mort de Dieu, ou par la mort-Dieu!* — *Par le sang de Dieu ou par le sang-Dieu!* — *Tête-Dieu!* — *Ventre-Dieu!* — *Corps-Dieu!* — *Je renie Dieu!* — *Je maugrée Dieu!* on se mit à dire : *morbieu, morbleu, mordié, morgué, morguienne!* — *Pa' l' sang-bieu! palsambleu! Par la sambleu!* — *Tête-bieu, têtebleu!* — *Ventre-bieu, ventrebleu!* — *Corps-bieu! corbleu!* — *Je r'nie-bieu, jarnibieu, jarnidié, jarnigué, jarnigois, jarni!* — *Maugrebieu, maugrebleu!* De même, au lieu de jurer par le *Diable*, on se mit à jurer par le *Diantre*; etc. — Dans un sentiment analogue, les gamins, au lieu de *Ma parole d'honneur!* disent *Ma parole d'onze heures*, pour ôter le serment donné à faux.

vous regarde comme des esclaves, des niais, des ilotes; on vous jette des pierres comme à des fous furieux, même dans les lieux sacrés. Une foule d'oiseleurs vous tendent des lacets, des filets, des gluaux, des piéges de toute espèce; on vous prend, on vous vend en masse, et les acheteurs vous tâtent pour s'assurer si vous êtes gras. Encore, si l'on vous servait simplement rôtis sur la table! Mais on fait un mélange d'huile, de vinaigre et d'échalotes, avec du fromage râpé; de tout cela broyé ensemble, on fabrique une sauce douce et grasse, puis on la verse sur vous toute bouillante, comme si vous étiez des chairs infectes!

Un tel état de choses est intolérable! Il s'agit de reconquérir la sécurité, l'indépendance, et la souveraineté!— Oui, oui! répondent les oiseaux. Tu es notre sauveur! Mais que faut-il faire? — Il faut, répond Peisthétairos, qu'il n'y ait qu'une seule ville, un seul État pour toute la nation des oiseaux; qu'ils entourent l'air tout entier d'une grande muraille en briques, comme l'enceinte de Babylone; et, quand cette muraille sera élevée, ils enverront des ambassadeurs sommer Jupiter de leur restituer l'empire : s'il n'y consent pas, on lui déclarera la guerre sainte, et l'on fera défense aux dieux de traverser désormais ce pays pour descendre, comme autrefois, contenter leur envie chez les Alcmènes, les Alopées, les Sémélés. Les hérons feront sentinelle sur une patte : Halte-là! on ne passe pas.

En même temps on enverra une autre ambassade aux hommes pour leur dire que dorénavant ils ayent à sacrifier d'abord aux oiseaux, souverains du monde, et seulement ensuite aux autres dieux.

LA HUPPE.

Mais comment les hommes reconnaitront-ils en nous des dieux et non des geais? nous qui volons et qui avons des ailes?

PEISTHÉTAIROS.

Tu es fou : est-ce que Mercure n'est pas dieu? Cependant

il vole et il a des ailes! Et tant d'autres divinités! la Victoire vole avec des ailes d'or! Et l'Amour, n'a-t-il pas des ailes? Et Iris, la colombe aux ailes agitées, comme dit Homère!

LA HUPPE.

Mais si Jupiter se met à tonner et lance sur nous sa foudre, qui a aussi des ailes?...

PEISTHÉTAIROS, *sans l'écouter.*

Si les hommes, aveugles à votre égard, méconnaissent votre puissance et ne veulent adorer que les dieux de l'Olympe, alors il faut qu'une nuée de passéreaux gourmands de graines s'abatte sur leurs champs et y dévore tout; et puis nous verrons si Cérès vient au secours de leur famine par une distribution de blé!

ÉVELPIDE.

Elle s'en gardera bien, par Jupiter! vous la verrez donner cent mauvaises défaites [1].

PEISTHÉTAIROS.

Les corbeaux aussi leur prouveront votre divinité en crevant les yeux à leurs bœufs de labour et à leurs troupeaux. Qu'Apollon ensuite les guérisse et gagne ses honoraires de médecin!

ÉVELPIDE.

Là, là! qu'ils attendent au moins que j'aie vendu mes deux bouvillons!

PEISTHÉTAIROS.

Si, au contraire, ils reconnaissent que vous êtes la Divinité, la Vie, la Terre, Saturne, Neptune, — alors tous les biens leur seront donnés.

LA HUPPE.

Cite-moi donc un de ces biens.

PEISTHÉTAIROS.

Premièrement, les sauterelles ne rongeront plus leurs vignes en fleur : un seul escadron de chouettes et de crécerelles les dévorera toutes. Ensuite, les cousins et les perce-oreilles ne mangeront plus leurs figues : une seule compagnie de grives les avalera tous jusqu'au dernier.

---

1. Allusion malicieuse à ceux qui, en pareilles circonstances, étaient chargés de distribuer du blé aux indigents, et qui détournaient une partie de l'argent destiné à ce secours.

LA HUPPE:
Et la richesse, comment la leur donnerons-nous? C'est là leur grande passion!

PEISTHÉTAIROS.
Quand ils consulteront les oiseaux, ceux-ci leur indiqueront les mines les plus riches, et les trésors enfouis depuis des siècles : car ils en connaissent la place ; aussi dit-on toujours : Personne ne sait où est mon trésor, *excepté peut-être un oiseau!*

೭⳽ಎ

Ainsi, légendes mythologiques, croyances populaires, contes, proverbes, histoire naturelle, science des augures, fables d'Ésope, d'Hésiode ou d'Homère, simples dictons même et images courantes, le poëte cueille tout cela en voltigeant, et y mêle ses propres richesses, la grâce et la fleur de sa poésie, ou de ses charmantes maximes : — « Comment leur donner la santé ? — S'ils sont heureux, n'ont-ils pas la santé ? L'homme malheureux ne se porte jamais bien ! »

೭⳽ಎ

Et il n'y aura pas besoin d'élever aux oiseaux des temples de pierre fermés avec des portes d'or. Ils habiteront dans les bois et sous le feuillage des chênes. Les plus vénérés auront l'olivier[1] pour temple. Les voyages de Delphes et d'Ammon seront inutiles pour les sacrifices : debout parmi les arbousiers et les oliviers sauvages, on leur offrira l'orge et le blé ; on les priera, en étendant les mains, de nous faire part de leurs bienfaits, qu'ils accorderont aussitôt en échange de quelques grains.

1. L'arbre de Minerve et d'Athènes. — On peut rapprocher de ces vers si frais un passage d'une lettre de Luther au comte Palatin sur les Oiseaux des bois : « Ils tiennent leur séance en plein soleil, l'arche du ciel pour voûte, les gais feuillages pour draperies, libres et maîtres.... Ils viennent déclarer la guerre à toutes les graines et semences, au blé, au seigle, aux meilleurs fruits. » — Voir l'intéressante et piquante étude de M. Philarète Chasles, intitulée : *Luther dans son ménage.*

Le projet des deux Athéniens est adopté avec enthousiasme. On leur donne le droit de cité, on les naturalise oiseaux. Une certaine racine qu'ils mangeront va leur faire pousser des ailes.

⚜

Pendant ce temps, Philomèle et Procné, du milieu des joncs fleuris, s'élèvent sous la forme de deux jolies filles avec des ailes et des têtes d'oiseaux; le chœur les salue de ses chants; puis continue ainsi, s'adressant au public, avec une poésie suave et exquise :

Pauvres humains dont l'existence obscure, frêle comme les feuilles des bois, rampe, sans ailes, sur la terre fangeuse, d'où vous sortez, où vous rentrez, race éphémère, infortunés mortels, ombres légères pareilles à des songes, écoutez les oiseaux, êtres immortels, aériens, exempts de vieillesse, qui méditent sur les choses incorruptibles : vous apprendrez de nous à connaître le ciel, la nature des êtres ailés, l'origine des dieux et des fleuves, de l'Érèbe et du Chaos; grâce à nous, Prodicos[1] enviera votre science.

Il n'y avait d'abord que le Chaos, la Nuit, le sombre Érèbe et le profond Tartare : la Terre, l'Air, le Ciel n'existaient pas. Au sein des abîmes infinis de l'Érèbe, la Nuit aux ailes noires, féconde toute seule, pondit un œuf, duquel, après un certain temps, naquit l'Amour, le gracieux Éros, aux ailes d'or étincelantes, rapides comme les vents d'orage. Il s'unit, dans le profond Tartare, au sombre Chaos, ailé comme lui, et engendra la race des Oiseaux, qui vit le jour la première de toutes....

Selon la théogonie orphique, le premier des dieux fut Chronos, le Temps; après lui, vinrent l'Éther et le Chaos, d'où Chronos tira l'œuf immense du monde. Il était naturel qu'Aristophane, dans la cosmogonie des oiseaux, n'oubliât pas cet œuf. En le faisant pondre par la Nuit

---

1. Sophiste, disciple de Protagoras, et célèbre comme lui. Voir ci-dessus l'analyse des *Nuées*, p. 40.

aux ailes noires, et en faisant éclore de cet œuf l'Amour aux ailes d'or, en donnant des ailes au Chaos lui-même, il use du droit de poésie, il complète et développe les images qui conviennent à son sujet.

༄

Ainsi, — continue le chœur des Oiseaux, — notre origine est bien plus antique que celle des habitants de l'Olympe. Nous sommes nés de l'Amour, mille preuves l'attestent. Nous avons des ailes, et nous en prêtons aux amants [1]....
Et quels services les oiseaux ne rendent-ils pas aux mortels ! Nous leur indiquons les saisons, le printemps, l'hiver, l'automne. Si la grue en criant émigre vers la Libye, elle avertit le laboureur de semer ; le nocher, de se reposer auprès de son gouvernail suspendu dans sa demeure [2]; et Oreste [3], de se tisser un manteau, afin que la rigueur du froid ne le pousse plus à dépouiller les autres. Dès que le milan reparaît, il vous annonce le retour du printemps et le moment de tondre les brebis. Lorsqu'ensuite l'hirondelle arrive, on se hâte de vendre son manteau, pour acheter un vêtement léger. Nous vous tenons lieu d'Ammon, de Delphes, de Dodone et de Phébus Apollon. Avant de rien entreprendre, affaire commerciale, mariage, achat de vivres, vous consultez les oiseaux [4]....
Muse agreste, aux accents si variés, tio tio tio, tio tio tio, tiotix, je chante avec toi dans les vallons verts et sur les

---

1.   Premiers-nés de l'Amour, ils ont gardé ses ailes,
    Et restent à jamais ses compagnons fidèles *.

2. Les Grecs ne naviguaient pas, ordinairement, pendant l'hiver.
3. Un voleur de ce temps-là.
4. « Chaque animal exerce, pour subsister, une industrie spéciale ; mais souvent il y joint, pour ses moments de loisir, quelque art ou quelque étude philosophique dont les résultats ne sont pas pour lui sans utilité pratique. Les oiseaux ont certainement pour étude les phénomènes atmosphériques ; mais ils sont, en outre, d'excellents géographes. Des siècles avant Magellan, ils pratiquaient, ainsi que certains poissons, le voyage autour du monde. Ils ont parmi eux des géomètres et des arithméticiens : on a constaté que

* A. Baron, analyse des *Oiseaux*, en prose mêlée de vers.

sommets des collines, tio tio, tio tiotix ! Du haut d'un frêne à l'épais feuillage, tio tio, tio tiotix, je lance de mon gosier d'or des mélodies sacrées en l'honneur du dieu Pan; ma voix s'unit sur la montagne aux chœurs augustes qui célèbrent la Mère des dieux, tototo, tototo, totototix ! C'est là que Phrynichos, comme une abeille, vient butiner l'ambroisie de ses chants et la douce fleur de sa poésie, tio tio, tio tiotix !...

Tels les cygnes, tio tio tio, tio tio tio, tiotix, sur les rives de l'Hèbre, tio tio, tio tiotix, unissent leurs voix pour chanter Apollon en battant des ailes, tio tio, tio tiotix; leurs chants traversent les nuages des airs; les hôtes variés des forêts s'arrêtent étonnés; les vents se taisent, la sérénité assoupit les flots, tototo, tototo, totototix; l'Olympe en retentit au loin; les dieux écoutent, dans un saisissement de joie: et les Grâces et les Muses, filles de l'Olympe, répètent leurs mélodies, tio tio, tio tiotix !

Comme toujours, chez Aristophane, cette charmante poésie s'entremêle de grossières bouffonneries et de gaietés fort lestes : c'est le caractère de l'écrivain et de l'esprit attique, — comme de l'esprit gaulois. — Cette variété semble indispensable surtout à Athènes, pour contenter tous les goûts tour à tour, dans un public qui est le peuple tout entier. Là comme partout, Aristophane, « maître de tous les tons de la lyre, » se montre presque au même instant « sublime et bouffon, grave et licencieux, mais toujours poëte, et s'égalant aux plus grands poëtes, soit qu'il les raille, soit qu'il les imite[1]. »

Peisthétairos et Évelpide reviennent affublés en

---

la pie, je crois, sait compter jusqu'à six, et pas au delà. Est-il, même en Allemagne, un plus profond philosophe que le héron? Ne semble-t-il pas qu'il y ait en lui du mystique et de l'ascète? et, par son immobilité recueillie, ne rappelle-t-il pas le vœu étrange de Siméon le Stylite? »   EUGÈNE NOEL, la Campagne.

1. Villemain, *Essai sur la Poésie lyrique.*

oiseaux grotesques, comme Quinola et Spadille en princes, dans la comédie d'Alfred de Musset.

IRUS.
Mettez ces deux habits;
Vous vous promènerez ensuite par la chambre,
Pour que je voye un peu l'effet que je ferai.
SPADILLE.
Moi, j'ai l'air d'un marquis.
QUINOLA.
Moi, j'ai l'air d'un ministre.
IRUS.
Spadille a l'air d'une oie, et Quinola, d'un cuistre.

Peisthétairos et son ami, non moins cocasses dans leur nouvel accoutrement, se font l'un à l'autre les mêmes compliments, ou à peu près, que fait Irus à Quinola et à Spadille. C'est Peisthétairos qui d'abord éclate de rire en regardant Évelpide.

PEISTHÉTAIROS.
Par Jupiter! je n'ai jamais rien vu de plus drôle!
ÉVELPIDE.
Qu'est-ce qui te fait rire?
PEISTHÉTAIROS.
Tes bouts d'ailes! qui te font ressembler, sais-tu à quoi? à une oie peinte sur une enseigne!
ÉVELPIDE.
Et toi, à un merle pelé et râpé!

Ils conseillent à la huppe de donner à la ville nouvelle un nom magnifique et pompeux : par exemple, Néphélococcygie, c'est-à-dire la Ville des Nuées et des Coucous, — quelque chose comme Coucouville-lés-Nuées. — « Ah! le grand et beau nom que tu as trouvé là! s'écrie la huppe émerveillée. — N'est-ce pas de ce côté-là, dit Évelpide, que s'étendent les immenses propriétés de Théagène et toutes celles d'Eschine? »

C'étaient deux hâbleurs de ce temps, et peut-être quelque peu industriels, ayant découvert mainte mine, à exploiter avec les actionnaires.

On dépêche les deux ambassades, l'une en haut, vers les dieux, l'autre en bas, vers les hommes. Puis on se met à l'œuvre.

A peine a-t-on tracé l'enceinte, et procédé aux cérémonies qui accompagnaient la fondation d'une ville, — en invoquant les dieux-oiseaux, Apollon-Cygne, Latone-Caille, Diane-Chardonneret, Bacchus-Pinson, Cybèle-Autruche; — à peine le prêtre a-t-il entonné le chant sacré, en aspergeant d'eau lustrale la place des fondations futures, qu'une volée d'aventuriers s'abat déjà sur la ville projetée, — comme sur le nouveau Marseille ou le nouveau Paris, — pour y chercher fortune. Dévoré de l'amour du bien public, chacun veut en avoir la meilleure part;

>   Échevins, Prévôt des marchands,
>   Tout fait sa main ; le plus habile
> Donne aux autres l'exemple, et c'est un passetemps
> De leur voir nettoyer un monceau de pistoles.

C'est d'abord un poëte dithyrambique, au manteau troué, faiseur de cantates à l'usage de tous les nouveaux pouvoirs.

J'ai, dit-il, composé des vers en l'honneur de votre Néphélococcygie, une foule de beaux dithyrambes et de parthénies[1] dignes de Simonide.

PEISTHÉTAIROS.

Et quand les as-tu composés? depuis combien de temps?

LE POËTE.

Oh! il y a longtemps, longtemps déjà, que je chante cette cité!

---

1. Vers destinés à être chantés par les jeunes filles.

PEISTHÉTAIROS.

Mais on fait en ce moment même la cérémonie de sa naissance, et je viens de nommer l'enfant, il y a une minute !

On se débarrasse de ce républicain de l'avant-veille, en lui faisant l'aumône d'un manteau.

Un devin lui succède: « Il y a, dit-il, un oracle de Bacis qui concerne évidemment Néphélococcygie. — Eh! que n'en parlais-tu avant qu'elle existât? — Le ciel ne le permettait pas encore! — Voyons ton oracle.... »
Le devin récite un grimoire quelconque, qui peut s'appliquer à tout ce qu'on veut, comme toutes les prophéties possibles. Peisthétairos le paye d'un autre oracle, conçu à peu près en ces mots :

Lorsque, le ventre à jeun, par de vains artifices
    Quelque saltimbanque effronté
  Viendra troubler vos sacrifices
    Sans être par vous invité,
  Prenez un bon paquet de gaules
  Et cassez-le sur ses épaules [1].

Ainsi dit, ainsi fait : Hors d'ici, drôle ! Va-t'en débiter aux vieilles femmes tes oracles et tes prophéties ! — Et on vous le chasse à coups de bâton.

Le prêtre se dispose à continuer la cérémonie, déjà deux fois interrompue, lorsqu'un géomètre-arpenteur survient à son tour, avec règles, toises et niveaux, pour tirer les lignes des rues aériennes, faire de beaux boulevarts dans les nues, toiser, arpenter, cadastrer Néphélo-

---

1. A. Baron, analyse des *Oiseaux*.

coccygie et sa banlieue, partager l'air en lots.... « Qui es-tu donc? lui demande Peisthétairos. — Qui je suis? Méton! connu dans toute la Grèce et à Colone. » — Comme François Villon, dans son épitaphe : « *Né de Paris, emprès Pontoise.* »

« Eh bien! Méton, reprend Peisthétairos, un conseil d'ami : décampe lestement! »

LE GÉOMÈTRE.
Seriez-vous par hasard en discorde?
PEISTHÉTAIROS.
Au contraire!
LE GÉOMÈTRE.
Mais alors....
PEISTHÉTAIROS.
D'un accord unanime et sincère
Nous avons résolu d'expulser de chez nous
Fripons et charlatans, en les rouant de coups[1].

Méton ne se le fait pas dire deux fois, et arpente, sans règle ni toise : Peisthétairos le chasse à coups de trique.

Ce Méton, malmené si lestement par Peisthétairos et par Aristophane, est-il le même que le célèbre astronome athénien qui forma, vers l'an 432 avant notre ère, un cycle de dix-neuf ans, dans le dessein de faire concorder l'année lunaire avec l'année solaire (ce qu'on nomme aujourd'hui le *Nombre d'or*)? Je ne sais; mais cela paraît probable, et il n'y aurait rien d'étonnant à voir un homme très-sérieux comme l'astronome Méton traité par Aristophane avec autant d'irrévérence que le grand Socrate.

Survi͏̈ un inspecteur, avec des airs de roi, dans cette vi͏̈ qui existe à peine. C'est une satire des petits

---

1. Eugène Fallex, scènes d'Aristophane traduites en vers français.

fonctionnaires qui étaient chargés d'inspecter les cités tributaires, et qui faisaient du zèle aux dépens de ces villes, à moins qu'on ne leur graissât la patte.

PEISTHÉTAIROS, *à voix basse.*
Veux-tu recevoir ton salaire, ne rien faire et t'en aller?
L'INSPECTEUR.
Ma foi! oui; j'aurais bien besoin d'être à Athènes pour assister à l'Assemblée : je suis chargé des intérêts de Pharnace[1].

PEISTHÉTAIROS, *le battant.*
Tiens, voici ton salaire, va-t'en avec cela!

Il l'expédie comme les autres, malgré ses protestations indignées.

Enfin un marchand de décrets vient pour vendre des lois toutes neuves et qui n'ont pas encore servi. Peisthétairos s'en débarrasse de la même façon.

Tout ce mouvement animait la scène et égayait les spectateurs. Ce sont des épisodes, comme *les Fâcheux* de Molière, ou comme nos vaudevilles-revues. Le poëte y donne l'essor à sa verve et à sa malice. Au monde de la fantaisie il entremêle adroitement celui de la réalité. Ces critiques et caricatures de détail parodiaient la conduite des Athéniens dans les villes alliées et dans les colonies.

On achève le sacrifice d'inauguration. Les oiseaux,

---

1. Satrape persan. — Allusion à certains orateurs qui recevaient l'or de l'étranger pour défendre à la tribune les intérêts des ennemis de la patrie. Ainsi, Aristophane fait coup double, stigmatisant dans un même personnage, le fonctionnaire prévaricateur et l'orateur vendu.

dans un nouveau chœur, chantent leur puissance, leur félicité :

C'est à nous désormais que tous les mortels adresseront leurs sacrifices et leurs prières ! Rien n'échappe à notre vue, à notre puissance ! Nos regards embrassent l'univers ! Nous préservons le fruit dans la fleur, en détruisant ces mille espèces d'insectes voraces nés de la terre, qui s'attaquent aux arbres et se nourrissent du germe à peine formé dans le calice. Nous tuons aussi ceux qui ravagent, comme un fléau, les parterres embaumés. Tous ces êtres rampants et rongeurs périssent sous les coups de la race ailée [1]...

Que le sort des oiseaux est doux ! l'hiver, ils n'ont pas besoin de manteau ; l'été, ils n'ont point à souffrir des ardeurs de la canicule ; dans les vallons fleuris, au sein des feuilles fraîches, ils reposent, tandis que la cigale, brûlée de rayons torrides à l'heure de midi, pousse des cris de pythonisse ! Nous hivernons au creux des antres, et folâtrons avec les Nymphes des montagnes ; et nous butinons au printemps les tendres baies du myrte aimé des vierges et les jardins des Grâces tout blancs de fleurs !

Quelle délicieuse poésie ! Victor Hugo n'a rien de plus charmant, ni dans la légende des oiseaux, épisode du *Beau Pécopin*, ni dans *les Chansons des rues et des bois*, ni dans *les Contemplations*, lorsqu'à son tour il peint le bonheur des oiseaux en traits si brillants et si vifs :

Ils vont, pillant la joie en l'univers immense !...

Et autour des tombes elles-mêmes ils rapportent quelque gaieté !

Michelet n'a rien de plus poétique, quand, pour chanter l'oiseau, lui-même se fait oiseau, quand il peint amoureusement et qu'il célèbre avec enthousiasme ces fils de l'air, de la lumière : « Mélodieuses étincelles du

---

1. Voir le beau livre de Michelet sur l'*Oiseau*, « bienfaisant creuset de flamme vivante, où la Nature fait passer tout ce qui corromprait la vie supérieure. »

feu d'en haut, où n'atteignez-vous pas?... Pour vous, ni hauteur, ni distance : le ciel, l'abîme, c'est tout un! Quelle nuée et quelle eau profonde ne vous est accessible? La terre, dans sa vaste ceinture, tant qu'elle est grande, avec ses monts, ses mers et ses vallées, elle vous appartient. Je vous entends sous l'équateur, ardents comme les traits du soleil. Je vous entends au pôle, dans l'éternel silence, où la dernière mousse a fini : l'ours lui-même regarde de loin et s'éloigne en grondant; vous, vous restez encore; vous vivez, vous aimez, vous témoignez de Dieu, vous réchauffez la mort! »

※

Cependant la ville nouvelle s'élève de toutes parts. Les murailles ont cent stades de long, et sont si larges « que Proxénide, le vantard, et Théagène pourraient s'y croiser sur leurs chars, fussent-ils attelés de chevaux aussi grands que le cheval de Troie [1]. »

Nul autre que les oiseaux n'a mis la main, ni la patte, aux constructions : ni charpentiers, ni tailleurs de pierre, ni maçons, ni briquetiers d'Égypte; les oiseaux ont tout fait eux-mêmes. « Trente mille grues, venues de la Libye, ont déposé les pierres qu'elles avaient avalées : pierres de fondement, qui ont été taillées ensuite par le bec des râles; dix mille cigognes fabriquaient les briques; les pluviers et autres oiseaux aquatiques pompaient, montaient l'eau dans les airs; les hérons servaient dans des auges le mortier qu'avaient préparé les oies avec leurs pattes en truelles; les pélicans ont pélicanrelé le bois des portes avec leur bec; c'était un bruit comme dans un

---

1. Cette plaisanterie donne à entendre que cette fameuse muraille est aussi chimérique que les richesses dont se vantaient Théagène et Proxénide, deux Gascons d'Athènes, dont le premier à déjà été touché précédemment dans cette même comédie, p: 333.

chantier naval... A présent toute l'enceinte est close et bien gardée.

Pline le naturaliste raconte que les grues, en guerre avec les pygmées, posaient, pendant la nuit, des sentinelles tenant un caillou dans la patte, afin que, si par hasard une de ces sentinelles venait à s'endormir, le caillou en tombant les réveillât toutes. — A Néphélococcygie, civilisation plus avancée, c'est avec des sonnettes que les gardes font la ronde, et l'on allume des feux sur toutes les tours.

On ne dit pas sur quoi posent les fondements de cette ville aérienne.—Est-ce, comme dans la Genèse indienne, sur un éléphant, dont les pieds reposent sur quatre tortues, et les tortues sur on ne sait pas quoi? Ou bien, comme dans la légende ésopique, est-ce dans de grands paniers portés par des aigles?

Quoi qu'il en soit, Néphélococcygie coupe le chemin de l'Olympe : les dieux sont bloqués. Les oiseaux les remplaceront : l'aigle détrônera Jupiter de Corinthe; la chouette, Minerve d'Athènes, et ainsi des autres.

A des peuples-oiseaux il faut des dieux-oiseaux; — comme à des hommes, un dieu-homme; comme, aux triangles, s'ils en ont, un dieu-triangle, dit Montesquieu; tout cela, par la même raison que les nègres font le diable blanc. — Xénophane, de Colophon, disait que, si les bœufs et les chevaux savaient peindre, ils feraient des dieux qui auraient figure de bœufs ou de chevaux. —

« Les lézards m'ont raconté, dit Henri Heine, ou un de ses personnages dans les *Reisebilder*, qu'il court parmi les pierres une tradition selon laquelle Dieu veut un jour se faire pierre pour les délivrer de leur endurcissement.

Mais un vieux lézard prétend que cette *impétrification* n'aurait lieu qu'après que Dieu se serait successivement incarné et invégétalisé dans les formes de tous les animaux et de toutes les plantes, et les aurait délivrés. »

⁂

Les douaniers de Néphélococcygie font bonne garde : toute la fumée des sacrifices que les hommes offrent aux anciens dieux est interceptée. Ne recevant plus l'odeur des victimes, ces pauvres Olympiens, réduits à un jeûne cruel, ne savent que devenir : les immortels meurent de faim. Iris, leur messagère, chargée d'aller sur terre savoir les raisons de cette famine, est arrêtée par les buses, gendarmes de Coucouville-lés-Nuées, qui lui demandent son passe-port : elle n'en a pas ; il lui faut retourner d'où elle était venue, sans avoir accompli sa mission. Les immortels se serrent le ventre, et leurs dents augustes s'allongent démesurément. C'est Prométhée, fidèle à sa vieille amitié pour les races mortelles, qui vient en secret donner ces nouvelles aux habitants de Coucouville-lés-Nuées : il se couvre d'un parasol pour échapper aux yeux de Jupiter, son ennemi.

⁂

Les hommes, d'autre part, envoient à Peisthétairos, illustre fondateur de Coucouville-lés-Nuées, une couronne d'or. L'empire des oiseaux est fondé ; l'empire en l'air est déclaré éternel, comme tous les empires. Tout le monde vient lui rendre hommage ; tout le monde sollicite l'honneur d'être annexé, naturalisé oiseau le plus tôt possible.

Un jeune homme d'abord, de la jeunesse dorée, brûle du désir d'être oiseau, parce qu'il a entendu dire qu'il est permis chez les oiseaux de mordre et d'étrangler son père, et qu'il veut étrangler le sien tout de suite, pour en hériter. Peisthétairos le rappelle à la piété filiale par l'exemple des cigognes.

Un littérateur veut avoir des ailes pour aller chercher dans les nues des strophes tourbillonnantes.

Un sycophante en veut avoir aussi pour espionner plus activement de ville en ville et dénoncer devant les tribunaux athéniens les riches citoyens des îles sujettes.

PEISTHÉTAIROS.

Joli métier!

LE SYCOPHANTE.

Mais oui : dénicheur de procès! Et c'est pourquoi j'ai besoin d'ailes, pour voltiger autour des villes et puis les citer en justice.

PEISTHÉTAIROS.

Citeras-tu mieux si tu as des ailes?

LE SYCOPHANTE.

Non, mais je ne craindrai plus les pirates : je reviendrai en l'air avec les grues, ayant avalé, en guise de lest, une provision de procès.

PEISTHÉTAIROS.

Voilà donc ton métier! Quoi! un jeune homme! vivre de dénonciations!

LE SYCOPHANTE.

Que faire? Je ne sais pas labourer.

PEISTHÉTAIROS.

Mais, par Jupiter! à ton âge, on peut gagner sa vie plus honnêtement qu'à tramer des procès.

LE SYCOPHANTE.

L'ami, ce sont des ailes que je demande, et non des avis.

PEISTHÉTAIROS.

Eh bien! Mes paroles te donnent des ailes.

LE SYCOPHANTE.

Comment des paroles donneraient-elles des ailes?

PEISTHÉTAIROS.

Les paroles en donnent à tout le monde.

LE SYCOPHANTE.

A tout le monde?

PEISTHÉTAIROS.

N'entends-tu pas à chaque instant chez les barbiers les pères dire aux jeunes gens : « C'est étonnant comme les conversations de Diitrèphe ont donné des ailes à mon fils pour l'équitation ! » — « Le mien, dit un autre, emporté par les ailes de l'imagination, a pris son vol vers la tragédie ! »

LE SYCOPHANTE.

Ainsi les paroles donnent des ailes?

PEISTHÉTAIROS.

Assurément. Elles élèvent l'esprit et lui donnent l'essor. J'espère donc que les miennes te donneront des ailes pour t'envoler vers un état plus honorable.

LE SYCOPHANTE.

Mais je ne veux pas, moi !

PEISTHÉTAIROS.

Que comptes-tu donc faire?

LE SYCOPHANTE.

Ne pas déshonorer ma race : dans ma famille nous sommes mouchards de père en fils ! Donne-moi donc vite les ailes rapides de l'épervier ou de la crécerelle ; que je puisse citer les insulaires, soutenir ici l'accusation, puis retourner là-bas à tire d'ailes.

PEISTHÉTAIROS.

Je comprends : ainsi l'étranger est condamné avant de comparaître.

LE SYCOPHANTE.

C'est cela même.

PEISTHÉTAIROS.

Et, tandis qu'il se rend ici par mer, tu revoles vers les îles pour t'emparer de ses biens confisqués.

LE SYCOPHANTE.

Parfaitement ! Il faut donc que je vole, comme un sabot, de çà, de là.

PEISTHÉTAIROS.

Un sabot? je comprends. Ma foi ! j'ai là d'excellentes ailes de Corcyre. (*Il le bat. Les fouets venaient de ce pays-là.*)

LE SYCOPHANTE.

Ho la la! ho la la! Mais c'est un fouet !

PEISTHÉTAIROS.

Ce sont des ailes, pour te faire aller comme un sabot.

LE SYCOPHANTE.

Ho la la ! ho la la !

PEISTHÉTAIROS.

Prends ton vol ! Hors d'ici, canaille ! Tu sauras qu'il en cuit de moucharder les gens et de pervertir la justice[1] !

Interdum tamen et vocem comœdia tollit.

A cette série de scènes épisodiques, Aristophane, s'il eût vécu de notre temps, aurait pu ajouter *les pigeons de la Bourse*, que Béranger a pris pour sujet de chanson, et bien d'autres oiseaux étranges, — sans compter ceux dont parle Rabelais.

Cependant les dieux, voyant que décidément on leur a coupé les vivres, sont réduits, comme les hommes, à capituler avec le nouvel empire et à reconnaître son hégémonie. Jupiter, depuis qu'il en est à l'ambroisie pour tout potage, tombe d'inanition. Il prend donc le parti de députer à la Ville des Oiseaux trois ambassadeurs : Hercule, le plus affamé des Olympiens ; Neptune, qui paraît être considéré comme le diplomate de la troupe, peut-être parce qu'il est ondoyant et fuyant comme l'élément sur lequel il règne ; enfin un certain dieu Triballe, grotesque et idiot. Les Triballes étaient un peuple de Thrace que les Athéniens trouvaient fort grossier. Ce dieu Triballe, ne sachant pas le grec, ne prononce que des sons informes dans un triballique patois. Hercule, quoiqu'assez peu lettré lui-même, lui sert d'interprète ; à peu près comme, dans *le Bourgeois gentilhomme*, Covielle traduit le turc du Mamamouchi.

D'abord le fils d'Alcmène, pour toute diplomatie, veut

---

1. Voir, sur les sycophantes, la note 2, page 23.

étrangler tous ceux de la ville nouvelle qui lui tomberont sous la main. — « Mais, mon bon, lui dit Neptune, nous sommes députés pour traiter de la paix. — Raison de plus pour étrangler ! » répond le magnanime Hercule.

Heureusement pour la conclusion de la paix, Hercule est aussi gourmand qu'il est brave et fort. Un fumet de cuisine qui lui arrive adoucit son humeur. « Quelles sont ces viandes ? » dit-il en ouvrant les narines. — « Ce sont, — lui dit Peisthétairos, chef de la nouvelle république, — ce sont des oiseaux, — coupables de conspiration contre les libertés populaires, » et que l'on a mis à la broche. — Hercule ne peut plus en détourner ses sens.

On entre en pourparler. Les conditions de Peisthétairos sont dures : il veut, premièrement, que Jupiter lui cède le sceptre. Cet article une fois réglé, il fera servir à dîner aux trois ambassadeurs.

HERCULE.

Ce mot me suffit. Je vote pour.

NEPTUNE.

Mais, malheureux ! tu n'es qu'un idiot et un goinfre ! Veux-tu donc détrôner ton père ? Eh ! c'est te dépouiller toi-même ! Car, si Jupiter meurt, n'es-tu pas son fils et son héritier ?

PEISTHÉTAIROS, *tirant Hercule à part.*

Écoute ici que je te parle. Ton oncle t'entortille, mon pauvre ami : la loi ne t'accorde pas une obole des biens paternels, puisque tu es bâtard et non fils légitime.... Ce Neptune, qui t'excite, serait le premier à revendiquer les biens de ton père, en sa qualité de frère puiné.

Hercule, qui n'est pas fort d'esprit comme de corps, ne sait auquel entendre. On consulte le dieu Triballe.

PEISTHÉTAIROS.

Et toi, que t'en semble ?

LE TRIBALLE, *baragouinant.*

Nabaïsatreu.

NEPTUNE.

Que dis-tu, Triballe?

HERCULE.

Hé! Triballe, veux-tu des coups?

LE TRIBALLE.

Saunaca bactaricrousa.

HERCULE.

Il dit : « Très-volontiers. »

NEPTUNE.

Si tel est votre avis à tous deux, j'y consens.

HERCULE.

Eh bien! nous accordons le sceptre.

PEISTHÉTAIROS.

Ah! j'allais oublier le second article : je laisse Junon a Jupiter, mais je veux qu'on me donne en mariage la belle jeune Royauté.

Neptune trouve cette seconde clause inacceptable, et veut se retirer avec ses deux collègues. — « Comme vous voudrez, » dit Peisthétairos d'un air détaché. Puis, se tournant vers la cuisine : « Chef! soigne bien la sauce! » Ce mot retient Hercule, qui ramène Neptune et le dieu Triballe, et le force à signer le traité.

Quels dînés,
Quels dînés
Les ministres m'ont donnés!

C'est la conclusion de cette mission diplomatique[1].

Ce dénoûment n'est-il pas admirable? Peisthétairos l'ex-révolutionnaire, le chef élu par acclamation de tou-

---

[1]. « Dans les situations politiques les plus graves, il y a toujours des idiots comme le Triballe, des gens sensés, mais faibles et débordés par leur faute, comme Neptune, et surtout des pourfendeurs qui « ne parlent que d'échiner, » et qui sont les premiers à se vendre et à vous livrer avec eux, comme Hercule. »

EUG. FALLEX.

tes les tribus de la république des oiseaux, ne se contente pas d'embrocher et de manger ceux qui ne partagent pas ses opinions ; il songe à fonder une dynastie ; il épouse la Royauté ! Et voilà, ô Athéniens, comment finissent les révolutions [1].

Les oiseaux poussent des cris de joie : « Io Pæan ! ô Hymen, ô Hyménée ! » pendant que Peisthétairos reparaît, costumé en Jupiter, avec la jeune Royauté, qui brandit la foudre de Zeus.

« Bien, très-bien, dit Peisthétairos, je suis charmé de vos épithalames, de vos acclamations et de vos chants. Mais cela ne suffit pas ; il faut chanter aussi mes éclairs, mes foudres et mon tonnerre ! »

Et nos oiseaux, serins, buses et butors, d'obéir avec joie et de crier à tue-tête :

Vive le roi, la reine, et vive le tonnerre !

Tout cela n'est-il pas très-joli, et très-vrai ? — fort gai et fort triste à la fois, comme une peinture à jamais vivante de la bêtise humaine toujours la même !

Remarquons les deux caractères de Peisthétairos et d'Évelpide : « l'un est un rusé faiseur de projets, tête inquiète et inventive, qui sait faire accroire les choses les plus insensées ; l'autre, un honnête sot, bien crédule, et qui, avec une gaieté naïve, adopte toutes les folies du premier [2]. » Mais, lorsqu'il arrive qu'une de ces folies a réussi contre toute espérance, le bon Évelpide, qui avait servi à tirer les marrons du feu, est mis de côté. Il ne reste sur la scène que jusqu'à ce qu'on ait fait le plan de Néphélococcygie ; après cela, il disparaît entièrement.

---

1. A. Baron, analyse des *Oiseaux*.
2. Otfried Müller, *Hist. de la Litt. gr.*, trad. K. Hillebrand.

Dans la première partie de la comédie, il semblait jouer le rôle principal, ou du moins il était sur la même ligne que Peisthétairos ; dans la seconde partie, il est éclipsé, et Peisthétairos le remplace. Tant qu'on croyait qu'il y avait du danger dans ce voyage aux pays inconnus, Peisthétairos, le général de poche, se tenait prudemment à l'arrière-garde, et poussait en avant le bon Évelpide. Mais, sitôt que l'affaire réussit, le socialiste-autocrate passe sur le premier plan ; lui seul existe désormais : l'autre est enterré.

La pièce se termine par des chants et des danses, et par un brillant cortége de toutes les tribus des oiseaux, accompagnant jusqu'au palais et au lit nuptial le nouveau Jupiter-oiseau (jadis Peisthétairos, du bourg de Trie) et sa jeune femme, la Royauté.

Telle est cette féerie éblouissante, si variée, si pleine d'idées, où la plus charmante imagination touche légèrement à toutes choses, se jouant des hommes et des dieux, éclatant de rire au nez de Jupiter même, mais si franchement et si drôlement que Jupiter n'a pas le courage de s'en fâcher.

Avant Aristophane, d'autres poëtes comiques avaient déjà donné des pièces ayant pour titre : *les Oiseaux*.

Dans ce cadre, déjà populaire, l'imagination de notre poëte trace des lignes capricieuses, des moralités générales, sans aucun but particulier.

Vainement a-t-on prétendu que cette comédie était spécialement politique : l'hypothèse ne repose que sur un seul détail, où l'on croit découvrir une allusion à Alcibiade se liguant avec les Lacédémoniens contre ses compatriotes et exhortant les ennemis de son pays à fortifier Décélie, ville de l'Attique. Ce serait, suivant d'autres, une satire religieuse, c'est-à-dire anti-religieuse; mais les dieux ne sont ridiculisés que dans une partie de la pièce, et par occasion, ce semble, plus que par dessein. Suivant d'autres, ce serait une satire sociale, comme *les Femmes à l'Assemblée*, une parodie des républiques idéales imaginées par les philosophes, une critique de Platon qui isole sa cité philosophique de tout le reste du genre humain, une utopie bouffonne à propos de ces utopies sérieuses. Ces diverses interprétations peuvent avoir plus ou moins d'apparence. Pour moi, j'incline à croire, avec Schlegel, qu'on ne doit assigner à cette comédie aucun but direct, et c'est peut-être pour cela qu'elle est une des plus amusantes, et à coup sûr la plus brillante de toutes. Autour de ce titre, *les Oiseaux*, l'esprit d'Aristophane s'égaye et prend des ailes.

Quoiqu'il veuille toujours, d'une manière générale, rester fidèle à sa maxime que le poëte doit être l'éducateur du peuple, il ne se propose point ici une moralité unique et précise. Il cueille au hasard, tio, tio, tio, dans les guérets fertiles, trioto, trioto, dans les bois et sur les collines, trio totobrix, dans les jardins des Muses et dans l'agréable prairie de Marathon humide de rosée, tous les traits, toutes les malices, toutes les moralités, toutes les fleurs de bel esprit attique et de gaieté bouffonne, toutes les réminiscences poétiques et mystiques, toutes les jolies métaphores qu'il rencontre; il va voltigeant, becquetant, chantant, kikkabau, kikkabau, toro, toro, toro, torolilix !

C'est au sortir de cette comédie que l'on comprend et que l'on goûte le joli distique de Platon :

« Les Grâces, voulant avoir un temple indestructible, choisirent l'esprit d'Aristophane. »

Et le mot de Schlegel : « La comédie grecque ancienne dépasse les limites de la réalité pour entrer dans la sphère de l'imagination libre et créatrice. »

Et celui de Mme de Staël : « Il n'y a point de route qui conduise à ce genre.... Le don de plaisanter appartient beaucoup plus réellement à l'inspiration que l'enthousiasme le plus exalté. »

Cette pièce est vraiment unique en son genre. Shakespeare n'a rien de plus léger, de plus frais, ni de plus brillant, dans le *Songe d'une nuit d'été*, ni Calderon dans *les Matinées d'avril et de mai*, ni Calidâsa dans *Sacountála*.

Rabelais s'est-il rappelé cette comédie d'Aristophane dans sa description de *l'Isle sonnante* (c'est-à-dire de l'Église romaine avec ses cloches), île dont tous les habitants « estoient devenus oiseaux, mais bien ressemblants aux hommes : clergaux, monagaux, prestregaux, abbégaux, évesgaux, cardingaux, et papegaut, qui est unique en son espèce, » comme le phénix; — « clergesses, monagesses, prestregesses, abbégesses, évesgesses, cardingesses, papegesses ? » Oiseaux, certes, non moins originaux, mais moins gais que ceux de cette comédie.

Et Marnix de Sainte-Aldegonde, s'en était-il souvenu ? Je ne sais[1].

Et Jean-Jacques Rousseau, quand, par une hypothèse un peu osée, il peuple le ciel catholique de pies et de sansonnets ?

Dans un de nos vieux fabliaux, les oiseaux chantent la messe : c'est le rossignol qui officie ; le perroquet, à l'offertoire, prononce un sermon sur l'amour, et donne ensuite l'absoute aux vrais amants.

Un conte de Voltaire, *la Princesse de Babylone*, met chez un peuple des bords du Gange des perroquets pré-

---

1. Voir Edgard Quinet, *Marnix de Sainte-Aldegonde*, p. 163.

dicateurs. « Nous avons surtout, dit un oiseau qui se trouve être le phénix, — nous avons surtout des perroquets qui prêchent à merveille. » — Dans ce même conte, le phénix écrit à deux griffons de ses amis par la poste aux pigeons ; les cancans d'un merle (quelque aïeul, sans doute, du *Merle blanc* d'Alfred de Musset) causent les malheurs de la princesse Formosante.

George Sand, dans *le Diable aux champs*, fait parler le moineau et la fauvette, une bande de grues, une poule, une couvée de petits canards, une chouette et son mari, deux rouges-gorges, et un chœur de coqs, tout cela alternant avec des hommes et des femmes. On voit figurer aussi dans cette fantaisie : des grenouilles, des lézards et des grillons des champs : d'autre part, un cri-cri de cheminée, deux scarabées et plusieurs araignées ; une chienne nommée Léda, un chien de manchon, appelé Marquis, et Pyrame, chien de basse-cour.

On connaît l'œuvre charmante de M. Toussenel, *le Monde des oiseaux*, l'*Ornithologie passionnelle*, où l'on démontre avec beaucoup d'esprit que le phalanstère fouriériste est établi et organisé depuis la création du monde dans la république des Oiseaux[1].

Les légendes du Nord ont leurs femmes-cygnes, et d'autre part leurs hommes-corbeaux, dont parle Henri Heine dans ses traditions populaires *de l'Allemagne*[2].

Dans la légende celtique de saint Brandan, sorte d'Odyssée monacale, le Saint rencontre, en un de ses voyages, le paradis des oiseaux, où la race ailée vit selon la règle des religieux, chantant *matines* et *laudes* aux heures canoniques ; Brandan et ses compagnons y célè-

---

1. Livre inspiré peut-être en partie par le curieux chapitre de Ch. Fourier *sur l'Analogie*. Voir l'*Appendice*.
2. Voir dans ce livre *de l'Allemagne*, t. I, p. 16, la légende chrétienne du *Rossignol de Bâle*, et, t. II, p. 87 à 92, une histoire dont les personnages sont le passereau, la pie et le hibou.

brent la Pâque avec les oiseaux, et y restent cinquante jours, nourris uniquement du chant de leurs hôtes. — C'est peut-être cette légende que l'imagination de Rabelais a parodiée.

Dans une autre légende bretonne, saint Keivin s'endormit un jour en priant, agenouillé devant sa fenêtre et les bras étendus : une hirondelle, apercevant la main ouverte du vieux moine, trouva la place bonne pour y faire son nid ; le Saint, à son réveil, voyant cela et la mère qui couvait ses œufs (il paraît qu'il avait dormi longtemps), ne voulut pas la déranger et attendit pour se relever que les petits fussent éclos.

Les oiseaux jouent des rôles nombreux et variés dans les *Chants populaires de la Grèce moderne*[1]. C'est comme une lointaine réminiscence d'Aristophane et de Platon.

Platon, dans le *Timée*, esquissant quelques traits d'une métempsycose, suit les hommes dans les animaux, et dit : « La famille des oiseaux, qui a des plumes au lieu de cheveux, est formée de ces hommes innocents mais légers, aux discours pompeux et frivoles, et qui, dans leur simplicité, s'imaginent que la vue est le meilleur juge de l'existence des choses. »

Selon le docteur Yvan, dans ses *Voyages et Récits*, les bons Indiens, pleins du sentiment de la fraternité universelle, « veulent que les âmes des enfants morts revêtent la brillante parure des oiseaux pour habiter encore parmi les vivants. » Il y a loin de cette croyance à celle des limbes, vestibule de l'enfer, où les enfants morts sans baptême sont privés à toute éternité de la vue de Dieu. Par quel crime les pauvres petits ont-ils pu mériter cette quasi-damnation ?

Crimine quo parvi cædem potuére mereri?

Le catholicisme d'aujourd'hui n'étale plus cette

---

1. Voir le recueil publié sous ce titre par M. de Marcellus.

croyance du moyen âge, et la voile au contraire avec le plus grand soin, de peur de révolter le cœur des mères. Au reste, qu'est devenu l'Enfer lui-même, depuis que la science ne lui laisse aucun lieu, ni la raison aucun refuge ?

La Fontaine et Florian, Grandville et Kaulbach, fourniraient aussi plus d'un trait à la comédie des *Oiseaux*; sans oublier vingt autres jolies légendes, — ni celle de François d'Assise, « à qui l'oiseau paraît, comme à Jésus, mener la vie parfaite : car l'oiseau n'a pas de grange ; il chante sans cesse ; il vit à toute heure du don de Dieu, et il ne manque de rien [1] ; » — ni la légende de la cigale qui chantait le *Salve Regina* sur le doigt de François de Sales : — la cigale aussi a des ailes.

Mais, quelque charmant que soit tout cela, Aristophane est plus charmant encore. Dans sa comédie pleine de fraîcheur et de gaieté, on sent partout cette adoration dont toute l'antiquité était éprise pour la beauté de la nature, avec cet amour instinctif pour tous les êtres frères de l'homme. Tout ce qu'il y a de plus gracieux, les bois, les oiseaux et les fleurs, le poëte en a recueilli les chants, les couleurs, les parfums; a mêlé tout cela dans son esprit avec les idées les plus vives, les plus piquantes, parfois les plus profondes. Ainsi est née cette œuvre exquise, légère, ailée, toute chantante, comme la *Symphonie pastorale* d'un Athénien du temps d'Alcibiade ; œuvre d'une originalité et d'une grâce incomparables, d'une forme capricieuse et étincelante, improvisée et immortelle!

---

[1]. Ernest Renan, *Étude sur François d'Assise*. — A l'inverse de cette pensée, voir dans notre appendice, un joli plaidoyer de Léon Duval, sur le testament d'un ornithophile.

« Personne, dit Henri Heine en parlant de cette comédie, personne ne saurait traduire ces chœurs aériens qui se perdent dans l'infini, cette poésie ailée, escaladant hardiment le ciel, ces chants de triomphe de la folie, enivrants comme des mélodies de rossignols en gaieté. »

IV

LA PARABASE.

C'est dans les chœurs des comédies d'Aristophane, particulièrement dans la *parabase*, que se montrent avec le plus d'imprévu et d'originalité ces perpétuelles alternatives d'ironie et de sérieux, ce mélange de bouffonnerie et d'élévation, de verve satirique et lyrique, qui constituent le caractère saillant de sa poésie.

Qu'était-ce que la parabase?

Élément essentiel et singulier de la comédie grecque *ancienne*, c'était cette partie du chœur dans laquelle le poëte, au milieu de la pièce, prenait tout à coup la parole, par la bouche du coryphée, et adressait au peuple des interpellations, sur lui-même, sur ses comédies, sur l'accueil bon ou mauvais qu'on leur avait fait, sur ses rivaux en poésie ou sur ses adversaires politiques, sur les affaires publiques, sur la paix ou la guerre, sur les questions sociales, enfin sur tout ce qu'il lui plaisait.

« Il faut convenir, dit W. Schlegel, que la parabase est contraire à l'essence de toute fiction dramatique, puisque la loi générale de la comédie est, d'abord, que l'auteur disparaisse pour ne laisser voir que ses personnages, et ensuite, que ceux-ci agissent et parlent entre eux sans faire aucune attention aux spectateurs. — Certainement toute impression tragique serait détruite par de semblables infractions aux règles de la scène ; mais les interruptions, les incidents épisodiques, les mélanges bizarres de toute espèce, sont accueillis avec plaisir par la gaieté, et cela lors même qu'ils paraissent plus sérieux que l'objet principal de la plaisanterie. Quand l'esprit est disposé à l'enjouement, il est toujours bien aise d'échapper à la chose dont on l'occupe, et toute attention suivie lui paraît une gêne et un travail. »

Dans l'origine, le chœur phallique était toute la comédie, comme le chœur dithyrambique était toute la tragédie ; le poëte lui-même, souvent, remplissait le rôle du coryphée : de là peut-être l'habitude qu'il prit d'adresser parfois la parole aux spectateurs pour développer ses idées personnelles, habitude qu'il conserva même lorsqu'il ne parut plus en personne à la tête du chœur, même lorsque l'*épisode*, pour parler comme les Grecs, c'est-à-dire la fable et le dialogue, furent *survenus* au milieu du chœur, comme l'exprime ce nom même d'épisode, et se furent mêlés avec lui pour constituer l'œuvre dramatique.

Ce chœur phallique, d'abord improvisé dans la licence des fêtes de Dionysos, plus tard spécialement composé pour ces fêtes en vue de la variété, contenait, outre les louanges du dieu, la satire des hommes. La parabase était donc en germe dans les chants phalliques, et la comédie dans la parabase : ou plutôt, tout cela ensemble se forma et se développa confusément.

« Ce que la comédie avait en propre, dit Otfried Müller, c'était surtout l'organisation, les mouvements et les chants du chœur. Le nombre des personnes qui composaient le chœur comique était, d'après des renseignements qui concordent, de vingt-quatre. On avait, évidemment, divisé par moitié le chœur complet d'une tétralogie tragique, qui était de quarante-huit personnes, et la comédie conservait toute cette moitié, tandis que chaque pièce d'une tétralogie n'avait qu'un chœur de douze personnes. La comédie, quoique moins généreusement traitée que la tragédie à bien des égards, avait donc sur elle l'avantage d'un chœur plus considérable, avantage qui résultait de ce qu'on la donnait isolément et non comme partie d'une tétralogie. De là aussi la fécondité beaucoup moins grande des poëtes comiques comparés aux tragiques [1].

Le chœur, quand il paraît en ordre régulier, fait une entrée par rangs de six personnes, en chantant la *parodos*, qui n'a cependant jamais l'étendue et la forme savante de celle de la plupart des tragédies. Moins considérables encore sont les *stasima*, que le chœur chantait à la fin des scènes, pendant le changement de costume des acteurs. Dans la comédie ils ne servent qu'à limiter et à définir les différentes scènes, et ne se proposent nullement, comme ceux de la tragédie, de permettre un recueillement de la pensée et un apaisement de l'émotion. Ce qui manque ainsi de chants du chœur à la comédie, elle le remplace d'une façon qui lui est propre, par la *parabase*.

La parabase, qui formait une marche du chœur au milieu de la comédie, est évidemment sortie de ces cor-

---

1. On comptait, dans la longue carrière d'Aristophane, une cinquantaine de pièces; pas même la moitié de celles de Sophocle. Dindorf en considère quarante-quatre comme authentiques; Bergk, quarante-trois seulement.

téges phalliques qui avaient été l'origine de tout le drame : elle est l'élément primitif de la comédie, développée et devenue œuvre d'art. Le chœur qui, jusqu'au moment de la parabase, a eu sa position entre la scène et la thymélè [1], le visage tourné vers la scène, fait un mouvement et *passe en rang le long* du théâtre, dans le sens le plus étroit du mot, c'est-à-dire devant les bancs des spectateurs. Telle est la vraie *parabase* [2], accompagnée d'un chant qui consiste généralement en tétramètres anapestiques, parfois aussi en autres vers longs, Elle commence par une petite chanson d'ouverture en anapestes ou en trochées, que l'on appelle *commation* (petit morceau), et elle finit par un système très-étendu d'anapestes, que l'on appelait, à cause de sa longueur qui épuisait l'haleine, le *pnigos*, quelquefois aussi le *macron* (grand ou long).

Dans cette parabase, le poëte fait parler le chœur de ses propres affaires poétiques, de l'intention de ses ouvrages, des mérites qu'il a acquis envers l'État, de ses rapports avec ses rivaux, etc.

Vient ensuite, si la parabase, dans le sens le plus étendu du mot, est complète, une seconde partie qui constitue la chose principale, et dont les anapestes ne forment que la marche d'introduction. Le chœur chante un poëme lyrique, la plupart du temps un chant de louange adressé à quelque dieu [3], et débite ensuite en vers trochaïques, qui sont généralement au nombre de seize, quelque grief plaisant, des reproches à la ville, une saillie spirituelle contre le peuple, toutes choses qui ont un rapport plus ou moins éloigné avec le thème de la pièce entière : on l'appelle l'*épirrhème*, c'est-à-dire ce qui est dit en sus.

1. Sorte de petit autel qui s'élevait à l'endroit où se dresse chez nous le toit du souffleur.
2. Παράϐασις, de παραϐαίνω, *passer le long de....*
3. Primitivement, à Bacchus.

Les deux parties, la strophe lyrique et l'épirrhème, se répètent, à la manière des antistrophes. Le morceau lyrique et son antistrophe sont évidemment nés du vieux chant phallique, tandis que l'épirrhème et l'antépirrhème ne sont autres que les plaisanteries proférées autrefois par le chœur ambulant contre le premier venu des passants. Il était naturel, dès que la parabase devint comme le centre de la comédie, que, à la place de ces railleries contre des individus, on mît une pensée plus importante, intéressante pour la ville entière, tandis que les moqueries contre tel ou tel spectateur pouvaient toujours, conformément à la nature primitive de la comédie, être placées dans la bouche du chœur, à n'importe quel endroit de la pièce et sans égard aucun au sujet et à la cohérence de cette pièce [1].

La parabase ne peut, évidemment, avoir lieu que dans une pause principale : car elle interrompt complétement l'action du drame comique. Aristophane aime à la placer là où l'action, après toutes sortes d'arrêts et de retards, est arrivée au point où le fait principal va se produire, où il va se décider si le but poursuivi est atteint ou non. Cependant, avec la grande liberté que la comédie s'arroge dans l'emploi de toutes ses formes, elle peut aussi diviser en deux la parabase, en séparant la partie principale de la marche anapestique du chœur [2], ou bien

---

1. On trouve de ces sorties dans *les Acharnéens*, vers 1143 à 1174; dans *les Guêpes*, vers 1265 à 1291; dans *les Oiseaux*, vers 1470 à 1493, 1555 à 1565, 1694 à 1705. Il ne faut pas se donner la peine de chercher un rapport entre ces vers et le reste de la pièce. Dans le fait, il n'en existe point. La moindre réminiscence passagère suffit pour motiver de telles sorties.

2. Dans *la Paix*, par exemple, et *les Grenouilles*, où la première moitié de la parabase est fondue avec la *parodos* et la chanson d'Iacchos. Ce dieu étant déjà chanté dans ce premier morceau des *Grenouilles*, les strophes lyriques du second morceau (vers 675 et suivants) ne contiennent plus d'évocations de divinités, ni rien d'analogue, et sont remplies, par contre, de plaisanteries

faire succéder, à la première parabase une seconde, sans la marche anapestique cependant, afin d'indiquer un second point critique de l'action [1]. La parabase enfin peut manquer complétement. C'est ainsi qu'Aristophane a entièrement supprimé cette apostrophe au public dans sa *Lysistrata*, où un double chœur de femmes et de vieillards débite tant de chansons originales d'une exécution ingénieuse [2].

Pour caractériser la danse du chœur comique, il suffit de rappeler que c'était le *cordax*, genre de danse que nul Athénien, à moins d'être sous le masque et d'avoir bu, n'aurait pu exécuter sans s'attirer la réputation d'une insolence et d'une impudence excessives. Aussi Aristophane se vante-t-il dans ses *Nuées*, — qui, malgré toutes les scènes burlesques, prétendent cependant à un comique plus noble que celui des autres pièces, — de n'y pas laisser danser le cordax, et d'avoir supprimé certaines inconvenances de costume [3].

On voit donc que la comédie, par sa forme extérieure, avait tous les caractères de la farce, où l'expansion de la nature sensuelle et presque bestiale de l'homme n'était pas seulement permise, où elle était une règle et une loi. Il n'en faut que plus admirer l'esprit élevé, la dignité morale que les grands comiques surent inspirer à ce jeu folâtre, sans en détruire le caractère fondamental. Il y a plus : lorsque l'on compare à cette comédie *ancienne* la forme plus récente de la *moyenne* comédie et de la *nouvelle* qui nous est mieux connue et qui, sous un extérieur beaucoup plus décent, prêche une morale bien

---

à l'adresse de Cléophon et de Climène, les démagogues. Nous trouvons la même déviation de la règle, et motivée par la même raison, dans la seconde parabase des *Chevaliers*.

1. Comme dans *les Chevaliers*.
2. Dans *les Femmes à l'Assemblée* et le *Plutus*, la parabase manque, pour des raisons que nous avons indiquées plus haut.
3. *Nuées*, vers 587 et suivants.

autrement relâchée, lorsqu'on songe en même temps à certains phénomènes de la littérature moderne, on est presque tenté de croire que ce comique grossier qui ne voile rien et qui, dans la représentation des choses vulgaires, reste vulgaire et bestial, convient mieux et est plus utile à un âge qui prend au sérieux la morale et la religion, que ce comique prétendu plus délicat, qui gaze tout, et ne découvre partout que le ridicule du mal, nulle part l'horreur qu'il devrait inspirer[1]. »

Les comédies d'Aristophane, ainsi que nous l'avons constaté, se présentent, d'une manière assez constante, comme divisées en deux parties : c'est ordinairement entre ces deux parties que se place la parabase.

Pendant que les choristes chantaient en accomplissant ce mouvement, les acteurs de la pièce avaient le temps de se reposer un peu, ou de changer de costume, s'il y avait lieu. Ainsi la parabase était un intermède.

Que cet intermède se rattachât plus ou moins à la pièce, c'est de quoi le public ne s'inquiétait guère.

Les contemporains de Molière s'inquiétaient-ils que le ballet de Polichinelle se rattachât, ou non, à la comédie du *Malade imaginaire* avec laquelle il s'entrelaçait? ou de voir, au cinquième acte de *Psyché*, Polichinelle et les matassins se mêler dans le divertissement aux personnages mythologiques[2]? » N'ai-je pas vu, à Turin, au

---

1. Si Plutarque, ajoute Otfried Müller en note, — si Plutarque, dans sa comparaison d'Aristophane et de Ménandre, qui nous a été conservée en extrait, porte un jugement diamétralement opposé, cela prouve seulement combien les anciens de la décadence oubliaient le fond pour la forme.

2. Et, de nos jours, à l'Odéon, n'a-t-on pas vu jouer deux actes de *Zaïre*, entre le second et le troisième acte de *Tartuffe*, en attendant que l'acteur qui devait jouer Tartuffe fût arrivé ; puis reprendre *Tartuffe*, puis achever *Zaïre*, sans que le public soufflât mot?

théâtre Carignan, entremêler un ballet turc à l'opéra de *Medea?* Ces disparates sont habituelles en Italie.

Or, il s'en fallait de beaucoup que la parabase fût si étrangère à la pièce. Et les Athéniens s'accommodaient de cette demi-interruption, qui les reposait par la variété.

Dans *les Chevaliers*, par exemple, après ce véhément assaut de Cléon et du charcutier, à coups de pieds, à coups de poings, à coups de tripes, après ce torrent d'invectives, de quolibets, d'ordures et de fou rire, on comprend que les spectateurs, autant que les acteurs, eussent besoin de respirer. Le poëte donnait un moment de repos, et mettait ce moment à profit pour exposer et pour défendre ses opinions personnelles et ses intérêts, ou ceux de la république, tels qu'il les entendait. Quand, par ses fantaisies bouffonnes et bizarres, il s'était préparé un auditoire bienveillant, il soulevait le masque et révélait au peuple toute sa pensée. Tantôt il sollicitait les applaudissements des spectateurs; tantôt il osait se plaindre de leur injustice à son égard dans une occasion précédente.

Quelque attrayante que fût l'action de la pièce, la parabase devait être, ce me semble, impatiemment attendue de l'auditoire. Elle était restée le cœur de l'ancienne comédie, comme elle en avait été le germe.

Sur les onze comédies que nous venons d'étudier, il y en a trois qui manquent de parabase : ce sont *Lysistrata*, *les Femmes à l'assemblée* et *Plutus*. Nous en avons dit les raisons diverses. — Rappelons les parabases des huit autres pièces : ce sera le complément de nos *Études* sur le poëte de l'*ancienne* comédie.

Avant la parabase proprement dite des *Acharnéens*,

Dicéopolis, revêtu des haillons de *Télèphe* qu'il a emprunté à Euripide, tient déjà un petit discours qui est comme un prélude de la parabase :

Ne vous offensez pas, spectateurs, si, tout pauvre que je suis, je viens parler aux Athéniens des affaires publiques dans une trygédie. La trygédie, elle aussi, sait ce qui est juste. Mon langage sera sévère, mais vrai.... Quelques jeunes gens, après avoir bu, vont à Mégare, et enlèvent la courtisane Simætha ; les Mégariens, irrités, enlèvent à leur tour deux suivantes d'Aspasie. Dès ce moment, pour trois filles, la guerre éclate dans toute la Grèce ! Périclès l'Olympien, dans son courroux, lance éclairs et tonnerres, et met l'Hellade en feu....

C'est ainsi que, sous le nom de Dicéopolis, le poëte, adversaire déclaré de la guerre du Péloponnèse, commence par étaler aux yeux des spectateurs, et par faire comprendre à ceux qui n'y songeaient pas, sinon la cause réelle, du moins l'occasion à la fois ridicule et honteuse de cette guerre. Sous son ironie on sent la tristesse. Aussi ne peut-il pardonner, même après la mort de Périclès, à l'auteur de tant de calamités, à ce Jupiter d'Aspasie. — Il y revient dans *la Paix*, il y revient partout et toujours. Cette guerre est son ennemie : il fait la guerre à cette guerre, une guerre infatigable, implacable et sans trêve : chaque comédie est un combat.

Peu après l'éloquent discours de Dicéopolis dont nous n'avons cité que quelques vers, vient la parabase proprement dite, faite par le chœur d'Acharnéens. En voici une partie :

Depuis que notre poëte préside aux chœurs comiques, on ne l'a pas encore vu s'avancer sur le devant du théâtre pour faire son éloge. Mais, aujourd'hui que ses ennemis le calomnient auprès des inconstants Athéniens, et l'accusent de jouer la république et d'insulter le peuple, il faut qu'il leur réplique devant vous. Il prétend vous rendre service, en vous avertissant de ne pas vous laisser décevoir par les discours des étrangers, ni duper par la flatterie, en vrais gobe-mouches politiques. Lorsque les députés des villes avaient l'intention de vous tromper, il leur suffisait de commencer ainsi : « O Athéniens couronnés de violettes,... » A ce mot de *couronnés*, vous vous dressiez, vous n'étiez plus assis que du bout des fesses. Qu'un autre, d'un ton emphatique, vînt à dire : « la brillante Athènes! » il obtenait à l'instant toutes choses pour ce brillant dont il vous revêtait, comme des anchois. Le poëte a bien mérité de vous, en vous ouvrant les yeux, à vous et aux villes alliées. C'est pourquoi elles vous apportent leurs tributs, curieuses de voir le courageux poëte qui n'a pas craint de dire la vérité aux Athéniens! Et même le bruit de sa hardiesse s'est déjà répandu si loin, que le Roi (*de Perse*) questionnant un jour les députés de Lacédémone, après leur avoir demandé quelle était des deux cités rivales celle qui avait la supériorité sur mer, voulut savoir aussi à laquelle des deux ce poëte lançait le plus de railleries : « Heureuse celle-là, ajouta le Roi, si elle écoute ses conseils! elle croîtra en puissance, et la victoire lui est assurée. » Voilà pourquoi les Lacédémoniens vous offrent la paix, si vous leur cédez Égine : ce n'est pas qu'ils se soucient de cette île; mais ils veulent vous enlever le poëte....

On se rappelle qu'Aristophane avait dans cette île des propriétés. — Quelques critiques ont pris au pied de la lettre cette prosopopée hyperbolique, qui n'est qu'une imagination plaisante; aucun Athénien ne dut s'y tromper.

Le poëte, poursuivant sa parabase, défie et insulte Cléon. Puis il plaide pour les vieux combattants de Marathon, qui se trouvent en butte aux railleries des jeunes orateurs dans l'Agora, et aux embûches de la chicane dans la place Héliée : « A Marathon nous poursuivions l'ennemi! aujourd'hui c'est nous que des mirables poursuivent et accablent!... »

Dans *les Chevaliers*, pièce plus politique qu'aucune autre, il y a deux parabases pour une.

La première parle des vieux poëtes, comme celle des *Acharnéens* parlait des vieux soldats. Et-ce pour plaider sérieusement la cause des vieux poëtes, ou pour les railler? Il semble que ce soit l'un et l'autre tour à tour. Le chœur des Chevaliers s'exprime ainsi :

Vous, spectateurs dont l'esprit est orné de tous les dons des Muses, prêtez attention à nos anapestes. Si quelqu'un des vieux poëtes comiques eût voulu me contraindre à monter sur le théâtre pour y réciter ses vers, il n'y eût pas facilement réussi; mais notre poëte est digne de cette faveur : il partage nos haines; il ose dire la vérité; il affronte bravement l'orage et la tempête. Beaucoup d'entre vous, nous a-t-il dit, viennent lui témoigner leur étonnement et lui demander pourquoi il est resté si longtemps sans faire représenter de pièce en son nom. A vos questions voici ce qu'il nous charge de répondre : Ce n'est pas sans raison qu'il s'est tenu dans l'ombre : à son avis, faire représenter une comédie est de toutes les œuvres la plus difficile ; beaucoup l'ont essayé, peu ont réussi. Il sait, de plus, que vous êtes inconstants par nature, et que vous abandonnez vos poëtes dès qu'ils vieillissent. Quel a été le sort de Magnès, lorsque ses cheveux ont blanchi? Bien des fois il avait triomphé de ses rivaux; il avait chanté sur tous les tons, joué de la lyre, battu des ailes : il s'était fait Lydien, moucheron, il s'était barbouillé de vert pour se faire grenouille [1]. Vains efforts! jeune, vous l'applaudissiez: vieux, vous l'avez honni, bafoué, parce que sa verve railleuse l'avait abandonné! Et Cratinos, c'était comme un torrent de gloire qui se précipitait à travers la plaine, déracinant, entraînant pêle-mêle chênes, platanes et rivaux! Dans les festins on ne chantait que « Doro, chaussé de figues, » ou « Habiles artisans de la muse lyrique ; » si grande

---

1. Allusion à quelques-unes des pièces de Magnès : *les Joueuses de flûte, les Oiseaux, les Lydiens, les Moucherons, les Grenouilles*. On reconnaît là deux des titres et des cadres sur lesquels Aristophane travailla après Magnès.

était sa renommée! Voyez-le aujourd'hui : il radote; plus de clefs, plus de cordes à sa lyre; sa voix est chevrotante, et vous n'avez pas pitié de lui, et vous le laissez errer à l'aventure, comme Connas [1], le front ceint d'une couronne desséchée, et il meurt de soif, le pauvre vieillard, qui pour prix de son glorieux passé devrait boire à son aise dans le Prytanée, et, au lieu de battre la campagne, s'asseoir, tout parfumé d'essences, au premier rang des spectateurs, près de la statue de Dionysos! Et Cratès, l'avez-vous assez poursuivi de vos colères et de vos sifflets? C'étaient menus festins, il est vrai, que vous servait sa Muse stérile : petites idées en colifichet. Seul pourtant il sut tenir bon et se relever après ses chutes. De tels exemples, cependant, effrayaient notre poëte. Il se disait, d'ailleurs, qu'avant d'être pilote, il faut ramer d'abord, puis veiller à la proue, puis observer le vent, et qu'après cela seulement on est apte à gouverner son navire. Si donc c'est par une sage réserve qu'il n'a pas voulu s'élancer trop tôt sur la scène, de peur de vous débiter des niaiseries, soulevez aujourd'hui en sa faveur les vagues tumultueuses de vos applaudissements : que, dans ces fêtes lénéennes, le souffle de votre faveur enfle pour lui les voiles de la galère triomphale, afin que le poëte se retire fier de son succès, le front haut, le visage rayonnant de joie!

Quelle charmante et exquise poésie !

Puis, les Chevaliers invitent Neptune à leurs cérémonies et à leurs fêtes. Ensuite, ils célèbrent la gloire des ancêtres, c'est le thème éternel et sans fin.

Chantons la gloire de nos pères ! Toujours vainqueurs et sur terre et sur mer, ils méritaient qu'Athènes, illustrée par ces fils dignes d'elle, inscrivît leurs exploits sur le péplos sacré [2]. Apercevaient-ils l'ennemi? ils bondissaient

---

1. Poëte vainqueur aux jeux Olympiques, et réduit, dans sa vieillesse, à la plus extrême misère.
2. Aux grandes Panathénées, qui se célébraient tous les quatre ans, on portait en pompe à l'Acropole un *péplos*, ou voile, sur lequel étaient brodées différentes scènes mythologiques qui se rapportaient à Minerve, les exploits qu'elle avait accomplis contre

contre lui, sans compter. Tombaient-ils sur l'épaule dans un combat? ils secouaient la poussière, niaient leur chute, et luttaient de nouveau....

Aujourd'hui, quelle différence! On refuse de combattre; ou bien l'on ne combat qu'après avoir fait ses conditions.

Pour nous, ajoutent les Chevaliers, nous défendrons toujours gratuitement la patrie et les dieux.

Une invocation à Pallas forme l'antistrophe, et correspond avec l'invocation à Neptune, qui formait la strophe.

O Pallas, protectrice d'Athènes, toi qui règnes sur la cité la plus religieuse, la plus puissante, la plus féconde en guerriers et en poëtes, accours à mon appel, suivie de notre alliée fidèle dans les expéditions et les combats, la Victoire, qui sourit à nos chœurs et lutte avec nous contre nos ennemis! Apparais à nos regards, ô Déesse! aujourd'hui plus que jamais nous méritons que tu nous assures le triomphe!

L'antépirrhème est cet éloge fantastique des chevaux confondus avec les Chevaliers, dont nous avons signalé la brillante poésie dans l'analyse de la pièce.

Telle est la première, la vraie parabase de la comédie des *Chevaliers*. Plus loin, dans la même pièce, au vers 1263, on trouve un second morceau parabatique, qui est comme un rejeton du premier : tout-à-coup une satire pure et simple, qui ne tient pas du tout au sujet, s'intercale dans la comédie. Elle commence par faire sa propre apologie, l'apologie de la satire :

La satire, dit-elle, exercée contre les méchants, n'a rien

---

les Géants, sa lutte contre Neptune au sujet du nom qui devait être donné à Athènes, etc. On avait pris l'habitude d'y représenter aussi les exploits des guerres médiques, etc.

d'odieux; elle est aux yeux de tout homme sage un hommage à la vertu.

Pensée très-juste et très-nécessaire à rappeler aujourd'hui, où l'on passe pour esprit chagrin si l'on témoigne que l'on hait ou que l'on méprise tel ou tel qui manque de conviction, de probité, et qui préfère les honneurs à l'honneur. — Mais pourquoi l'attaquer s'il ne vous a rien fait? — S'il ne m'a rien fait, dites-vous! Et la justice, la vérité, l'honnêteté! ne leur a-t-il rien fait? Qui les blesse me blesse, et blesse tous les hommes qui veulent rester justes, vrais, honnêtes. Voilà pourquoi j'attaque ce pied-plat, cet hypocrite, cet ambitieux, ce sauteur, quoiqu'il ne m'ait rien fait à moi personnellement et quoique nous soyons inconnus l'un à l'autre. Mais je connais ses actes, et je les juge, comme vous pouvez juger les miens. — Tel est le sens de cette pensée d'Aristophane.

Il arrive souvent, de nos jours, que l'excès de la politesse est une sorte de complicité. On reçoit dans sa maison des gens qu'on méprise; on les ménage plus que ceux qu'on estime. On accueille, on soigne ceux-là que l'on sait lâches et dangereux; on néglige ceux qu'on sait honnêtes et incapables de vouloir nuire. Un tel excès de politesse dénote une grande lâcheté de cœur.

C'est plutôt par l'excès contraire que pécherait Aristophane. Ici, par exemple, il se met à décrire les débauches d'un certain Ariphrade, avec des détails et des mots qui ne pouvaient être dits et entendus que par des Grecs, avec des expressions telles que les dictionnaires eux-mêmes ne les admettent pas toujours. Il a sur ces matières une richesse effroyable et une abondance de synonymie digne de Rabelais. — Aucun écrivain, que je sache, n'a jamais combiné aussi étroitement qu'Aristophane le style avec l'obscénité.

Après Ariphrade le débauché, il prend à partie Cléonyme le goinfre, dont il raille la voracité, en parodiant un vers de l'*Hippolyte* d'Euripide : « J'ai souvent songé, pendant la longueur des nuits, aux causes.... de la voracité de Cléonyme. »

Après Cléonyme, c'est Hyperbolos, qu'il nomme ici en toutes lettres, non content de le désigner, comme dans le reste de la pièce. Voici par quel tour original il le met en scène :

On dit que nos trirèmes se sont formées en conseil et que la plus vieille de toutes s'est exprimée ainsi : « N'avez-vous pas ouï parler, mes sœurs, de ce qui se passe dans la ville ? Un mauvais citoyen, le vaurien Hyperbolos, a demandé cent d'entre nous pour une expédition contre Chalcédoine. » On ajoute que toutes s'indignèrent, et que l'une d'elles, encore vierge, s'écria : « Que les dieux nous préservent d'un tel malheur ! Jamais, non jamais il ne me montera !...

Le cri vertueux de cette *iung-frau* des galères athéniennes trouverait, du moins pour le dernier trait, une sorte de commentaire dans une pièce curieuse que rapportent les Mémoires du comédien Fleury [1].

Cette espèce de regain de la parabase, dans la comédie des *Chevaliers*, formait un nouvel intermède, afin sans doute de donner aux acteurs de la pièce le temps de changer de costume, pour reparaître dans la marche triomphale de Dèmos, rajeuni et métamorphosé. — On trouve un exemple de composition semblable dans *les Guêpes*. — Les intermèdes des clowns dans les drames

---

[1]. Deux actrices du Théâtre-Français étaient en rivalité et avaient chacune leurs partisans. C'était dans le moment où une guerre maritime venait de commencer entre la France et l'Angleterre. On publia un prétendu *Supplément à la Gazette de France*, donnant l'*État des deux escadres*, rouge et blanche (repré-

anglais, et les scènes de bouffonnerie qui alternent avec les scènes pathétiques dans nos mélodrames, s'expliquent en partie par les mêmes raisons : détendre les nerfs des spectateurs, et donner le temps de préparer, derrière le rideau de manœuvre, une autre grande scène ou un tableau brillant.

La parabase des *Nuées*, ajoutée pour la seconde re-

sentant les deux partis qui divisaient la comédie). On y lisait des détails comme ceux-ci :

ESCADRE ROUGE.

Capitaines :	Vaisseaux, canons :	Notes :
Mlle Sainval, l'aînée, amiral.	Le *Talent*, 129, a une superbe batterie.	Monté par M. le duc de....
Mlle Fanier.	Le *Prétendant*, 64. Vaisseau qui a besoin d'un fréquent calfatage.	Monté par M. le comte de....
Etc.	Etc.	Etc.

ESCADRE BLANCHE.

Mlle Bellecourt.	Le *Profond*, 50. Pesant voilier, ne pouvant plus armer en guerre.	Monté par M. le prince de....

FRÉGATES.

Mlle Luzy.	La *Coquette*, 32, supérieure sous la voile.	Montée par M. le chevalier de....

Telle autre « louvoie à merveille ; » telle autre est un « bâtiment mou ; » telle autre, un « bâtiment plat, mais solide ; » telle autre « a plus d'apparence que de solidité ; » etc. — Les noms de la troisième colonne, indiquant par qui chaque bâtiment est monté, sont en toutes lettres dans la pièce originale, dont il courut plusieurs copies.

Cette pièce est comme le développement à grand orchestre de la plaisanterie jetée ici, en passant, par Aristophane, mais qui revient, du reste, assez souvent dans ses comédies.

présentation de la pièce, est une réclamation du poëte contre le succès insuffisant, à son avis, de la première. Il n'avait obtenu que la troisième place; Cratinos, la première, par sa comédie de *la Bouteille*; Amipsias, la seconde, par sa comédie de *Connos*.

C'est le coryphée ou la coryphée du chœur des Nuées qui parle au nom d'Aristophane :

Spectateurs, je jure par Dionysos, dont je suis l'élève, de vous dire franchement la vérité. Puissé-je obtenir victoire et honneur, aussi vrai que je vous croyais des spectateurs habiles et que je regardais cette comédie comme ma meilleure, quand je vous offris la primeur d'une œuvre qui m'avait coûté beaucoup de travail. Mais je me retirai injustement vaincu par d'ineptes rivaux. C'est un reproche que je vous adresse, à vous gens éclairés. Cependant je ne renoncerai jamais volontairement à conquérir le suffrage des habiles....

Plus loin, le poëte reprend l'apologie des *Nuées*, il vante la modestie et la décence de cet ouvrage, en le comparant à ceux de ses rivaux. En effet, dit-il, on n'y voit ni phallos de cuir, ni cordax, ni plaisanteries sur les chauves. Il critique ainsi et passe en revue les moyens bas ou obscènes auxquels avaient recours, pour exciter le rire, ses confrères les poëtes comiques, et lui-même quelquefois; pour le moment, il fait le chaste et le pudique, désavoue de pareils moyens et en témoigne une sainte indignation. Il développera les mêmes idées dans la parabase de *la Paix*. Il fait étalage de moralité au moment où il calomnie Socrate. On en pensera ce qu'on voudra; mais, à notre avis, l'obscénité de *Lysistrata* et des *Fêtes de Cérès* est bien moins blâmable que les outrages des *Nuées* et des *Grenouilles* contre Socrate et contre Euripide.

Ma comédie, continue-t-il, ne se fie qu'en elle-même et

en ses vers. Et, quoiqu'on sache ce que je vaux, je n'en ai pas plus d'orgueil. Je ne suis pas de ceux qui cherchent à vous tromper en reproduisant deux et trois fois les mêmes sujets. Sans cesse j'en invente de nouveaux, aucun ne ressemble aux autres, tous sont agréables et plaisants. J'ai attaqué Cléon dans sa puissance, je l'ai frappé au ventre ; mais je ne l'ai pas foulé aux pieds après l'avoir renversé.

Ceci n'est pas exact, nous l'avons vu, et trente vers plus bas on peut le voir encore : il se vante d'une délicatesse ou d'une modération qu'il n'a pas eue, et qu'il n'a point dans cette parabase même.

Ensuite il accuse Eupolis d'avoir pillé *les Chevaliers* et de les avoir maladroitement retournés pour en faire la comédie de *Maricas*. Il reproche également à d'autres rivaux de lui avoir pris tel personnage, telle comparaison, telle idée, — comme cet historien de nos jours qui disait d'un confrère : « Il m'a volé *mes faits!* »

Il ajoute, un peu plus dédaigneusement encore que ne feront Virgile et Boileau : « Puissent les gens qui s'amusent de leurs pièces ne pas se plaire aux miennes ! Pour vous qui m'aimez, moi et mes ouvrages, votre bon goût sera loué dans l'avenir. »

Quoique ce ne soit pas le poëte en personne qui prononce ces paroles, quoiqu'elles soient dites par le coryphée, quoique ce coryphée soit une des Nuées, enfin quoiqu'on puisse toujours, ce semble, apercevoir un demi-sourire au coin de la lèvre de ce beau parleur attique, qui sait si bien, comme le veut Platon, mêler le plaisant au sérieux, cependant la franchise naïve de ces vanteries a quelque chose qui étonne, et il est difficile de partager l'opinion des critiques qui trouvent le ton de ces parabases plein de modestie.

Au surplus, les poëtes dans tous les temps se vantent avec la même désinvolture. Horace s'écrie :

Exegi monumentum ære perennius!

« J'achève là un monument plus durable que l'airain ! » — Corneille dit, de son côté, au moment même où il vient de faire de larges emprunts à Guillen de Castro :

Je ne dois qu'à moi seul toute ma renommée!

De nos jours on y met moins de naïveté, plus de modestie ou d'hypocrisie: vous voyez le *moi* le plus colossal s'effondrer en humilités, plus maladroites que la vanterie.

❧

Suit, dans la strophe, une invocation à Jupiter, à Neptûne, à l'Éther, au Soleil ; et, plus bas, dans l'antistrophe, une autre à Phébus, à Minerve, à Bacchus. — On voit là manifestement que la parabase ne tenait pas à la pièce, puisque c'est ici le chœur des Nuées qui parle, et qu'on les entend invoquer ces mêmes divinités qu'elles ont détrônées et qu'elles prétendent remplacer, dans le courant de la comédie.

Supposera-t-on que le demi-chœur, qui adresse ces invocations aux dieux, était peut-être séparé du chœur principal des Nuées et ne portait pas leur costume? Rien ne l'indique, et cela n'est pas probable.

Non: cette contradiction, sans doute, ne frappait pas l'esprit des spectateurs. L'usage était qu'à tel endroit de la comédie il y eût une invocation aux divinités : l'invocation arrivait à sa place ordinaire, sans qu'on y fît autrement attention, et sans qu'on songeât, dans ce moment-là, à l'idée de la pièce, contradictoire ou non avec cette forme usitée.

Et pourtant, dans l'épirrhème qui suit la strophe, et dans l'antépirrhème, qui suit l'antistrophe, le poëte reprend sa fiction, — pour la quitter de nouveau et la reprendre encore.

Les Nuées se plaignent aux Athéniens de leur ingratitude envers elles, et de ce qu'ils ne tiennent pas compte de leurs avertissements, de leurs présages. « Aussi dit-on que la folie préside à vos conseils, mais que les dieux font tourner à bien toutes les fautes que vous commettez. »

Enfin elles se font les interprètes des plaintes de la Lune. On venait de réformer le calendrier, et il en était résulté quelque confusion dans le retour des fêtes et des cérémonies religieuses.

Comme nous nous disposions à venir ici, la Lune nous a abordées et nous a chargées d'abord de souhaiter joie et bonheur aux Athéniens et à leurs alliés; puis elle nous a dit qu'elle était en colère, et que vous la traitiez fort mal, elle qui vous rend à tous de signalés services, non en belles paroles, mais en réalité. Premièrement, chaque mois, vous épargnez, grâce à elle, une drachme au moins de lumière; car, le soir, en sortant, chacun dit à l'esclave : « Garçon, n'achète pas de torche, il fait un beau clair de lune. » Sans compter mille autres bienfaits. Et vous, voilà que vous bouleversez les jours et les nuits, et que vous mettez tout sens dessus dessous; de sorte que les dieux s'en prennent à la Lune toutes les fois qu'ils rentrent à la maison frustrés du festin et du sacrifice sur lesquels ils comptaient d'après l'almanach Lorsque vous devriez sacrifier, vous êtes occupés à donner la question ou à rendre la justice. Ou bien, lorsque là-haut c'est jour de jeûne, pour la mort de Memnon ou de Sarpédon [1], vous autres vous vous livrez aux libations et aux rires....

Ainsi, une fois admise la fiction des Nuées, le poëte en tire tout le parti possible, et groupe alentour tout ce qui s'y rapporte. — De même dans *les Guêpes* et dans *les Oiseaux*.

---

1. Fils, l'un et l'autre, de Jupiter.

Outre la parabase proprement dite, cinq cents vers plus loin, la Nuée en chef adresse encore la parole aux spectateurs :

Juges, nous allons vous dire ce que vous gagnerez à nous décerner la couronne comme l'exige l'équité. Lorsque vous voudrez, au printemps, donner à vos champs une première façon, nous ferons tomber la pluie pour vous d'abord ; les autres attendront. Puis nous veillerons sur vos blés et sur vos ceps ; ils n'auront à craindre l'excès ni de la chaleur ni de l'humidité. Mais, si quelque mortel refuse de nous rendre les honneurs qui nous sont dus, à nous déesses, qu'il songe aux maux dont nous l'accablerons : pour lui, ni vin, ni récolte quelconque. Nos terribles frondes raseront ses plants nouveaux d'oliviers et de vignes. Si nous le voyons préparer des briques, nous pleuvrons sur elles. Nous casserons avec nos balles de grêle toutes les tuiles de son toit. S'il s'agit de noces pour lui-même, ou pour quelqu'un de ses parents ou amis, nous pleuvrons pendant toute la nuit [1]. Si bien qu'alors peut-être il aimerait mieux habiter l'Égypte que d'avoir rendu cet inique jugement.

Telle est la double réclamation que le poëte crut devoir faire en faveur de sa comédie, dans cette comédie même, remaniée en vue d'une seconde représentation.

Mais, sans attendre l'occasion lointaine et incertaine d'une représentation nouvelle, il se hâta, dès l'année qui suivit la première représentation des *Nuées*, de faire entendre déjà une protestation dans la parabase des *Guêpes*.

C'est le chœur des Guêpes qui parle, c'est-à-dire la Guêpe en chef :

Et vous, en attendant, ô myriades innombrables, gardez-

---

1. C'était pendant la nuit que l'on conduisait la fiancée à la maison nuptiale.

vous de laisser tomber à terre les sages conseils que l'on va vous donner : ce serait le fait de spectateurs sans esprit, et non d'un tel auditoire.

Peuples, prêtez-nous donc votre attention, si vous aimez un langage sincère. Le poëte veut vous adresser des reproches. Il a, dit-il, à se plaindre de vous, lui qui si souvent vous prouva son zèle, d'abord sans se nommer, donnant ses comédies sous le nom d'autrui ;... puis affrontant lui-même, à visage découvert, les périls de la lutte, et de sa propre main lâchant la bride à ses Muses. Comblé de succès et de gloire plus qu'aucun de vos poëtes, il ne croit pas avoir atteint la perfection ; on ne le voit pas, gonflé d'orgueil, parcourir les palestres, séduire les jeunes gens,... faire de ses Muses des entremetteuses. La première fois qu'il parut sur le théâtre, ce n'est pas à des hommes qu'il s'attaqua; avec un courage d'Hercule, il osa combattre des monstres affreux, assaillir cette bête aux mâchoires effroyables (*Cléon*), dont les yeux dardaient des éclairs terribles, comme ceux de Cynna (*courtisane*). Cent têtes de flatteurs infâmes, en cercle autour de lui, le léchaient. Il avait la voix d'un torrent enfantant la dévastation, l'odeur d'un phoque [1].... A la vue de ce monstre horrible, le poëte ne trembla pas.... Aujourd'hui encore, il combat pour vous.... Et vous, ayant trouvé un tel dompteur de monstres pour purifier ce pays, vous ne l'avez pas soutenu ! vous l'avez trahi, l'an dernier, lorsqu'il semait les idées les plus neuves, qui, faute d'avoir été saisies, n'ont pu germer dans vos esprits. Il jure cependant sur l'autel de Dionysos que l'on n'ouït jamais de meilleurs vers comiques. La honte est donc pour vous qui ne les avez pas goûtés tout de suite ; mais le poëte n'en est pas amoindri dans l'estime des gens de goût, quoiqu'en tournant la borne et passant ses rivaux il ait brisé son espérance.

A l'avenir, mes amis, sachez mieux distinguer et accueillir ceux de vos poëtes qui cherchent et trouvent des idées nouvelles. Ne laissez pas se perdre leurs pensées ; serrez-les dans vos coffres, comme un fruit odorant. Si

---

1. Les deux détails qui viennent ensuite sont intraduisibles en français : *Lamiæ coleos illotos, et culum cameli.*

Le latin dans les mots brave l'honnêteté,
Mais le lecteur français veut être respecté.

vous le faites, vos vêtements exhaleront, toute l'année, un parfum de sagesse....

Quelle fraîche et neuve poésie! Quelle succession d'images vives et naturelles! Quelle abondance de métaphores aisées, transparentes, gracieuses! Et comme ces tours spirituels et piquants font accepter la réclamation et même l'orgueil du poëte! Otez tout cet esprit, toute cette poésie, il restera, quoi? un Oronte, un versificateur infatué, répliquant à son juge avec dépit :

Et moi, je vous soutiens que mes vers sont fort bons

Mais avec quel art, ici, le poëte rappelle ses exploits, ses services, y oppose les griefs qu'il croit avoir! Avec quelle naïveté bien jouée il développe tous ses avantages! et comme il égaye cette réclamation par toutes sortes de détails de mœurs du temps, dont nous avons dû élaguer plusieurs à cause de leur vivacité. Mais cette vivacité même, avec la variété des figures, le naturel du tour et la légèreté, enfin la grâce incomparable, mettait en joie tout le public athénien.

Le poëte, déjà, avait cause gagnée. Qu'était-ce lorsque aussitôt après, ramenant les souvenirs patriotiques, les éternels sujets d'orgueil d'Athènes, les villes enlevées aux Mèdes, les victoires de Samos, Lesbos, Naxos, Paros, il en venait à faire le portrait des Guêpes attiques, que j'ai cité dans l'analyse de la pièce, et où la satire et l'éloge des Athéniens sont mêlés si subtilement.

Il sait qu'en leur rappelant leurs conquêtes il conquerra, lui, le droit de tout dire, et fera pardonner, applaudir son audace.

A cette éclatante parabase il ajoute, cent cinquante vers plus loin, un petit intermède satirique sur divers contemporains, avares et parasites, ou débauchés, et à la fin vient le passage suivant, assez curieux, parce que l'on y voit comme quoi Aristophane qui vient encore de vomir feux et flammes contre Cléon, du moins rétrospectivement, n'avait pas cependant toujours rompu en visière au puissant démagogue, mais avait su plier quelquefois devant lui, lorsque les circonstances l'y forçaient :

Il y a des gens qui ont dit que je m'étais réconcilié avec Cléon. Voici le fait : Cléon me harcelait et s'acharnait sur moi, me faisait des misères ; et le public, pendant qu'on m'écorchait, riait de me voir jeter les hauts cris, sans souci de mon mal, attendant seulement si, foulé de la sorte, je ne lâcherais pas, pour riposte, quelques invectives. Ce que voyant, je fis un peu le singe. Mais, après cela, l'échalas trompa la vigne, et patatra !

Il y a là, je trouve, un certain cynisme. Ce passage contraste étrangement avec les vanteries de tout à l'heure. Voilà le pourfendeur de monstres qui avoue qu'il a fait le singe. Cela me gâte un peu ses tirades bravaches. On a même quelque étonnement de rencontrer ces deux morceaux dans la même comédie, à cent cinquante vers l'un de l'autre, c'est-à-dire à une demi-heure de distance environ. Il est vrai que l'édition de Dindorf met, immédiatement avant ce curieux passage, une ligne d'étoiles qui indique une lacune dans le texte tel qu'il nous est parvenu : l'intervalle entre l'un et l'autre morceau pouvait donc être un peu plus grand dans le texte complet d'Aristophane ; mais cela ne diminuerait toujours pas beaucoup l'étonnement d'un aveu dont l'ingénuité ressemble fort à de l'effronterie. La guerre politique a peut-être parfois de ces nécessités ; mais on a mauvais air à insulter encore un ennemi devant lequel on s'est courbé, et qui peut nous rendre mépris pour mépris. Au contraire, il est consolant d'avoir toujours le droit de lui cracher au visage sans baisser les yeux.

Ce violent portrait de Cléon se trouve reproduit dans la parabase de *la Paix*, avec les mêmes vanteries, qu'on ne s'attendrait guère pourtant à rencontrer là, après le début de cette parabase, qui commence ainsi :

Un poëte qui se vanterait lui-même dans les anapestes qu'il adresse aux spectateurs mériterait d'être fouetté de verges.....

Mais, après cet exorde, voici la fin de la phrase :

Cependant, s'il est juste, ô fille de Jupiter, que le meilleur poëte comique soit aussi le plus honoré, le nôtre, certes, a droit à la plus grande gloire.

Cela dit, il vante de nouveau la délicatesse de ses plaisanteries, bien supérieures à celles de ses rivaux ; il énumère celles-ci ironiquement, et raillant maint effet comique usé, tire de cela même un effet neuf ; puis jette en passant cette brillante image :

Après nous avoir délivrés de ces inepties assommantes, de ces ignobles bouffonneries, notre poëte a créé un grand art, pareil à un édifice aux tours élevées, construit de grandes pensées et de beaux vers et de plaisanteries qu'on ne ramasse pas dans les carrefours.

Il rappelle encore la hardiesse de ses attaques, et c'est là que revient, interpolée peut-être, la peinture du monstre terrible qu'il a le premier osé affronter. Les termes, les métaphores, les vers sont les mêmes. Est-ce le poëte qui s'est répété avec complaisance? Est-ce un rapprochement fait par un copiste sur un manuscrit et qui aura passé de la marge dans le texte, à une copie nouvelle ? Je ne sais.

Résumant tout en quelques mots, il se félicite d'avoir fait « peu de chagrin, beaucoup de plaisir, et toujours son devoir. » Puis il injurie encore quelques individus pour finir : « Muse, inonde-les d'un large crachat, et célèbre gaiement avec moi cette fête. »

***

De la parabase des *Oiseaux* nous avons cité un charmant passage, quand nous avons analysé la pièce : ils comparent leur félicité au sort des malheureux humains ; ils montrent, par les traditions mythologiques, que les oiseaux, fils de l'Amour, sont plus anciens que tous les autres êtres mortels et même que tous les autres dieux. Ils rendent déjà aux hommes mille services ; mais, que les hommes les prennent pour leurs divinités, ils en recevront des biens sans nombre. Puis, les oiseaux prouvent plaisamment combien il serait avantageux pour les hommes de devenir oiseaux et d'avoir des ailes :

Rien n'est plus utile ni plus agréable que d'avoir des ailes. Supposons un spectateur qui, mourant de faim, s'ennuie aux chœurs des tragiques : s'il avait des ailes, il s'envolerait, irait dîner à la maison, puis reviendrait, le ventre plein. Un Patroclidès, pressé d'un besoin, ne salirait pas son manteau : il pourrait s'envoler, se soulager, reprendre haleine, et revenir. Si l'un de vous, n'importe qui, avait une liaison avec la femme d'un autre, et qu'il aperçût ici le mari sur les bancs des sénateurs, il prendrait son vol, verrait sa maîtresse, et vite reviendrait prendre ici sa place. Vous voyez combien il est précieux d'avoir des ailes !...

Une idée analogue, mais avec un sentiment bien plus délicat, se trouve dans ce joli couplet d'une vieille chanson du seizième siècle, recueillie parmi les œuvres musicales de Janéquin :

> Pleust à Dieu que feusse arondelle !
> O le grand plaisir que j'auroys
> A voler aussi fort comme elle !
> Bien loing d'ici tost je seroys :
> Vers mon ami je m'en iroys,
> Feust-il au plus haut d'une tour !
> Et, en le baisant, lui diroys :
> Voici l'aronde de retour !

Outre la parabase proprement dite, il y a, çà et là, dans la comédie des *Oiseaux*, comme dans plusieurs autres, maint passage satirique, à l'adresse de tel ou tel ; celui-ci par exemple, où le poëte attaque, non pas pour la première fois, le délateur et poltron Cléonyme :

LE CHŒUR.

J'ai vu, en parcourant les airs, bien des choses nouvelles, étranges, incroyables : il existe un arbre exotique, nommé Cléonyme, d'une espèce bizarre : il est grand et mou, il n'a pas de cœur, et n'est bon à rien. Au printemps, en guise de bourgeons, il pousse des calomnies ; à l'automne, il jonche le sol, non de feuilles, mais de boucliers.

Lysistrata n'a point de parabase, soit que le poëte n'ait pas toujours usé de son droit, soit que le temps ait mutilé cette pièce.

Dans la parabase des *Femmes aux fêtes de Cérès*, les femmes font leur propre apologie : elles réfutent les médisances injurieuses ou les calomnies d'Euripide et des hommes en général.

Il va sans dire que le poëte comique, dans le discours

qu'il prête aux femmes, leur fait débiter plus de drôleries que de bonnes raisons. A peine quelques traits demi-sérieux se mêlent aux sophismes plaisants, vers la fin du plaidoyer. Les femmes, usant de représailles, énumèrent indirectement les méfaits des hommes, et, par ce tour, la satire fait coup double :

On ne voit pas, disent-elles, de femme, ayant volé cinquante talents à l'État, parcourir la ville sur un char magnifique ; notre plus grand larcin, c'est une mesure de blé que nous dérobons à notre mari, et encore la lui rendons-nous le même jour. Mais nous pourrions désigner parmi vous (*cela s'adresse aux spectateurs*) plusieurs qui font la même chose, et qui, par-dessus le marché, sont gourmands plus que nous, écornifleurs, voleurs — d'habits, de viandes, d'esclaves même ! — Les hommes savent-ils, comme nous, conserver l'héritage et le ménage ? Nous avons toujours nos bobines, nos navettes, nos corbeilles, nos parasols ; tandis que beaucoup d'entre vous ont perdu le bois de leurs lances avec le fer, et que tant d'autres ont jeté leur bouclier sur le champ de bataille !

Il y a bien des reproches que nous aurions le droit d'adresser aux hommes. Voici le plus grave : c'est que, la femme qui a donné le jour à un citoyen utile, taxiarque ou stratège [1], devrait recevoir quelque distinction ; on devrait lui réserver une place d'honneur dans les Sthénies, les Scires [2], et les autres fêtes que nous célébrons. Celle qui aurait donné le jour à un homme lâche et bon à rien, mauvais triérarque, pilote inhabile, s'assiérait, la tête rasée, derrière la mère du bon citoyen....

Aristophane veut donc que les honneurs publics accor-

1. Comme qui dirait, chez nous, *colonel* et *général*.
2. Les Sthénies se célébraient en l'honneur de Minerve déesse de la *force* (σθένος) ; les femmes s'y attaquaient entre elles par de violentes railleries, comme jadis les poissardes dans notre carnaval. — Pendant les Scires (σκίρον, *dais*), on portait en pompe les statues de Minerve, de Cérès, de Proserpine, du Soleil et de Neptune, surmontées de pavillons ou dáis. *Nil sub sole novum!*

dés aux pères des grands hommes, le soient également à leurs mères. C'est là une juste et noble idée!

La parabase des *Grenouilles* est ce qui fit redemander la pièce.

Du vers 354 au vers 369, il y a déjà, en quelque sorte, un commencement de parabase, et par les idées et par le mètre. C'est le chœur des Initiés qui parle :

.... Qu'ils se retirent ceux qui se plaisent à des propos bouffons et à des plaisanteries déplacées; ceux qui, au lieu d'apaiser une sédition funeste et d'entretenir la bienveillance parmi leurs concitoyens, excitent et attisent la discorde dans leur intérêt personnel ; qui, placés à la tête d'une ville en proie aux orages, se laissent corrompre par des présents, livrent une forteresse ou des vaisseaux ; ou bien, comme Thorycion, ce misérable percepteur, envoient d'Égine à Épidaure des marchandises prohibées, du cuir, du lin, de la poix; ou qui conseillent de prêter de l'argent aux ennemis pour construire des vaisseaux [1] ; ou qui souillent les images d'Hécate, en chantant quelque dithyrambe [2]. Loin d'ici l'orateur qui rogne le salaire des poètes parce qu'il a été raillé sur la scène dans les fêtes nationales de Dionysos!...

Ce n'est là qu'une sorte de prélude à la parabase, mêlé à ces passages d'une poésie exquise : « Éveille la flamme des torches.... » — « Allons à présent dans les prés fleuris.... » La vraie parabase de la pièce arrive au vers 686.

C'est toujours le chœur des Initiés qui parle; car,

---

1. Allusion à Alcibiade, qui avait, dit-on, obtenu de Cyrus le Jeune, satrape d'Asie Mineure, un subside pour la flotte lacédémonienne.
2. Allusion au poëte dithyrambique Cinésias, auquel on imputait un méfait de cette sorte.

ainsi qu'on l'a remarqué, celui que chantent les Grenouilles, une centaine de vers plus haut, et qu'elles faisaient entendre peut-être sans se montrer, n'est qu'épisodique et accessoire dans la pièce, quoiqu'il lui donne son nom. — Le chef des Initiés s'exprime en ces termes :

Il convient au chœur sacré de donner à la cité d'utiles conseils. Je demande d'abord qu'on rétablisse l'égalité entre les citoyens, et que nul ne puisse être inquiété. S'il en est que les artifices de Phrynichos [1] aient entraînés à quelque faute, permettons-leur de présenter leurs excuses, et oublions ces anciennes erreurs. Et qu'ainsi il n'y ait pas à Athènes un seul citoyen privé de ses droits. Autrement, ne serait-ce pas une indignité de voir les esclaves devenus maîtres, et traités comme les Platéens [2], pour s'être trouvés une fois à un combat naval [3] ? Non que je blâme cette mesure, je l'approuve, au contraire : c'est tout ce que vous avez fait de sensé. Mais ces citoyens qui tant de fois, eux et leurs pères, combattirent avec vous, et qui vous sont unis par les liens du sang, n'est-il pas juste que leur prière obtienne le pardon de leur unique faute ? Renoncez à votre colère, vous qui êtes sages par nature ; et que tous ceux qui ont combattu ensemble sur les galères d'Athènes vivent en frères et jouissent des mêmes droits....

On croit que le poëte, dans ce passage, demande l'amnistie pour les généraux qui s'étaient soustraits à la condamnation prononcée contre eux au sujet de l'affaire des Arginuses. Le magnanime Socrate seul, sur le moment même, s'était levé contre ce rigoureux décret ; Aristo-

---

1. Ce général, qu'il ne faut pas confondre avec les poëtes du même nom, avait beaucoup contribué à l'établissement du gouvernement oligarchique des Quatre-Cents, — 412 ans avant notre ère. — *Les Grenouilles* furent données l'an 406.
2. Les Platéens avaient le titre de citoyens d'Athènes depuis la bataille de Marathon, à laquelle ils avaient pris part honorablement.
3. A la bataille des Arginuses. Les esclaves qui y avaient combattu avaient été affranchis.

phane essaye ici de le faire rapporter : il se rencontre avec la généreuse pensée de l'homme calomnié par lui dans *les Nuées.*

Après quelques autres détails, le chœur des Initiés termine par cette comparaison, qui plut aux spectateurs :

Nous avons souvent remarqué, dans cette ville, qu'on en use à l'égard des honnêtes gens comme à l'égard de l'ancienne monnaie. Elle est d'un excellent titre, la plus belle de toutes, la seule bien frappée et qui sonne bien, la seule qui ait cours partout, chez les Grecs et chez les Barbares; cependant, au lieu de nous en servir, nous préférons ces méchantes pièces de cuivre nouvellement frappées et de mauvais aloi. De même, les citoyens que nous savons bien nés, modestes, justes, honnêtes gens, habiles aux exercices de la palestre, à la musique, à la danse, nous les dédaignons ; tandis que nous trouvons bons à tous les emplois les derniers venus, des fronts d'airain, des étrangers, des chenapans de père en fils, dont la ville autrefois n'eût pas même voulu pour victimes expiatoires. O insensés, changez donc de méthode, et faites donc usage des gens de bien. Alors, si vous réussissez, ce sera justice; ou, si la fortune vous trahit, les sages vous loueront du moins d'être tombés avec honneur.

Laissons de côté l'idée, qui, au fond, est comme toujours d'un esprit attardé, exclusivement épris de l'ancien régime, des vieilles choses et des vieilles gens, ennemi des hommes nouveaux ; mais comme l'image est charmante, joliment tournée, neuve et bien frappée !

Il n'y a point de parabase dans *les Femmes à l'Assemblée.* Nous avons expliqué pourquoi : la pièce fut représentée en 393 ou 392 avant notre ère. Or, c'était onze ou douze années auparavant, l'an 404, lors de la prise d'Athènes par Lysandre et de l'établissement du gouvernement des Trente sur les ruines de la démocratie, qu'avait paru le décret qui interdisait de désigner par son nom aucune personne vivante et de faire usage de la parabase.

Toutefois la première partie du discours de Praxagora en tient lieu jusqu'à un certain point, quoiqu'il soit bien entendu que la parabase proprement dite n'est jamais faite que par le chœur.

Au vers 728, le chœur manque.

※

Il n'y a pas non plus de parabase dans la comédie de *Plutus*. Et toute la partie lyrique du chœur a été supprimée : on le voit par sept lacunes. Il n'en reste que la partie dialogique, c'est-à-dire celle où le chœur s'entretient avec les personnages de la pièce, et où le chœur, pour ainsi parler, n'est plus le chœur.

C'est que cette comédie, donnée pour la première fois en 409, cinq ans avant le décret, fut reprise vingt ans plus tard, avec les changements nécessaires. Il est probable qu'à la première représentation elle ne manquait point de parabase; lorsqu'elle fut reprise, la loi ne permettait plus qu'elle en eût.

Nous avons dit que cette pièce est le seul exemple qui nous soit parvenu de ce qu'on nomme la comédie *moyenne*, transition entre l'*ancienne* et la *nouvelle*.

Les personnalités y sont moins nombreuses et moins vives que dans aucun autre ouvrage d'Aristophane : encore peut-on croire qu'elles sont des restes de la première édition qui ont été remêlés dans la seconde, après la représentation amendée de celle-ci.

Le *Plutus* est la dernière pièce que le vieux poëte ait fait jouer lui-même ; car, les deux autres qu'il composa encore ensuite, le *Coccalos* et l'*Æolosicon*, il les fit donner par son fils Araros.

La comédie *moyenne*, cependant, conserva non la parabase, mais les chœurs : seulement elle en ôta ce qu'il y avait de trop fantastique dans la forme, de trop satirique dans l'esprit.

La comédie *nouvelle* les perdit entièrement.

Ainsi, en résumé, la comédie *ancienne*, née de la démocratie et sa plus vivante image, en suit la fortune : elle fleurit et meurt avec elle.

N'y eût-il pas eu de décret, les Trente étant les maîtres, le peuple anéanti n'aurait pu soutenir les poètes comiques qui auraient osé les railler. La parabase n'était plus possible. En outre il n'y avait plus d'argent pour les chorégies, les citoyens aisés n'ayant, depuis la chute de la démocratie, aucun intérêt de popularité et d'ambition à prendre des fonctions si onéreuses.

La parabase tomba donc en même temps que la démocratie, comme le fruit avec l'arbre.

On nous pardonnera d'avoir, après des études déjà si détaillées sur les comédies d'Aristophane, consacré un chapitre spécial aux seuls monuments qui nous restent de ce singulier phénomène dramatique, la parabase.

Nous avons remarqué qu'il y a quelquefois, outre la parabase même, deux ou trois rejetons de parabase dans une seule comédie ; en d'autres termes, que la parabase est parfois précédée ou suivie, à une assez grande distance, de morceaux anapestiques ou lyriques, qui s'y rapportent visiblement et qui sont entièrement détachés de l'action et du dialogue.

Ce fait s'explique par les mêmes raisons que la parabase elle-même.

Dans ce théâtre, né de la poésie chorique, l'action ayant été ajoutée peu à peu sous le nom d'*épisode*, le drame, soit tragédie, soit comédie, resta composé de ces deux éléments. Et, même après que l'action se fut étendue et que les épisodes se furent multipliés, le chœur demeura toujours le lien, le centre et l'unité de l'œuvre dramatique, et non pas du tout l'accessoire comme nous serions tentés de l'imaginer suivant nos idées modernes. Eh bien! dans ce théâtre épisodique, lorsque deux scènes se seraient succédé sans tenir assez l'une à l'autre, le chœur faisait la transition et l'intermède.

La comédie, selon toute apparence, fut improvisée beaucoup plus longtemps que la tragédie, et garda toujours quelque chose de plus négligé dans ses plans et de plus abandonné dans ses épisodes. De là, des espèces de lacunes. Le chœur les remplaçait avec un ou deux couplets.

Voilà comment, outre la parabase même qui venait se planter au beau milieu de la pièce entre le nœud et la péripétie, il y avait parfois, tantôt avant, tantôt après, un ou deux rejetons de parabase, qui germaient et qui fleurissaient, au souffle de la fantaisie, dans chaque fissure de l'action.

Quelques-unes, d'ailleurs, de ces fissures et de ces lacunes étaient peut-être ménagées à dessein ou laissées volontiers par le poëte, justement afin que le chœur, qui, après tout, malgré les développements et envahissements successifs de l'action, était resté le principal personnage, ne fût pas trop longtemps silencieux.

Faute de se figurer ainsi les choses selon la réalité de leur formation pour ainsi dire organique, ces rejetons de parabase pourraient sembler bizarres, on comprendrait à peine ce qu'ils viennent faire au milieu de la comédie.

Par exemple, dans *les Oiseaux*, du vers 1553 au vers 1564, tout-à-coup entre deux scènes le chœur se remet à chanter et dit ces paroles fantastiques :

Dans le pays des Ombres est un marais, où Socrate, qui ne se lave jamais, évoque les âmes. Pisandre arriva là, pour voir son âme, qui l'avait quitté même de son vivant ; il amenait pour victime un chameau en guise d'agneau : il l'égorgea et, comme Ulysse (dans l'*Odyssée*), se retira à l'écart. Alors, sortit des Enfers, pour sucer le sang du chameau, Chéréphon, le vampire.

Puis, la comédie reprend sa marche, qui n'a pas été autrement interrompue. Ce petit morceau ne fait suite à rien, si ce n'est apparemment à un autre de même sorte qui est soixante vers plus haut. La musique seule, et le changement de mètre, servaient de transition et de rappel.

Un autre exemple se trouve dans *les Guêpes*, au vers 1265 et suivants.

En résumé, la parabase était, sans doute, contraire à l'essence du genre dramatique, tel du moins qu'on le comprend chez nous ; mais concevez quel intérêt devaient y trouver le poëte et les spectateurs.

Pour le poëte, ce privilége énorme de parler seul sans craindre de réplique, le mettait à l'égal de nos prédicateurs ; et cela devant un auditoire immense, auquel il pouvait aisément, grâce au prestige de la scène, de la poésie, de la fantaisie, imposer ses idées, ses amitiés, ses haines. La parabase était comme un filet qu'il jetait sur ses auditeurs pour pêcher leurs âmes. Ou bien elle était le carquois sonore qu'il épuisait contre ses ennemis.

S'il est vrai, comme quelques-uns l'ont prétendu, que Sophocle ait été nommé stratège à cause des connaissances politiques dont il avait fait preuve dans *Anti-*

gone, un tel exemple n'avait-il pas de quoi tenter les esprits ambitieux? Pour peu qu'ils fussent poëtes, surtout poëtes comiques, quoi de plus commode que cette parabase dans laquelle ils pouvaient exposer leurs idées sous la forme la plus séduisante, sans crainte d'être réfutés ni contredits?

Cela est si vrai qu'Euripide, un des précurseurs de l'esprit moderne, cherchant toutes les occasions de propager les opinions nouvelles, — révolutionnaire, en un mot, comme nous dirions aujourd'hui, c'est-à-dire évolutionnaire, — Euripide n'était pas loin de faire des parabases dans la tragédie même, par les idées, sinon par la forme métrique (nous avons vu, du reste, par *les Nuées*, que l'anapeste n'était pas une nécessité [1]). Dans *les Danaïdes*, par exemple, c'était si bien Euripide qui exprimait ses idées par la voix du chœur, que ce chœur, composé de femmes, parlait au masculin. — Or, Aristophane lui-même, dans ses parabases comiques, n'abandonne jamais à ce point la fiction. Même lorsqu'il parle pour son compte, il n'oublie pas le sexe du coryphée dont il emprunte la voix. C'est ainsi qu'il dit dans *les Nuées*, faisant allusion aux prête-noms dont il avait usé d'abord : « Comme en ce temps-là, j'étais encore fille, et qu'il ne m'était pas permis de devenir mère, » etc. Mais Euripide, dans *les Danaïdes*, oublie complétement le personnage et parle tout-à-fait en son propre nom.

Songez donc, quel puissant élément d'action que la parabase, que cette harangue à la fois satirique et grave, familière et élevée, mêlée de réalité et de poésie, où le polémiste pouvait attaquer et se dérober, et, pour dé-

---

1. Remarquons, toutefois, que ce passage des *Nuées* qui n'est pas en vers anapestes, n'est pas non plus en vers ïambiques ni trochaïques ; il est, si l'on peut ainsi dire, en vers ioniques irréguliers. Il est donc toujours dans un mètre différent de celui qui est employé dans le courant de la pièce.

ocher une idée hardie, l'enrubanner de métaphores qui en cachaient la pointe sans l'émousser, ou l'empenner de drôleries qui la faisaient voler plus loin, pénétrer plus profondément ! C'était souvent pour ce morceau privilégié que le poëte faisait la pièce. Tel événement, tel homme le frappaient ; il les saisissait au passage, les crayonnait au vol ; les vers, sur ses tablettes, s'improvisaient d'eux-mêmes. C'était moins le poëte qui prenait son sujet, que le sujet qui prenait son poëte, comme le journaliste chez nous.

Et, pour les spectateurs, quel intérêt aussi ! Par la parabase, ils étaient eux-mêmes mis en jeu et pris à partie, introduits dans la comédie et dans l'action. On tremblait de s'entendre apostropher ; mais on s'amusait de voir son voisin ridiculisé, en attendant qu'on le fût à son tour ; et ce tour semblait reculé d'autant, comme quand les balles dans une bataille font tomber ceux qui sont autour de nous. Tel, atteint d'une flèche barbelée, forcé de dévorer son affront en silence, pensait ce que dit Lamachos, raillé par Dicéopolis dans les *Acharnéens :* « O démocratie ! peut-on supporter de tels outrages ! » ou ce que dit Neptune, dans *les Oiseaux :* « O démocratie ! à quoi nous réduis-tu ! »

Bon gré, mal gré, on souffrait tout, de la part des poëtes comiques, « ces fous privilégiés des vingt mille rois d'Athènes [1]. »

C'était la vie du régime populaire dans ce qu'elle avait de plus libre, de plus agité, de plus heurté même ; c'étaient les passions de la démocratie, se choquant, jaillissant en étincelles. Que de jouissances ! et que d'aiguillons ! Quelle fièvre, mais quelle joie ! Quel bonheur de se sentir vivre, tous ensemble, poëte et spectateurs, avec une telle intensité ! La parabase plaisait aux sages comme aux méchants : elle réprimait les abus,

1. Mesnard.

elle satisfaisait l'envie. Grâce à la mesure des vers, on retenait aisément par cœur les passages les plus malicieux, ou les plus beaux, ces sentences morales chéries des Grecs, offertes dans d'élégantes métaphores, ou bien ces portraits satiriques en deux coups de langue ineffaçables. En sortant du théâtre, on répétait ces vers, on les chantait, comme nos vaudevilles d'autrefois. Malheur aux pauvres hères, ou aux puissants, dont les noms prêtant à la raillerie, avaient retenti dans les anapestes! Théognis, le poëte à la glace, et le débauché Ariphrade, et le démagogue Hyperbolos, et le lâche Cléonyme, poltron et goinfre, devenaient plus fameux qu'ils n'eussent voulu. D'une représentation à l'autre, entre deux fêtes de Bacchus, les traits qu'on avait retenus volaient de bouche en bouche. Parfois c'était une tirade entière. Les représentations n'étant pas quotidiennes et ne revenant qu'à de longs intervalles, faisaient une impression d'autant plus vive. Tout était saisi, commenté, par l'esprit rapide et subtil des Athéniens; et on emportait de la comédie des sujets de discussions sur les places publiques et sous les portiques.

Il faut se figurer tout cela à la fois, pour bien comprendre la parabase et l'immense intérêt qu'y prenait tout le monde à des titres divers.

On l'a dit, si le grand ressort des sociétés modernes est la presse, à Athènes c'était la parole, c'est-à-dire la voix des orateurs et des poëtes. Par la parabase, la comédie, si elle eût été quotidienne, eût réuni à elle seule, la double puissance que chez nous la tribune et la presse exercent chacune à part : tribune, en effet, qui admettait tout, depuis l'éloquence et la poésie, jusqu'aux discussions d'affaires, avec statistique et arithmétique; depuis les pensées les plus hautes jusqu'aux drôleries et aux calembours; presse de tous les tons et de toutes les allures, depuis les paroles les plus graves d'un *Times* ou les plus acérées d'un *Journal des Débats*, jusqu'aux pochades fantastiques d'un *Charivari* ou d'un *Punch*.

Même en n'élevant la voix que de temps à autre, elle était déjà assez redoutable. Elle exerçait peut-être, à cause de cela même, une influence plus énergique et plus durable : chez nous, la régularité du bruit quotidien de la presse le rend monotone et assourdissant, et fait parfois qu'on ne l'entend plus ; mais à Athènes, l'intermittence, et les époques assez distantes entre elles, des représentations comiques, préparaient à la parabase un public alerte et avide, qui avait eu le temps de sentir revenir son appétit de discours poétiques, de malices et de bouffonneries.

Aussi, le jour venu, comme on envahissait les gradins de l'amphithéâtre ! Et comme, une fois là, assis ou debout, les vingt mille citoyens libres et les dix mille métèques, soixante mille oreilles, attendaient avec joie ou avec crainte, les interpellations de la parabase, les révélations d'opinions nouvelles, les avis sérieux et plaisants assaisonnés de médisances, de railleries et d'invectives ! Croyez-vous qu'en ce moment-là les hommes, d'État prévaricateurs, dilapidateurs des finances, violateurs de la constitution, ne fussent pas un peu inquiets tout en essayant de sourire, quand ils sentaient suspendu sur leur tête ce thyrse aigu, orné des pampres de Bacchus !

On chercherait en vain ailleurs que dans la comédie *ancienne* quelque chose de pareil.

Pénétrons plus avant. L'œuvre dramatique vraie est, au fond, un acte de liberté de la part du poëte envers le public : c'est un échange de l'un à l'autre, une communication réciproque.

Quand il y a une liberté moindre, le poëte peut se

contenter, pour communiquer ainsi, d'un prologue ou d'un épilogue. Le prologue, parfois, donne naïvement le programme de la pièce qui va se dérouler, ou supplée au décor, ou essaye de se concilier par divers moyens l'esprit du public. L'épilogue sollicite ses applaudissements, sous une forme quelconque.

Mais, dans la liberté complète, telle que celle de la comédie *ancienne*, la parole dramatique, sans recourir à ces moyens qui sont extérieurs à la pièce et qui n'en sont que des appendices, va droit à son but tout au travers de la fiction théâtrale, qu'elle rompt et qu'elle perce, pour se faire jour, quand il lui plaît.

La parabase reste l'exemple unique de cette liberté complète, absolue.

Des exemples de la liberté du second degré, si l'on peut ainsi dire, se trouveraient, soit dans les prologues, soit dans les épilogues, de certaines pièces, ou grecques, ou latines, ou françaises, ou anglaises, etc. — Les burlesques harangues de Bruscambille à son public qui lui permettait tout, les Compliments courtois et bien tournés de Molière ou de son camarade Lagrange à la Cour ou à la Ville, l'usage qui se perpétua pendant le dix-septième et le dix-huitième siècles d'adresser au public un Compliment final, sous prétexte d'annoncer le spectacle suivant; surtout les Compliments de clôture et de réouverture avant et après la quinzaine de Pâques; puis le couplet final des vaudevilles, qui remplaça le Compliment final quotidien, sont des variétés du même procédé.

On rencontrerait quelque chose de plus analogue à la parabase dans les prologues dont le théâtre anglais a fait usage presque toujours, dans Shakespeare, et avant et après lui, et où l'auteur même de la pièce, plus souvent un de ses amis ou partisans, contemporain ou non, prend la parole pour l'honorer littérairement, mais ne laisse pas de faire appel quelquefois à la passion politique.

Une image lointaine de la parabase pourrait s'apercevoir aussi dans ces comédies toutes spéciales que Molière a intitulées *la Critique de l'École des Femmes* et *l'Impromptu de Versailles*; et peut-être dans tel passage du monologue de Figaro, où c'est Beaumarchais lui-même qui parle, autant et plus que son personnage favori.

Il y aurait toutefois à noter, en ce qui regarde Beaumarchais, cette différence générale, qu'il attaque l'ancien régime, et qu'Aristophane le défend; que Beaumarchais prépare la révolution, tandis qu'Aristophane essaye de l'arrêter.

Veut-on quelque autre vague idée de la parabase aristophanesque, idée empruntée à cette même pièce : *le Mariage de Figaro*? Lorsqu'à la fin de la comédie tous les acteurs s'avancent contre la rampe et se rangent en espalier devant le public, pour lui dire des couplets piquants, sur les gens et les choses du jour, c'est, dans une certaine mesure, une sorte de parabase. Mais elle n'est pas dans le milieu de la pièce, elle arrive quand l'action est terminée; et elle se contente d'épigrammes ou d'allusions, sans aborder directement, excepté peut-être dans le couplet sur Voltaire, les sujets à l'ordre du jour; enfin sans traiter telle ou telle question formellement, comme le fait Aristophane. La ressemblance est donc fort légère.

Alfred de Musset, dans ses poésies, suppose une parabase d'Aristophane, — d'Aristophane ressuscité et Parisien, à l'époque des lois de septembre sur la presse; — et, à propos de la déportation, dont ces lois menaçaient les journalistes, il lui prête des strophes brillantes :

> L'an de la quatre-vingt-cinquième olympiade
> (C'était, vous le savez, le temps d'Alcibiade,
> Celui de Périclès, et celui de Platon),

Certain vieillard vivait, vieillard assez maussade....
Mais vous le connaissez, et vous savez son nom,
C'était Aristophane, ennemi de Cléon....

Il nommait par leur nom les choses et les hommes.
Ni le mal ni le bien pour lui n'était voilé ;
Ses vers au peuple même, au théâtre assemblé,
De dures vérités n'étaient point économes ;
Et, s'il avait vécu dans le temps où nous sommes,
A propos de la loi peut-être eût-il parlé.

Étourdis habitants de la vieille Lutèce,
Dirait-il, qu'avez-vous, et quelle étrange ivresse
Vous fait dormir debout ? Faut-il prendre un bâton ?
Si vous êtes vivants, à quoi pensez-vous donc ?
Pendant que vous dormez, on bâillonne la presse,
Et la Chambre en travail enfante une prison !

On bannissait jadis, aux temps de barbarie :
Si l'exil était pire ou mieux que l'échafaud,
Je ne sais ; mais du moins sur les mers de la vie
On laissait l'exilé devenir matelot.
Cela semblait assez de perdre sa patrie.
Maintenant avec l'homme on bannit le cachot.

Dieu juste ! nos prisons s'en vont en colonie !
Je ne m'étonne pas qu'on civilise Alger :
Les pauvres Musulmans ne savaient qu'égorger ;
Mais nous, notre Océan porte à Philadelphie
Une rare merveille, une plante inouïe,
Que nous ferons germer sur un sol étranger.

Regardez, regardez, peuples du Nouveau Monde !
N'apercevez-vous rien sur votre mer profonde ?
Ne vient-il pas à vous, du fond de l'horizon,
Un cétacée informe, au triple pavillon ?
Vous ne devinez pas ce qui se meut sur l'onde :
C'est la première fois qu'on lance une prison.

Enfants de l'Amérique, accourez au rivage !
Venez voir débarquer, superbe et pavoisé,

Un supplice nouveau par la mer baptisé.
Vos monstres quelquefois nous arrivent en cage ;
Venez, c'est notre tour, et que l'homme sauvage
Fixe ses yeux ardents sur l'homme apprivoisé.

Voyez-vous ces forçats que de cette machine
On tire deux à deux pour les descendre à bord ?
Les voyez-vous fiévreux, et le fouet sur l'échine,
Glisser sur leurs boulets dans les sables du port ?
Suivez-les, suivez-les ; le monde est en ruine :
Car le génie humain a fait pis que la mort.

Qu'ont-ils fait, direz-vous, pour un pareil supplice ?
Ont-ils tué leurs rois, ou renversé leurs dieux ?
Non. Ils ont comparé deux esclaves entre eux ;
Ils ont dit que Solon comprenait la justice
Autrement qu'à Paris les préfets de police,
Et qu'autrefois en Grèce il fut un peuple heureux.

Pauvres gens ! c'est leur crime ; ils aiment leur pensée,
Tous ces pâles rêveurs au langage inconstant :
On ne fera d'eux tous qu'un cadavre vivant.
Passez, Américains, passez tête baissée ;
Et que la liberté, leur triste fiancée,
Chez vous du moins, au front les baise en arrivant.

L'invraisemblance de cette fiction d'Alfred de Musset, c'est qu'Aristophane, parfait réactionnaire, loin de blâmer les lois de septembre, y aurait peut-être applaudi, réclamant pour lui seul et pour ses partisans ce que nos cléricaux appellent subtilement *la liberté du bien*.

La parabase aurait aujourd'hui fort à faire et fort à dire sur toutes sortes de sujets, pour un Aristophane progressiste ; mais peut-être l'archonte éponyme refuserait-il au poëte un chœur.

A dire vrai, la parabase n'était possible que dans l[a] comédie attique *ancienne*, essentiellement libre, démo[-] cratique et militante, au milieu de toutes les sorte[s] d'enthousiasmes orgiaques. (Voir pages 12 à 15.)

Quoique contraire, en apparence et selon nos idée[s] modernes, à la nature même de la fiction dramatique, l[a] parabase était si bien l'âme de la comédie *ancienne* que sitôt qu'on l'en eût arrachée violemment par u[n] décret de l'autorité, cette comédie n'eut plus qu'à périr[.]

Et alors, en effet, comme la guêpe, à qui vous arra[-] chez son aiguillon, elle mourut.

CONCLUSION.

J'ai essayé de faire voir comment la comédie d'Aristophane, qui au premier coup-d'œil paraît si folle, cache ordinairement un dessein sérieux sous cette apparente folie. Au fond, elle traite les questions politiques, ou sociales ou littéraires; mais elle les traite à sa façon et par les procédés qui lui sont propres, par la bouffonnerie et par la fantaisie, tantôt drôlatique, tantôt gracieuse, souvent obscène.

Vous rappelez-vous ce conte de fées, où deux jeunes filles, deux sœurs, toutes les fois qu'elles ouvrent la bouche, en laissent échapper, l'une des fleurs, des perles et des pierreries; l'autre, des vipères et des crapauds? De ces deux jeunes filles, faites-en une seule, dont la bouche répandra tout cela pêle-mêle : c'est la Muse d'Aristophane.

Plutarque déjà condamne ses peintures lascives, et les déclare indigne d'un homme poli et d'un homme de bien.

Il est vrai que, d'autre part, Platon, Cicéron, Quintilien, saint Chrysostome, saint Augustin, lui pardonnent pour sa grâce exquise. Serons-nous plus sévères que des saints?

Ses conceptions fantastiques, dont le laisser-aller quelquefois est extrême, ses bouffonneries extravagantes et licencieuses, sont des moyens de captiver le peuple, de le gagner à ses idées. Pour pouvoir lui donner des conseils qu'il croit bons, il s'empare de lui par tous les moyens : il le prend par les yeux, par les oreilles, par tous les sens, par tous les bouts ; sauf, une fois qu'il le tient, à lui parler net et à lui donner de graves leçons.

Mais, direz-vous, si le poëte doit être, comme le veut Aristophane lui-même, l'éducateur des hommes assemblés, pourquoi faut-il que cette éducation croye nécessaire de revêtir d'une forme si licencieuse un patriotique dessein ?

J'ai déjà indiqué, chemin faisant, les diverses explications qui sont des circonstances atténuantes. Je les rappellerai en finissant.

Sans doute le poëte dramatique, le poëte comique lui-même, au lieu de descendre jusqu'à la foule, doit tâcher d'élever la foule jusqu'à lui. Mais, pour l'élever, il faut la prendre ; et on la prend par où l'on peut.

Comme il n'y avait à Athènes qu'un seul théâtre pour tout le monde, le poëte comique devait faire en sorte de plaire à toutes les classes de spectateurs. Vingt à trente mille hommes fêtant Bacchus ne s'accommodaient guère de la décence. Les fêtes elles-mêmes de ce dieu étaient loin de la conseiller. La comédie conservait volontiers les allures lascives, la verve brutale, le délire sensuel des chants phalliques, d'où elle avait tiré son origine.

Loin d'accuser Aristophane de ce qui est la faute de son temps, il faut plutôt lui savoir gré d'avoir entremêlé souvent à ces phallophories, consacrées par l'usage, les inspirations d'une poésie fraîche et suave, qui purifiaient la comédie. Si le libidineux *cordax* était une nécessité dionysiaque, remercions le poëte comique d'y avoir fait succéder quelquefois des chœurs gracieux, des danses idylliques; et ne nous étonnons pas trop de respirer, après l'*odor di femina* des chastes Muses au doux parfum, l'odeur âcre et infâme des Satyres. A tant d'exhibitions obscènes, que la tradition rendait presque innocentes, félicitons le poëte d'avoir mêlé, du moins çà et là, de hautes et nobles moralités.

Lorsque tout ce peuple en liesse sortait de la fête des Marmites, il était *potus et exlex*. Les comédies qu'on lui servait devaient être fortement assaisonnées.

Madame de Staël a fort bien dit : « Les Grecs avaient le goût qui tient à l'imagination, et non celui qui naît de la moralité de la vie. »

Qu'on se figure cette société à laquelle les femmes ne se mêlaient pas, si l'on peut appeler société la vie d'un peuple ainsi abandonné à la brutalité masculine toute pure. Imaginez ce peuple d'hommes, que rien n'obligeait à la politesse et aux bienséances auxquelles le monde moderne s'est astreint par la présence des femmes, qui seule a pu réaliser la société véritable. Imaginez, dis-je, ces hommes vivant toujours entre eux, demi-nus ou tout nus, dans les palestres, dans les bains, sous les portiques; concevez le laisser-aller et la licence de ces mœurs, le ton de la conversation. Quoique l'esprit fût très-raffiné, les mœurs étaient assez grossières. Les manières et les paroles étaient des plus libres : on ne sentait le besoin d'aucune contrainte; on n'en avait pas même l'idée. Tout au plus quand les hommes les plus polis passaient quelques heures chez les courtisanes dont on avait cultivé le corps et l'esprit, chez une Phryné, chez une Aspasie, rencontraient-ils parfois instinctivement un peu de la mesure et de la bienséance qui devaient être, longtemps après, les lois de la conversation moderne[1].

Mais ces exceptions elles-mêmes font entrevoir quelle devait être cette grossièreté naturelle et nécessaire dans les habitudes de la vie, en dépit des finesses exquises de la poésie et des arts, et même des élévations de la morale théorique. La licence des paroles, sinon des actions, pouvait aller aussi loin que possible, sans choquer et sans étonner presque personne, et sans qu'on s'avisât que ce fût de la licence : c'était simplement la nature.

Voyez, aujourd'hui même, le soir, après dîner, pendant que les femmes restent au salon, voyez et entendez les hommes causant entre eux, en fumant leur cigare : la liberté de leur conversation diffère-t-elle beaucoup de celle d'Aristophane, quoiqu'il y ait vingt-deux siècles d'intervalle entre l'une et l'autre civilisation ? Ils ne se croyent pas pour cela licencieux le moins du monde : ils ne se gênent plus, voilà tout. Pour un moment, ils se détendent et se laissent aller à la nature : tout à l'heure ils rentreront dans la société. A la vérité, quelque chose de peu galant restera dans leur air, comme l'odeur du tabac à leurs habits.

Je ne veux rien dire des femmes entre elles, dont les conversations aussi sont prodigieuses quelquefois. Et cependant les femmes, encore plus que les hommes, reçoivent aujourd'hui, relativement à l'antiquité, une éducation fortement saturée de morale et de qu'en dira-t-on. Dès l'âge où elles étaient fillettes, l'habitude du monde leur a appris à porter le corset des bienséances. Mais, sitôt qu'elles sont seules entre elles, et un peu intimes, comme la nature reprend ses droits ! Tant il est vrai que la vraie société et la vraie conversation, avec la mesure

---

1. Voir mon petit livre des *Courtisanes grecques*. Paris, Hetzel.

et la bienséance, n'existent que quand les hommes et les femmes sont stimulés en même temps et contenus par la présence les uns des autres.

A Athènes, les femmes, selon toute apparence, étaient exclues des représentations comiques, du moins à l'époque d'Aristophane. La tragédie seule leur était permise ; et, tout au plus après la tragédie, le drame de Satyres [1].

Rappelons aussi que les femmes ne figuraient pas sur la scène : c'étaient des hommes qui jouaient tous les rôles.

L'absence des femmes, dans l'auditoire et sur la scène, explique cette liberté gaillarde, que rien ne contraignait.

Nos vieilles comédies gauloises avaient presque la même gaillardise, et n'avaient pas les mêmes excuses. Jusque dans le dix-septième siècle, Corneille et Molière sont encore bien vifs dans certains détails de leurs comédies, quoiqu'ils se vantent à leur tour, comme Aristophane en son temps, d'être plus châtiés, plus réservés que les poëtes d'auparavant. Il est donc très-possible et très-croyable qu'Aristophane ait épuré la scène, comme il s'en vante mainte fois. Et l'on ne doit pas plus lui reprocher ce qu'il a conservé de grosse bouffonnerie, que nous ne reprochons à Corneille et à Molière quelques derniers vestiges d'une impureté relativement aussi choquante pour nous, et qu'ils avaient en général contribué à faire disparaître. Lorsqu'il s'agit de décence, tout est relatif, et on ne peut partir que d'où l'on est.

Ce qui importe, c'est que la fantaisie, même la plus libre et la plus bouffonne, soit le vêtement de la raison. Proudhon a fort bien dit, parlant de la littérature et de l'art, « que la fantaisie elle-même doit toujours se ra-

---

1. Egger, *Mémoires de littér. ancienne.*

mener à l'idée. » C'était ce que voulait aussi Boileau, écrivant dans l'*Art poétique :*

Il faut, même en chansons, du bon sens et de l'art.

Toute œuvre d'art, vraiment digne de ce nom, doit satisfaire en même temps l'imagination et la raison. De ce côté-là, assurément, on ne saurait rien reprocher à Aristophane, qui, sous les formes les plus folles, a des idées si arrêtées, si obstinées même.

Ajoutons qu'elles semblent très-désintéressées, puisque souvent elles doivent avoir été contraires à celles du plus grand nombre des spectateurs.

La comédie est une sorte de suffrage universel, appliqué non aux personnes, mais aux idées. Si le poëte comique doit être, comme on l'a dit des représentants du peuple, le médecin et non le valet de l'opinion, l'auteur des *Chevaliers* et des *Guêpes*, il faut le reconnaître, se conduisit en médecin, non en valet.

Reste à savoir si le médecin fut toujours aussi éclairé que courageux. Michelet, dans la *Bible de l'humanité*, l'appelle « le grand Aristophane. » Il fut grand, en effet, par le patriotisme, lorsqu'il combattit de toutes ses forces cette funeste guerre du Péloponnèse. Mais, dans les question sociales, il manqua souvent d'élévation, d'étendue et de sens philosophique. Il mit son imagination jeune et charmante au service d'une cause vieillie et arriérée. Dans sa superstition pour le passé, il tourna le dos à l'avenir. Les apôtres et les précurseurs de cet avenir furent poursuivis incessamment de ses injures et de ses calomnies. Si donc Aristophane est grand par son amour de la patrie, s'il est grand aussi par sa poésie et par les merveilles de son style, nous avons été obligés de constater que, philosophiquement et socialement, il est petit. Esprit timoré, il a la vue courte.

Quand on le compare à Rabelais et à Molière, on trouve que ceux-ci ont marché hardiment dans le sens du progrès futur : ils ont été vraiment les précurseurs de l'avénement du tiers-état. Molière prend le flambeau des mains de Rabelais et le passe à Voltaire. Aristophane arrache le flambeau des mains de Socrate et d'Euripide, et le met sous ses pieds.

S'il montra du courage en attaquant Cléon, il ne fit voir, en diffamant ces deux grands hommes, représentants de la philosophie de l'avenir, qu'un esprit étroit et pusillanime. Rabelais et Molière, en déclarant la guerre, l'un aux terribles chats-fourrés, et aux nombreux oiseaux de l'Isle Sonnante, l'autre aux Jésuites et aux Tartuffes, font éclater un courage héroïque que n'altère jamais aucune éclipse. Aristophane essaye en vain de défendre et de ranimer des institutions surannées, de relever des traditions qui s'écroulent de toutes parts. Rabelais et Molière ne démolissent que les choses qui doivent tomber, et en édifient beaucoup d'autres. Aristophane n'édifie rien, et attaque ceux qui édifient. Les idées de ce grand poëte sont donc aussi faibles, la plupart du temps, qu'obstinées. S'il est hardi, c'est seulement par l'imagination et par la fantaisie. Ce qu'on doit admirer chez lui, c'est l'art d'animer les idées abstraites, de leur donner la vie, le mouvement, la voix, d'en faire des réalités, des personnes, des actions comiques.

Ces actions, sans doute, ne sont pas très-serrées ; elles sont un peu lâches et flottantes. L'art dramatique, en ce temps-là, se contentait à peu de frais, et produisait pourtant ainsi des effets qui durent encore. Aujourd'hui, comme on a vingt-deux siècles de plus, on est plus habile à nouer l'intrigue, à charpenter le drame, à ménager ou plutôt à accumuler les péripéties. Et cependant, malgré cet art et cette industrie, nous ne faisons souvent rien qui vaille. Cinq ou six auteur dramatiques surnagent seuls dans l'océan des platitudes. Les peintures simples et naïves produisent encore plus d'effet que les coups de théâtre, les ficelles et les trucs.

Ce qui manque au théâtre de notre temps, ce n'est pas l'habileté, c'est la conviction. La comédie s'adresse aux masses, et elle est le plus communicatif de tous les arts : elle peut donc exercer la plus grande influence. Il faut mettre cette influence au service de la vérité et de l'honneur.

Je sais bien que l'art est une chose et que la morale en est une autre. La présence assidue d'une intention morale, comme le dit fort bien M. Taine dans son *Essai sur Thackeray*, nuit au roman ainsi qu'au romancier. Mais je ne crois pas qu'il en soit tout-à-fait de même au théâtre. Le théâtre, comme le veut Molière et comme le voulait Aristophane, est et doit être l'école des mœurs, non directement et par des sermons, quoiqu'Aristophane et Molière et Corneille en aient de fort beaux et soient de merveilleux prédicateurs, mais indirectement, par la peinture vraie des ridicules et des vices. Le théâtre, sans doute, est un art qui, avant tout, a pour objet de divertir, mais ensuite de moraliser en divertissant.

D'un côté il est incontestable que l'art a en lui-même sa raison d'être, et qu'il a pour objet direct la beauté, non l'utilité. C'est, apparemment, ce que voulait dire la célèbre formule de *l'art pour l'art*, qui a prêté à d'autres interprétations. De l'autre, il est incontestable aussi que les esprits élevés et les nobles cœurs, vraiment amis du peuple, cherchent partout l'occasion de l'instruire, de l'éclairer, de le rendre meilleur. Tout ce qui ne porte point ce caractère d'un généreux enseignement n'est aux yeux de ceux-là que misère et frivolité : ce n'est pas œuvre d'homme. Or l'artiste avant tout est homme. Il ne doit ni ne peut rester indifférent aux destinées de son pays, aux vicissitudes sociales, aux progrès de l'humanité; il ne saurait échapper aux idées ni aux passions de son temps. Qu'il le veuille ou non, il reçoit plus ou moins l'influence des unes et des autres; il réagit sur elles à son tour. Si l'artiste est celui qui crée, il ne peut créer qu'avec l'esprit de son cœur, comme dit l'Écriture, *mente cordis sui*. Il n'y a d'artistes féconds que ceux qui ont en eux un foyer ardent ou une source jaillissante; et ceux-là, croyez-moi, sont citoyens d'abord, artistes après. Il faut donc que l'artiste influe sur son époque, comme elle influe sur lui; c'est ce qui fait que l'art est toujours, par ressemblance ou par contraste, l'expression de la société. Aux siècles de religion et de foi, les poètes composent des *mystères*, dans lesquels il développent les légendes sacrées; les architectes élèvent des cathédrales, que les peintres et les sculpteurs remplissent des images des saints. Dans les siècles de discipline et d'autorité, la poésie et la peinture ont un caractère réglé, noble et élevé : les contemporains de Louis XIV, de Colbert, de Turenne et de Condé, sont Corneille, Racine et Molière, Poussin, Lebrun et Lesueur. Louis XV et madame de Pompadour voient fleurir Marivaux et Boucher; les grands artistes du dix-huitième siècle, ce sont les hommes qui emploient leur plume à attaquer et à renverser l'ancien ordre social et à déblayer le terrain sur lequel nous essayons aujourd'hui d'édifier l'ordre nouveau. A aucune époque, l'artiste ne peut s'empêcher d'être effet ou cause, d'exercer ou de subir une influence, d'être chef ou soldat. Qu'il le comprenne donc, et, renonçant à des théories ambiguës, qu'il s'associe de tout son cœur à l'œuvre de ses contemporains. Qu'il se serve de son génie ou de son talent pour moraliser et pour apaiser, pour répandre l'idée du devoir, pour aider les hommes de bonne volonté à préparer, l'avenir. Pourvu que l'utile n'exclue pas le beau, et s'y subordonne, l'art ne peut-il, sans cesser d'être l'art, devenir un moyen d'action, venir en aide à la morale, voire même à la politique, qui n'est que la morale appliquée aux peuples? Dites alors que les *Philippiques* de Démosthènes, que les *Catilinaires* de Cicéron, que *Don Juan* et *Tartuffe*, et le *Mariage de Figaro*, ne sont pas œuvres d'art : car les *Philippiques* ont retardé l'asservissement de la Grèce ; car les *Catilinaires* délivrèrent Rome d'un scélérat qui voulait la détruire par le fer et par le feu ; car *Don Juan* et *Tartuffe* ont préparé l'émancipation religieuse du dix-huitième siècle ; car le *Mariage de Figaro* a été, comme le remarquait Napoléon dans ses lectures de Sainte-Hélène, le premier coup de canon de la révolution française. Encore une fois, pourvu que l'utilité n'exclue pas la beauté et s'y subordonne, la condition de l'art est remplie ; il faut que l'utilité demande à la beauté non-seulement son concours, mais son secours. En un mot, la poésie, nous disons la poésie véritable, ayant nécessairement une influence, et ne pouvant point ne pas l'avoir si elle mérite vraiment de s'appeler poésie, nous voulons que cette influence soit bonne et non mauvaise, utile et non funeste. L'art doit être patriotique en même temps qu'idéal ; par là il sera tout ensemble contemporain et éternel. Le poëte n'est pas libre, on l'a dit, *de n'être qu'un amuseur de la foule*. Il doit l'instruire, lui enseigner ses devoirs, et lui présenter la leçon sous une forme vivante et élevée qui fasse passer dans les âmes, en les récréant, les impressions du vrai et du juste, du bon et du beau. Il faut qu'il soit en même temps homme d'action et poëte, homme d'action par sa poésie.

Diderot, qui n'est pas suspect, prétend qu'un tableau même n'est beau que s'il instruit et élève celui qui le regarde. Et cela se rapporte tout-à-fait à ce que La Bruyère disait d'un livre. Ainsi un tableau même, selon ce paradoxe, devrait être moral d'intention et d'effet. Je pense, toutefois, qu'il est nécessaire d'expliquer cette boutade de Diderot, et je m'imagine que ce philosophe eût souscrit volontiers à la pensée de Gœthe qui admirait souvent Byron devant Eckermann, et celui-ci lui ayant dit : « Je m'incline devant le jugement de Votre Excellence ; mais, quelque considérable et grand que soit ce poëte, je me permets de douter que l'homme en retire un avantage marqué pour son éducation morale proprement dite ; » Gœthe lui répliqua : « Et je m'inscris en faux ! La hardiesse, les témérités, le grandiose de Byron, tout cela ne nous élève-t-il point ? Il faut nous garder de ne chercher notre culture que dans ce qui est exclusivement pur et moral.... Tout ce qui est grand contribue à notre éducation. »

C'est bien un paradoxe cependant de vouloir qu'un tableau soit une leçon de morale. Mais sera-ce également un paradoxe de prétendre la même chose pour toute œuvre d'art, quelle qu'elle soit ? Et, par exemple, un beau discours ayant nécessairement une influence sur les personnes qui l'écoutent et le lisent, n'est-il pas naturel de souhaiter que cette influence soit salutaire ? Eh bien ! une œuvre dramatique est un discours aussi, un discours indirect, par plusieurs personnages, qui se parlent entre eux pour se faire entendre au public. Donc ce discours a, comme tout autre, une influence et un effet ; mais, parce que ce discours est indirect, l'influence salutaire, l'effet utile, enfin le résultat moral, sont également indirects.

Il ne faut pas confondre la morale directe des philosophes et des prédicateurs avec la morale indirecte des poëtes comiques. Les législateurs eux-mêmes quelquefois n'ont-ils pas procédé par la voie indirecte, tout comme les poëtes comiques ? Les ilotes ivres, qu'on faisait paraître devant les jeunes Spartiates pour les dégoûter de l'ivresse, leur inspiraient l'amour de la sobriété. Ainsi doit faire la comédie en nous présentant la peinture des vices.

Mais le moyen est périlleux, au dire des moralistes absolus, tels que le sévère Bossuet, dans ses *Réflexions et Maximes sur la Comédie :* « On aura toujours une peine extrême, dit-il, à séparer le plaisant d'avec l'illicite et le licencieux. C'est pourquoi on trouve ordinairement dans les Canons ces quatre mots unis ensemble : *ludicra, jocularia, turpia, obscena,* les discours plaisants, les discours bouffons, les discours malhonnêtes, les discours salés : non que ces choses soient toujours mêlées, mais à cause qu'elles se suivent si naturellement et qu'elles ont tant d'affinité, que c'est une vaine entreprise de les vouloir séparer. »

Loin de vouloir les séparer, Aristophane voulait les réunir. Par ses bouffonneries excessives, il savait se faire pardonner ses hardiesses et ses sévères parabases. L'obscénité était à la surface, la moralité au fond.

Un tel exemple, certes, n'est pas à imiter. Et c'est un singulier éducateur du peuple, que celui qui emploie de pareils moyens. Antoine Arnauld, de Port-Royal, dans la Préface de son livre sur la *Fréquente Communion,* trouvant les directeurs jésuites trop indulgents et trop accommodants pour la foule mondaine pécheresse, se sert d'une image jolie et juste, qui viendra ici à propos : « Un directeur, dit-il, se doit considérer comme un homme qui est debout à l'égard d'un enfant qui est tombé par terre ; qui s'abaisse afin de le relever, mais qui ne s'abaisse pas tellement avec lui qu'il se laisse tomber aussi. » La même recommandation convient, sans doute, au poëte comique, et plusieurs, de nos jours, y devraient bien songer. Je ne sais s'ils ont l'intention de relever à la fin le public ; provisoirement ils roulent avec lui dans la fange. Les dionysies et les bacchanales durent à présent toute l'année. Il semble que toute intention morale ait disparu. On rit aux éclats de cette vieille formule : que le théâtre doit corriger les mœurs. On voit bien pourtant qu'il peut les pervertir, et on use de ce pouvoir-là avec une joie de corruption qui retourne à la barbarie.

Je ne demande pas que la comédie se fasse prêcheuse ; mais enfin, quel est le rôle que sa nature lui assigne ? Sous prétexte de divertir les hommes, la comédie leur dit gaiement leurs vérités ; elle les rend spectateurs de leurs propres sottises, les attache en se moquant d'eux, et les force d'applaudir celui qui les démasque.

Est-ce à dire que la comédie nous corrige ? Pas précisément. Le miroir qui montre les taches n'a pas le pouvoir de les effacer ; mais du moins il nous les fait voir, et nous donne quelque envie de les ôter.

Rarement on applique à soi-même la leçon de la comédie, mais on l'applique à ses voisins, à ses amis.

La comédie, en combattant les vices dominants et accrédités, leur fait perdre un peu de terrain, sans les faire disparaître complétement, car le fond de la nature humaine est toujours le même ; elle les modifie dans la forme et les atténue quelque peu, de temps à autre. Ce n'est pas beaucoup, mais c'est quelque chose. La vieille devise est donc toujours vraie : *Castigat ridendo mores.*

Il faut, en un mot, que la comédie soit une partie de l'éducation publique. Il faut qu'elle mêle son grain de bon sens à l'opinion populaire ; il faut qu'elle apporte son caillou au suffrage universel des idées.

Aristophane est convaincu de ces principes, et les applique à sa manière. Il voit l'affaiblissement d'Athènes ; il a le pressentiment, un peu vague sans doute, de sa déchéance. Athènes allait subir les Spartiates et les Trente, en attendant qu'elle subît les Macédoniens. Ceux qui, à la veille de cet avenir, regrettaient passionnément la grandeur et l'indépendance du temps d'Eschyle n'avaient pas en cela tout-à-fait tort ; et il y avait là une légitime inspiration, soit de poésie, soit de satire. Le tort était de confondre avec les abaissements d'Athènes ce qui était au contraire la consolation et la compensation de ces abaissements ; le tort était de ne pas voir que Socrate (et Platon après Socrate) serait précisément la grande gloire qui resterait après que celle de Marathon serait finie ; le tort était aussi d'attaquer à tout propos non-seulement la démagogie, mais la démocratie elle-même.

En effet, comme le dit éloquemment M. Havet, « le mépris de la démocratie, c'est au fond le mépris de l'humanité. C'est un juste dédain, je l'avoue, que celui qu'inspirent à une raison droite et à une âme élevée les excès de sottise ou de bassesse dont les hommes peuvent se montrer capables : déplorable suite des misères trop souvent attachées à la condition humaine, et la pire sans doute de ces misères ; mais ce sentiment n'est pur qu'autant qu'il demeure exempt de deux vices : le désespoir et l'orgueil. Il faut conserver le respect des bons instincts de la nature humaine avec le dégoût des mauvais, et ne pas oublier que ce qui s'est fait, après tout, de bien ou de beau dans le monde, s'est fait par les hommes, ainsi que le mal ; que le bien même est, plus que le mal, leur ouvrage, puisqu'ils n'ont pu le faire qu'en s'efforçant et en luttant, tandis que, pour le mal, ils n'ont eu qu'à se laisser aller aux forces de toute espèce qui les entraînent ; qu'enfin cette somme du bien, si pitoyablement petite qu'elle soit, s'augmente pourtant avec les siècles, pendant que celle du mal diminue. Mais surtout que le philosophe se garde de prétendre assigner la sagesse aux uns et la déraison aux autres, imputer le mal au grand nombre, dont il se sépare, et faire honneur du bien à une élite, où il se marque sa place. Qu'il ne dise pas comme les stoïciens : Voilà les fous, et je suis le sage ! Qu'il ne compare pas, comme Platon[1], la multitude qui l'entoure à une troupe de bêtes féroces au milieu desquelles un homme est tombé : comparaison aveugle autant que superbe, puisqu'elle méconnaît tout ensemble et la bête que le plus sage entend gronder au dedans de lui quand il prête l'oreille, et le cri de l'âme humaine, qui s'élève parfois si noble et si pur du fond de la foule. La science même, la plus légitime des aristocraties, n'emporte pourtant pas avec elle la sagesse, et, encore moins la vertu. Le plus grossier peut monter bien haut, le plus raffiné peut tomber bien bas. Cet homme que vous dédaignez, il vous vaut déjà par certains côtés, il vaut mieux peut-être ; et, si par d'autres il vous est inférieur encore aujourd'hui, il doit vous atteindre demain ; car ce doit être précisément le bienfait de votre philosophie, de l'élever où vous êtes arrivé déjà. Qui méprise la multitude méprise la raison elle-même, puisqu'il la croit impuissante à se communiquer et à se faire entendre ; mais, au contraire, il n'y a de vraie philosophie que celle qui se sait faite pour tous, et qui professe que tous sont faits pour la vérité, même la plus haute, et doivent en avoir leur part, comme du soleil[2]. »

Une distinction, toutefois, me semble nécessaire :
Cette humanité qui, par ses efforts, accroît peu à peu la somme du bien et diminue celle du mal, se compose, si l'on y regarde, de minorités successives, entraînées par quelques individus puissants : philosophes, savants, artistes, orateurs, capitalistes, industriels. Et ce sont ces

---

1. *République*, p. 496.
2. Ernest Havet, Introduction au discours d'Isocrate *Sur l'Antidosis*.

minorités successives qui, à la longue, forment la majorité totale.

Loin que le nombre seul des voix, à un moment donné, sur telle ou telle question, scientifique, philosophique, ou politique, soit un signe de vérité, beaucoup de bons esprits ont cru et l'expérience a fait voir que le plus grand nombre se trompait souvent.

Lorsque les hommes sont partagés sur une question, qui donc les départagera? Nous ne sommes plus au temps des oracles; encore moins au temps où les dieux descendaient sur la terre pour nous parler. Or, faute d'un dieu qui vienne ainsi nous dire : « Dans la question qui vous divise, c'est la minorité qui a raison, et la majorité qui a tort, » on est bien obligé, pour en finir, de supposer que c'est le plus grand nombre qui voit juste, quoique cela ne soit pas du tout certain.

Au fond, la seule chose équitable dans ce parti qu'on est forcé de prendre, c'est de ne pas vouloir sacrifier le plus grand nombre au plus petit. On présume, au surplus, que la majorité, représentant les intérêts les plus nombreux, a par cela même le plus de lumières. Mais la conclusion n'est pas nécessaire : on peut être le plus intéressé à voir très-clair, et n'y voir goutte.

Ce qu'on nomme le suffrage universel, fût-il vraiment universel, — c'est-à-dire admît-il non-seulement les hommes, qui sont à peine un tiers de la population, mais aussi les femmes et les enfants, — ceux-ci représentés, comme lorsqu'il s'agit de fortune et de propriété, par leurs tuteurs ou curateurs, — même alors, ce suffrage-là ne serait encore, après tout, qu'une probabilité accrue.

Toujours y aurait-il à trouver un ressort qui complétât encore cette machine, pour permettre à l'opinion des minorités de se faire jour. Car, s'il est nécessaire de faire passer le grand nombre avant le petit, il est équitable que le petit puisse passer du moins après le grand et être compté pour quelque chose. Entre toutes les oppressions brutales, celle des minorités ou des individus sous le poids du grand nombre pur et simple, ne serait pas la moins odieuse ni la moins révoltante aux yeux de la raison et de la justice. Le grand nombre, en tant que grand nombre, représente seulement la force, non le droit : il n'est le droit que par convention et faute de pouvoir sortir autrement des différends qui partagent les hommes. Mais souvent les minorités portent en elles la vérité future, et sont les éléments épars et successifs de cette majorité finale, progressive, indéfiniment croissante, qu'on appelle démocratie et humanité.

Comme le progrès de tous, hâté par quelques-uns, suscite peu à peu un plus grand nombre d'individus puissamment doués, incessantes recrues pour les minorités qui par là grossissent toujours, il en résulte que le nombre des sots va diminuant de plus en plus dans les majorités régnantes, qui ainsi se rapprochent indéfiniment du droit et de la vérité, et tendent à avoir raison, de plus en plus, autrement que par le poids du nombre. Il est donc assuré que les majorités seront de moins en moins bêtes et lâches. C'est le progrès, effet et cause tour à tour, se multipliant par lui-même, à l'infini.

APPENDICE.

I

(Page 2.)

THÉORICON, OU FONDS DESTINÉS AUX FÊTES.

M. Grote, dans son *Histoire de la Grèce*, élucide ainsi ce point :

« Le théâtre, dit-on, recevait trente mille personnes : ici encore il n'est pas sûr de compter sur une exactitude numérique ; mais nous ne pouvons douter qu'il ne fût assez vaste pour donner à la plupart des citoyens, pauvres aussi bien que riches, une ample occasion de profiter de ces belles compositions. Primitivement, l'entrée au théâtre était gratuite ; mais comme la foule des étrangers aussi bien que des citoyens se trouva être à la fois excessive et désordonnée, on adopta le système de demander un prix, vraisemblablement à une époque où le théâtre permanent fut complétement arrangé, après la destruction dont

Xerxès était l'auteur. Le théâtre était loué par un contrat à un directeur qui s'engageait à défrayer (soit totalement, soit en partie) la dépense habituelle faite par l'État dans la représentation et qui était autorisé à vendre des billets d'entrée. D'abord il paraît que le prix des billets n'était pas fixé, de sorte que les citoyens pauvres étaient évincés par les riches et ne pouvaient avoir de places. Conséquemment Périclès introduisit un nouveau système fixant le prix des places à trois oboles (ou une demi-drachme) pour les meilleures et à une obole pour les moins bonnes. Comme il y avait deux jours de représentation, on vendait des billets pour deux jours respectivement au prix d'une drachme et de deux oboles. Mais afin que les citoyens pauvres pussent être en état d'assister à la représentation, on donnait sur le trésor public deux oboles à chaque citoyen, riche ou pauvre, s'il voulait les recevoir, à l'occasion de la fête. On fournissait ainsi à un homme pauvre le moyen d'acheter sa place et d'aller au théâtre sans frais, les deux jours, s'il le voulait; ou, s'il le préférait, il pouvait n'y aller qu'un seul jour, ou il pouvait même n'y point aller du tout, et dépenser les deux oboles de toute autre manière. Le prix le plus élevé perçu pour les meilleures places achetées par les citoyens plus riches doit être considéré comme étant une compensation de la somme déboursée pour les plus pauvres; mais nous n'avons pas sous les yeux de données pour établir la balance, et nous ne pouvons dire comment les finances de l'État en étaient affectées. Tel fut le théôricon primitif ou fonds destiné aux fêtes que Périclès introduisit à Athènes, système consistant à distribuer l'argent public, étendu graduellement à d'autres fêtes dans lesquelles il n'y avait pas de représentation théâtrale, et qui dans des temps postérieurs alla jusqu'à un excès funeste : car il avait commencé à un moment où Athènes était remplie d'argent fourni par le tribut 'étranger, et il continua avec de plus grandes exigences à une époque subséquente où elle était comparativement pauvre et sans ressources extérieures. Il faut se rappeler que toutes ces fêtes faisaient partie de l'ancienne religion, et que, suivant les sentiments de cette époque, des réunions joyeuses et nombreuses étaient essentielles pour satisfaire le dieu en l'honneur duquel la fête se célébrait[1]. »

II

(Page 38.)

NICIAS ET CLÉON.

« La première moitié de la vie politique de Nicias, — après le temps où il parvint à jouir d'une complète considération à Athènes, étant déjà d'un âge mûr, — se passa en lutte avec Cléon; la seconde moitié, en lutte avec Alcibiade. Pour employer des termes qui ne conviennent pas absolument à la démocratie athénienne, mais qui cependant expriment mieux que tout autre la différence que l'on a l'intention de signaler, Nicias était un ministre ou un personnage ministériel, qui souvent exerçait réellement et qui toujours était dans le cas d'exercer des fonctions officielles; — Cléon était un homme d'opposition, dont l'affaire était de surveiller et de censurer les hommes officiels pour leur conduite publique.

---

1. *Hist. de la Grèce*, trad. par A. L. de Sadons, tome XII

Nous devons dépouiller ces mots du sens accessoire qu'ils sont censés avoir dans la vie politique anglaise, celui d'une majorité parlementaire constante en faveur d'un parti : Cléon emportait souvent dans l'assemblée publique des décisions que ses adversaires, Nicias et autres de même rang et de même position, qui servaient dans les postes de stratège, d'ambassadeur, et dans d'autres charges importantes désignées par le vote général, étaient obligés d'exécuter contre leur volonté.

Pour parvenir à ces charges, ils étaient aidés par les *clubs* politiques ou *conspirations* (pour traduire littérale le mot original) établies entre les principaux Athéniens afin de se soutenir les uns les autres, tant pour acquérir un office que pour se prêter un mutuel secours en justice. Ces clubs ou hétairies doivent avoir joué un rôle important dans le jeu pratique de la politique athénienne, et il est fort à regretter que nous ne possédions pas de détails à ce sujet. Nous savons qu'à Athènes ils étaient complétement oligarchiques de dispositions, tandis que l'égalité de position et de rang, ou quelque chose s'en rapprochant, a dû être essentielle à l'harmonie sociale des membres dans quelques villes. Il paraît que ces associations politiques existaient sous forme de gymnases pour l'exercice mutuel des membres, ou de syssitia pour des banquets communs. A Athènes elles étaient nombreuses, et sans doute non en bonne intelligence entre elles habituellement, puisque les antipathies qui séparaient les différents hommes oligarchiques étaient extrêmement fortes, et que l'union établie entre eux à l'époque des Quatre-Cents, résultant seulement du désir commun d'abattre la démocratie, ne dura que peu de temps. Mais la désignation des personnes devant servir en qualité de stratèges, et remplir d'autres charges importantes, dépendait beaucoup d'elles, aussi bien que la facilité de passer par l'épreuve de ce jugement de responsabilité auquel tout homme était exposé après son année de charge. Nicias, et des hommes en général de son rang et de sa fortune, soutenus par ces clubs et leur prêtant à leur tour de l'appui, composaient ce qu'on peut appeler les ministres, ou fonctionnaires individuels exécutifs, d'Athènes : hommes qui agissaient, donnaient des ordres pour des actes déterminés, et veillaient à l'exécution de ce qu'avaient résolu le sénat et l'assemblée publique, surtout en ce qui concernait les forces militaires et navales de la république, si considérables et si activement employées à cette époque. Les pouvoirs de détail possédés par les stratéges ont dû être très-grands et essentiels à la sûreté de l'État.

Tandis que Nicias était ainsi revêtu de ce qu'on peut appeler des fonctions ministérielles, Cléon n'avait pas assez d'importance pour être son égal ; il était limité au rôle inférieur d'opposition. Nous verrons dans un autre chapitre comment il finit par avoir, pour ainsi dire, de l'avancement, en partie par sa propre pénétration supérieure, en partie par l'artifice malhonnête et le jugement injuste de Nicias et d'autres adversaires, dans l'affaire de Sphactérie. Mais son état était actuellement de trouver en faute, de censurer, de dénoncer ; son théâtre d'action était le sénat, l'assemblée publique, les dikastèria ; son principal talent était celui de la parole, dans lequel il a dû incontestablement surpasser tous ses contemporains. Les deux dons qui s'étaient trouvés réunis dans Périclès, — une capacité supérieure pour la parole aussi bien que pour l'action, — étaient maintenant séparés, et étaient échus, bien que tous deux à un degré très-inférieur, l'un à Nicias, l'autre à Cléon. En qualité d'homme d'opposition, d'un naturel ardent et violent, Cléon était extrêmement formidable à tous les fonctionnaires en exercice ; et, grâce à son influence dans l'assemblée publique, il fut sans doute l'auteur de maintes mesures positives et importantes, allant ainsi au delà des fonctions qui appartiennent à ce qu'on appelle l'opposition. Mais bien qu'il fût l'orateur le plus puissant dans l'assemblée publique, il n'était pas pour cela le personnage le plus influent de la démocratie. Dans le fait, sa puissance de parole ressortait d'une manière d'autant plus saillante, qu'elle se trouvait séparée de cette position et de ses qualités, que l'on considérait, même à Athènes, comme presque essentielles pour faire d'un homme un chef dans la vie politique[1].... »

III

(Page 41.)

CLÉON, EUCRATE, LYSICLÈS, HYPERBOLOS.

« Dans le grand accroissement que prirent le commerce et la population à Athènes et au Pirée pendant les quarante dernières années, une nouvelle classe de politiques paraît être née : hommes engagés dans divers genres de commerce et de manufacture, qui commencèrent à rivaliser plus ou moins en importance avec les anciennes familles des propriétaires attiques. Ce changement fut analogue en substance à celui qui s'opéra dans les villes de l'Europe au moyen âge, où les marchands et les commerçants des diverses corporations commencèrent à entrer en concurrence avec les familles

---

1. G. Grote, *Hist. de la Grèce*, trad. par A. L. de Sadous, tome IX.

patriciennes dans lesquelles la suprématie avait résidé primitivement, et finirent par les supplanter. A Athènes, les personnes de famille et de condition anciennes ne jouissaient à cette époque d'aucun privilége politique, puisque, par les réformes d'Éphialtes et de Périclès, la constitution politique était devenue entièrement démocratique. Mais elles continuaient encore à former les deux plus hautes classes dans le sens solonien fondé sur la propriété, les Pentakosiomedimni et les Hippeis ou Chevaliers. Des hommes nouveaux enrichis par le commerce entraient sans doute dans ces classes, mais probablement en minorité seulement, et s'imprégnaient du sentiment de la classe tel qu'ils le trouvaient, au lieu d'y apporter aucun esprit nouveau. Or, un Athénien de cette classe pris individuellement, bien qu'il n'eût aucun titre légal à une préférence, s'il se mettait en avant comme candidat pour obtenir une influence politique, continuait cependant à être décidément préféré et bien accueilli par le sentiment social, à Athènes, qui conservait dans ses sympathies spontanées des distinctions effacées du code politique. Outre cette place toute préparée pour lui dans la sympathie générale, surtout avantageuse au début de la vie publique, il se trouvait en outre soutenu par les liens de famille, par les associations et les réunions politiques, etc., qui exerçaient une très-grande influence, tant sur la politique que sur la justice, à Athènes, et dont il devenait membre tout naturellement. Ces avantages n'étaient sans doute qu'auxiliaires; ils donnaient à un homme un certain degré d'influence, mais ils le laissaient achever le reste par ses propres qualités et sa capacité personnelle; néanmoins leur effet était très-réel, et ceux qui, sans les posséder, l'affrontaient et l'attaquaient dans l'assemblée publique, avaient à lutter contre de grands désavantages. Une personne d'une telle condition inférieure ou moyenne ne rencontrait ni présomption favorable ni indulgence de la part du public, qui la prissent à mi-chemin ; et elle ne possédait pas non plus de relations établies pour encourager ses premiers succès, ou l'aider à sortir des premiers embarras. Elle en trouvait d'autres déjà en possession de l'ascendant, et bien disposés à abattre de nouveaux compétiteurs ; de sorte qu'elle avait à faire son chemin sans aide, du premier pas jusqu'au dernier, par des qualités toutes personnelles, par une présence assidue aux assemblées, par la connaissance des affaires, par la puissance d'un langage frappant, et en même temps par une audace inébranlable, qui seule pouvait lui permettre de tenir tête à cette opposition et à cette inimitié qu'elle rencontrait de la part d'hommes politiques de haute naissance et de réunions de parti organisées, aussitôt qu'elle paraissait gagner de l'importance.

La libre marche des affaires politiques et judiciaires produisit plusieurs hommes de cette sorte, pendant les années où commence la guerre du Péloponnèse et pendant celles qui la précèdent immédiatement. Même pendant que Périclès vivait encore, ils paraissent s'être élevés en plus ou moins grand nombre. Mais l'ascendant personnel de cet homme illustre, qui combinait une position aristocratique avec un fort et véritable sentiment démocratique, et une vaste intelligence qui se trouve rarement attachée à l'une ou à l'autre, donnait à la politique athénienne un caractère particulier. Le monde athénien se partageait en partisans et en adversaires de cet homme d'État, et dans le nombre il y avait des individus de haute et de basse naissance, bien que le parti aristocratique proprement appelé ainsi, la majorité des Athéniens opulents et de haute naissance, ou lui fût opposé, ou ne l'aimât pas. C'est environ deux années après sa mort que nous commençons à entendre parler d'une nouvelle classe d'hommes politiques : Eucrate, le cordier; Cléon, le corroyeur; Lysiclès, le marchand de moutons; Hyperbolos, le lampiste, dont les deux premiers doivent cependant avoir été déjà bien connus comme orateurs dans l'Assemblée, même du vivant de Périclès. Entre eux tous, le plus distingué était Cléon, fils de Cléænetos.

Cléon acquit sa première importance parmi les orateurs opposés à Périclès, de sorte qu'il obtint ainsi, pendant sa première carrière politique, l'appui des nombreux et aristocratiques adversaires de ce personnage. Thucydide le représente en termes généraux comme l'homme du caractère et du tempérament le plus violents à Athènes, comme déloyal dans ses calomnies et virulent dans ses invectives et ses accusations. Aristophane, dans sa comédie des *Chevaliers*, reproduit ces traits avec d'autres nouveaux et distincts, aussi bien qu'avec des détails exagérés, comiques, satiriques et méprisants. Sa comédie dépeint Cléon au point de vue sous lequel le voyaient les Chevaliers d'Athènes : un apprêteur de cuir, sentant la tannerie ; un braillard de basse naissance, terrifiant ses adversaires par la violence de ses accusations, l'élévation de sa voix, l'impudence de ses gestes, de plus comme vénal dans sa politique, menaçant d'accuser les gens et recevant ensuite de l'argent pour se désister, voleur du trésor public, persécutant le mérite aussi bien que le rang, et courtisant la faveur de l'assemblée par les cajoleries les plus basses et les plus coupables. Les attributs généraux présentés par Thucydide, — séparément d'Aristophane, qui ne fait pas profession d'écrire l'histoire, — peuvent être raisonnablement acceptés, l'invective puissante et violente, souvent déloyale de Cléon, en même temps que son assurance et son audace dans l'assemblée publique. Des hommes de la classe moyenne, tels que Cléon et Hyperbolos, qui parlaient sans cesse dans l'assemblée et tâchaient d'y prendre un rôle dominant, contre des personnes qui avaient de plus grandes prétentions de famille qu'eux, devaient être assurément des hommes d'une audace plus qu'ordinaire. Sans cette qualité, ils n'auraient jamais triomphé de l'opposition qui leur était faite. Il est assez probable qu'ils la possédaient à un degré choquant, et, même s'ils ne l'avaient pas eue, la même mesure d'arrogance que le rang et la position d'Alcibiade faisaient supporter en lui, eussent passé chez eux pour une impudence intolérable. Par malheur, nous n'avons pas d'exemples qui nous permettent d'apprécier l'invective de Cléon.

Nous ne pouvons déterminer si elle était plus virulente que celle de Démosthènes et d'Eschine, soixante-dix ans plus tard, chacun de ces éminents orateurs imputant à l'autre l'impudence la plus éhontée, la calomnie, le parjure, la corruption, la haute voix et l'audace révoltante des manières, dans un langage que Cléon aurait difficilement surpassé par l'intensité de l'objurgation, bien que sans doute il restât infiniment au-dessous en perfection classique. Et nous ne pouvons même pas dire dans quelle mesure les dénonciations portées par Cléon contre Périclès, à la fin de sa carrière, étaient plus violentes que les mémorables invectives contre la vieillesse de sir Robert Walpole, par lesquelles s'ouvrit la carrière politique de lord Chatam. Le talent d'invectives que possédait Cléon, employé d'abord contre Périclès, était regardé comme une grande impudence par les partisans de cet illustre homme d'État, aussi bien que par les citoyens impartiaux et judicieux. Mais, parmi les nombreux ennemis de Périclès, il était applaudi comme une explosion d'indignation patriotique, et procurait à l'orateur cet appui étranger d'abord, qui le soutenait, jusqu'à ce qu'il acquît son empire personnel sur l'assemblée publique.

Par quels degrés ou par quelles causes cet empire s'accrut-il peu à peu? c'est ce que nous ignorons.... Il était arrivé à une sorte d'ascendant que décrit Thucydide en disant que Cléon était « à cette époque l'orateur de beaucoup le plus persuasif aux yeux du peuple. » Le fait de la grande puissance de parole de Cléon et de son talent à traiter les affaires publiques d'une manière populaire, est mieux attesté que toute autre chose relative à lui, en ce qu'il repose sur deux témoins qui lui sont hostiles: Thucydide et Aristophane.

L'Assemblée et le Dikastèrion étaient le théâtre et le domaine de Cléon: car le peuple athénien, pris collectivement dans son lieu de réunion, et le peuple athénien, pris individuellement, n'était pas toujours la même personne et n'avait pas la même manière de juger: Dèmos siégeant dans la Pnyx était un homme différent de Dèmos au logis. La haute combinaison de qualités que possédait Périclès exerçait une influence et sur l'un et sur l'autre; mais Cléon dominait considérablement le premier, sans être en grande estime auprès du second.... Comme les grands journaux dans les temps modernes, Cléon paraissait souvent guider le public, parce qu'il donnait une vive expression à ce que ce dernier sentait déjà, et le développait dans ses rapports et ses conséquences indirectes[1]. »

---

1. G. Grote, *Hist. de la Grèce*, trad. par A. L. de Sadous, tome VIII.

IV

(Page 323).

OISEAUX.

COURS ET TRIBUNAUX.

TRIBUNAL CIVIL DE LA SEINE (2ᵉ chambre).

Présidence de M. Latour.

Le testament d'un ornithophile.

Mᵉ LÉON DUVAL, avocat de la demoiselle Élisabeth Perrot, expose les faits suivants :

« Le commandeur de Gama Machado, gentilhomme de la chambre de S. M. le roi de Portugal et conseiller de l'ambassade portugaise, est mort à Paris, le 9 juin 1861, laissant une grande fortune. Il laissait aussi un testament enrichi de soixante-dix codicilles, des héritiers du sang, des légataires de toutes sortes, et parmi ceux-ci, la demoiselle Élisabeth Perrot, pour qui je parle, et à laquelle il a légué 30 000 fr. de rente viagère. Mlle Élisabeth est entrée au service du commandeur à l'âge de vingt ans; elle en a aujourd'hui soixante-six, et pendant ce demi-siècle elle a donné de tels soins à son maître, que les plus respectables amis du commandeur sont devenus les siens; que des personnages qui comptent aux premiers rangs de la noblesse portugaise sont entrés en correspondance avec elle, et qu'enfin M. Machado lui a légué une place à côté de lui dans sa sépulture.

Malheureusement la santé de Mlle Élisabeth s'est dé-

APPENDICE.

truite au service du commandeur, elle a aujourd'hui le privilége d'une maladie bien rare en Europe, l'éléphantiasis, des souffrances, des infirmités, une vieillesse qui tient à un fil. Parmi les devoirs qu'elle remplissait avec le plus intelligent dévouement, il faut mettre l'entretien d'une collection d'oiseaux des plus rares, une centaine d'oiseaux vivants, pris dans les ravins inconnus des Indes orientales, dans les roseaux du Gange, et les fourrés de l'Himalaya.

Le commandeur avait étudié toute sa vie les oiseaux; il avait une pente et bientôt il eut une passion pour les volatiles. Il disait qu'ils échappaient au grand signe d'infériorité que Dieu a infligé aux autres animaux,

Pronaque quum spectent animalia cætera terram....

les oiseaux, au contraire, ont le regard dans le bleu du ciel et vivent librement dans l'espace. Il aimait à observer les oiseaux-parleurs (il y en a qui imitent la voix humaine d'une façon humiliante pour nous), les oiseaux-tisserands, les oiseaux-maçons, les oiseaux-géographes, car il en est qui, dans les déserts de sable ou dans l'infini des mers, s'orientent avec une précision que la boussole ne nous permet pas au même degré.

Il éprouvait un vrai bonheur à voir des chardonnerets puiser de l'eau avec la régularité d'une machine. Il cherchait surtout à constater avec certitude jusqu'à quel point il est vrai que :

Brevior est hominum quam cornicum vita.

Et à cet effet il avait constaté par des procès-verbaux l'âge de divers oiseaux doués de longévité, en prenant des mesures pour les transmettre de mains en mains, de générations en générations, jusqu'à la fin de leur vie. Un merle bleu, légué par lui à M. Geoffroy Saint-Hilaire, avait déjà des miracles de vie bien prouvés.

M. Machado aimait profondément la nature; il trouvait Descartes injuste envers les animaux. Il leur soupçonnait une âme, il attribuait même aux oiseaux la prééminence sur l'humanité. C'est lui qui a écrit, dans ses dispositions testamentaires, ce mot si convaincu : « On propagera ma doctrine et on l'enseignera, mais en ayant soin de retrancher ce qui pourrait froisser l'amour-propre des hommes. »

Digne testament de celui qui ne voulut à son enterrement que son sansonnet, porté dans une cage par un valet de chambre !

On raille ses vues sur la couleur, c'est qu'on ignore le triomphe qu'il eut sur ce point à la face du monde savant. Il avait dans ses volières des oiseaux qui, tenant de Dieu le génie de Jacquard, tissaient avant lui des pièces de soie.... J'entends de petites pièces, assez grandes cependant pour qu'on en fût confondu. Il essaya hardiment sur ce point sa théorie des couleurs, il prit ses mesures pour se procurer d'autres oiseaux appartenant à d'autres espèces, mais offrant avec les oiseaux tisseurs identité de plumage et de nuances. Y chercha-t-il aussi des ressemblances d'organisation? C'est son secret. Ce qu'il y a de certain, c'est qu'on mit des flocons de soie à la portée des nouveaux venus et qu'ils se mirent à tisser. Ce fut son plus beau jour, sa joie, sa croix de Saint-Louis. Et comment douter de l'intelligence des animaux quand tant de peuplades nègres ne savent pas compter jusqu'à dix, tandis que les buffles de l'Égypte attelés à la meule et se sachant condamnés à poursuivre leur pénible traction jusqu'au centième tour, s'arrêtent d'eux-mêmes au centième !

Le dernier trait de sagacité du commandeur fut d'inviter les corbeaux du Louvre à ses funérailles et de les y faire venir. Voici comment il s'y prit : Il demeurait quai Voltaire depuis plusieurs années; il faisait exposer sur son balcon, à trois heures précises, des assiettes chargées de viandes en menus morceaux, et les corbeaux étaient exacts à la curée. Il lui suffit donc de prescrire à ses héritiers qu'on fît ses obsèques à trois heures; les corbeaux du Louvre n'y manquèrent pas, et même, s'il y voulait des êtres véritablement affligés, il y réussit à merveille, car le repas des corbeaux n'ayant pas été servi ce jour-là, il y eut un vacarme tout-à-fait de circonstance.... *ovantes guttare corvi*. J'ai vu des hommes sérieux, des savants, qui croyaient en savoir sur les oiseaux à en remontrer, revenir de ces funérailles avec la stupeur d'un prodige inexpliqué.

M. Machado a laissé un ouvrage magnifiquement édité sur les travaux qui ont rempli sa longue vie; il y expose ses idées sur les oiseaux et sur les grands problèmes de l'âme et de la physiologie. La *Revue d'Édimbourg* le citait récemment avec respect pour sa théorie sur l'hérédité des caractères, particulièrement sur cette étrange hérédité du suicide dans certaines familles.

C'était en présence de ses oiseaux, chef-d'œuvre d'une splendide nature, que le commandeur étudiait, observait, composait ses systèmes. Il était en rapport avec tous les savants de son temps, Russes, Anglais, Allemands. S. M. le roi de Portugal a bien voulu visiter ses volières, et les princes de la science y venaient aussi curieusement. Mais quels soins de tous les jours, quelle sollicitude il y fallait! Il y a là des oiseaux qui ne s'accommoderaient pas de notre température glacée; il est indispensable de leur ménager une chaleur graduée sur leur organisation, un air pur et vif leur est nécessaire; ils ne vivraient pas huit jours dans la rue du Bac. Mlle Élisabeth les connaît et ils la connaissent; ils s'aiment, ils se le disent et ils se le prouvent. Elle donne à chacun ce qui lui convient : l'air du pays natal autant qu'on puisse l'imiter, la vue des marronniers des Tuileries, à défaut des jungles de l'Inde,

> .... *simulataque magnis*
> *Pergama!*

Quand M. Machado a vu la mort de près, il s'est demandé à qui léguer ses chers oiseaux. Il n'y avait qu'un légataire possible, Mlle Élisabeth, qui est leur mère depuis si longtemps, qui sait seule la qualité, les secrets, les proportions de leur nourriture. Le commandeur les lui a légués.

Mais ici une difficulté ardue a surgi.

Les héritiers du sang sont en Portugal. Mme Valpole a un legs important, et elle est Anglaise. Qui sait si le testament ne sera pas attaqué? Les demandes en délivrance sont faites, mais il a fallu observer les délais de distance, qui sont considérables. En attendant, que faire des oiseaux? On a bien nommé M. Trépagne administrateur provisoire; mais, si ce notaire était obligé de gouverner et de nourrir les oiseaux, soit dit sans l'offenser, il serait bien embarrassé. Dans cette perplexité, ne voulant pas délivrer à Mlle Élisabeth les créatures ailées qui lui ont été léguées, de peur d'engager sa responsabilité par l'exécution du testament; ne pouvant non plus s'en rapporter à personne du soin de nourrir ces petites bêtes, vu la difficulté de la tâche, M. Trépagne a mis les volières en séquestre et en a confié la garde à Mlle Élisabeth. Mais alors elle ne possède pas, *animo domini;* les oiseaux ne sont que ses locataires, il faut payer leur entretien et leur nourriture. Là se placent des détails nécessaires. Il ne s'agit pas ici de vulgaires canaris qui vivent de colifichets, il y va d'oiseaux pour qui la Providence fait mûrir l'ananas, le limon, la grenade, les fruits qui ne donnent leur maturité qu'au soleil de l'Orient. Il y a tel de ces pensionnaires à qui il faut du chasselas toute l'année, tel qui requiert une nourriture animale, des vers enfarinés de safran et des insectes tout vifs ; tel qui se nourrit de baba et d'œufs sucrés, tel qui a contracté l'habitude du pain Cressini, et tel, des dragées. Il faut être matinal : car qui l'est plus que les oiseaux ? Il faut verser abondamment l'eau fraîche dans les baignoires : car le bain n'est pas seulement un plaisir, pour certains oiseaux raisonneurs c'est une médication, et ils se l'administrent toujours avec une attention judicieuse. C'est surtout à l'époque de l'émigration que leur naturel contenu produit en eux des crises fatales : il y en a qui se saignent eux-mêmes comme ferait Nélaton, et tout aussi adroitement il y en a qui domptent le mal :

....*studio gestire lavandi.*

L'instinct médical des oiseaux a de quoi nous faire honte. Voyez chez nous les vieillards et même beaucoup d'adultes ; ils attendent les rigueurs de l'hiver occidental, ils les subissent en fatalistes, et ils meurent presque tous d'un rhume. Si nous avions le bon sens des hirondelles, nous chercherions comme elles des climats plus propices :

..... *melioraque sidera cœli,*

et la durée de la vie humaine en serait doublée. Mais c'est encore Mlle Élisabeth qui est la meilleure infirmière de ses oiseaux ; je vais plus loin, elle connaît leur caractère, et eux le sien ; elle sait les amitiés qui se sont formées dans le logis, et le voisinage qu'il faut à chacun, sous peine de mort ; oui, sous peine de mort, car qui ne sait que l'oiseau est trop frêle pour le chagrin, et que les amants ne survivent jamais à leurs maîtresses ?

Je demande donc que le tribunal accorde une large et généreuse provision à Mlle Élisabeth : il faut conserver ces oiseaux à la science, ils portent presque tous un problème. »

Mᶜ NICOLET, pour M. Trépagne, administrateur des biens dépendant de la succession de M. le commandeur de Gama Machado, a répondu :

« L'inventaire auquel il a été procédé après le décès de M. le commandeur de Gama Machado a été clos le 25 octobre 1861. Mlle Élisabeth Perrot ne doit en conséquence s'en prendre qu'à elle-même si elle a attendu jusqu'au 18 janvier pour former sa demande en délivrance de legs.

Son legs a d'ailleurs été contesté dans l'inventaire. L'administrateur a remis à Mlle Élisabeth Perrot 600 fr. le 27 juillet; 1000 r. le 26 novembre; il ne peut faire davantage.

Il faut un peu rabattre du merveilleux récit qu'on vient de faire, et de ces oiseaux qui auraient été, au dire de l'adversaire, en quelque sorte l'unique préoccupation de M. le commandeur Machado. Il semble qu'il faille un lieu choisi pour abriter la volière de M. Machado. Vous le représentez installant sur le quai Voltaire ses oiseaux bien-aimés, afin de retracer à deux pas du jardin des Tuileries, à leurs intelligences naïves, quelques images des forêts vierges du nouveau monde. Le quai Voltaire n'est pourtant rien moins, ce me semble, que l'endroit le plus triste et le plus glacial de tout Paris. Le commandeur avait là, comme il eût pu l'avoir ailleurs, sa chambre, sa volière, ses oiseaux. Aujourd'hui, Mlle Élisabeth Perrot a tout cela aux Ternes, où elle habite. Les oiseaux causeurs, les oiseaux chanteurs y font vacarme, mais les voisins les supportent et le propriétaire ne se plaint pas.

C'est pour cela qu'on demande 1500 fr. par mois? Sans doute, Mlle Élisabeth est séquestrée pour les soins journaliers, et l'administrateur ne le conteste pas. Mais calculons, évaluons, comptons ce qu'il faut pour l'entretien des oiseaux, faisons l'état

Du foin que peut manger une poule en un jour.

A combien se montera cette dépense? voulez-vous 2 fr., 2 fr. 50 c., voulez-vous 3 fr.? C'est accordé. Mais voici Mlle Perrot qui se pose en artiste, en professeur il faut payer ses talents. Voulez-vous 100 fr., 150 fr. par mois? C'est trop, c'est insensé; c'est sacrifier à la folie du défunt; nous le voulons pourtant. Mais demander 4000 fr., 5000 fr., 10 000 fr. de provision et 1500 fr. par mois de pension alimentaire pour toute la famille, en vérité cela est déraisonnable. Le chiffre que nous offrons, le chiffre que l'administrateur ne peut dépasser sans excéder ses pouvoirs, est bien suffisant, et nous ne doutons pas que le tribunal ne le déclare tel. »

Le tribunal, après avoir entendu M. le substitut LAPLAGNE-BARRIS en ses conclusions, condamne M. Trépagne, en sa qualité d'administrateur, à payer à la demoiselle Élisabeth Perrot une provision de 3000 fr. et une pension de 500 fr. par mois pour faire face à la mission qui lui a été confiée par le testament.

V.

(Page 329.)

OISEAUX.

Charles Fourier *sur l'Analogie :*

« Les tableaux de nos passions deviennent très-gracieux lorsqu'on les étudie en détails comparatifs, comme serait une échelle des degrés de sottise, de bel esprit et de bon esprit, représentés par les coiffures d'oiseaux : leurs huppes, crêtes, appendices, aigrettes, colliers, excroissances et ornements de tête. L'oiseau étant l'être qui s'élève au-dessus des autres, c'est sur sa tête que la nature a placé les portraits des sortes d'esprits dont les têtes humaines sont meublées : aigle vautour, paon, dronte, perroquet, faisan, coq, pigeon, cygne, canard, oie, dinde, pintade, serin, chardonneret, etc., sont, quant à l'extérieur des têtes, le portrait de l'intérieur des nôtres. L'analyse comparative de leurs coiffures fournit une galerie amusante, un tableau des divers genres d'esprit ou de sottise, dévolus à chacun des personnages dont ces oiseaux sont l'emblème.

L'aigle, image des rois, n'a qu'une huppe chétive et fuyante en signe de la crainte qui agite l'esprit des monarques, obligés de s'entourer de gardes et d'entourer leurs sujets d'espions pour échapper aux complots. Le faisan peint le mari jaloux, tout préoccupé des risques d'infidélité, et pour s'en garantir épuisant les ressorts de son esprit. Aussi voit-on, du cerveau d'un faisan, jaillir en tout sens des plumes fuyantes (le genre fuyant est symbole de crainte). On voit une direction contraire dans la huppe du pigeon, relevée audacieusement, peignant l'amant sûr d'être aimé, et dont l'esprit est libre d'inquiétude, fier du succès. Parmi les coiffures d'oiseau, la plus digne d'étude est celle du coq, emblème de l'homme du grand monde, de l'homme à bonnes fortunes ; mais, comme les analogies ne sont intéressantes que par l'opposition des contrastes, il faut, à côté du coq, décrire son moule opposé, le canard, emblème du mari ensorcelé qui ne voit que par les yeux de sa femme. La nature en affligeant le canard mâle d'une extinction de voix, représente ces maris dociles qui n'ont pas le droit de répliquer quand leur femme a parlé. Aussi le canard, lorsqu'il veut courtiser sa criarde femelle, s présente-t-il humblement, faisant des inflexions de tête et de genoux, comme un mari soumis, mais heureux, bercé d'illusions ; en signe de quoi la tête du canard baigne dans le vert chatoyant, couleur de l'illusion.

Le coq dépeint le caractère opposé, l'homme courtois, qui, sans maîtriser les femmes, sait tenir son rang avec elles ; c'est l'homme de bon esprit ; aussi la nature fait-elle jaillir de son cerveau la plus belle et la plus précieuse des coiffures, une crête de chair belle et bonne ; autant que celle du dronte est déplaisante et inutile, comme le sot orgueilleux qu'elle représente.

Mais laissons ce joli sujet qui nous conduirait trop loin. »

VI

Je mets ici, pour finir, l'article suivant, qui complétera certains points généraux, notamment dans l'analyse de la comédie des *Grenouilles*. Je l'avais publié il y a vingt ans, 1ᵉʳ juin 1847, dans la *Revue des Deux-Mondes*.

LES DERNIERS JOURS DU THÉATRE GREC.

I.

Trois noms représentent la tragédie grecque, Eschyle, Sophocle, Euripide ; trois noms en marquent les commencements, Thespis, Phrynichos, Chœrilos ; trois noms en marquent le déclin, Agathon, Ion, Achæos. Ainsi l'atteste le *Canon alexandrin*; c'est-à-dire la liste officielle et classique des écrivains les plus considérables, qui fut dressée par les grammairiens d'Alexandrie et close par le fameux Aristarque. Mais, outre ces noms principaux, l'histoire nous a transmis ceux d'un grand nombre d'autres poëtes : une quinzaine avant Thespis; une centaine après Achæos; d'autres, contemporains des trois grands maîtres. Combien d'œuvres se produisirent, admirables ou curieuses! Et presque toutes ont péri! Même de celles des trois grands poëtes, une bien faible partie seulement nous est parvenue. D'Eschyle, les critiques anciens reconnaissaient soixante-quinze ouvrages authentiques : il en reste sept et des fragments; — de Sophocle, soixante-dix : il en reste sept et des fragments; — d'Euripide, soixante-quinze : il en reste dix-neuf et des fragments. De tous les autres poëtes, pas une seule œuvre n'a survécu. Un assez grand nombre de fragments très-courts, tels sont les seuls monuments que nous possédions des derniers temps de cette tragédie.— On y peut joindre une sorte de drame chrétien de plus de deux mille six cents vers, composé avec des centons d'Euripide, ayant pour titre *la Passion du Christ*, et trois autres morceaux dramatiques d'un genre analogue, mais moins étendus[1]. Quelle perte que celle de tant de pièces, dans lesquelles on aurait pu suivre la décadence de cette grande tragédie! Dans l'espace d'un siècle à peine, le cinquième avant notre ère, elle naît, grandit, atteint la perfection, et décline; bientôt elle est à l'agonie, mais cette agonie dure plusieurs siècles. Et que d'aperçus nouveaux sur les chefs-d'œuvre mêmes l'étude de ces œuvres inférieures eût pu présenter! car c'est surtout à travers

---

1. Un volume de la *Bibliothèque grecque* éditée par Firmin Didot contient ces précieux débris. Ce n'est pas l'un des moins intéressants de cette belle collection.

sa décadence qu'il faut regarder une littérature pour la bien voir. Chez nous, par exemple, apercevrait-on aussi clairement combien le système tragique du dix-septième siècle est artificiel et abstrait, s'il fallait le juger uniquement d'après les œuvres des deux grands poëtes dont le génie a su l'animer? Non : pour l'apprécier à sa juste valeur, c'est dans les tragédies du siècle suivant qu'il faut l'étudier, dans Campistron, dans Châteaubrun, dans La Harpe, dans Voltaire même : alors il est jugé. Quel regret de ne pouvoir contrôler de la même manière le système tragique des Grecs! Combien ces dernières œuvres nous eussent-elles peut-être offert d'analogies inattendues avec le théâtre moderne! Qui sait enfin combien d'horizons imprévus, au-delà de l'horizon déjà si nouveau d'Euripide! Interrogeons du moins les fragments qui nous restent ; cherchons à préciser comment se fit cette décadence, dont les ruines seules sont sous nos yeux.

Dès que les trois grands poëtes, Eschyle, Sophocle, Euripide, sont morts, la tragédie elle-même commence de mourir. Dans l'année même, on la juge et on règle ses comptes : Phrynichos d'abord[1], dans sa comédie des *Muses*, fait comparaître Euripide et Sophocle à leur tribunal ; Aristophane ensuite, dans sa comédie des *Grenouilles*, instruit le procès d'Eschyle et d'Euripide. La première de ces deux pièces est perdue ; mais nous possédons la seconde. Le poëte comique y fait voir comment, selon lui, la tragédie grecque, dès Euripide, avait déjà décliné, en un certain sens.

Quand Euripide fut mort après Eschyle, et que Sophocles le eut suivis tous les deux, elle descendit rapidement sur cette pente où il l'avait placée. Agathon, son ami et son imitateur, exagéra encore, en les copiant, des défauts

---

1. Qu'il ne faut pas confondre avec le vieux poëte tragique Phrynichos, nommé plus haut.

qui réussissaient, et sût partager avec lui les bonnes grâces du roi Archélaos et la faveur de tous les Grecs. Plus rapidement encore qu'Euripide, il achemina la tragédie vers la comédie nouvelle. Par là il plaisait à ses contemporains, et il avait pour amis les plus aimables. C'est chez Agathon, après sa première victoire dramatique, que Platon a placé la scène de son *Banquet*, où les convives sont, entre autres, Socrate et Aristophane, auxquels vient se joindre Alcibiade. Nous avons d'Agathon une vingtaine de fragments, dont le plus long, qui a six vers, donne une idée des tristes jeux d'esprit que ne dédaignait pas dès-lors la tragédie. Un berger qui ne sait pas lire, mais qui rapporte ce qu'il a vu, y décrit lettre par lettre le nom de Thésée (ΘΗCΕΥC) : « Parmi ces caractères, on voyait d'abord un rond avec un point au milieu; puis deux lignes debout, jointes ensemble (par une autre); la troisième figure ressemblait à un arc de Scythie; puis c'était un trident couché; ensuite deux lignes se réunissant au sommet d'une troisième, et la troisième figure se retrouvait à la fin encore. » Croirait-on qu'Euripide avait donné le modèle de ce singulier détail littéraire, et que Théodecte le renouvela après Agathon?

D'abord le fonds de la tragédie était épuisé. Elle était née du croisement de la poésie chorique avec la poésie épique dans les chants des fêtes de Bacchus. Or, la partie chorique était tombée bientôt, en même temps que l'esprit religieux, qui d'abord l'avait animée. Le chœur, qui a le rôle principal dans Eschyle, n'a plus que le second dans Sophocle; dans Euripide, il ne tient plus guère à l'action; dans Agathon, il acheva de s'en détacher. Plus tard, on en vint jusqu'à supprimer quelquefois les chœurs des tragédies qu'on représentait. La partie épique, au contraire, s'était développée, et l'action, d'abord admise comme par grâce, avait fini par être toute la tragédie; mais ces légendes, homériques ou hésiodiques, qui la défrayaient, s'épuisèrent enfin. Ces familles tragiques des Pélopides et des Labdacides avaient fourni tout ce qu'elles pouvaient fournir de meurtres, d'incestes, d'adultères et d'horreurs de toute sorte : il n'y avait plus à en espérer, à moins de fausser les traditions. Ainsi, par ses deux éléments, épique et chorique, la tragédie dépérissait; elle avait fait son temps. « Cette mythologie, sur laquelle elle vivait depuis plus d'un siècle, avait été enfin épuisée par tant d'écrivains empressés de reproduire incessamment les mêmes sujets dans des drames qui se comptaient par centaines; en outre, une infatigable parodie tendait, depuis bien des années, à la chasser du théâtre, comme une audacieuse philosophie à l'exiler du monde réel. L'histoire, à laquelle la tragédie avait, par exception, touché deux ou trois fois, eût pu renouveler heureusement les tableaux de la scène; mais Athènes, abaissée plus encore par elle-même que par sa fortune, ne suffisait plus à une tâche trop forte pour son patriotisme expirant, et que lui eussent d'ailleurs prudemment interdite les ombrages de tant de tyrannies diverses, aristocratiques et démocratiques, lacédémoniennes et macédoniennes, qui se la disputaient[1]. »

Fallait-il donc recourir à la fantaisie, imaginer soit des héros nouveaux, soit des aventures nouvelles? Euripide, dans quelques-unes de ses pièces, l'avait essayé : il avait modifié plusieurs légendes pour les rajeunir et pour en tirer des effets inconnus. Il avait préludé au genre romanesque, qui cependant n'était pas né encore. Agathon exploita cette veine nouvelle, et, par exemple, dans sa pièce intitulée *la Fleur*, les personnages, les noms, les choses, il inventa tout. Il suppléa par la variété des mœurs à celle des passions, et à l'intérêt par la curiosité. Dès lors, ce fut la fantaisie qui devint la

---

1. Patin, *Tragiques grecs*, tome I.

muse du théâtre. Aristote lui-même, loin de condamner ce procédé nouveau, l'approuva; mais ce n'est pas sans danger qu'on est réduit à repousser du pied le sol ferme et sûr de la tradition ou de l'histoire pour s'élancer d'une aile aventureuse dans les espaces de l'invention pure : entreprise icarienne, vol périlleux, entre les feux brûlants du soleil et les vapeurs humides de la mer. Comparez Shakespeare, soutenu par la tradition et par la légende populaire, créant *Othello*, et Voltaire, sans la tradition, tirant de son cerveau *Zaïre* : même sujet, et pourtant, d'un côté, quelle œuvre vivante et profonde, de l'autre, quelle œuvre artificielle et légère! Outre la différence de génie, c'est que l'un s'appuie sur la tradition, qui n'est autre que le fonds de la nature humaine elle-même, qu'il s'y établit puissamment, et qu'il y jette les fondements d'une œuvre éternelle; l'autre imagine au gré de son caprice, et improvise en vingt jours une œuvre de fantaisie. Or, plus il y a de fantaisie, soit dans la composition, soit dans les détails d'une œuvre tragique, moins elle est durable, parce que la fantaisie, de sa nature, est arbitraire, et que l'arbitraire est passager. C'est le lieu commun qui dure et qui est éternel. La fantaisie, comme la plaisanterie, est locale et contemporaine. Quand les esprits blasés n'admettent plus autre chose, les poëtes sont bien forcés d'y recourir; alors la tragédie est perdue. La fantaisie, comme son nom l'exprime, c'est ce qui paraît et disparaît. Le lieu commun, donné par la tradition ou par l'histoire, c'est ce qui est et ce qui reste; c'est le fonds humain, qui toujours subsiste, dans tous les pays et dans tous les temps. — Par conséquent, la fantaisie, à vrai dire, ne pouvait non plus renouveler la tragédie grecque.

Ainsi donc le fonds manquait; — mais surtout le génie. Quatre-vingt-douze petits auteurs tragiques que l'on compte font-ils la monnaie d'un bon poëte?

En effet, aux trois grands tragiques succédaient leurs familles et leurs écoles. L'existence de ces sortes d'écoles est un fait considérable qui domine toute la littérature grecque. Tout grand poëte naissait d'une école, ou une école naissait de lui; d'une façon ou d'une autre, il en était le couronnement ou le chef, et c'était de son nom qu'elle tirait le sien. Telle la caste des prêtres-poëtes, qu'on appela l'école orphique; telle la famille de chanteurs qu'on appela les homérides; telle l'école hésiodique; telles les écoles des lyriques; telles enfin les familles tragiques d'Eschyle, de Sophocle, d'Euripide, et de plusieurs autres encore. Ces écoles étaient fécondes ou funestes. D'une part, cette initiation vivante, cette foi commune, cette adoration et cette poursuite du même idéal multipliaient les forces de chacun par celles de tous[1]. De là, quelle sûreté et quelle richesse dans les procédés et dans les vues, surtout quelle assurance dans l'inspiration! Avec l'autorité pour point d'appui, la liberté du génie s'élançait toute-puissante et intrépide; on pouvait tout, parce que l'on croyait tout pouvoir. Sans cette assurance, sans cette foi, point d'enthousiasme, point de poésie naturelle et vraie. Aujourd'hui le poëte isolé se défie, son inspiration est pleine d'inquiétude, sa force est distraite; il cherche sa voie, et, lorsqu'il la trouve, au milieu du premier essor, il s'arrête, il songe à ce que dira la critique. Il hésite, le moment de foi est passé; il faut attendre que le génie revienne, et l'esprit souffle quand il veut. Heureux ces poëtes qui ne doutaient pas, qui s'excitaient les uns les autres, qui s'enhardissaient, qui s'élevaient! Tous ces génies divers poussaient ensemble; c'était une seule moisson, semée

---

1. Rapprochez les écoles des prophètes chez les Hébreux, celles des bardes, des druides et des scaldes chez les peuples du Nord; enfin et surtout, dans le monde moderne, les écoles et familles des peintres italiens.

en même temps, germant du même sol, dorée par le même soleil, abreuvée des mêmes rosées! Dans cette atmosphère favorable, qui donc n'eût pas été poëte? ou qui n'eût été philosophe dans les jardins d'Académos? — Cependant, d'un autre côté, ces écoles ne donnaient pas l'inspiration, elles la favorisaient seulement; elles développaient le métier autant que l'art. Fécondes tant qu'il y eut du génie, dès que le génie manqua elles devinrent funestes. En effet, quelle source d'œuvres communes! quel foyer de médiocrités! L'imitation morte succède à l'initiation vivante. Soulevés par les procédés qu'on leur prête, mille esprits impuissants croyent tout pouvoir. Sans s'avouer que l'inspiration personnelle leur manque, ils essayent de se faire, si l'on peut parler ainsi, une sorte d'inspiration extérieure; ils la demandent aux œuvres des maîtres; ils copient ces œuvres, ils les retournent, ils les manient et les remanient, espérant peut-être vaguement que l'originalité se communique par le contact. Aussi ne composent-ils eux-mêmes que des œuvres ou plutôt des produits inanimés, uniformes et monotones, que des pastiches brillants çà et là, mais par reflet. Alors, chose déplorable, il y a des milliers de littérateurs et pas un poëte. Alors, chose périlleuse même et dissolvante, il y a des milliers de formes au service de pas une idée. — Mais les écoles tragiques surtout furent plus funestes que fécondes, car non-seulement elles ne créèrent point, mais elles détruisirent, et voici comment.

Une tragédie, dans le principe, était destinée à n'être jouée qu'une fois, à l'une des fêtes de Bacchus. Les représentations dramatiques n'avaient lieu qu'à ces fêtes. Quelquefois seulement la pièce était reprise, quand elle avait été bien accueillie. Dans l'intervalle d'une représentation à l'autre, elle était retouchée ou remaniée. Ainsi le furent *la Médée* d'Euripide, *les Nuées* et le *Plutus* d'Aristophane, etc. Il arrivait très-rarement qu'on reprît la pièce sans y rien changer ; c'était la marque d'un succès complet : ce fut le cas des *Grenouilles*. Si le poëte était absent ou mort, ses collaborateurs ou ses élèves, ses parents ou ses amis, sa famille ou son école, se chargeaient de la *diascève*, c'est-à-dire du remaniement. Que d'altérations arbitraires, surtout pour accommoder l'ouvrage aux nouvelles circonstances politiques, pour en refaire une œuvre actuelle, une réalité, ce que devait toujours être chacune de ces pièces avant d'être une œuvre d'art ! En outre, la famille ou l'école héritait des pièces inédites du poëte, et ce n'était pas sans y avoir mis la main qu'elle les faisait représenter. Euphorion, fils d'Eschyle, remporta quatre fois le prix en faisant jouer des pièces que son père n'avait pas encore données, et il est probable que Philoclès, neveu du même Eschyle, avait présenté au concours quelque ouvrage posthume de son oncle, lorsqu'il remporta la victoire sur l'*Œdipe roi* de Sophocle. Eschyle, pendant sa retraite en Sicile, écrivit sans doute un certain nombre de pièces qui ne furent représentées qu'après sa mort, et sous d'autres noms que le sien. Il est attesté que le fils de Sophocle, Iophon, donna sous son nom plusieurs ouvrages de son père, et Euripide laissa trois fils qui firent de même. Ce fut peut-être un de ces fils, ou plutôt son neveu, nommé comme lui Euripide, qui fit représenter après sa mort *Iphigénie à Aulis*, *Alcméon* et les *Bacchantes*, et qui, par ces trois pièces, remporta le prix. C'était donc vraiment un droit d'héritage reconnu. On en usa et abusa.

Ce ne furent pas seulement les parents et les amis qui s'approprièrent les œuvres des trois grands tragiques. Néophron de Sicyone, sous Alexandre le Grand, interpola d'un bout à l'autre la *Médée* d'Euripide, et la publia comme une tragédie nouvelle de sa façon. Heureusement c'est bien là seconde édition d'Euripide, et non pas celle de Néophron, qui nous est parvenue. Ce Néophron avait, dit-on, composé cent vingt tragédies. Avant l'imprimerie, ces fraudes étaient faciles; elles étaient d'ailleurs autorisées. Ce qui était d'abord droit d'héritage fut bientôt regardé comme droit commun. La propriété des ouvrages de l'esprit était inconnue alors. Toutes ces admirables tragédies, dont chacune est pour nous un monument sacré, étaient à la merci de tous les petits poëtes à qui il pouvait prendre fantaisie d'en faire usage. Une fois données au public, elles n'appartenaient plus à personne, mais à tout le monde. Il y eut, quoiqu'à un moindre degré, quelque chose de semblable chez les modernes, jusqu'à Molière. Chez les Grecs, la poésie ni les œuvres poétiques n'étaient chose individuelle, comme chez nous, mais chose commune à tous, comme le soleil et comme l'air. Ainsi le premier venu put corrompre impunément ces chefs-d'œuvre, qui étaient propriété publique; c'était une sorte de communisme littéraire : au point que les poëmes homériques, transmis pendant environ quatre cents ans par la mémoire et la parole seules, puis rédigés d'abord partiellement, réunis ensuite en un corps, revus, refondus, recensés, interpolés de mille manières, n'ont peut-être pas été plus corrompus que les ouvrages des tragiques. Ce n'était pas le style seul qui se trouvait remanié, mais la fable elle-même. On bouleversait tout.

Que voulait-on en effet? Faire des pièces nouvelles avec les anciennes; car, par un phénomène curieux, mais naturel, la production diminuant et la curiosité croissant toujours, on remettait à neuf les vieux chefs-d'œuvre. On y mêlait parfois un appareil pompeux et une mise en scène éclatante, qui les relevait ou les effaçait, mais qui les renouvelait et les faisait accepter. C'était surtout Euripide et Sophocle que l'on accommodait ainsi. Quant à Eschyle, l'entreprise était moins facile : comment démolir ces grands blocs pélasgiques pour en faire des constructions modernes? et l'on y touchait beaucoup moins. Aussi bien les deux autres plaisaient davantage. Euripide surtout était adoré : Aristophane déjà s'était moqué de cette passion excessive.

Philémon, poëte comique, se serait pendu s'il eût été certain de revoir Euripide.

Il va sans dire qu'outre les chefs-d'œuvre remaniés on faisait paraître des tragédies nouvelles, mais comment nouvelles? La plupart étaient composées de lambeaux pillés çà et là; c'étaient des bigarrures ou des redites. Voici donc quelles étaient les deux opérations inverses, mais analogues, de ces *rapiéceurs*[1] : ou bien ils cousaient des vers de leur façon dans les tragédies des grands maîtres, ou bien ils inséraient des morceaux des grands maîtres dans de mauvaises pièces de leur façon; la falsification ou le plagiat, l'interpolation ou le centon, procédés analogues, également misérables, ou plutôt pitoyables manipulations. Toutefois il y eut encore, çà et là, jusqu'à l'époque d'Aristote, quelques poëtes qui n'étaient point méprisables, puisqu'il a daigné les citer : c'étaient, par exemple, Chærémon, les deux Astydamas, descendants d'Eschyle, les deux Carkinos, qui eurent leur école à part, Théodecte, Dicæogène, et deux Sophocle, outre le grand. Les fragments de ces poëtes sont très-courts et n'ont pas beaucoup de valeur. Il y en a une cinquantaine de Chærémon : il paraît qu'il excellait dans les descriptions, ce qui n'est pas directement tragique, et on peut ajouter, d'après quelques-uns des traits qui sont sous nos yeux, que ces descriptions n'étaient pas exemptes d'affectation ni de mignardise. Il y a onze fragments du second Carkinos, huit sous le nom des Astydamas, dix-neuf de Théodecte, presque rien de Dicæogène, rien des

---

[1]. Nom donné par Aristophane à Euripide, qui était loin de le mériter comme tous ceux dont nous parlons.

deux Sophocle. D'un certain Moschion, qu'il faut nommer aussi, on a vingt-trois fragments, dont un d'une trentaine de vers sur ce thème éternel, la vie sauvage et la naissance des sociétés. Au reste, il est étonnant à quel point les fragments si peu nombreux de tous ces poëtes se répètent les uns les autres; à chaque pas, on rencontre les mêmes pensées et quelquefois les mêmes expressions à peine retournées. Cela confirme ce qu'on sait d'ailleurs sur les procédés employés dans ces écoles grecques, par suite de cette sorte de communisme dont nous parlions : c'est que, par exemple dans l'école des homérides et dans celle des tragiques, il y avait une collection de lieux-communs tout faits, de maximes et d'antithèses, de vers et de morceaux qu'on se transmettait; c'était comme un répertoire où chacun puisait à son gré, ou bien, qu'on nous pardonne la comparaison, une espèce de trésor poétique, à peu près comme ceux que l'on fait aujourd'hui pour les écoliers sous forme de dictionnaires, si ce n'est que ceux-là n'étaient pas écrits, mais se transmettaient de vive voix, et qu'ils étaient aussi à l'usage des maîtres. C'était dans la mémoire qu'on gardait tout cela : on sait que la mémoire alors était plus vive qu'aujourd'hui, parce qu'elle était plus exercée. Si les bons poëtes eux-mêmes ne se faisaient pas faute de puiser dans ce fonds commun qu'ils enrichissaient en retour, à plus forte raison les poëtes inférieurs et les *diascevastes*, soit épiques, soit dramatiques, y prenaient-ils à pleines mains de quoi replâtrer leurs reconstructions. C'étaient des matériaux tout prêts, et une sorte de ciment poétique, propre à rajuster tout. Et cela explique très-bien comment, même chez les bons poëtes grecs, le style ne tient pas toujours à la pensée. Le style existe jusqu'à un certain point en dehors d'elle et en lui-même. Il y a un certain nombre de belles draperies qui peuvent s'attacher ici ou là sur telle ou telle idée. Pour l'esprit grec, artiste et rhéteur, amoureux des finesses jusqu'à la rouerie, subtil jusqu'à la malhonnêteté, la forme importe presque plus que le fond ; un beau détail, une expression brillante, un heureux tour, une formule bien aiguisée, ont leur prix en eux-mêmes, indépendamment de la pensée. Aussi voit-on que le même moule sert à vingt idées différentes, que la même antithèse reparaît cent fois, les deux termes diversement balancés montant ou descendant tour à tour, selon l'argument : procédé littéraire que nous constatons sans le trouver légitime, et qui ne satisferait pas des esprits moins artistes et plus consciencieux. — D'ailleurs, à ne considérer même que l'art littéraire, où cette voie les conduisait-elle ? Précisément à ces misères auxquelles nous les voyons réduits : à l'interpolation en règle et au centon systématique, dont *la Passion du Christ* va tout à l'heure nous présenter le dernier excès.

Mais, si le talent poétique s'affaiblissait, le goût des représentations dramatiques croissait toujours ; et ce n'était plus seulement à Athènes qu'on se passionnait pour les tragédies, des théâtres s'élevaient partout. En 420, on en bâtit un grand nombre dans le Péloponnèse. Polyclète, architecte, sculpteur et peintre, construisit celui d'Épidaure ; Épaminondas, celui de Mégalopolis. Celui des Tégéates, restauré par le roi Antiochos, était tout en marbre. Chaque ville importante avait le sien. Nous ne parlons pas de la Sicile et du théâtre de Syracuse, pour lequel Denys lui-même composait ces pièces qui faisaient conduire aux carrières le railleur Philoxène : Denys pourtant écrivait sur les tablettes d'Eschyle, qu'il avait achetées à grand prix dans l'espoir qu'elles l'inspireraient. Les Béotiens eux-mêmes eurent leurs jeux scéniques, comme le prouve une inscription rapportée par Bœckh ; les Thessaliens pareillement, puisque Alexandre, tyran de Phères, le plus cruel des hommes, fondait en larmes lorsqu'il voyait jouer *Mérope* par le fameux Théodore. On sait ce que raconte plaisamment Lucien de l'enthousiasme des Abdéritains pour Euripide : sous le règne de Lysimaque, s'il faut l'en croire, ils furent atteints d'une singulière épidémie ; un comédien célèbre leur avait joué l'*Andromède*, et voilà qu'ils couraient tous par les rues, maigres et pâles, et déclamant comme lui :

« O amour ! ô tyran des hommes et des dieux ! »

Les rois macédoniens poussèrent jusqu'à la passion le goût de la tragédie : Euripide et Agathon avaient passé leurs dernières années à la cour d'Archélaos. Philippe, son successeur, ne fêta pas moins les poëtes, et traita les acteurs avec beaucoup de munificence et de bonté ; on le voyait souvent au théâtre, et c'est même dans un théâtre qu'il fut tué. Alexandre, non content de traiter magnifiquement les comédiens, eut toujours auprès de lui deux poëtes, c'étaient Néophron et Antiphane, et il déclamait lui-même souvent de longs morceaux de tragédies qu'il savait par cœur. Une troupe dramatique suivait son camp dans toutes ses conquêtes, c'était peut-être un moyen de civilisation en même temps que de divertissement. Nous voyons que Bonaparte en usait de même. Dans une note autographe datée d'Égypte, outre des fournitures d'artillerie, il demande : « 1° une troupe de comédiens ; 2° une troupe de ballarines ; 3° des marchands de marionnettes pour le peuple, au moins trois ou quatre ; 4° une centaine de femmes françaises. » Alexandre, à Ecbatane, où se célébrèrent des jeux funèbres en l'honneur d'Héphestion, fit venir de Grèce trois mille comédiens. Ses successeurs l'imitèrent. Antigone entre autres, proposa de grands prix pour les artistes dramatiques. Les rois de Pergame les favorisèrent également; mais ce fut surtout en Égypte, à la cour des Ptolémées, princes lettrés et amis des arts, que le théâtre fut en honneur. Pline parle de la magnifique ambassade qu'ils envoyèrent au-devant des deux poëtes comiques Philémon et Ménandre. Ils traitèrent avec autant de largesse les poëtes tragiques, et consacrèrent aux représentations théâtrales des sommes immenses. — En Judée même, tant c'était un goût universel, Hérode avait fait bâtir deux théâtres, l'un à Césarée, l'autre à Jérusalem.

C'est ainsi que, partie d'Athènes, la tragédie grecque, quoique dégénérée et mourante, se répandait partout. Les Romains la rencontrèrent à chaque pas, lorsqu'ils s'emparèrent de l'Asie. Lucullus, qui, en allant combattre Tigrane, « enchantait les villes sur son passage par des spectacles, des fêtes triomphales, des combats d'athlètes et de gladiateurs, » ayant pris d'assaut Tigranocerte, « y trouva une foule d'artistes *dionysiaques* que Tigrane avait rassemblés de toutes parts pour faire l'inauguration du théâtre de cette ville, et jugea à propos de s'en servir dans les spectacles qu'il donna pour célébrer sa victoire[1]. » Plus tard, lorsque le Suréna des Parthes envoya la tête et la main de Crassus à Hyrodès, en Arménie, celui-ci donnait une fête dans laquelle on jouait une tragédie d'Euripide.

« Lorsqu'on apporta la tête de Crassus à la porte de la salle, un acteur tragique, nommé Jason, de Tralles, jouait le rôle d'Agavé dans *les Bacchantes*. Au moment où elle vient d'égorger son fils, Sillacès se présente à l'entrée de la salle, et, après s'être prosterné, il jette aux pieds d'Hyrodès la tête de Crassus. Les Parthes applaudissent avec des cris de joie, et les officiers de service font, par ordre du roi, asseoir à table Sillacès. Jason passe à un personnage du chœur

---

1. Plutarque, *Vie de Lucullus*, 29.

la fausse tête de Penthée qu'il tenait à la main [1], puis, prenant la tête de Crassus, avec le délire d'une bacchante et saisi d'un enthousiasme réel, il se met à chanter ces vers, « Nous apportons des montagnes *ce cerf* qui vient d'être tué: nous allons au palais, applaudissez à notre chasse! » Cette saillie plut fort à tout le monde; mais, lorsqu'il continua le dialogue avec le chœur : « Qui l'a tué ? — Moi, c'est à moi qu'en revient l'honneur, » Promaxéthrès, celui qui avait coupé la tête et la main de Crassus, s'élance de la table où il était assis, et, arrachant à l'acteur cette tête, il s'écrie : « C'est à moi de dire cela, et non à lui! » Le roi, charmé de ce nouvel incident, lui donna la récompense d'usage, et fit présent à Jason d'un talent.— Telle fut la fin de l'expédition de Crassus, et la petite pièce après la tragédie. »

Sans suivre la tragédie grecque à Rome, nous voyons comment le goût du théâtre était encore très-vif, quand le génie poétique était déjà mort. Voici un autre trait caractéristique de cette décadence, c'est que les comédiens célèbres remplacèrent les grands poëtes, et devinrent les maîtres du théâtre.

Dans l'origine, c'étaient les poëtes eux-mêmes qui étaient acteurs. Sous le régime démocratique, le théâtre et les représentations dramatiques s'étaient organisés démocratiquement. Lorsqu'un poëte voulait faire jouer une tragédie, il allait trouver l'archonte et lui demandait de mettre un chœur à sa disposition. L'archonte assignait au poëte un chorége. Le chorége était un riche citoyen auquel on décernait la fonction onéreuse et honorable de former un chœur, de le nourrir, de le faire instruire, de l'équiper, en un mot de le mettre en état de jouer une pièce. Le poëte, ayant obtenu ce chœur, lui récitait sa pièce morceau par morceau, et les choristes répétaient après lui autant de fois qu'il était né-

---

1. Tel est le sens du texte grec de ce passage de Plutarque, *Vie de Crassus*, qu'Amyot n'a pas compris, et les derniers traducteurs pas davantage.

cessaire pour que la pièce fût bien sue. Le poëte se réservait le personnage, d'abord unique, qui avait été ajouté au chœur pour constituer la tragédie. Même quand il y eut deux et trois personnages, il continua quelque temps à se charger d'un rôle. C'est ainsi que Sophocle remplit ceux de l'aveugle Thamyris et de la jeune Nausicaa qui jouait à la paume avec ses compagnes. De même Aristophane joua Cléon dans *les Chevaliers*.

Le poëte s'adjoignait peut-être deux de ses collaborateurs ou de ses amis ; mais il arriva sans doute que ce moyen manqua. Alors ce ne fut plus le poëte, ce fut l'État qui se chargea du soin de faire représenter les pièces. Le chorége payait les choristes, l'État paya les acteurs. Ces acteurs prirent naturellement le nom d'*artistes dionysiaques*, c'est-à-dire consacrés à Bacchus (*Dionysos*), en l'honneur de qui ces fêtes dramatiques se célébraient. On les faisait instruire, et bientôt on institua des concours d'acteurs, parallèlement en quelque sorte aux concours de poëtes. Comme les représentations dramatiques faisaient partie du culte, c'était un devoir pour les citoyens d'y assister : de là vient que l'État encore distribuait de l'argent à ceux qui n'avaient pas de quoi payer leur place au théâtre, et une loi prononçait la peine capitale contre l'orateur qui eût proposé de prendre l'argent destiné à cet usage pour l'employer à soutenir la guerre.

Ces artistes dionysiaques étaient classés en protagonistes, deutéragonistes et tritagonistes, c'est-à-dire acteurs des premiers, des seconds et des troisièmes rôles. Quelques-uns des protagonistes devinrent célèbres : entre autres, Timothée, ce Théodore, qui jouait si pathétiquement Mérope, Molon, Satyros, qui donna des conseils à Démosthène, Aristodème, et surtout ce Pôlos d'Égine, qui, pour mieux jouer le rôle d'Électre pleurant sur l'urne de son frère, pleura des larmes véritables sur l'urne même qui contenait les restes de son fils. — Quoiqu'ils menassent, pour la plupart, une vie assez débauchée, non-seulement ils étaient honorés à ce point qu'on leur élevait quelquefois des statues, mais, ce qui paraît plus étrange, plusieurs, Néoptolème et Thessalos par exemple, furent assez considérés même pour qu'on les chargeât de missions diplomatiques, lorsqu'ils allaient donner des représentations à l'étranger.

En effet, pendant leurs congés, c'est-à-dire dans l'intervalle des diverses fêtes de Bacchus, prenant sous leur direction et à leur solde d'autres comédiens de moindre talent, ils allaient jouer de ville en ville, moyennant des sommes considérables. Ils étaient engagés d'avance pour un certain nombre de représentations par les magistrats des villes, et ils étaient passibles d'un dédit très-fort en cas de retard au jour fixé. C'est ce qu'atteste une inscription découverte en 1844 par M. Le Bas sur les murs d'un théâtre antique, dans les ruines d'Iasos, en Carie. Elle donne aussi la liste d'une troupe dramatique composée ainsi qu'il suit :

Joueurs de flûte. . . .	Timoclès et Phœtas.
Tragédiens.	Posidónios et Sosipâtre.
Comédiens.	Agatharque et Mœrias.
Joueurs de cithare. .	Zénothée et Apollonios.

Dans ces représentations à l'étranger, le chœur, soit tragique, soit comique, lorsqu'on ne le supprimait pas, était souvent une recrue locale des jeunes gens distingués de la ville. Le plus habile était naturellement désigné pour coryphée. — Mais les comédiens proprement dits, les acteurs et artistes de la pièce, étaient hommes de métier, en permanence, et ambulants.

Il est probable qu'au lieu de retourner à Athènes, quelques-unes de ces troupes dramatiques se fixèrent dans telle ou telle ville, et donnèrent naissance aux associations dionysiaques. La plus remarquable de ces associations était établie à Téos, puis à Lébédos, vers le temps d'Alexandre. Ces corporations étaient si favorisées, qu'elles obtenaient des immunités et des exemptions d'impôts pour les villes où elles faisaient leur séjour. C'était donc, pour peu qu'on eût de talent, une excellente profession que celle de comédien, puisqu'on y trouvait à la fois honneur et profit ; mais autant les acteurs distingués étaient bien traités par les villes, autant ils maltraitaient eux-mêmes les acteurs médiocres qu'ils dirigeaient. C'étaient ordinairement ceux-ci qui remplissaient les rôles de dieux, et, dit Lucien, « lorsqu'ils avaient mal joué Minerve, Neptune ou Jupiter, on leur donnait le fouet. »

Il va sans dire que ces grands acteurs continuaient l'œuvre de destruction qu'avaient commencée les petits poëtes. L'héritage des tragédies et comédies ayant passé dans leurs mains, à leur tour ils les remanièrent, retranchant, ajoutant, accommodant les rôles à leurs moyens.

A quoi avait-il servi que l'orateur Lycurgue portât une loi pour prévenir ces interpolations ? — A constater le mal sans y rémédier, ou à le prévoir sans le prévenir.

Ces acteurs eurent quelquefois d'illustres spectateurs et d'illustres rivaux. Antoine, à Athènes et à Samos, essayait d'en amuser Cléopâtre. Néron, poëte, acteur et citharède, courait les scènes des petites villes grecques pour y disputer des prix : outre les rôles de l'incestueuse Canaké, d'Œdipe aveugle, du despote Créon, d'Alcméon, d'Hercule, il jouait celui d'Oreste tuant sa mère.

Les représentations tragiques et comiques duraient encore au temps de saint Jean Chrysostome et de Théodose. Saint Augustin, à l'âge de dix-sept ans, assistait à celles que l'on donnait sur le théâtre de Carthage

(Bossuet, vers le même âge, était fort assidu aux pièces de Corneille). Ce fut, au VIe siècle, l'empereur Justinien qui supprima ces représentations.

Quant à la tragédie elle-même, depuis longtemps déjà elle n'existait plus. C'était à la cour des Ptolémées, dans cette atmosphère philologique, qu'elle avait achevé de mourir. La faveur des grammairiens l'avait étouffée.

II

LA PASSION DU CHRIST

TRAGÉDIE GRECQUE.

Désormais, simple exercice littéraire, destinée à la lecture et non plus à la scène, elle ne conserve de la tragédie que le nom. Les chrétiens adoptent cette forme ancienne pour répandre la foi nouvelle : car, ainsi qu'on l'a très-bien remarqué, tandis que l'Église d'une part frappait le théâtre d'anathème, de l'autre « elle faisait appel à l'imagination dramatique, elle instituait des cérémonies figuratives, multipliait les processions et les translations de reliques, et composait enfin ces offices qui sont de véritables drames : celui du *Præsepe* ou de la Crèche à Noël ; celui de l'Étoile et des trois Rois à l'Épiphanie ; celui du Sépulcre et des trois Maries à Pâques, où les trois saintes femmes étaient représentées par trois chanoines, la tête voilée de leur aumusse, *ad similitudinem mulierum*, comme dit le Rituel ; celui de l'Ascension, où l'on voyait, quelquefois sur le jubé, quelquefois sur la galerie extérieure, au-dessus du portail, un prêtre représenter l'ascension du Christ[1]. » — En même temps donc l'Église essayait, avec des morceaux des tragédies profanes, de composer des tragédies chrétiennes.

C'est une de ces œuvres singulières qui nous est parvenue sous le titre de *la Passion du Christ*. On croit que cette pièce est du IV⁰ siècle, et on l'attribue généralement à saint Grégoire de Nazianze, quoiqu'il paraisse difficile, après l'avoir lue, de l'imputer à un si savant écrivain.

Au reste, ce monument vaut la peine d'être analysé, ne fût-ce que pour sa bizarrerie. C'est un long centon, tiré notamment de six tragédies d'Euripide, savoir : *Hippolyte*, *Médée*, *les Bacchantes*, *Rhésos*, *les Troyennes*, *Oreste*. Aussi a-t-il été fort utile pour la récension de ces pièces. Le sujet est non-seulement la passion du Christ, mais la descente de croix, l'ensevelissement, la résurrection, et enfin l'établissement du christianisme. C'est même ceci qui est évidemment la raison et le sens du drame tout entier. Ce dessein ne manque pas de grandeur; mais l'exécution y répond-elle?

La pièce est précédée d'un prologue, comme les tragédies d'Euripide. Les personnages principaux sont : Le Christ, la Mère de Dieu, Joseph, un chœur de femmes (parmi lesquelles Magdeleine), Nicodème, et deux autres personnages, dont l'un appelé *Théologos*, le théologien, doit être saint Jean[2], et l'autre est un jeune disciple.

L'exposition se fait par un couplet de quatre-vingt-dix vers que prononce la Mère de Dieu. Les trente premiers, imités du début de la *Médée*, sont raison-

---

1. Ch. Magnin. *Origines du théâtre moderne*.
2. Comme saint Grégoire de Nazianze est le seul père qui porte un titre par lequel on distingue l'évangéliste saint Jean, c'est peut-être une des raisons qui lui ont fait attribuer cet ouvrage.

nables; les voici en abrégé : « Plût au ciel que jamais le serpent n'eût rampé dans le jardin et n'eût épié en embuscade sous ces ombrages; le traître! » Ève n'eût point péché et n'eût point fait pécher Adam; le genre humain n'eût point été damné, et n'eût pas eu besoin d'un rédempteur : et moi je n'eusse pas été, vierge-mère, réduite à pleurer sur mon fils qu'on traîne en justice aujourd'hui. Le vieillard Siméon l'avait bien prédit.... »
— Au moyen de cette transition du vieillard Siméon, arrive une autre trentaine de vers moins raisonnables; c'est un chapelet de maximes de tragédies, qui ne se tiennent pas mieux entre elles une à une que le morceau entier ne tient au sujet. Enfin, dans la troisième trentaine, l'esprit grec fournit à la Mère de Dieu toute sorte d'antithèses et de pointes sur sa virginité rendue féconde. Elle s'approprie les paroles où Hippolyte exprime sa chasteté. Elle se rappelle l'heureux moment où il lui fut annoncé qu'elle allait être mère et où son sein virginal tressaillit de joie, et ce sein est déchiré maintenant par des traits de douleur. « Toute cette nuit, dit-elle, je voulais courir pour voir quels maux souffre mon fils ; mais celles-ci m'ont persuadé d'attendre le jour. » Elle désigne par ce mot le chœur, qui, à ce moment, prend la parole :

Maîtresse, enveloppez-vous vite.. Voilà des hommes qui courent vers la ville.

LA MÈRE DE DIEU.

Qu'est-ce donc? Vient-on d'apprendre que l'ennemi la menace dans l'ombre ?

LE CHŒUR.

C'est une foule nocturne qui roule bruyamment. J'aperçois dans l'espace obscur une armée nombreuse qui porte des torches et des glaives..

LA MÈRE DE DIEU.

Quelqu'un vient vers nous à pas pressés nous apportant sans doute quelque nouvelle.

LE CHŒUR.

Je vais voir ce qu'il veut et ce qu'il vient vous annoncer....
Ah! ah! hélas! hélas! auguste mère et chaste vierge, quel est votre malheur, vous qu'on appelait bienheureuse!

LA MÈRE DE DIEU.

Quoi donc! Veut-on me tuer?

LE CHŒUR.

Non, c'est votre fils qui périt par des mains impies.

LA MÈRE DE DIEU.

Ah! que dis-tu? tu me fais mourir.

LE CHŒUR.

Regarde ton fils comme perdu.

L'avant-dernière réplique est précisément celle de la nourrice à Phèdre dans Euripide, à la suite de ce vers célèbre: « Hippolyte? grands dieux! — C'est toi qui l'as nommé. — Ah! que dis-tu? tu me fais mourir! » Il semblerait que le premier cri de la Mère de Dieu dût être pour son fils et non pour elle-même; on n'aime pas que sa première pensée soit celle-ci: « Quoi donc! Veut-on me tuer? » Cela est peut-être plus réel, mais certainement moins idéal, et le personnage de la Mère de Dieu doit être plus près de l'idéal que du réel.

Le chœur lui apprend avec plus de détail qu'au point du jour son fils mourra, que pendant toute cette nuit on le juge. — Survient un second messager: il annonce qu'un disciple perfide a trahi le maître pour de l'argent. Il raconte comment celui-ci, après la cène et le lavement des pieds, était allé au Jardin des Oliviers prier son père, et comment, dans ce jardin même, le traître, avec une troupe de gens armés, est venu le surprendre et le livrer en l'embrassant. — Les mots du récit de l'Évangile sont conservés çà et là, et des expressions empruntées au polythéisme viennent s'y mêler bizarrement: « Le traître! avoir livré le *chef de nos mystères (le mystagogue)*!... L'illustre Pierre aussi a renié le maître. Seul le disciple qui a coutume de poser la tête sur son sein l'a suivi sans trembler. Il m'a semblé que j'entendais une voix (celle d'un homme, ou celle d'un ange? on ne sait) dire lentement, comme si elle s'adressait tout bas au scélérat qui a vendu le maître : Crime impie! O misérable! ne crains-tu pas Dieu?.... » Par cette transition fantastique, le messager se lance dans une prosopopée, ou long discours indirect, d'environ soixante-quinze vers. La pendaison de Judas y est prédite; des morceaux du *Credo* y sont enchâssés dans des formules du vocabulaire tragique; on y parle de l'Enfer avec des périphrases faites pour le Phlégéton. — Et cependant ce damné pourra être sauvé encore, s'il se repent : — idée remarquable au IVe siècle.

La Mère de Dieu répond, si tant est qu'il y ait à répondre, car ce sont plutôt des monologues qui se succèdent sans s'inquiéter l'un de l'autre qu'un dialogue véritable; sa réponse n'a pas moins d'une centaine de vers; elle commence sur un ton parfaitement païen : « O terre, mère de toutes choses, ô voûtes du ciel radieux, quel discours viens-je d'entendre!.... » A son tour, elle parle longuement à Judas toujours absent, et maudit sa scélératesse. Entre beaucoup d'autres pièces de rapport qui composent cette mosaïque, on retrouve vers la fin les paroles que prononce Thésée dans *Hippolyte* :

> Quoi! ne devrait-on pas à des signes certains
> Reconnaître le cœur des perfides humains ?

Elle veut se rendre auprès de son fils; le chœur la retient : « Ah! ah! ah! ah! Tais-toi, tais-toi, tu ne pourras plus voir ton fils vivant. — Hélas! quel nouveau malheur m'annoncent tes larmes? — Je ne sais, mais voici qui va nous instruire du sort de ton fils. » — Survient un troisième messager. — Le procédé est peu varié, et l'auteur ne cherche pas assez à dissimuler qu'au lieu de se passer en action, toute la pièce se passe en récits. Seulement celui-là n'est pas un messager si abstrait que les autres, c'est un aveugle à qui le Christ a rendu la vue. — Le messager : « Ton fils doit mourir en ce jour ; tel est l'arrêt des scribes et des prêtres. » Il raconte l'acharnement des Juifs, semblables, autour de l'accusé, à des chiens furieux ; le juge faible, étonné de ses réponses, et n'osant le déclarer innocent : « Allons, parlez, dit-il au peuple ; faut-il que Jésus meure ou non ? Lequel vaut-il mieux relâcher, lui ou l'un de ces brigands qui sont en prison ? » Ils répondent avec de grands cris que c'est Jésus qui doit mourir en croix, et qu'il faut relâcher le brigand. Le juge essaye de leur persuader le contraire, mais il n'y peut réussir. Voilà le jour qui paraît ; on va traîner l'accusé hors des portes. La Mère de Dieu répond à ce récit par de belles métaphores très-déplacées qu'elle aurait dû laisser où elle les a prises ; mais bientôt elle pousse des cris de douleur en apercevant son fils traîné et enchaîné. Elle veut s'élancer vers lui. Le peuple la menace. Le chœur exhorte la Mère de Dieu à se tenir à l'écart : « D'ici on aperçoit tout au loin, regardons. » Serait-ce que le cortége tout entier de la passion était supprimé ainsi ? Je ne le crois pas ; en admettant que la pièce fût destinée à être représentée, la procession devait être le principal de la fête.

La Mère de Dieu gémit et souhaite de mourir, puis elle recommence ses antithèses et ses périphrases sur sa virginité féconde, qui font pendant d'une manière trop évidente aux périphrases et aux antithèses des Jocaste et des Œdipe sur leur hymen incestueux ; mais celles-ci sont suivant l'esprit grec, et celles-là sont on ne peut plus déplacées dans un sujet chrétien. Elle entre dans tels détails que les citer en français serait impossible ; elle y revient encore plus loin (aux vers

1550 et suivants) en des termes inimaginables; après cela, elle explique au chœur le péché originel qui a rendu la rédemption nécessaire, et lui annonce la résurrection qui doit suivre la rédemption. Tout cela est décousu et froid comme un catéchisme ; puis elle finit comme elle a commencé, et reprend sa douleur. — Le chœur ne veut pas être en reste de métaphores, et à son tour il en accomplit une très-laborieuse pour exprimer son désespoir. — Un quatrième messager vient annoncer que le Christ est crucifié et mourant. Aucune des précautions oratoires et des circonlocutions raffinées qu'emploient en pareille circonstance les poëtes grecs n'est omise. Enfin commence le récit; mais, dès le quatrième vers, le principal est dit : Jésus est crucifié. Les vers suivants ne viennent que pour décrire les autres détails de la passion ; c'est justement ce qui devrait être développé qui ne l'est pas. Ce récit est très-mal fait, il n'y a pas d'écolier de rhétorique qui ne le composât infiniment mieux.

LA MÈRE DE DIEU : — « Venez, mes filles, venez ! plus de crainte ! que pouvons-nous craindre maintenant ? Allons ! je veux voir les souffrances de mon fils. Ah ! ah ! hélas ! hélas ! (Ici la scène change et représente le calvaire). O femmes ! comme le visage de mon fils a perdu son éclat, sa couleur et sa beauté ! » Alors elle adresse la parole à son fils agonisant; son fils lui répond du haut de la croix et la console doucement. — Pierre vient à passer, pleurant sa trahison : elle demande et obtient le pardon de Pierre. Enfin le Christ expire ; elle recommence à se lamenter en plus de quatre-vingts vers. Saint Jean vient, pour adoucir sa douleur, lui débiter des lieux communs, qu'elle sait bien, puisqu'elle les a déjà dits elle-même.

A partir de là, l'action, si action il y a, marche plus lentement encore qu'elle n'a marché jusqu'ici. Un soldat perce d'une lance le côté du Christ : de la blessure jaillissent deux ruisseaux, l'un de sang, l'autre d'eau limpide. Le soldat, converti par ce miracle, se purifie avec cette eau. — Survient Joseph et l'on opère la descente de croix. En recevant dans ses bras le corps de son fils, la Mère de Dieu dit une litanie de cent vingt vers, et remaudit Judas. Joseph, pour couper court, lui annonce qu'on l'a vu pendu. On ensevelit le Christ. La nuit tombe. La Mère de Dieu adresse à son fils, qui est dans le tombeau, un nouveau couplet de trente vers, tout rempli de bigarrures et dans lequel les mots de la légende chrétienne : « Tu as vaincu l'enfer, le serpent et la mort, » se détachent bizarrement sur des lambeaux d'*Antigone* ou d'*Alceste* : « Tu descends dans ces cavernes sombres, etc. » La même idée est toujours exprimée au moins par dix formes différentes, quelquefois par trente, l'auteur voulant employer absolument toutes les périphrases qu'il a recueillies. La Mère de Dieu en dit, je crois, en somme, plus d'une centaine sur sa virginité. Enfin elle propose aux femmes du chœur de se retirer toutes avec elle « dans la maison du nouveau fils que son fils unique lui a légué. » Et elles se retirent en effet[1].

Quelques-unes cependant restent aux alentours du tombeau pour observer ce qui se passe. La scène demeure occupée par Joseph, qui converse avec le Théologien très-longuement ; il prédit la punition des Juifs, prédiction dont la Mère de Dieu avait déjà touché quelques mots : ils seront dispersés par tout l'univers. Au bout de cette conversation paraît enfin l'aube du troisième jour, ce

---

1. Je crois qu'après le vers 1796, malgré ce vers et le précédent, qui ont pu induire en erreur, c'est toujours Joseph qui parle, et non pas la Mère de Dieu. Celle-ci est dans la maison, comme on le voit bientôt après. C'est donc à tort, je pense, qu'on lui fait dire les vers 1797, 1798, 1799.

qui n'est pas, pour le lecteur consciencieux, si invraisemblable qu'on pourrait croire.

Pendant ce temps, si la pièce était représentée, on devait voir, par un double décor, la Mère de Dieu et le chœur dans l'intérieur de la maison. Elle songe à son fils, et sa douleur la prive de sommeil.

Hélas! hélas! quand donc le sommeil descendra-t-il sur mes yeux?

PREMIER DEMI-CHŒUR.

Pour nous, ô maîtresse, étendues à terre, nous avons reposé, laissant aller nos corps, et toutes, vieilles, jeunes ou vierges, appuyant nos têtes contre le dos les unes des autres, ou bien plaçant nos mains sous nos joues, nous avons pris un peu de sommeil; mais toi, tu n'as ni dormi ni étendu ton corps, et tu as passé toute la nuit à gémir. Voici l'aurore....

DEUXIÈME DEMI-CHŒUR.

Pour moi, agitée aussi d'inquiétude, je suis étendue à terre, mais sans sommeil ni repos, écoutant, ô Vierge, tes violents soupirs et tes sanglots.

LA MÈRE DE DIEU.

Debout! debout! Qu'attendez-vous, femmes? Sortez, allez du côté de la ville. Approchez-vous autant que cela vous sera possible, vous apprendrez peut-être quelque chose de nouveau.

Un cinquième messager arrive :

Où pourrais-je trouver la mère de Jésus? Est-elle dans cette maison?

LE CHŒUR.

Tu la vois, c'est elle qui est là.

Il lui annonce qu'une nombreuse cohorte marche vers le tombeau pour le garder, de peur que les disciples ne dérobent le corps.

LA MÈRE DE DIEU.

Va! va! cohorte impie, veille bien alentour. Tu serviras peut-être de témoin à sa résurrection.

La nuit marche (comme on vient de le voir, c'est la troisième nuit depuis le commencement de la pièce). Une des femmes, Magdeleine, se propose de sortir pour aller épier autour du tombeau ; elle y rencontrera peut-être celles qui y sont restées. — La mère de Dieu veut partir avec elle. Elles réveillent les femmes qui se sont endormies. « Allons ! allons ! ouvrez vos yeux. Ne voyez-vous pas la lune qui brille ? L'aurore, l'aurore va paraître ! Voici déjà l'étoile du matin. » Ici la scène changeant de nouveau, ou le décor étant double, ainsi que nous avons dit, Magdeleine et la mère de Dieu rencontrent les autres femmes qui veillaient à quelque distance du sépulcre. — Enfin elles arrivent au sépulcre même. — Plus de gardes ! Embaumons le corps ; mais qui soulèvera la pierre ? La pierre a roulé loin du tombeau. Le tombeau est vide ; le corps a été enlevé ! — Elles sont saisies d'effroi. Tout-à-coup un ange, vêtu de lumière et de blancheur, éblouissant comme la neige, leur annonce la résurrection du Christ. Bientôt, le Christ lui-même leur apparaît, et leur ordonne d'aller annoncer aux disciples la bonne nouvelle.

Puis, vient un sixième messager, et selon les habitudes du théâtre grec, la narration en forme succède au récit sommaire de l'événement. Le messager raconte aussi les inquiétudes que ce miracle inspire aux prêtres ; mais ce qui est curieux, et ce qui prouverait que cette pièce n'était pas faite pour être représentée, c'est un dialogue entre les gardes du tombeau et les prêtres incrédules, qui s'intercale ici dans le récit même, et qui forme une scène dans une autre scène. Les noms des interlocuteurs sont indiqués hors du texte, comme dans le courant de la pièce proprement dite. Les prêtres engagent les gardes à dire à Pilate qu'ils se sont endormis, et qu'on a volé le corps pendant leur sommeil. Pilate hésite à croire les gardes ; ils vont peut-être avouer la vérité, quand les prêtres se hâtent de prendre la parole pour brouiller tout. Cette scène est, à notre avis, la plus intéressante de la pièce, et c'est une scène en parenthèse. C'est le messager qui raconte tout cela, de sorte que ce dialogue direct nous arrive indirectement. Magdeleine, à son tour, sur l'invitation de la Mère de Dieu, recommence le récit de tout ce qu'on sait déjà; la résurrection, l'ange vêtu de blanc, et lui fait du reste observer par deux fois qu'elle sait tout cela aussi bien qu'elle. C'est pour le messager qu'elle parle apparemment.

La scène change une dernière fois. Toutes les femmes se rendent à la maison où les disciples sont rassemblés. On ferme les portes, et, malgré les portes fermées, voilà que le Christ apparaît au milieu d'eux. Il leur adresse à peu près les mêmes paroles que dans l'Évangile pour exhorter les apôtres à aller prêcher par toute la terre, liant et déliant en son nom. Tout se termine par une longue prière au Christ et à la Vierge.

Tel est ce drame singulier, qui contient quelques passages assez beaux parmi des longueurs infinies. C'est en quelque façon un *mystère*, destiné peut-être à une sorte de demi-représentation, c'est-à-dire de récitation sans mise en scène et sans décors, mais plus vraisemblablement à la lecture seule, dans quelque école chrétienne ou dans quelque cloître: car, outre cette scène intercalée dans un récit, il faut songer que, sur deux mille six cents vers et plus dont la pièce se compose, et qui, à entendre réciter, eussent lassé la patience d'un saint, la Mère de Dieu pour sa part en dit mille ou douze cents, qui à réciter eussent lassé les poumons d'un moine. La lecture permet quelques haltes.

Maintenant il y a tant de maladresse et quelquefois tant d'inconvenance dans ce centon, sans parler des fautes de métrique, qu'il me paraît difficile de l'imputer à Grégoire de Nazianze, un saint et un littérateur si distingué. Ce qui s'adresse à Vénus dans Euripide, le chœur ici l'adresse à Marie. Cela rappelle cet épisode d'un poëme anti-religieux publié à la fin du siècle, dans lequel la Vierge Marie s'accommode de la ceinture de Vénus. Vraiment, à qui vient de lire cette tragédie de *la Passion du Christ*, l'auteur paraît avoir fait la même chose, involontairement, que voulut faire l'empereur Adrien, lorsque pour détruire la religion chrétienne, en profanant les lieux où elle a pris naissance, il fit mettre la statue de Jupiter sur le Calvaire, et celle de Vénus à Bethléem. — Ce drame dure trois jours ; le chœur va deux fois se coucher et se relève deux fois. — L'épilogue, que rappelle un peu le prologue d'*Esther*, mérite attention. Il est conçu en ces termes : « Je t'adresse ce drame de vérité, et non de fiction, non souillé de la fange des fables insensées ; reçois-le, toi qui aimes les pieux discours. Maintenant, si tu veux, je prendrai le ton de Lycophron (esprit de loup), reconnu dorénavant pour avoir en vérité l'esprit de l'agneau[1], et je chanterai dans son style la plupart des autres vérités que tu veux apprendre de moi. » L'auteur chrétien après avoir fait un centon d'Euripide, offre de faire encore sur un sujet sacré un centon de Lycophron. On croit cependant que cet épilogue est de Tzetzès, célèbre grammairien et mauvais poëte de Constantinople, à la fin du douzième siècle.

Sur les trois autres morceaux dramatiques qui se trouvent réunis à celui-là avec les fragments des petits tragiques dans le dernier volume de la *Bibliothèque grecque*, quelques mots suffiront. Le premier est d'une date antérieure à *la Passion du Christ*. L'auteur est un poëte juif appelé Ézéchiel, qui vivait un ou deux siècles

---

1. Nous avons mis *l'esprit de l'agneau* au lieu de *l'esprit de douceur*, pour rendre le jeu de mots entre Λυκόφρονος et γλυκόφρονος, qui sans cela est intraduisible en français.

avant notre ère. Ce sont plusieurs fragments d'une pièce tirée de l'ancien Testament, intitulée à peu près *la Sortie d'Égypte*. C'était l'Exode paraphrasé. — Le second est un dialogue dont voici les personnages : un paysan, un sage, la Fortune, les Muses, le chœur. La Fortune est entrée chez le paysan. Le prétendu sage en conçoit de la jalousie. Les Muses essayent en vain de le consoler. L'auteur est Plochiros Michaël, la date inconnue. — Le troisième est de Théodoros Prodromos, savant littérateur du douzième siècle, auteur de plusieurs poëmes. Celui-ci est intitulé *l'Amitié bannie*. Répudiée par son époux, le Monde, qui, par les conseils de sa servante, la Sottise, prend pour concubine la Méchanceté, l'Amitié raconte son malheur à un homme charitable qui lui a donné l'hospitalité. Elle finit même par le prendre pour second mari, quoiqu'on ne dise pas qu'elle soit veuve du premier, mais apparemment selon cette maxime tragique : « Il me rend mes serments lorsqu'il trahit les siens. » Au reste, outre que l'Amitié, dans son discours de deux cent trente vers, semble toute confite en dévotion, ce mariage a bien la mine d'être purement allégorique et parfaitement innocent.

Voilà donc où aboutit le théâtre grec après sa longue décadence. Cette décadence, nous l'avons vue se produire et se consommer. Le grand fait qui la domine, après l'extinction du génie, c'est l'interpolation des œuvres, d'abord par les petits poëtes dans les écoles tragiques, ensuite par les comédiens, ensuite par les rhéteurs, ensuite par les Juifs, puis par les chrétiens; et, parallèlement à l'interpolation, le centon, qui en est la contre-partie. L'interpolation et le centon commencent par faire brèche dans la tragédie grecque et finissent par la dissoudre et par l'absorber tout entière. L'interpolation, c'est l'agonie; le centon, c'est la mort. Le dernier mot de l'un et de l'autre, le dernier excès du genre et la dernière forme très-informe de la tragédie grecque au tombeau, c'est *la Passion du Christ*, ce drame interminable où tout se passe en récits faits de pièces et de morceaux, cette vaste mosaïque, cette énorme marqueterie, cette éternelle litanie, qui nous rappelle un drame indien, en dix actes, assez ennuyeux aussi, à la fin duquel un des personnages, la prêtresse Camandaki, dit aux autres avec une assurance et une naïveté qui font sourire : « Notre intéressante histoire, si pleine d'incidents variés, est terminée maintenant; nous n'avons plus qu'à nous féliciter mutuellement. »

FIN.

TABLE.

	Pages.
Avertissement...	I
Vue générale...	1
I. Comédies politiques...	19
Les Acharnéens...	20
Les Chevaliers...	21
La Paix...	59
Lysistrata...	77
II. Comédies sociales...	103
Les Nuées...	104
Les Guêpes...	166
Les Femmes à l'Assemblée...	201
Plutus...	217
III. Comédies littéraires...	241
Les Femmes aux fêtes de Cérès...	248
Les Grenouilles...	263
Les Oiseaux...	314
IV. La Parabase...	355
Conclusion...	399
Appendice...	417

9254 — Imprimerie générale de Ch. Lahure, rue de Fleurus, 9, à Paris.

www.ingramcontent.com/pod-product-compliance
Lightning Source LLC
Chambersburg PA
CBHW072114220426
43664CB00013B/2116